南开百年学术经典

冒 从 虎 文 集

（下）

南开大学出版社

天 津

论 文 编

目 录

莱布尼茨哲学中的矛盾和他的调和态度 …………………… 525

关于亚里士多德的十范畴学说 ……………………………… 532

论黑格尔的思维和存在的同一性学说 ……………………… 551

检验真理的标准只能是社会实践 …………………………… 570

康德批判封建神学的历史作用 ……………………………… 577

关于休谟哲学的历史地位 …………………………………… 588

亚里士多德—康德—黑格尔的范畴学说述评 ……………… 598

辩证法也有它保守的方面

　　——学习恩格斯《路德维希·费尔巴哈和

　　德国古典哲学的终结》一书笔记 ………………… 617

哲学原理体系：一种可能的命运 …………………………… 623

黑格尔对康德的二律背反学说的继承和发展 ……………… 633

评黑格尔的真理观 …………………………………………… 653

康德哲学的人本主义精神及其历史影响

　　——纪念康德《纯粹理性批判》发表二百周年 …… 676

略论费尔巴哈的思维和存在统一的学说

　　——兼评关于"思维和存在同一性"命题的含义的

　　论争 ………………………………………………… 697

对西欧中世纪哲学的探讨 …………………………………… 715

"思维和存在的同一性"本来只是一个可知论命题 ……… 718

略论近代德国的哲学革命

    ——兼评德国古典哲学研究中的一个公式 …………… 726

承认不承认"思维和存在的同一性"也不是划分

    辩证法和形而上学的标准

    ——略评王若水同志的《略评"第三种意见"》 ……… 740

关于洛克物体两种性质观念理论的再探讨 ………… 747

应当注意对主体结构中的非理性成分的研究 ………… 759

究竟应当怎样区分主体结构中的理性成分与非理性成分？

    ——答陶伯华同志 ………… 766

朱熹和黑格尔理学之同异浅析 ………… 774

关于西方哲学范畴发展史研究的 几个方法论问题 ………… 786

一定的道德原则是道德评价的唯一根据 ………… 800

对哲学史比较学和比较哲学史的 一点看法 ………… 816

列宁关于战胜强大敌人的原则 是怎样提出来的 ………… 818

凝聚力·豪迈感·忧患感 ………… 821

功利学初探 ………… 823

功利学初探（续） ………… 837

实践与修养 ………… 850

关于价值判断的特质

    ——兼评关于"价值真理"的讨论 ………… 853

黑格尔辩证法思想研究的新成果

    ——评张澄清《黑格尔的唯心辩证法》 ………… 863

马克思的《〈黑格尔法哲学批判〉导言》 ………… 868

黑格尔哲学：一个沉重的精神负担 ………… 875

近代英国经验论关于普遍命题学说的演变 ………… 888

霍布斯 ………… 911

评近年来关于非理性成分的研究 ………… 956

附录　欧洲哲学史教学提纲

导　言 …………………………………………………… 969

第一章　古希腊、罗马哲学 …………………………… 974

第二章　欧洲中世纪的经院哲学 ……………………… 1000

第三章　"文艺复兴"时期人文主义和自然哲学思潮
　　　　的兴起 ………………………………………… 1014

第四章　17—18世纪西欧各国的唯理论和经验论 …… 1022

第五章　18世纪法国的自然神论、机械唯物论和
　　　　无神论 ………………………………………… 1049

第六章　德国古典哲学 ………………………………… 1067

第七章　19世纪俄国革命民主主义者的哲学 ………… 1108

附　录　关于欧洲哲学史方法论的一些问题 ………… 1116

后　记 …………………………………………………… 1120

莱布尼茨哲学中的矛盾和他的调和态度

　　莱布尼茨是 17 世纪末至 18 世纪初德国资产阶级哲学家。

　　17 世纪末的德国，仍然是一个落后的农业国家，工商业不发达。资本主义生产关系刚刚萌芽，封建生产关系仍然占绝对的统治地位。政治上则处于封建割据状态，诸侯各霸一方，兼并战争连续不断，严重地阻碍着德国资本主义的发展。

　　刚刚成长起来的德国资产阶级，经济上和政治上都极为软弱。软弱的德国资产阶级为了发展自己，不得不仰仗于一个强有力的封建专制制度。

　　莱布尼茨是软弱的德国资产阶级的代言人。他公开拥护所谓"开明专制"的封建专制制度；同时，也十分关心德国资本主义的发展。与此相应的，在哲学上，莱布尼茨采取了和封建意识形态相妥协的唯心主义，企图在不触犯封建专制制度的根本利益的情况下，表达一下资产阶级的愿望。莱布尼茨哲学的根本任务，就在于掩盖并调和资产阶级和封建专制制度的矛盾，为资本主义发展开辟道路。

单子和上帝

　　莱布尼茨在 1714 年发表的《单子论》，对他的单子论世界观做了总结性的、系统的阐述。整个单子论世界观是由两个相互对立的基本范畴——单子和上帝（或"最高单子"）构成的。莱布尼茨力图要解决的问题，也就是掩盖并调和单子和上帝的对立。

莱布尼茨把宇宙的本原归结为精神性的实体——单子。他给单子以种种规定：单子是组成复合物的单纯实体；单子没有广延，因而不可分；单子都是封闭的，单子间没有相互作用的通路；单子是活动变化的，等等。

在单子的这许多规定中，莱布尼茨对单子的活动变化原则做了详细的阐述。他认为，单子中虽然没有部分，但是却存在着许多特殊样态，也就是存在着不断变化着的知觉。所谓单子的变化，就是由一个知觉过渡到另一个知觉。莱布尼茨认为，既然单子是封闭的，因此，单子变化的原因不能来自外部，而是由单子的某种内在原则所引起的。这个推动知觉变化的内在原则，莱布尼茨认为就是单子内在的欲求。他说："那种致使一个知觉变化或过渡到另一个知觉的内在原则的活动，可以称为欲求。"[1]

由此可见，莱布尼茨的世界观是十足的客观唯心主义。单子是一个纯粹精神的实体，物体不过是精神实体的组合，也就是说，物质不过是精神的派生物。正如列宁指出："我的自由的转达：单子＝特种的灵魂。莱布尼茨＝唯心主义者。而物质是灵魂的异在或是一种用世俗的、肉体的联系把单子粘在一起的糨糊。"[2]

然而，在这里莱布尼茨却也提出了一个积极的辩证法思想，即他通过唯心主义接近了物质和运动不可分割的思想。莱布尼

---

[1] 莱布尼茨：《单子论》，《十六—十八世纪西欧各国哲学》，商务印书馆1975年版，第485页。

[2] 列宁：《费尔巴哈〈对莱布尼茨哲学的叙述、分析和批判〉一书摘要》，《列宁全集》第38卷，人民出版社1959年版，第430页。

茨一方面以赤裸裸的唯心主义反对 17 世纪的英国唯物主义；同时，他又企图以唯心主义的辩证法，去改正 17 世纪形而上学唯物主义把物质和运动机械割裂的缺点。莱布尼茨的单子的能动原则，是他的唯心主义哲学中的积极的辩证法因素。

在莱布尼茨那里，单子不是一个无足轻重的东西。每个单子都是整个宇宙的一分子，单子本身也是一个小宇宙。每个单子都有自己活动的能力。每个单子的活动是自由的，它们都各各从自己的观点出发，通过知觉去参与全宇宙的活动，去表象全宇宙。同时，由于单子内在欲求的推动，知觉的变化是不断由低级向高级发展的，从微知觉（构成无生命的单子）到明显的知觉（如动物的感觉和记忆）以至精神（即人的理性）。

但是，我们也看到，在莱布尼茨那里，单子的活动也不是无法无天的。

首先，莱布尼茨认为，单子的变化只能是连续的、渐进的。在单子的变化过程中，绝不可能出现突变或飞跃。他的箴言是："自然从来不飞跃"。①

其实，更为重要的是，莱布尼茨在能动的单子上面，加上了一个统管单子的主宰，这就是莱布尼茨千方百计从多方面论证其存在的所谓全知全能上帝。莱布尼茨认为，单子不能自行生灭，但是单子却为上帝所创造，亦可以被上帝所毁灭。同时，他又认为，尽管单子之间互不通气，单子各自活动，但是在单子之间仍然存在着和谐的秩序。这种和谐秩序只能是为一个在单子之上的全知全能的上帝事先安排好的。他明确指出，单子之间的和谐秩序之所以可能，是："因为上帝在规范全体时注意

---

① 莱布尼茨：《〈人类理智新论〉序言》，《十六—十八世纪西欧各国哲学》，商务印书馆 1975 年版，第 509 页。

到每一个部分，特别是注意到每一个单子。"① 这就是所谓"预定和谐"说。在这里，莱布尼茨的哲学散发着强烈的僧侣主义气息。

　　然而，我们可以看出，尽管莱布尼茨极力吹捧上帝的完善和万能，但是他并不因此而贬低单子的实际地位和限制单子的自由活动。莱布尼茨的"预定和谐"说，表面上似乎是抬高了上帝的地位，而实际上是剥夺了上帝干涉世事具体进程的权力。在"预定和谐"说中，上帝的伟大和光荣，仅在于宇宙形成之前对宇宙秩序的规范，而不在于宇宙形成之后对宇宙实际进程的干预。因此，单子仍然保持它的实际地位和自由活动的权利。单子不仅是一个小宇宙，高级单子——精神甚至就活像一个小神。每个单子仍然参与宇宙的活动，而和谐秩序的形成，在莱布尼茨看来，不过是单子自由活动的结果。他说："正如一座城市从不同方面去看便显出完全不同的样子，好像因观点的不同而成了许多城市，同样情形，由于单纯实体上的数量无限多，也就好像有无限多的不同的宇宙，然而这些不同的宇宙乃是唯一宇宙依据每一个单子的各种不同的观点而产生的种种景观。"②莱布尼茨进一步指出，单子的自由活动是形成和谐秩序的最完美的方法。

　　由上可以看出，在莱布尼茨的哲学中，自由活动的单子和全知全能的上帝之间的矛盾是显然存在的。然而，莱布尼茨却极力掩盖这个矛盾，在他看来，上帝和单子之间的关系，可以在互不损害、各得其所的原则上获得调和。

---

　　① 莱布尼茨：《单子论》，《十六—十八世纪西欧各国哲学》，商务印书馆 1975 年版，第 493 页。
　　② 莱布尼茨：《单子论》，《十六—十八世纪西欧各国哲学》，商务印书馆 1975 年版，第 492—493 页。

君子和臣民

　　莱布尼茨在上帝和单子之间的关系上所采取的调和态度，深刻地反映了软弱的德国资产阶级的现实处境。莱布尼茨哲学中的上帝和单子之间的关系，实际上就是封建专制制度和资产阶级之间的关系的升华。莱布尼茨对上帝的颂扬，实际上就是对封建专制制度的吹捧；而对单子的地位及其自由活动原则的维护，实际上也就是资产阶级要求自由发展的影射。粉饰现实的"预定和谐"说，和改良主义的连续性思想，反映了软弱的德国资产阶级对封建专制制度的妥协和让步。

　　莱布尼茨对他的哲学的政治结论是毫不隐蔽的。他说："……上帝对于精神的关系，不仅是一个发明家对于他的机器的关系（如同上帝对其他创造物的关系），而且是一种君主对他的臣民的关系，甚至是一个父亲对他的子女的关系。"[①]莱布尼茨像奉承上帝一样，称颂现存的封建专制制度。他说："一切精神总合起来应当组成上帝的城邦，亦即最完善的君王统治之下的尽可能最完善的国家。"[②]他又说："这个上帝的城邦，这个真正普遍的王国，乃是自然世界中的一个道德世界，乃是上帝的作品中最崇高和最神圣的部分。"[③]

　　为了维护资本主义的自由发展，莱布尼茨又借助于"预定和谐"说排斥君主对实际生活的干预。他认为，实际生活问题，会按照"预定和谐"，通过自然本身的途径获得解决，而不必麻

---

　　① 莱布尼茨：《单子论》，《十六—十八世纪西欧各国哲学》，商务印书馆1975年版，第498页。
　　② 莱布尼茨：《单子论》，《十六—十八世纪西欧各国哲学》，商务印书馆1975年版，第498页。
　　③ 莱布尼茨：《单子论》，《十六—十八世纪西欧各国哲学》，商务印书馆1975年版，第498页。

烦上帝或君主。他说："我们还可以说，作为建筑师的上帝，在一切方面都是满足作为立法者的上帝的。因此罪恶必然凭借自然的秩序，甚至凭借事物的机械结构而带来它的惩罚；同样的，善良的行为则通过形体方面的机械途径而获致它的报偿，虽然这是不能也不应当经常立刻达到的。"[①]

由此看来，调和封建专制制度和资产阶级的矛盾，依靠封建专制制度来发展资本主义，是莱布尼茨哲学的最终政治目的。

费尔巴哈的揭露

莱布尼茨在哲学中所极力掩盖并调和的矛盾，在德国哲学发展过程中，以各种不同形式表现出来，而最终被费尔巴哈所公开揭露。

莱布尼茨哲学中的矛盾和他的调和态度，在18世纪和19世纪初年的德国唯心主义哲学中，通过自我意识和普遍理性的对立、调和的方式，得到了重复和发展。

可是随着德国资本主义的发展，莱布尼茨所极力掩盖并调和的矛盾，尖锐地暴露出来了。19世纪上半叶，封建专制制度已经成为资本主义进一步发展的桎梏，德国资产阶级不能再忍受封建专制制度的束缚了。正是在这个时候，莱布尼茨哲学中所掩盖的矛盾，为德国资产阶级民主主义者费尔巴哈发现了。费尔巴哈对莱布尼茨哲学中的辩证法因素给予了应有的重视。他认为莱布尼茨的能动的单子，表明莱布尼茨通过神学接近了物质和运动不可分割的原则。在此基础上，费尔巴哈进一步揭露了莱布尼茨哲学中的矛盾，认为在莱布尼茨的哲学中，能动

[①]　莱布尼茨：《单子论》，《十六—十八世纪西欧各国哲学》，商务印书馆1975年版，第499页。

的单子和上帝的"预定和谐"是矛盾的，莱布尼茨对这个矛盾的调和表明了莱布尼茨哲学的不彻底性。费尔巴哈在他的《对莱布尼茨哲学的叙述、分析和批判》一书中写道："先定和谐虽然是莱布尼茨的宠儿、但也是莱布尼茨的弱点，从对单子的纯粹外在的关系上来理解的先定谐和，是和莱布尼茨哲学的精神根本矛盾。"[①]费尔巴哈对莱布尼茨哲学中的矛盾的揭露，深刻地反映了德国资本主义的发展达到了一个新的阶段。

综上所述，不论从莱布尼茨哲学本身来看，或者从德国哲学发展过程来看，莱布尼茨哲学中的矛盾，正像德国现实中的矛盾一样，是实实在在存在着的；尽管莱布尼茨极力加以掩盖和调和。

莱布尼茨哲学中的"预定和谐"和发展连续性、渐进性的形而上学思想，反映了德国资产阶级的软弱性和妥协性，这是莱布尼茨哲学中的消极方面。莱布尼茨关于单子自由活动的辩证法因素，反映了德国资产阶级自由发展的要求，这是莱布尼茨哲学中的积极因素。而整个来说，莱布尼茨哲学的唯心主义、僧侣主义性质，决定了这个哲学的妥协的、消极的基本倾向。

（原载《光明日报》，1963 年 2 月 1 日）

---

① 转引自列宁《哲学笔记》注释 147，《列宁全集》第 38 卷，人民出版社 1959 年版，第 647 页。

关于亚里士多德的十范畴学说

一

亚里士多德在《工具论》的《范畴篇》(第四章)和《论辩篇》(第一卷、第九章)中，提出了十个范畴。这十个范畴是：

实体 　性质 　数量 　关系 　地点 　时间
　　状态 　具有 　能动 　被动

在《分析后篇》《物理学》《论生灭》以及《形而上学》等著作中，列举的范畴数目不等，有时三个，有时五个，最多达八个。但是，在这些文献中，特别是在《形而上学》中，亚里多德对他的十范畴学说做了深刻的发挥。

亚里士多德的十范畴学说是西方哲学史上的第一个范畴系统，对后来的哲学和逻辑学的发展有很大的影响。对于这个学说，和亚里士多德的其他学说一样，历史上也一直是议论纷纭。其中的一个问题是，亚里士多德的十范畴学说是一门什么性质的学问？

这个问题大致涉及这几个方面：语言、逻辑和哲学。

有人认为，亚里士多德的范畴学说是语法问题。[①]也有人认为，语言形式的研究是亚里士多德形成范畴学说的主要向

---

① 罗斯：《亚里士多德》，伦敦 1945 年英文版，第 22 页。

导。①

在近代的逻辑著作中，亚里士多德的范畴学说是经常被提及的。但也有人认为，亚里士多德的范畴学说没有逻辑意义。②

再次，亚里士多德的十范畴学说有哲学意义吗？有人认为，亚里士多德的十范畴学说没有贯之以原理，不成系统。③ 某一些人则更彻底干脆地说，"范畴"一词在哲学中不表示任何清楚的观念。④但也有人主张，范畴学说在亚里士多德的体系中，与其说属于"逻辑"，毋宁说属于"形而上学"。⑤

可见，亚里士多德的十范畴学说是一门什么性质的学问，在旧哲学中是一个悬而未决的问题。

看来，在我们的某些研究中，对这个问题的看法也不是一致的。有人认为，亚里士多德的"范畴篇"主要是讨论语词的。⑥也有人认为，亚里士多德的十范畴学说是以形式逻辑为基础的。⑦在某些哲学史论著中，十范畴学说被看作亚里士多德形式逻辑思想中的辩证法思想最为丰富的部分。我们也看到，在我们的一般形式逻辑著作中，亚里士多德关于概念、判断、推理以及思维规律等基本思想得到了保存和发展，而他的范畴学说却销声匿迹了。

可见，亚里士多德的十范畴学说究竟是一门什么性质的学问这个问题依然存在。

温习一下马克思列宁主义经典作家关于亚里士多德逻辑学的某些重要论断，对于揭开这个历史之谜，想必是有益的。

---

① 罗斯：《亚里士多德》，伦敦 1945 年英文版，第 22 页。

② 门脱：《归纳和演绎逻辑》，纽约 1901 年英文版，第 112 页。

③ 门脱：《归纳和演绎逻辑》，纽约 1901 年英文版，第 113 页。

④ 罗素：《西方哲学史》，纽约 1945 年英文版，第 200 页。

⑤ 蔡勒：《亚里士多德和早期逍遥学派》第 1 卷，伦敦 1897 年英文版，第 102 页。

⑥ 周礼全：《亚里士多德关于推理的逻辑理论》，光明日报 1963 年 3 月 22 日。

⑦ 丕之、汝信：《黑格尔范畴论批判》，上海人民出版社 1961 年版，第 12 页。

恩格斯在《反杜林论》的"引论"中写道："他（黑格尔——引者注）的最大功绩在于回复到辩证法，以之作为思维的最高形式。古代希腊的哲学家都是天生的、自发的辩证论者，他们中间最渊博的学者——亚里士多德——甚至已经研究了辩证法思维的最基本的形式。"①恩格斯在这篇引论的草稿中，把亚里士多德称作"古代世界的黑格尔"。②

列宁在《亚里士多德〈形而上学〉一书摘要》中写道："亚里士多德的逻辑学是寻求、探索，它接近于黑格尔的逻辑学……"③

我们知道，黑格尔的逻辑学是马克思主义辩证逻辑诞生之前的历史上的最为完整的辩证逻辑体系，尽管这个体系是建立在唯心主义之上的。因此，列宁关于亚里士多德的逻辑学接近于黑格尔的逻辑学的论断表明，在亚里士多德的逻辑学中存在着辩证逻辑思想的因素或胚芽。

我们现在无法断定，恩格斯和列宁的上述论断是针对亚里士多德的逻辑思想的那些方面或那些部分讲的。但是，根据现有的关于亚里士多德十范畴学说的历史材料，参照黑格尔的逻辑学和辩证逻辑的一般特点，我们觉得，恩格斯和列宁的上述论断，如果应用在亚里士多德的十范畴学说上，也是十分合适的。

我们认为，亚里士多德的十范畴学说和他的形式逻辑思想以及他的语词研究虽有联系，但有差别，这个学说在极其朴素的形态上自发地涉及了辩证逻辑的某些问题。

---

① 恩格斯：《反杜林论》，人民出版社 1956 年版，第 18 页。
② 恩格斯：《反杜林论》，人民出版社 1956 年版，第 18 页脚注。
③ 列宁：《亚里士多德〈形而上学〉一书摘要》，《列宁全集》第 38 卷，人民出版社 1959 年版，第 417 页。

二

抽象概念和范畴是两种有区别的思维形式。前者是一类事物的共同本质属性的反映，属于形式逻辑研究的范围；后者是具体事物多方面的存在及其联系的基本形式的反映，属于辩证逻辑的研究范围。辩证逻辑研究的具体概念也就是一个范围联系、转化的系统。逻辑学发展到今天，这一点应该说是比较清楚的了。

在西方哲学史上，第一个提出范畴这一思维形式的人是亚里士多德。

在亚里士多德之前，古希腊的哲学家们早已开始讨论概念问题了。亚里士多德指出，德谟克利特已经接触到了定义问题。苏格拉底和柏拉图对概念也做过比较深入的研究。至于亚里士多德本人，虽对概念问题做过深刻的研究，但却没有给我们留下任何关于概念问题的专门论著。即使在《工具论》中，我们也看不到专门论述概念的章节。然而，亚里士多德对定义问题做了许多具体深入的分析，这在《工具论》和《形而上学》等书中到处可见。我们可以从他的关于定义的学说中寻求他的概念学说的基本思想。在亚里士多德看来，概念是反映事物共同本质属性的思维形式。借助于定义可以揭示概念的内涵。亚里士多德说："定义是标示一个事物的本质的短句。"[①]譬如说，"人是两脚动物"这一命题反映了人的本质，"两脚动物"就是"人"这一概念的内涵。

亚里士多德重视一般概念在认识中的作用，认为概念能揭

---

① 亚里士多德：《论辩篇》，101b35—40，《亚里士多德全集》第 1 卷，牛津 1928 年英文版。

示一类事物的共同本质，说明"事物是什么？"但是，我们知道，亚里士多德和柏拉图在哲学的倾向上是很不相同的。他不止一次地责难柏拉图迷恋于抽象，蔑视个别。对亚里士多德来说，没有什么再比现实的个别事物更值得为人们所关心的了。因此，亚里士多德不满足于反映事物一般，而力求把握具体的独立存在的个别事物。

亚里士多德认为，对于单个事物是无法定义的，种属一般概念只能指示"如此"，不能指示"这个"。 亚里士多德写道："每一事物的实体其第一义就是它的个性别，——属于个别事物的就不属于其他事物；而普遍则是共通的，所谓普遍就不止一事物所独有。"[①]在亚里士多德看来，作为独立自存的实体的个别事物包含了它自己的全部要素，仅仅用种属一般概念是不能完全把握它的。

这样一来，在亚里士多德的面前就放着一个问题：一切知识都是一般的，而现实存在的事物却是个别的，那么，这一般知识如何能把握个别的事物？这个问题在《形而上学》中经常被提及，亚里士多德对此感到十分困惑。

亚里士多德认为，尽管个别事物的存在是丰富多样的，但哲学可以像数学一样进行抽象的研究，即研究事物多方面存在的最基本的形式。[②]亚里士多德认为，和各种专门学问不同，哲学只研究"作为存在的存在和按其自己的本性属于存在的诸属性"。[③]这就是说，亚里士多德开始朦胧地意识到，人们可以通过探索事物多方面的存在的基本形式及其联系去把握事物的具体。

---

① 亚里士多德：《形而上学》，商务印书馆1962年版，第151页（引文据牛津1928年英文版《亚里士多德全集》第8卷做了某些修改，下同）。

② 亚里士多德：《形而上学》，商务印书馆1962年版，第215页。

③ 亚里士多德：《形而上学》，商务印书馆1962年版，第56页。

亚里士多德的范畴学说和他所企图要解决的上述问题是密切相关的。

亚里士多德列举了十个范畴。他认为，"任何事物的偶性、种、属性和定义总是归结到这些范畴之一。"①在《范畴篇》中，他对十范畴做了如下的说明："让我大略的说一说我的意思：指实体的如'人'或'马'，指数量的如'二丘比特长'或'三丘比特长'，指性质的例如'白的''通晓语法的'等属性；'二倍''一半''较大'等等则属于关系的范畴；'在市场里''在吕克昂'等等，属于地点的范畴；'昨天''去年'等等属于时间的范畴；'躺卧着''坐着'等等则是指示姿态的语词；'着鞋的''武装的'等等，属于状况［具有］；'施手术''针灸'等等，是动作；'受手术''受针灸'等等，属于遭受的范畴。"②

那么，范畴是什么呢？亚里士多德没有给予一个明确的定义。我们也只能根据他对范畴问题的具体论述寻求范畴的基本含义。

亚里士多德的"范畴"一词，在希腊文中和文法上的谓词是同一个词。这一点和亚里士多德的范畴思想形成有关。在他看来，每一命题必有主词和谓词两项，而所有命题中的所有谓词都可以分别归结到十个基本谓词即范畴之下，如"人是白的"这一命题中的"白的"，可以纳入"性质"这一范畴，"人是坐着的"这一命题中的"坐着"，可以纳入"姿态"范畴，如此等等。

因此，有些人就从这一点出发，认为亚里士多德的范畴分类就是谓词分类，因而，范畴学说就是语法问题。的确，亚里

---

① 亚里士多德：《论辩篇》，103b20—25，《亚里士多德全集》第 1 卷，牛津 1928 年英文版。

② 亚里士多德：《范畴篇，解释篇》，商务印书馆 1959 年版，第 11 页。

士多德的范畴研究常常是和语词分析交织在一起的。譬如，在《范畴篇》中，他认为复合的语言形式可以化为简单的语言形式，而一切简单的语言形式又可以归入十范畴。然而，从根本上说来，把范畴的分类看成语词的分类是不正确的。很明显，范畴一词，在亚里士多德这里已经失去了语法上的谓词意义，它已经成为逻辑学上的一个新的术语。譬如，"实体"（第一实体）这一范畴，在亚里士多德看来，它只能作为一个命题中主词，却永远不能作为命题中的谓词。人们可以说，"苏格拉底是文明的"，但却不可以说，"文明的是苏格拉底"。

实际上，亚里士多德是企图通过语言分析，去寻找个别事物存在的多方面的逻辑规定。亚里士多德已经朦胧地意识到个别事物是多方面的统一，各种范畴就是对事物存在的多方面逻辑规定。这一思想在《形而上学》中表露得十分清楚。他说："基本存在的类别正是那些为各种范畴所陈述的东西；因为，'存在'的各种意义和范畴的种类一样多。这样，有些范畴说明对象是什么？另一些范畴则说明对象的质、量、关系、能动或被动、'何时''何地''存在'总有一个意义符合这些陈述之一。"[1]他又说："'存在'在一个意义上是指'事物是什么'或'这个'，在另一个意义上，它指的是质、量或者是其他范畴之一。"[2]

由此看来，亚里士多德的范畴分类基本上不是语词分类，不是语法问题。在他这里，范畴本质上是存在和思维的基本形式。

同时，从这里也可以看出，亚里士多德的范畴和形式逻辑的概念之间也存在着明显的区别。

---

① 亚里士多德：《形而上学》，商务印书馆 1962 年版，第 94 页。
② 亚里士多德：《形而上学》，商务印书馆 1962 年版，第 125 页。

关于这一点，阿赫莫诺夫写道："如果把概念理解为关于对象存在的本质的意思（这一点在亚里士多德的逻辑中是有地位的）；那么，就不能把范畴本身看作是概念或概念的种，而只能看作词的意义的种或存在的种。"①当然，如果从范畴是存在的种这一角度去理解范畴；那么，把范畴看作关于存在的最根本的概念亦无不可。

在亚里士多德这里，范畴标示着客观事物存在的基本形式，显然，这是唯物主义的。在这方面，他和康德、黑格尔的范畴思想是根本不同的。在康德那里，范畴是主观的先验的形式。亚里士多德的唯物主义不合康德的口味，康德就斥责其没有哲学意义。同样的，黑格尔也反对把范畴看作客观现实的反映，他认为范畴不过是绝对精神发展的各个环节。

但从另一方面看，亚里士多德把范畴看作具体事物存在的各方面的规定，并企图以十范畴系统去全面地反映一个具体事物的思想，这和黑格尔把范畴看作具体真理的各个片面、环节，并通过一个范畴系统寻求具体真理的想法是有近似之处的。

亚里士多德的这一朦胧的意识表明，在十范畴学说中，他正向着一门有别于形式逻辑的新的逻辑进行探索。

在近代的一些逻辑著作中，照例总是要提一提亚里士多德的范畴学说的。但是，范畴学说和逻辑学其他部分的关系也通常是支吾不清的。这就难怪一些逻辑学家起来否定亚里士多德的范畴学说的逻辑意义了。因为，在这些人的头脑中，逻辑就是形式逻辑，范畴学说既然在形式逻辑中无法搁置，那它还会有什么逻辑意义呢？然而，逻辑学发展到今天，事情就比较清楚了。范畴的研究已经被排除在形式逻辑之外。范畴这一思维形式已成为另一门逻辑——辩证逻辑的研究对象。

---

① 阿赫莫诺夫：《亚里士多德的逻辑学》，莫斯科 1960 年俄文版，第 165 页。

亚里士多德第一个在唯物主义的基础上提出了范畴这一思维形式，应该说是人类思想发展史上的一个跳跃，具有一定的历史意义。但是，亚里士多德对范畴这一思维形式的认识的原始性、朴素性也是极为明显的。

列宁曾经指出："辩证法是活生生的、多方面的（方面的数目永远增加着的）认识，其中包含着无数各式各样观察现实、接近现实的成分（包含着从每个成分发展成的整体哲学体系）……"①但是，我们看到，亚里士多德并不懂得现实的无限多样性。在他看来，十范畴似乎已经穷尽了现实的一切方面。

其次，在亚里士多德所列举的十范畴中，有些范畴（如具有、状态等）不一定都是基本范畴。而另一方面，亚里士多德曾经对潜能与现实、必然与偶然、形式与内容等问题也做过深入的探索；但是，他都把这些问题放在范畴学说之外。

另外，亚里士多德虽然对范畴间的联系做了某些探索，但是，他没有把对立统一思想彻底应用于范畴的研究。这一点后面还会谈到。

三

亚里士多德不是简单地列举了十个范畴。实际上，他把十个范畴构成了一个逻辑系统。

我们知道，在亚里士多德之前，关于实体、质、量、时间和空间等问题早已为许多先辈哲学家提出来并讨论过。几乎所有的先辈哲学家都探讨过"实体是什么？"这个问题。毕达哥拉斯学派着重地研究了"数量"。阿那克萨哥拉处理过质与量的

---

① 列宁：《谈谈辩证法问题》，《列宁全集》第 38 卷，人民出版社 1959 年版，第411 页。

关系。德谟克利特对时间和空间问题做过深入的探索。在柏拉图那里，出现了一些抽象观念，如实体、质、量、关系，等等。所有这些都为亚里士多德的范畴学说的形成做了思想资料方面的准备。但是，在亚里士多德之前，即使在柏拉图那里，这些问题的研究仍然处于表面和零散的状态。适应当时思想斗争的需要，特别是为了反对柏拉图和毕达哥拉斯学派的唯心主义，亚里士多德总结了前人的成果，提出了范畴这一思维形式，并把十范畴构成了一个系统。

十范畴之所以被称为一个系统是因为，在亚里士多德这里，十范畴不是一个凌乱的堆积或偶然的集合，它们之间存在着特定的联系。从亚里士多德的论述看来，十范畴之间的关系基本上可以从两方面加以说明：一方面是实体范畴和其他范畴之间的关系，另一方面是十范畴之间的特定的发展序列关系。在这一节里，我们将着重分析实体范围和其他范围之间的关系。

在十范畴中，亚里士多德把实体范畴放在一个特殊的地位上。实体范畴是十范畴系统的中心，因此，有必要先对实体范畴做一些分析。

亚里士多德认为，实体范畴有两层意义：一是指独立存在的个别事物，如个别的人，个别的马等；二是指种和属，如"人"和"动物"等。他把前者叫作"第一性实体"，后者称作"第二性实体"。

在他看来，第一性实体是不依赖他物而独立自存的东西。他说："有一类东西既不存在于一个主体里面，又不可以用来述说一个主体，例如一个个别的人和一匹个别的马。"[①]

种和属作为实体，与其他范畴不同，它们能说明第一性实体是什么，如苏格拉底是人。种和属这种实体是第二性的，因

---

① 亚里士多德：《范畴篇，解释篇》，商务印书馆1959年版，第10页。

为它们没有第一性实体存在，它们自身就不能存在。譬如，"'动物'被用来述说'人'这个属，因之就被用来述说个别的人，因为如果没有可以用它来述说的个别人的存在，那它根本就不能用来述说'人'这个属了"。①亚里士多德明确指出："如果没有第一性实体存在，就不可能有其他的东西存在。"②

亚里士多德正是在这种肯定个别事物的实在性，强调没有个别就没有一般的唯物主义基础上，对柏拉图的观念论进行了尖锐的抨击。

但是，亚里士多德也并没有真正解决种、属与个别事物之间的关系。在他看来，虽然没有个别事物存在，种和属就不能存在；但是，种和属并不存在于个别事物之中。他说："关于第二性实体，从下面的论据（姑且不谈别的论据）就可以清楚地看出它们并不存在于任何一个主体里面。因为'人'并不存在于个别的人里面。同样，'动物'也被用来叙说个别的人，但并不存在于他里面。"③但在《形而上学》的某些地方，他又认为："普遍性显然不能离其个体而自在。"④

正如列宁指出的："妙得很！不怀疑外部世界的实在性。这个人（亚里士多德——引者注）就是弄不清一般和个别、概念和感性、本质和现象的辩证法。"⑤

在这里，亚里士多德动摇于唯物主义和唯心主义之间。但是，应该指出，亚里士多德在这里的摇摆和他在形式-质料说上的摇摆有所不同。在形式-质料的学说中，亚里士多德的摇摆最后导致了唯心主义。在十范畴学说中，虽然也有所动摇，但是

---

① 亚里士多德：《范畴篇，解释篇》，商务印书馆1959年版，第13页。
② 亚里士多德：《范畴篇，解释篇》，商务印书馆1959年版，第13页。
③ 亚里士多德：《范畴篇，解释篇》，商务印书馆1959年版，第14页。
④ 亚里士多德：《形而上学》，商务印书馆，1962年版，第167页。
⑤ 列宁：《亚里士多德〈形而上学〉一书摘要》，《列宁全集》第38卷，人民出版社1959年版，第418页。

他基本上坚持了唯物主义。这一点特别表现在他突出地强调第一性实体的客观实在性上。他说："实体，就其最真正的，第一性的、最确切的意义而言，乃是那既不可以用来述说一个主体又不存在于一个主体里的东西，例如某一个个别的人或某匹马。"[①]他又说："第一性实体之所以最正当地被称为第一性实体，是因为它们乃是所有其他东西的基础和主体。"[②]

第一性实体和第二性实体的关系的讨论基本上局限在种、属与个体的关系范围之内。亚里士多德进一步研究了实体范畴和其他范畴之间的关系。他在《形而上学》中对这个问题做了较为详细的论述。

亚里士多德认为，在十范畴中，只有"实体"（第一性实体）是独立自存的。其他范畴在客观上都不能独立存在，只能存在于实体之中。

关于这一点，亚里士多德写道："人们可以问道，'行''坐''健康'以及相似的其他词语是否也各自存在？这些没有一件能脱离实体而独自存在。假如有所存在，则存在的实际上是那个行走、坐着或健康的东西｛人｝。"[③]亚里士多德更为明确地指出："除了实体而外，其他各范畴均不能独立存在。"[④]

亚里士多德从这个立场出发，批判了毕达哥拉斯学派的"数"的唯心主义和神秘主义。他写道："毕达哥拉斯学派看到许多可感觉事物具有数的属性，便设想实事实物都是数，不说事物可以用数来为之计算，而说事物就是由数所组成的。"[⑤]他认为，毕达哥拉斯学派实际上是否认了可感觉的事物是我们的

---

① 亚里士多德：《范畴篇，解释篇》，商务印书馆 1959 年版，第 12 页。
② 亚里士多德：《范畴篇，解释篇》，商务印书馆 1959 年版，第 14 页。
③ 亚里士多德：《形而上学》，商务印书馆 1962 年版，第 125 页。
④ 亚里士多德：《形而上学》，商务印书馆 1962 年版，第 237 页。
⑤ 亚里士多德：《形而上学》，商务印书馆 1962 年版，第 296 页。

认识的对象。而在他看来，实际上"数学对象显然不能离可感觉事物而独立存的；如果它们能独立存在，则在实际之中就看不到它们的属性了。"[1]

不难看出，亚里士多德对毕达哥拉斯学派的批判是正确的，表明他站在唯物主义的立场上。但是，也应该指出，亚里士多德的唯物主义在这方面也并不是彻底的。在某些地方，他把灵魂、神等也看作实体。

通过亚里士多德关于实体范畴及其和其他范畴之间的关系的分析，表明了亚里士多德的十范畴学说的一个特点：它自发地和本体论结合在一起。

我们知道，和形式逻辑不同，辩证逻辑总是一定世界观的一个方面或组成部分。19世纪的黑格尔自觉地把他的逻辑学和客观唯心主义世界观统一起来。公元前四世纪的亚里士多德则是自发地把十范畴学说和朴素的唯物主义结合在一起。从逻辑学和本体论的关系方面看，亚里士多德的十范畴学说是接近于黑格尔的逻辑学的。

四

亚里士多德不仅讨论了实体范畴和其他范畴之间的关系，而且研究了范畴的发展序列问题。

在《范畴篇》中，亚里士多德着重对各个范畴进行规定。在《形而上学》的某些地方，他探讨了范畴的发展序列。

首先，亚里士多德认为，从范畴的序列上看，实体范畴应在其他范畴之前。

他说："事物被算为为首者有数种意义——（一）在定义上；

---

[1] 亚里士多德：《形而上学》，商务印书馆1962年版，第296页。

（二）在认识程序上；（三）在时间上。但是，实体在任何一个意义上都是为首的。"①

其次，亚里士多德认为，在实体范畴之后是性质范畴，在性质范畴之后是数量范畴。

他说："我们研究的对象是实体；我们探讨的正是实体的原理与原因。倘若宇宙为一整体，实体就是这整体的一部分；倘这整体只是连续系列的串联，实体便当在次序上为第一，其次为性质，继之以数量。"②

亚里士多德的"实体—质—量"的范畴序列近似于黑格尔逻辑学中"存在（非存在）—质—量"的范畴序列。黑格尔的这种范畴序列，在辩证逻辑中，一般被认为是正确的。

亚里士多德的这一思想是符合人类认识发展过程的。列宁在《哲学笔记》中，引了费尔巴哈的一句话："最先的和最初的东西就是感觉，而在感觉中不可避免地也会有质……"③

再次，亚里士多德还认为，关系范畴应该后于质和量，并且是所有范畴之中之最后的一类。他说："但关系范畴后于质与量，是所有实在或实体中最微末的一类。我们已经说过，所相关的不是物质，而是量的一个偶性，因为事物必须保持某种显明的本性，才能凭此本性物质和另一些事物造成一般关系，或与另一些事物之部分或其类别造成关系。凡以或大或小，或多或少与另一些事物建立关系者，必其本身具有多或少、大或小，或一般与另些事物肇致关系的本性。"④

可以看出，亚里士多德一方面从存在的联系和发展考察范

---

① 亚里士多德：《形而上学》，商务印书馆 1962 年版，第 125 页。
② 亚里士多德：《形而上学》，商务印书馆 1962 年版，第 237 页。
③ 列宁：《黑格尔辩证法（逻辑学）的纲要》，《列宁全集》第 38 卷，人民出版社 1959 年版，第 356 页。
④ 亚里士多德：《形而上学》，商务印书馆 1962 年版，第 291 页。

畴的联系和发展；另一方面，他把范畴的联系和发展也看作人类认识的发展。人们以实体为对象，首先考察它的质，继之考察它的量。对事物的关系的认识必须以对事物的质与量等的认识为前提，但关系范畴则包含了较之质、量等范畴的更多的内容。范畴的发展序列，在某种程度上自发地反映了人类认识由抽象向具体发展的逻辑过程。

关于范畴发展序列的思想，亚里士多德给我们留下的材料不多。看来，这一思想在亚里士多德那里没有得到充分的发展。

亚里士多德的范畴发展序列的思想在希腊早期斯多葛学派的逻辑学中得到了发展。斯多葛派提出了四个范畴：实体、性质、方式和关系。他们认为，四范畴是相互联系的，在排列次序上，前一个范畴包容着后一个范畴，而后一范畴则给予前一范畴以更明确的规定。

黑格尔则在更为发展的水平上研究了范畴的发展序列。他的逻辑学也就是一个由低级的、抽象的范畴不断向更高级、更具体的范畴的演进的范畴体系。

我们看到，黑格尔是十分重视亚里士多德的范畴学说的。在他的《哲学史讲演录》中，他用在评述亚里士多德的《范畴篇》上的笔墨较之评述亚里士多德逻辑学的其他部分所用的笔墨多花了近三倍。但是，黑格尔对亚里士多德的范畴发展序列的思想，却未曾给予注意。相反，他还责难亚里士多德没有指出范畴之间的联系。

丕之、汝信同志在《黑格尔范畴论批判》一书中，对黑格尔评述亚里士多德范畴学说的一些论点，做了某些有益的分析和批判。但是，丕之、汝信同志却也轻信了黑格尔对亚里士多德范畴学说的上述批评。丕之、汝信同志写道："最后，黑格尔也对亚里士多德提出了一些批评，他指责亚里士多德'常常是一个又一个地讨论每个规定，而没有提出它们之间的联系。'黑格尔的这个意见是从辩证法观点提出的，亚里士多德虽然是古代辩证法的最大代表者，可是由于历史条件的限制，就不能避免这样的缺陷。"①

这实在是一件历史冤屈！

黑格尔之未能注意到亚里士多德的范畴发展序列的思想也许和下述情况有关：黑格尔在《哲学史讲演录》中评述亚里士多德学说所摘引的材料全都来自《范畴篇》。我们看到亚里士多德的范畴发展序列的思想则是在《形而上学》中发挥的。

恩格斯曾十分明确地把亚里士多德划入范畴学说的辩证法派。恩格斯写道："两种哲学派别：带有固定范畴的形而上学派，还有流动范畴的辩证法派（亚里士多德、特别是黑格尔）……"②

我们以为，恩格斯的这一论断对亚里士多德的十范畴学说也是合适的。

由上可见，亚里士多德力图从范畴的联系、流动和发展中考察范畴，力图从认识论上考察范畴的联系和发展。这些方面都自发地表露了十范畴学说的另一个特点：这个学说和认识论的一致，以及这个学说的自发的辩证法性质。

然而，在十范畴学说中，亚里士多德的辩证法思想是不彻底的。

我们看到，亚里士多德对某些范畴也做了矛盾分析。譬如，他认为实体在保持自身数量同一性的同时，可以容许相反性质的转化。如人有时生病，有时健康，有时冷，有时热等。他还断言，相反性质转化的原因在实体自身。在对关系范畴的分析中，也表现了某些对立统一的思想。如他认为主人和奴隶是相

---

① 丕之、汝信：《黑格尔范畴论批判》，上海人民出版社 1961 年版，第 14 页。
② 恩格斯：《自然辩证法》，人民出版社 1955 年版，第 167 页。

互依存的。他说："主人的存在必然致使奴隶也存在，奴隶的存在也蕴涵着主人的存在。"[①]

但是，我们知道，亚里士多德是赫拉克利特的"既存在又不存在"的对立统一思想的激烈的反对者。总的说来，他没有把对立统一的思想彻底地贯彻到十范畴的研究中去。因此，尽管他力图去研究范畴之间的联系、过渡和发展，可是，在他那里，范畴的联系，过渡和发展显得不是内在的、有机的。这是亚里士多德十范畴学说的基本缺陷之一。

但绝不能因为这一点，就把亚里士多德的十范畴学说排斥在范畴学说辩证法派别之外。在古代哲学的研究中，如果我们把能否彻底贯彻对立统一思想作为划分古代哲学中的辩证法和形而上学的基本派别的标准，那么，在古希腊的哲学发展史上，除了赫拉克利特之外，（即使在赫拉克利特那里，对立统一思想，也不是十分彻底的）就很难再找到第二个代表人物了。可是，我们看到，尽管亚里士多德公开地、激烈地反对过赫拉克利特的对立统一的思想，但他作为古希腊辩证法的杰出代表之一，却是为马克思主义经典作家所一致肯定的。

五

综上所述，亚里士多德的十范畴学说自发地表露了如下几个特点。

十范畴学说以个别具体事物为对象，并企图以一个范畴系统对具体事物做多方面的逻辑规定。

作为逻辑学的十范畴学说自发地和本体论结合在一起。

作为逻辑学的十范畴学说自发地和认识论相一致，具有自

---

① 亚里士多德：《范畴篇，解释篇》，商务印书馆1959年版，第27页。

发的辩证法性质。

十范畴学说自发表露出来的这些特点，表明十范畴学说在朴素的形态上自发地涉及了辩证逻辑的某些问题，自发地向着辩证逻辑探索、寻求。

马克思主义辩证逻辑是无产阶级世界观——辩证唯物主义与历史唯物主义的一个方面或一个组成部分。它和马克思主义的革命的能动的反映论、马克思主义辩证法相一致。它的主要内容是研究范畴的辩证联系和转化，并以此求得具体真理。

可见，马克思主义辩证逻辑和亚里士多德的十范畴学说是根本不能同日而语的。后者的哲学基础是奴隶主阶级的朴素的、不彻底的唯物主义，其辩证法也是自发的、不彻底的。

马克思主义辩证逻辑和一般形式逻辑也存在着根本的差别。这主要表现在：逻辑学和本体论的一致，逻辑学和认识论、辩证法的一致，辩证逻辑以研究范畴的联系、转化为主要内容，并以此求得对事物的全面具体的认识。

从这方面看，马克思主义辩证逻辑和亚里士多德的十范畴学说之间存在着某种历史的相似之处。

在我们的逻辑史的研究中，在关于逻辑史的内容和分期问题上，出现了这样一种提法："在今天，作为科学的逻辑史，就不应该再把形式逻辑看成唯一可能的逻辑，像西方资产阶级逻辑史家所做的那样，而必须阐明在逻辑科学的发展中存在着两个阶段：形式逻辑只是逻辑的第一阶段，它和马克思主义的辩证逻辑比起来是初步的东西，马克思主义的辩证逻辑则是关于人类思维的科学的最高发展阶段。"[1]

按照这个提法，在马克思主义辩证逻辑创立之前，历史上

①　何兆清：《逻辑史的研究和作用》，载《北京大学学报（人文科学）》，1962年第2期。

不存在任何辩证逻辑的思想，古典逻辑史就依然仅仅是形式逻辑思想发展的历史。同样，按照这个提法，在马克思主义辩证逻辑创立之后，形式逻辑也就结束了自己生命的延续。

我们认为，这个提法是对马克思主义关于辩证逻辑和形式逻辑相互关系的学说的误解。它和马克思主义的历史主义的原则，以及和逻辑思想发展的客观历史实际是不相符合的。

但是，这一提法的出现，却从侧面反映了我们逻辑学研究中的一种状况：对逻辑史，特别是对辩证逻辑史的研究不够。

笔者提出一孔之见，以期达到抛砖引玉和引起这方面进一步研究的兴趣的目的。

（原载《南开大学学报》，1963 年第 12 期）

论黑格尔的思维和存在的同一性学说

思维和存在具有同一性，是黑格尔哲学的最基本的命题。这个命题集中地体现了黑格尔哲学的唯心主义体系和辩证方法的矛盾。黑格尔正是通过这个命题在他的极端保守的哲学中隐藏革命，反映了19世纪初刚刚形成的德国资产阶级的要求。

在一些研究黑格尔哲学的论著中，作者们一般都正确地指出黑格尔的这个命题是在他批判康德的二元论、不可知论的过程中形成的，是彻底的唯心论的一元论，同时也包含着辩证法的成分。

但是，黑格尔为什么要批判康德的二元论、不可知论？黑格尔的这个命题中包含的辩证法思想的基本内容是什么？他为什么要通过这种批判走向唯心论的一元论，同时又大力发挥辩证法思想？黑格尔的这个命题具有什么社会意义？本文想就这些问题做初步的探讨。

——

黑格尔关于思维和存在具有同一性的学说，从理论上看，出发于康德的"理念"学说，从实践上说，它是法国革命的德国理论。

"理念"是康德哲学中的一个重要范畴。康德继承了柏拉图的理念论，认为“理念”是人的理性先天就固有的，它和感性经验无关，但却是感性世界中的个别事物的范型。康德证明，由于“理念”超越经验，要求绝对的无条件的东西，因而在理论上毫无根据，作为科学知识是不能成立的。但是，他又认为，在实践中即在人们的道德、宗教和政治生活中，“理念”仍有其存在的必要，它乃是人们实践行为的范型、基准和目标，就是说人们在实践中应当力求达到和实现“理念”。然而，康德明确断言，在实践中，“理念”也仅仅是一个“应当”，但实际上是人们永远达不到和实现不了的。比如，在政治生活中，康德认为，容许最大可能的人类自由，应当是制定国家宪法的根本原则，也即国家宪法的“理念”。只有完全按照这个“理念”建立起来的国家制度才算得上是“完善的国家”。可是康德宣称：此种完善国家绝不能实现。①康德和法国启蒙主义者们一样，也在那里追求自由，可是，康德式的“自由”，仅仅是某种抽象的意志、道德的理想，是根本不可能实现的“应当”。

在康德那里，“理念”和现实之间，“应当如此”和“实际如此”之间，也即思维和存在之间，始终存在着一条不可逾越的鸿沟。理想是美好的，可惜的是不能实现。正如马克思指出的：“康德认为，共和国作为唯一合理的国家形式，是实际理性的基准，是一种永远不能实现但又是我们应该永远力求和企图实现的基准。”②康德看到了当时德国的现实不合乎理想，力图从思想上树立起一个同德国现实的封建专制制度相对立的资产阶级的理想王国，这表明18世纪末正在形成的德国资产阶级，开始提出自己的独立的政治见解了。康德的这种政治观点，较

---

① 参见康德：《纯粹理性批判》，三联书店1957年版，第255页。
② 马克思：《1848年至1850年的法兰西的阶级斗争》，《马克思恩格斯选集》第1卷，人民出版社1972年版，第465页。

之17世纪莱布尼茨认为封建专制制度是什么"最完善的君王统治之下的尽可能最完善的国家"的政治观点，是前进了一步。但是，康德又断言，理想的东西不可能变为现实。这正反映了这个时期正在形成过程中的德国资产阶级还很软弱，对自己的力量还缺乏足够的信心。

　　然而，就在康德发表《实践理性批判》一书的第二年即1789年，法国爆发了资产阶级革命。这场震撼全欧的大革命，把康德树立的可望而不可即的理想终于变成了现实，资产阶级上了台。这样一来，康德的那个割裂思维和存在之间的关系的软弱无力的"应当"哲学，就被法国革命的实践所推翻了，不再适合被法国革命激动起来的德国资产阶级的胃口了。尽管康德在法国革命开始后，还在那里阐发他的那个"应当"哲学，但在德国，伴随着资产阶级的形成，一场批判康德的二元论、不可知论，论证思维和存在具有同一性的哲学运动兴起了。费希特开了个头，紧接着的是谢林，黑格尔最后做了总结。

　　黑格尔兴高采烈地谈论着法国革命。他认为法国革命的经验有力地证明了"理念"绝不是像康德所说的是一个不能实现的"应当"，"应当"也即合理的东西，是一定能够转化为现实的。他写道："当时法兰西的局面是乱七八糟的一大堆特殊权利，完全违犯了'思想'和'理性'——这是一种完全不合理的局面，道德的腐败、'精神'的堕落已经达于极点——这一个'没有公理'的帝国，当它的实在情形被人认识了，它更变为无耻的'没有公理'。……'公理'这个概念，这个思想突然伸张它的权威，旧的不公平的制度无力抗拒它的进攻。所以就有一个同'公理'概念相调和的宪法成立了，一切未来的法律都要根据着这个基础。自从太阳站在天空，星辰围绕着它，大家从来没有看见，人类把自己放在他的头脑、放在他的'思想'上面，而且依照思想，建筑现实。"①

　　黑格尔这里所说的"思想""公理""理性"等，也就是他所谓的"绝对"。他从法国革命中得出的基本结论就是"依照思想，建筑现实"，换句话说，"绝对理念"能够实现。

　　黑格尔的这个结论是唯心论的。18世纪法国启蒙思想家们鼓吹的"自由、平等、博爱"的口号，是为法国资产阶级革命制造舆论的。这种革命舆论对法国革命的发生和发展具有巨大的能动作用，并在一定的条件下能够转化为现实。但是，资产阶级的"自由、平等、博爱"的口号并不是从天上掉下来的，也不是人们头脑里凭空想象出来的，而是当时法国的资本主义生产关系的发展在意识形态上的反映。同时，革命舆论也只有通过革命实践，特别是广大劳动群众的革命实践才能变成巨大的物质力量，转化为现实。可是，黑格尔在这里既不谈革命舆论形成的政治经济根源，也不谈革命实践在革命舆论转化为现实的过程中的决定作用，而是把思想看成凭空出现的东西，硬说单凭思想就可建筑现实。这是彻头彻尾的历史唯心论。它反映了德国资产阶级害怕群众，回避革命实践的保守性。

　　但是，应该看到，黑格尔在这里力图克服康德的二元论，论证思维和存在可以转化，这方面包含了辩证因素。正如列宁指出的："观念的东西转化为实在的东西，这个思想是深刻的：对于历史是很重要的。并且从个人生活中也可看到，那里有许多真理。反对庸俗唯物主义。"②黑格尔的这个辩证法思想，反映了19世纪初刚刚形成的德国资产阶级实现自己的阶级理想的信心的增强。

---

　　① 黑格尔：《历史哲学》，三联书店1956年版，第492—493页。
　　② 列宁：《黑格尔〈逻辑学〉一书摘要》，《列宁全集》第38卷，人民出版社1959年版，第117页。

黑格尔深信"绝对理念"的力量。他反复批判康德的"应当"哲学，嘲笑诗人席勒所传播的那种沉湎于不可能实现的理想的庸人倾向。黑格尔指出："理念并不会薄弱无力到永远只是应当如此，而不是真实如此的程度。"[①]"普遍的神圣的理性，不是一个单纯的抽象观念，而是一个强有力的、能够实现它自己的原则。"[②]

黑格尔所说的这个强有力的，能够实现自己的"绝对理念"，实质上乃是资产阶级意志的升华。我们从黑格尔关于法国革命的论述中可以看出，黑格尔所谓的"绝对理念"的具体内容就是"自由""平等"，也即资产阶级的意志。黑格尔反复声称，"绝对理念"的本质就是"自由"，因此，他往往把"绝对理念"称作"自由意识"。

历史上的资产阶级思想家们照例总是力图膨胀资产阶级的意志，把它说成是某种超历史的、超阶级的并且是能够决定一切的东西。法国启蒙思想家们把资产阶级的自由、平等的要求，普遍化为所谓永恒的人类理性的要求，鼓吹要用这个万能的人类理性去批判一切。黑格尔则更进一步，他把资产阶级的意志客观化，把它说成是存在于人脑之外的某种客观理性即"绝对理念"。并且断言，正是这个"绝对理念"推动着历史的发展。这样，在黑格尔的眼里，世界历史无非就是"自由"意识的进展。法国资产阶级革命成了"自由"意识发展链条上的一次大飞跃，法国大资产阶级的政治代表拿破仑成了"自由意识"在那个时代的化身。而且，黑格尔还把资产阶级的意志神化，硬说："绝对理念"是创造万物的本原，也就是说，上帝"是最完善的'存在'。……假如我们把宗教的概念在思想中来了解，它

---

① 黑格尔：《小逻辑》，三联书店 1959 年版，第 57 页。
② 黑格尔：《历史哲学》，三联书店 1956 年版，第 76 页。

便是我们所谓'自由'的'概念'"。[①]由此看来，我们不应当把黑格尔的"上帝"和封建神学中的"上帝"混为一谈。黑格尔对"绝对理念"的崇拜，本质上是资产阶级对自己的意志的崇拜。如果说，康德力争"自由"，但否认其实现的可能；那么，受到法国革命启发的黑格尔则认为，"自由"是万能的，它能够实现自己。黑格尔鼓吹"绝对理念"一定能实现，无非表明了他确信资产阶级的世界观能够改造世界，资产阶级的理想可以转化为现实。

二

在黑格尔看来，思想之所以能够建筑现实，就在于思维和存在具有同一性。

应当看到，黑格尔所说的"思维"和"存在"，和我们日常所说的"思维"和"存在"的意思很不相同。他所说的"思维"，不仅指的是人们头脑中的思想，而且主要指的是存在于人们头脑之外的某种"客观思想"，也即"绝对理念"。在他看来，人们头脑中的思想不过是"客观思想"发展的最高产物。黑格尔所说的"存在"，乍一看似乎也是指的我们日常所接触到的自然界和人类社会中的各种事物。但是，黑格尔明确否认这些事物的客观实在性、物质性。黑格尔是一切形式的唯物论的反对者，根本否认物质的存在。他说："唯物论以物质的本身为真实的客观世界。但物质本身已经是一个抽象的东西，物质之为物质是无法知觉的。所以我们可以说，没有物质这个东西。"[②]在唯心主义者黑格尔看来，物质是不存在的，一切都是思维，所谓存

---

① 黑格尔：《历史哲学》，三联书店 1956 年版，第 58 页。
② 黑格尔：《小逻辑》，三联书店 1959 年版，第 126 页。

在不过是思维的派生物。

黑格尔所说的思维和存在具有同一性，概括起来说就是思维是存在的本质，一个事物的存在只有符合思维才具有实在性；思维不断地在存在中实现自己，使存在同自己相符合。由于黑格尔的"思维"这个概念具有两重意义，因此，黑格尔的这个极其抽象晦涩的思维和存在同一说，也包含了两层意思。一是从本体论的意义上、即从事物的发展过程上说，思维和存在具有同一性是指"客观思想"（"绝对理念"）的决定事物的本质，一个事物只有符合蕴藏在其中的"客观思想"才具有实在性，而"客观思想"则在事物中不断实现自己，使事物同自己相符合。一是从认识论的意义上、即从人的认识发展过程上说，思维和存在具有同一性，是指我们头脑中的思想能够把握事物的本质，并且凡是我们头脑中认为是合理的思想（即符合"客观思想"的思想），都必定会实现，转化为存在。在黑格尔看来，既然我们头脑中的思想不过是"客观思想"发展的最高产物，因此，本体论和认识论是一致的。这样一来，黑格尔在阐述他的思维和存在同一学说的时候，往往把事物的发展同人们的认识发展过程搅混在一起，叫人摸不着头脑。

为什么黑格尔说在我们的头脑之外还存在一个所谓"客观思想"呢？关于这一点，黑格尔有一套唯心主义的诡辩。他说："个体生灭无常，而类则长住不变。"[1]"类之为类是不能察见的，星球运动的法则并不是写在天上的。故共相是人所不见不闻，而只是为心灵之所可知的。"[2]"举凡一切事物，其自身的真相，必然是思想所思的那样，故思想为任何对象的真理。"[3]

---

[1] 黑格尔：《小逻辑》，三联书店1959年版，第86页。
[2] 黑格尔：《小逻辑》，三联书店1959年版，第87页。
[3] 黑格尔：《小逻辑》，三联书店1959年版，第88页。

"思想不仅是我们的思想，同时复是事物的本身，或对象的本质。"[①] "当我们认思想为一切自然和精神事物的真实共相时，则思想便统摄这一切而为这一切的基础了。"[②]

在黑格尔看来，个别事物是易变的，事物的"一般"是稳定的。人们的感官只能接触个别事物；事物"一般"、本质或规律，只能靠思维去把握。黑格尔断言，既然事物的"一般"、本质或规律只能靠思维去把握，那么它就是思维所思的那个样子了，或者说它本身就是思维了。这样，黑格尔就引出了一个存在于人们头脑之外的所谓"客观思想"。

黑格尔的唯心主义的诡辩就在于，他割裂了客观事物中的"个别"和"一般"的关系，把客观事物中的"一般"同人们反映这个"一般"的概念混为一谈，从而把它精神化、客观化、神化，变成决定客观个别事物实在性的精神实体。马克思和恩格斯在揭露黑格尔的唯心论的诡辩时，深刻地指出："如果我从现实的苹果、梨、草莓、扁桃中得出'果实'这个一般的观念，如果再进一步想象我从现实的果实中得到的'果实'['die Frucht']这个抽象观念就是存在于我身外的一种本质，而且是梨、苹果等等的真正的本质，那么我就宣布（用思辨的话说）'果实'是梨、苹果、扁桃等等的'实体'。"[③] 黑格尔把客观事物中的共性、本质和规律全都看成精神性的东西，看成存在于人脑之外的精神实体——"理念"。

黑格尔所谓的"绝对理念"就其阶级根源来说，乃是资产阶级意志的客观化，而从认识论根源看，它则是人脑中的概念的客观化。黑格尔之所以这样绞尽脑汁地制造出这个存在于人

---

① 黑格尔：《小逻辑》，三联书店 1959 年版，第 131 页。
② 黑格尔：《小逻辑》，三联书店 1959 年版，第 91 页。
③ 马克思和恩格斯：《神圣家族》，《马克思恩格斯全集》第 2 卷，人民出版社 1957 年版，第 71—72 页。

脑之外的概念，无非是要给资产阶级有意志能够客观化寻找一个认识论上的根据，无非要证明资产阶级的自由和平等思想，不是某个人的主观思想、愿望，而是客观事物的本质和规律。像封建地主阶级把它们的阶级利益说成是"天命"所定一样，资产阶级思想家黑格尔也力图把资产阶级的政治经济要求，说成是事物发展的必然要求，是完全合理的。

在康德那里，思维和存在是各不相干的，"理念"是人的理性所固有的东西，是现象世界中的事物的范型，是事物永远追求但又永远达不到彼岸的目标。在黑格尔看来，这样看待"理念"，实际上是陷入了那种无穷进展的恶的无限性，表面上似乎是尊崇它，实际上是把它变成了一个空名，变成了提出不正当要求的主观幻想，正像人们所说的"只不过是理念而已"。黑格尔认为，康德的这种理念论是主观唯心论。与此相反，黑格尔则从客观唯心论立场出发认为"理念"不仅存在于我们的理性之中，而且蕴藏在一切事物之中，构成事物的本质。他说："总念乃是内蕴于事物深处的本质；事物之所以是事物即由于总念。"[1] "理性是世界的灵魂，理念居住在世界中，理性构成世界之内在的固有的深邃的本质，理性是世界的共相。"[2]黑格尔认为，存在只有符合于蕴藏于其中的"理念"（或概念），才具有实在性。"一切现实的东西，唯有在它具有理念并表现理念的情况下才有。"[3] "只有符合概念的实在才是真正的实在，因为在这种实在里，理念使它自己达到了存在。"[4]比如，在黑格尔看来，一个朋友只有符合"朋友"这个概念，才算得上真朋友；一张画只有符合"艺术品"这个概念，才称得上真正的艺术品。

---

① 黑格尔：《小逻辑》，三联书店 1959 年版，第 345 页。
② 黑格尔：《小逻辑》，三联书店 1959 年版，第 91 页。
③ 黑格尔：《逻辑学》下卷，商务印书馆 1976 年版，第 449 页。
④ 黑格尔：《美学》第 1 卷，人民出版社 1958 年版，第 137 页。

　　总之，黑格尔认为，实在事物乃是思维和存在的同一。

　　黑格尔正是从思维是存在的本质这个唯心主义观点出发，批判了康德的不可知论。他从根本上否定了康德关于"自在之物"学说中的唯物主义因素。硬说康德的"自在之物"是什么"极端的抽象""完全空虚的东西"。黑格尔认为隐藏在事物、现象背后的本质，不是像康德所说的是什么有别于思想，因而不能被思想所把握的"自在之物"，实际上它本身就是思想。在黑格尔看来，事物、现象不过是本质的表现，或者说是客观思想的外壳。因此，当我们认识了现象的同时，也就认识了本质。所谓认识了事物的本质，实际上也不过是用我们的主观思想去把握蕴藏在事物、现象中的客观思想。而思想能够认识思想，这是不言而喻的。正如恩格斯指出的，在黑格尔看来，"我们在现实世界中所认识的，正是这个世界的思想内容，也就是那种使世界成为绝对观念的逐渐实现的东西，这个绝对观念是从来就存在的，是不依赖于世界并且先于世界而在某处存在的；但是思维能够认识那一开始就已经是思想内容的内容，这是十分明显的。同样明显的是，在这里，要证明的东西已经默默地包含在前提里面了"。[①]可见，黑格尔对康德不可知论的批判，是从彻底的客观唯心主义立场出发的。

　　值得注意的是，黑格尔认为思维和存在的同一并不像谢林所说的"绝对同一"，而是一个矛盾发展、相互转化的过程，是思维在存在中不断实现自己的过程。黑格尔指出："它（按：指世界）的是如此与它的应如此是相符合的。但这种存在与应当的符合却并不是死板的没有发展历史的。"[②]同时黑格尔还认

---

　　① 恩格斯：《路德维希·费尔巴哈和德国古典哲学的终结》，《马克思恩格斯选集》第 4 卷，人民出版社 1972 年版，第 221 页。
　　② 黑格尔：《小逻辑》，三联书店 1959 年版，第 420 页。

为，由"绝对理念"派生出来的各个具体事物，都是受一定的条件限制的"有限事物"，它们只是"绝对理念"发展过程中的各个环节或阶段。因此，对于任何一个具体事物来说，它们都不可能完全同它的概念相符合，就是说其中必定存在着既符合又不完全符合的矛盾。拿一张画来说，它是艺术品，这是说它同"艺术品"的概念有符合的方面；可是，它同"艺术品"的概念又不可能完全符合，因为它不可能完美无缺。这样，任何一个具体事物都由于其内在的思维和存在的矛盾而运动、变化、发展，并最后归于灭亡，为另一个更符合于概念发展要求的具体事物所代替。黑格尔说："举凡一切有限事物，皆本身具有一种不真实性，因为凡物莫不皆有其总念，有其存在，而其存在总不能与总念相符合。因此，所有有限事物皆必不免于毁灭，而其总念与存在间之不符合，遂由此表露出来了。"[1]因此，在黑格尔看来，任何一个具体事物的存在总是暂时的、相对的。而"绝对理念"则在这种矛盾进展中，在事物的新陈代谢的发展中不断实现自己，使事物逐步同它的概念相符合，使思维和存在同一。我们看到，黑格尔哲学的整体体系，包括"逻辑学""自然哲学"和"精神哲学"，描述的正是"绝对理念"从逻辑阶段，经过自然阶段，最后到精神阶段的发展过程，就是"绝对理念"异化为存在，又克服这种异化而回复到自己的过程，就是"绝对理念"通过存在这个中介认识自己的过程，或者说是"绝对理念"在存在中不断实现自己的过程。

在黑格尔看来，人的认识发展过程也是这样。只要人们的思想能排除主观性，使自己的思想符合事物的本质，成为合理的也即符合是"绝对理念"的思想，那么这种思想就一定能够在存在中得到实现，使存在符合于人们的思想。

---

① 黑格尔：《小逻辑》，三联书店1959年版，第97页。

　　黑格尔的这番道理，实际上是把客观物质世界的发展统统归结为"绝对理念"的自行发展，显然是彻头彻尾的唯心论，带有强烈的神秘主义色彩。然而，黑格尔在这里把思维和存在的同一看作一个矛盾发展的过程，这一点，较之康德的二元论、谢林的"绝对同一"说以及形而上学唯物主义的一次反映论，无疑是一个进步，包含了辩证法的合理成分。恩格斯指出，黑格尔辩证法的革命性质就在于，它宣布"在它面前，不存在任何最终的、绝对的、神圣的东西；它指出所有一切事物的暂时性在它面前，除了发生和消灭，无止境地由低级上升到高级的不断的过程，什么都不存在"。[①]可是，黑格尔是唯心主义者，为了体系的需要，他还得把自己的哲学宣布为所谓绝对真理，而这正是同他的辩证法相矛盾的。

　　黑格尔从这种唯心主义辩证法观点出发批判了康德的"应当"哲学。他责难康德不懂得思维可以转化为存在的道理，说在康德那里，"绝对的善只是停留在应该里，没有客观性，那么它就只得老是停留在那里"。[②]黑格尔断言："思维、概念必然地不会停留在主观性里，而是要扬弃它的主观性并表示自身为客观的东西。"[③]黑格尔充满信心地说："理念深信它能实现那潜伏在客观世界和它自身间的同一性。——理性出现在世界上，具有绝对信念以建立主观性和客观世界的同一，并有能力以提高这种确信使成为真理。"[④]

　　在论及黑格尔哲学时，恩格斯指出："没有一个人比恰恰是十足的唯心主义者黑格尔更尖锐地批评了康德的软弱无力的

---

　　① 恩格斯：《路德维希·费尔巴哈和德国古典哲学的终结》，《马克思恩格斯选集》第 4 卷，人民出版社 1972 年版，第 213 页。
　　② 黑格尔：《康德哲学论述》，商务印书馆 1962 年版，第 55 页。
　　③ 黑格尔：《康德哲学论述》，商务印书馆 1962 年版，第 46 页。
　　④ 黑格尔：《小逻辑》，三联书店 1959 年版，第 410 页。

'绝对命令'（它之所以软弱无力,是因为它要求不可能的东西,因而永远达不到任何现实的东西）,没有一个人比他更辛辣地嘲笑了席勒所传播的那种沉湎于不能实现的理想的庸人倾向。"[①]恩格斯还指出,在黑格尔看来,"凡在人们头脑中是合理的,都注定要成为现实的,不管它和现存的、表面的现实多么矛盾"。[②]由此看来,在法国革命浪潮中形成的黑格尔哲学较之康德哲学是大大前进了一步。

三

黑格尔一方面是从右的方面批判康德,竭力清除康德二元论哲学的唯物主义因素,走向更彻底的唯心论;另一方面,他又力图克服康德割裂思维和存在的关系方面的形而上学,大力发挥辩证法。这样一来,黑格尔关于思维和存在具有同一性的学说就不可避免地包含了唯心论和辩证法的矛盾。

黑格尔哲学包含着这样的一个矛盾,有其深刻的阶级根源。刚刚形成的德国资产阶级从法国革命中受到鼓舞,增强了实现自己阶级要求的信心。同时,这个新兴的剥削阶级也被法国革命过程中的劳动群众的革命行动吓破了胆,因而在政治上更趋向保守,企图通过改良主义道路实现资本主义变革。德国资产阶级的这种两重性在黑格尔身上得到了集中的表现。黑格尔一方面欢呼法国革命,称颂法国革命是一次"壮丽的日出",并从法国革命中得出了资产阶级理想必定能够变成现实的积极结论。另一方面,他又被法国革命过程中劳动群众的革命行动所

---

① 恩格斯:《路德维希·费尔巴哈和德国古典哲学的终结》,《马克思恩格斯选集》第4卷,人民出版社1972年版,第227—228页。
② 恩格斯:《路德维希·费尔巴哈和德国古典哲学的终结》,《马克思恩格斯选集》第4卷,人民出版社1972年版,第212页。

惊惧，恶毒咒骂法国劳动群众的革命行动是什么"可怖的暴虐"，哀叹"自由落在人民群众手里所表现出的狂诞情形实在可怕"。因此，黑格尔在政治上保守，反对革命，始终坚持改良主义，鼓吹通过"平静而觉察不到的运动"，实现资本主义改革。正如恩格斯指出的："黑格尔本人，虽然在他的著作中相当频繁地爆发出革命的怒火，但是总的说来似乎更倾向于保守的方面。"[①]可见，黑格尔哲学中的唯心论和辩证法的矛盾，乃是德国资产阶级向往革命而又不敢革命的两重性在哲学上的反映。

黑格尔关于思维和存在具有同一性的学说的两重性，突出地表现在黑格尔自己十分欣赏的下面这个命题上：

> 凡是合乎理性的东西都是现实的；凡是现实的东西都是合乎理性的。[②]

乍一看，黑格尔的这个命题特别是"凡是现实的东西都是合乎理性的"这句话，是为现存秩序做辩护的，是为普鲁士专制制度祝福的，因而是极端保守的。所以，黑格尔的这个命题一提出，便引起了一场风波。普鲁士政府对此无比感激，文教大臣阿尔腾施太因写信给黑格尔，说黑格尔"使哲学具备了对待现实的唯一正确的态度"，使人们不致染上对待现存事物特别国家事务方面的"有害的狂妄的心理"。反之，资产阶级自由派则表示无比的愤怒，说黑格尔哲学"不是长在科学的花园里，而是长在阿谀奉承的粪堆上"的"哲学毒菌"。可是，这些人都是近视眼，除海涅外，谁也没有觉察到就在这个表面上看来保守的命题中竟还隐藏着革命。

实际上，按照黑格尔的哲学，并不是说现存的一切事物无

---

① 恩格斯：《路德维希·费尔巴哈和德国古典哲学的终结》，《马克思恩格斯选集》第 4 卷，人民出版社 1972 年版，第 216 页。

② 黑格尔：《法哲学原理》，商务印书馆 1961 年版，第 11 页。

条件地都是现实的。在黑格尔看来，只有那些合乎理性也即符合"绝对理念"的因而具有必然性的东西，才称得上是现实的。"就存在的总体而论，一部分是现象，仅有一部分是实在。在日常生活中，任何幻想、错误、罪恶以及一切坏东西，与夫一切腐败幻灭的存在，虽常有人随便叫作实在。但是，即在平常的感觉里，也会觉得一个偶然的存在，不配享受实在的美名。"[①] 黑格尔明确指出："真实的现实性就是必然性，凡是现实的东西，在其自身中是必然的。"[②] "实在在它发展的过程里证明它自身的必然性。"[③] 可见，把黑格尔的这个思想应用于当时的普鲁士的政府时，黑格尔的意思并不是要肯定政府的任何一个措施，而只是说，这个国家在它是必然的这个限度内是合理的。

其次，按照黑格尔的思想，说现实的东西都是合理的，并不是说现实的东西都绝对地符合理性，都是好东西。实际上有坏东西也多少符合理性，所以它们才能继续存在。黑格尔写道："倘若完全没有总念与实在的同一性，没有任何东西可以取得存在。甚至那不好的和不真的东西也尚多多少少某些方面与它自己的总念相符合。那彻底的坏东西或与总念相矛盾的东西因此即是自趋于毁灭的东西。"[④]

如果说，在我们看来，普鲁士政府是恶劣的，可是尽管恶劣，它却仍旧继续存在着，可见其中也有它的一定的道理。恩格斯借黑格尔的这个思想，深刻地指出："政府的恶劣，就可以用臣民的相应的恶劣来辩护和说明。当时的普鲁士人有他们所应该有的政府。"[⑤] 恩格斯的这段话有力地揭露了德国资产阶级

---

① 黑格尔：《小逻辑》，三联书店 1959 年版，第 56 页。
② 黑格尔：《法哲学原理》，商务印书馆 1961 年版，第 280 页。
③ 黑格尔：《小逻辑》，三联书店 1959 年版，第 307 页。
④ 黑格尔：《小逻辑》，三联书店 1959 年版，第 400 页。
⑤ 恩格斯：《路德维希·费尔巴哈和德国古典哲学的终结》，《马克思恩格斯选集》第 4 卷，人民出版社 1972 年版，第 211 页。

的软弱无能。

还有，按照黑格尔的辩证法，说现实的东西都是合理的，也不是说现实的东西是僵死不变的。如前所述，在黑格尔看来，世界本质上是"绝对理念"的发展过程。世界上的具体事物都不过是"绝对理念"的"外壳"或"皮囊"，是"绝对理念"发展过程中的各个阶段或环节。当一个具体事物合乎"绝对理念"的时候，它具有必然性，因而是现实的。但是，随着时间的推移和条件的变化，它就要同"绝对理念"向前发展的要求相矛盾，因而丧失其必然性，变成不现实的、趋于灭亡的东西。这样，"绝对理念"便要甩掉这个旧的"外壳"或"皮囊"，投入新的符合"绝对理念"发展要求的"外壳"或"皮囊"继续向前发展。因此，在黑格尔看来，一切曾经是现实的东西，都必定要转化为不现实的东西；而一切符合"绝对理念"发展要求的东西，不管它同现存的一切怎样抵触，也必将变成现实的。唯有"绝对理念"是永恒的生命，一切有限事物皆不免于毁灭。正如恩格斯指出的："按照黑格尔的思维方法的一切规则，凡是现实的都是合理的这个命题，就变为另一个命题：凡是现存的，都是应当灭亡的。"①

所以，把黑格尔的这个命题应用于观察当时的普鲁士国家时，无疑有它的保守的方面、即承认这个国家在必然的限度内是合乎理性的，这就为已经腐朽了的专制制度做了辩护。但是，按照黑格尔的辩证法，这个国家一旦超出了这个限度，它就要走向反面，变成不现实的东西；而合乎资产阶级理想的东西就一定会变成现实。当然，政治庸人黑格尔是不会公开地明确地亮出这个结论来的。

---

① 恩格斯：《路德维希·费尔巴哈和德国古典哲学的终结》，《马克思恩格斯选集》第 4 卷，人民出版社 1972 年版，第 212 页。

从理论上看，黑格尔的上述命题揭示了他的辩证法包含着的两个方面——革命的方面和保守的方面。他的辩证法的革命性质在于它宣布，一切现存的事物都是要灭亡的，另一方面，他的辩证法又认为，任何一个事物相对于一定的时间和条件来说，都有其存在的理由。他的辩证法乃是革命方面和保守方面的统一，忽略或否认某一个方面，都是错误的。然而，正如恩格斯指出的："这种看法的保守性是相对的，它的革命性质是绝对的。"①可见，他的辩证法包含了保守方面，但不归结为保守主义。我们看到，黑格尔极力回避辩证法的革命性质的绝对性。在黑格尔那里，辩证法"似乎使现存事物显得光彩"②，表现了强烈的保守倾向。

作为刚刚形成的德国资产阶级的思想代表黑格尔，对德国的现状是不满的，认为当时的德国的国家制度还不够称为一个真正的国家，并且为资产阶级提出了一条政治纲领——君主立宪制。黑格尔说："按照国家的概念和国家权力范围的科学考察来加以规定的话，就可以看见，德国不能够真正地被称为一个国家。"③"国家成长为君主立宪制乃是现代的成就。"④

恩格斯曾经指出："当黑格尔在他的《法哲学》一书中宣称君主立宪是最高的、最完善的政体时，德国哲学这个表明德国思想发展的最复杂但也最准确的指标，也站到资产阶级方面去了。换句话说，黑格尔宣布了德国资产阶级取得政权的时刻即将到来。"⑤黑格尔正是运用他的思维和存在同一的原理不仅论

①　恩格斯：《路德维希·费尔巴哈和德国古典哲学的终结》，《马克思恩格斯选集》第 4 卷，人民出版社 1972 年版，第 213 页。

②　马克思：《〈资本论〉第一卷第二版跋》，《马克思恩格斯选集》第 2 卷，人民出版社 1972 年版，第 218 页。

③　黑格尔：《精神现象学》上卷，商务印书馆 1962 年版，译者导言，第 5—6 页。

④　黑格尔：《法哲学原理》，商务印书馆 1961 年版，第 287 页。

⑤　恩格斯：《德国的革命和反革命》，《马克思恩格斯选集》第 1 卷，人民出版社 1972 年版，第 510 页。

证了君主立宪是历史上最高的、最完善的政体，而且竭力证明其实现的必然性。所以，从根本上说来，黑格尔哲学是为资产阶级即将取得政权制造舆论的。

　　然而，总的说来，黑格尔关于思维和存在的同一性学说是唯心论的，其主导的倾向是保守的。黑格尔辩证法的革命意义，正在于它永远结束了以为人的思维和行动的一切结果具有最终性质的形而上学观点，思维和存在的同一应该是一个无限的发展过程。但是，黑格尔为了体系的需要，却要给这种发展过程以某种绝对真理作为终结。在黑格尔看来，资产阶级君主立宪制是历史上政治制度发展的终点，黑格尔哲学则是哲学发展的顶峰，在这里思维和存在绝对同一了。黑格尔的这种顶峰论，无疑是对他的辩证法的背叛，窒息了辩证法的革命精神，反映了资产阶级的阶级局限性。黑格尔对哲学的认识是这样，对历史的实践也是这样，表现了强烈的保守性。正如恩格斯在批判杜林的唯心论的时候深刻地指出的："企图以思维和存在的同一性去证明任何思维产物的现实性，这正是一个叫作黑格尔的人所说的最荒唐的热昏的胡话之一。"①黑格尔处处责难康德的"应当"哲学没有跳出主观的圈子，因此，太软弱无力。可是，我们看到，和康德一样，黑格尔也是一位唯心论者，头上依然盘着一条庸人的辫子。尽管他高喊思维和存在的同一，理想会注定变成现实，但他从来也没有跳出思想的范围的一步，极端害怕革命实践，表现了同康德一样的软弱无力。关于这一点，黑格尔说得很坦率。他写道："法国人具有现实感、实践的意志，把事情办成的决心，——在他们那里观念立刻就能转变成行动。……在德国，同一个自由原则占据了意识的兴趣；但只

---

　　① 恩格斯：《反杜林论》，《马克思恩格斯选集》第3卷，人民出版社1972年版，第81—82页。

是在理论方面得到了发挥。我们在头脑里面和在头脑上面发生
了各式各样的骚动；但德国人的头脑，却仍然可以很安静地戴
着它的睡帽坐在那里，让思维自由地在它自己的内部进行活
动。"①

　　这确是一幅既向往革命而又不敢实行革命的德国资产阶级
的活灵活现的画像，同时也是政治庸人黑格尔教授的一帧惟妙
惟肖的自我写照。法国革命引起了黑格尔的头脑骚动，感到康
德老是停留在"应当"上未免太软弱了，于是他在他的头脑里
发现了君主立宪制是最合乎理性的东西，并且是必定要实现的。
而当他发现了这个绝对真理之后，他便安静地戴上睡帽躺到沙
发上去了，让"绝对理念"自行实现去吧！正如恩格斯所说的，
在黑格尔看来，"人类既然通过黑格尔想出了绝对观念，那么在
实践中也一定达到了能够把这个绝对观念变成现实的地步。因
此，绝对观念就不必向自己的同时代人提出太高的实践的政治
要求"。②我们看到，在黑格尔那里，本质上革命的辩证法竟被
活活地被闷死在极其保守的唯心主义体系之中，得出了极其温
和的政治结论。

　　　　　　　　　　（原载《哲学研究》，1978 年第 10 期）

---

　　① 黑格尔：《康德哲学论述》，商务印书馆 1962 年版，第 17—18 页。
　　② 恩格斯：《路德维希·费尔巴哈和德国古典哲学的终结》，《马克思恩格斯选集》
第 4 卷，人民出版社 1972 年版，第 214 页。

检验真理的标准只能是社会实践

　　英明领袖华主席指出："林彪、陈伯达、'四人帮'这一伙反马克思主义的政治骗子，搞乱了很多基本的理论问题，也把党的优良学风给破坏了。我们必须用大气力把它纠正过来。"

　　我们看到，关于实践是检验真理的唯一标准这个马克思主义认识论的基本原理，就是被林彪和"四人帮"一伙搞乱了的一个基本的理论问题，以致至今还有一些同志对马克思主义的这个基本原则抱有怀疑甚至反对的态度。他们认为，检验真理的标准不是一个，而是两个，实践是检验真理的标准，马克思主义理论也应当是检验真理的标准。在他们看来，如果只承认实践标准，不承认马克思主义理论也是检验真理的标准，那就贬低了马克思主义。由此看来，尽管林彪和"四人帮"已经被打倒，但他们散布的流毒还远远没有肃清。我们还必须花大气力做一番正本清源的工作，把被林彪和"四人帮"搞乱了问题正过来，还马克思主义的本来面目。

　　毛主席曾经明确指出："只有千百万人民的革命实践，才是检验真理的尺度。"毛主席的这个论断，非常清楚地告诉我们，检验真理的标准只有一个，即实践，此外再无别的检验真理的标准。为什么说只有实践才是检验真理的标准呢？

　　按照唯物论的反映论，人们的思想、理论、计划、方案等主观意识范围里东西，都是对客观事物及其发展规律的反映。

符合客观事物及其发展规律的思想，是正确的思想，也即真理；反之则是错误的思想，也即谬误。那么，用一种什么东西才能检验一个思想是否符合客观事物及其发展规律呢？换句话说，用一种什么标准才能检验一个思想的真理性呢？在哲学史上，哲学家们对这个问题长期争论不休。在人类认识史上，无产阶级革命导师马克思对这个问题第一次做了科学的回答。早在1845 年，马克思就明确指出："人的思维是否具有客观的真理性，这并不是一个理论的问题，而是一个实践的问题。人应该在实践中证明自己思维的真理性,即自己思维的现实性和力量，亦即自己思维的此岸性。关于离开实践的思维是否具有现实性的争论，是一个纯粹经院哲学的问题。"这就十分明确地告诉我们，一个思想是否符合客观外界的情况，是否是真理，这个问题绝不可能在理论的范畴内，在主观意识的范畴内得到解决，任何思想、任何理论、任何计划或方案，不论它自认为如何清楚明白，能自圆其说，完满周到，都不能自己证明自己的真理性，也不能借别的思想、理论、计划和方案来证明自己的真理性，更不能去证明别的思想、理论、计划和方案的真理性。检验真理和谬误的标准只能是超出了主观意识范围的客观实践。这是因为，实践是人们改造客观世界的物质性的活动，是主观见之于客观的东西。人们的思想是否符合于客观外界情况，归根结底，看人们在实践中是否达到了预期的结果。一般说来，在实践中成功了的就是真理，失败了的就是谬误，特别是人类对自然界的认识是如此。常常有这样一种情况，有的人感到自己的思想十分清楚明白，自己的理论很能自圆其说，自己制定的计划、方案很圆满周到，符合当时的权威观点，并得到某些权威的支持，因而便自以为是，自认为掌握了真理，可是在实践上却偏偏碰了壁。这表明，"判定认识或理论之是否真理，不是依主观上觉得如何而定，而是依客观上社会实践的结果如何而定。真理的标准只能是社会的实践。"

　　然而，有些人却不满足于毛主席提出的"真理的标准只能是社会的实践"这样一个科学的论断。他们认为，实践固然是检验真理的标准，但是，被实践已经证明了的马克思主义真理也应当是检验真理的标准。这种观点是不正确的。

　　毫无疑问，马列主义、毛泽东思想是为人类历史的全部实践，特别是现代无产阶级革命实践所反复检验了的颠扑不破的放之四海而皆准的普遍真理。正因为如此，马列主义、毛泽东思想对于无产阶级革命实践具有巨大的指导意义。无产阶级只有高举马列主义、毛泽东思想的伟大旗帜，才能把革命引向胜利。但是，这并不意味着马列主义、毛泽东思想也是检验真理的标准。我们知道，人们认识和改造的对象都是处于不同时间、不同地点和不同条件下的具体的特殊事物。这些具体的特殊的事物本身，除了包含和它同类事物共同具有的共同本质外，还具有自己的特殊的本质。要深刻地认识和有效地改造这些具体的特殊的事物，人们就必须从这些具体的特殊的事物出发，在反映事物共同本质的一般真理指导下，具体地分析每一事物的内部矛盾的特殊性，掌握其特殊本质。马克思主义的普遍真理反映了事物的共同本质，对于我们认识和改造具体的特殊的事物具有巨大的指导意义。但是，正因为马克思主义普遍真理只是反映了事物的共同本质，因此，它就只能是人们行动的指南，就是说，它只能提供人们认识和改造具体的特殊的事物的立场、观点和方法，而不可能提供解决具体的特殊的问题的现成的结论，也不可能检验人们对于具体的特殊的事物的认识是否正确。人们对一个具体的特殊的事物的正确认识，只能来自对具体的特殊的事物的深入的全面的调查研究。而检验这种认识的真理性的标准也只能是人们改造这个具体的特殊事物的具体的实践。大家知道，在我国第二次国内革命战争时期，关于中国革命道路问题，在我们党内出现了两条根本对立的路线：一条是"左"倾机会主义者提出的实行城市武装起义夺取全国政权的路线；另一条是毛主席提出的实行农村包围城市，然后进攻城市夺取全国政权的路线。这两条路线，哪一条路线是正确的呢？用什么标准去检验它们呢？显然检验这两条路线的真理性的标准，只能是中国革命的具体实践。在这个问题上，如果撇开中国革命的具体实践，抽象地把马克思、恩格斯、列宁的著作中关于暴力革命的一般原理或某些言论当作检验关于中国革命道路的两条路线的真理性的标准，那么人们就很难判别是非，甚至可能颠倒是非，陷入错误的泥坑。"左"倾机会主义者的悲剧，就在于他们否认实践是检验真理的唯一标准，拒绝把马克思主义一般真理同中国革命的具体实践相结合。因此，尽管他们满口挂着马克思主义的词句，但是，他们贯彻的那条路线恰恰不是马克思主义的，而是反马克思主义的。毛泽东的思想、毛主席的革命路线之所以正确，正在于坚持了马克思主义普遍真理和中国革命的具体实践相结合，并为中国革命的具体实践所证实。因此，尽管毛主席说了马克思、恩格斯和列宁没有说过的话，但是，毛泽东思想、毛主席的革命路线不仅是马列主义的，而且丰富和发展了马克思主义。由此看来，我们决不能把马克思主义这个放之四海而皆准的普遍真理，误认为是能医治百病的现成的圣丹灵药。

　　否认实践是检验真理的唯一标准这种错误观点的出现，并不是偶然的。它是林彪和"四人帮"的流毒的一种表现。林彪和"四人帮"的唯心论和形而上学，非常突出地表现在他们的真理观上。长期以来，他们根本否认马克思主义的实践观点，把理论本身说成是检验真理的标准。张春桥明目张胆地叫嚷："思想上正确与错误，决定于理论，理论主要是讲思想问题的。"这就是说，检验真理的标准不是实践，而是理论，理论无须由实践来检验，而实践反倒是要按照理论来剪裁。这是彻头彻尾的唯心主义谬论。林彪和"四人帮"正是以这种反动的唯心论的谬论为思想基础，按照他们的反革命需要，任意摘取马列和毛主席著作中的个别词句，再经过他们精心的歪曲和篡改，奉为不可移动的绝对真理，为他们的反革命修正主义路线打掩护，或者当作棍子，到处打人。在林彪和"四人帮"横行的时期，主观主义歪风盛行，大话、空话、假话满天飞，按照实际情况说话、办事有罪，闭着眼睛说瞎话有功，党的实事求是的优良传统作风遭到了极大的破坏。

说检验真理的标准有两个，从表面上看，似乎只是增加了一个标准。可是，实际上这种观点是企图在马克思主义的实践标准之外另立一个真理标准。按照两件标准的观点，一个理论一旦为实践所证明，那么此后它就可以检验一切思想和理论了，这样一来，那还要实践标准做什么？！可见，这种两个标准的观点虽然表现为真理观上的二元论，但实质上乃是坚持思想证明思想，理论检验理论的唯心主义的一元论。

有一些人发出了这样的责难，把实践放在第一位，以实践为检验真理的唯一标准，那么把马列主义、毛泽东思想摆在什么地位上呢？按照这些同志的想法，坚持实践是检验真理的唯一标准，势必就会贬低马列主义、毛泽东思想。这是一种糊涂观念。殊不知坚持实践是检验真理的唯一标准这个马克思主义的基本观点，才是真正尊重马列主义、毛泽东思想的正确态度。只有坚持实践是检验真理的唯一标准，才能把马列主义、毛泽东思想放在科学的地位。毛主席说："我们除了科学以外，什么都不要相信，就是说，不要迷信。中国人也好，外国人也好，死人也好，活人也好，对的就是对的，不对的就是不对的，不然就叫作迷信。要破除迷信。"毛主席还说："我们说马克思主义是对的，绝不是因为马克思主义这个人是什么'先哲'，而是因为他的理论在我们的实践中在我们的斗争中证明了是对的。我们的斗争需要马克思主义。我们欢迎这个理论，丝毫不存在什么'先哲'一类的形式的甚至神秘的念头在里面。"林彪和"四人帮"一伙反马克思主义的政治骗子，一贯玩弄打着红旗反红旗的反革命策略。他们根本否认马克思主义的实践观点，大搞唯心论的先验论，竭力鼓吹什么"天才论""三个副词""四个伟大""大树特树""句句是真理，一句顶一万句""理解的要执行，不理解的也要执行"等谬论，把马列主义、毛泽东思想的科学真理神秘化，歪曲为不可捉摸的宗教教条。毛主席一眼就看穿了林彪和"四人帮"一伙的反革命的险恶用心。他们树马列主义、毛泽东思想的权威是假，搞修正主义是真。共产党人是革命者，不是宗教徒。我们尊重马克思主义只是因为马克思主义是为实践证明了的科学真理。马列主义、毛泽东思想的权威，不是靠它的创立者的主观夸张，也不是靠什么人去"大树特树"，唯一靠的是实践的验证。

　　只有坚持实践是检验真理的唯一标准，才能正确地充分发挥马列主义、毛泽东思想对革命实践的指导作用。叶副主席深刻地指出："如果理论不能指导实际，不受实际检验，那算什么理论！决不能把理论同空谈、吹牛甚至撒谎混为一谈。"又说："如果我们只是躺在马克思主义的书本上，脱离实际，并且把马克思主义的词句当作包医百病的灵丹圣药，那就只能在生活实际的'天空中飞翔'。"叶副主席这些话，正是对林彪和"四人帮"一伙颠倒理论和实践的关系，取消理论对实践的指导作用的唯心论和形而上学的有力的批判。

只有坚持实践是检验真理的唯一标准，才能保持马列主义、毛泽东思想的生命力。林彪和"四人帮"一伙千方百计挖掉马列主义、毛泽东思想的实践基础，胡吹什么"顶峰""绝对权威"，妄图把马列主义、毛泽东思想僵化。这就从根本上扼杀了马列主义、毛泽东思想的生命力。毛主席说："通过实践而发现真理，又通过实践而证实真理和发展真理。"马克思主义认为，理论指导实践的过程，同时也就是实践检验理论的过程，使理论得到补充、纠正、丰富和发展的过程。客观现实世界的变化运动永远没有完结，人们在实践中对于真理的认识也就永远没有完结。马列主义、毛泽东思想并没有结束真理，而是在实践中不断开辟认识真理的道路。马列主义、毛泽东思想在实践中不断接受检验，不断发展，这正是它的生命力所在。

关于检验真理的标准问题，不是一个小问题。这不仅是一个关系到马克思主义的重大的理论原则问题，而且是一个涉及怎么看待马列主义、毛泽东思想的大问题，涉及真捍卫毛泽东思想还是假捍卫毛泽东思想的重大原则问题。因此，正确解决这个问题，坚持实践标准，对于肃清林彪和"四人帮"的流毒，恢复和发扬党的实事求是的优良传统和作风，高举毛主席的伟大旗帜，完成新时期的总任务，具有重大的意义。

（原载《天津日报》，1978 年 8 月 23 日，第 3 版）

康德批判封建神学的历史作用

康德（1724—1804）是 18 世纪末德国资产阶级的思想代表，德国古典哲学的先驱。

在康德生活的时代，封建神学是德国封建专制制度的精神支柱，在意识形态领域内仍然占着统治地位。在当时的历史条件下，决定一个思想体系的性质是进步或者反动，主要取决于它对封建神学的态度。在我国近几年出版的欧洲哲学史论著中，对康德的"前批判时期"①的思想一般都做了基本的肯定，指出其中包含了对封建神学的批判成分。但是，对于康德的"批判时期"的哲学思想，一般都采取基本否定的态度，认为康德的"整个思想归根到底是为宗教、神学做论证的"，"在政治上是反动的"。与此不同，我们认为，康德后期的哲学虽然是一个极其保守的思想体系，但其中仍然包含着积极的批判成分，本质上是一个反封建的进步哲学。

一

恩格斯曾经指出："在法国发生政治革命的同时，德国发生

---

① 康德的学术活动一般以 1770 年为界限被划分为两个时期："前批判时期"和"批判时期"。前一时期的主要著作是《宇宙发展史概论》。后一时期的主要著作有《纯粹理性批判》《实践理性批判》和《判断力批判》。

了哲学革命。这个革命是由康德开始的。他推翻了前世纪末欧洲各大学所采用的陈旧的莱布尼茨的形而上学体系。费希特和谢林开始了哲学的改造工作，黑格尔完成了新体系。"[①]恩格斯的这个论断科学地规定了康德哲学的历史地位，明确指出了康德批判莱布尼茨-伏尔夫"形而上学"的历史意义。

康德明确指出："在一切学问中，玄学为混乱及黑暗之母。"[②]康德批判哲学的锋芒，主要是针对"玄学"即莱布尼茨-伏尔夫"形而上学"的。18 世纪流行的、经过伏尔夫改造过的莱布尼茨哲学是一个庞杂的毫无生气的"形而上学"体系。这个体系的基本内容是力图论证"灵魂不灭""意志自由"和"上帝存在"等宗教信条。它否认感性认识在认识中的作用，坚持从概念出发进行抽象的推理，从而对它所研究的对象做出片面的规定，并且断言这些规定是永恒不变的真理。这个体系，是彻头彻尾的唯心主义，其方法是孤立的、静止的和片面的，即形而上学的。这样，本来还包含着某些积极内容的莱布尼茨哲学到了伏尔夫手里就"只剩下想象的本质和神灵的事物了"[③]，成了神学的理性支柱。然而，就是这样一种陈腐的"形而上学"，却成了 18 世纪欧洲各大学的权威教材，在思想界占据着统治的地位，阻碍着资产阶级哲学和自然科学的发展。随着 18 世纪德国资本主义和自然科学的发展，这个"形而上学"同正在形成中的德国资产阶级的矛盾逐步明朗化。正当 18 世纪法国启蒙思想家们在批判封建神学的同时，向 17 世纪流行的"形而上学"，特别是笛卡尔、马勒伯朗士、斯宾诺莎和莱布尼茨的

---

① 恩格斯：《大陆上社会改革运动的进展》，《马克思恩格斯全集》第 1 卷，人民出版社 1956 年版，第 588 页。

② 康德：《纯粹理性批判》，三联书店 1957 年版，第 2 页。

③ 马克思和恩格斯：《神圣家族》，《马克思恩格斯全集》第 2 卷，人民出版社 1957 年版，第 162 页。

"形而上学"展开公开而鲜明斗争的时候，1781 年，康德发表了《纯粹理性批判》一书，在德国推翻了莱布尼茨-伏尔夫"形而上学"，从而打击了封建神学，开始了一场德国资产阶级的哲学革命。

　　我们看到，康德《纯粹理性批判》一书的结构和思想发展，基本上是围绕着批判莱布尼茨-伏尔夫"形而上学"展开的。一方面，康德着重从认识论上批判"形而上学"。他肯定在我们之外存在着刺激我们感官而产生感觉经验的客体，即所谓"自在之物"；另一方面，他又断言，这个客体是不可知的，认识所能达到的只是"自在之物"刺激我们感官而产生的感觉经验，即所谓"现象"。康德还认为，人心中先天地具有三种认识能力："感性""知性"和"理性"。与此相应的，人们有三种学问："数学"（算术、几何）、"自然科学"（物理学）和"形而上学"（关于宇宙本体的学问）。在他看来，"感性"（具有时间和空间两种先天的直观形式）这种先天的认识能力和经验相结合，使数学知识具有普遍性和必然性。"知性"（具有因果性等先天的思维形式——范畴）这种先天的认识能力同经验相结合，使自然科学知识具有普遍性和必然性。康德认为，数学和自然科学这两门学问都是关于现象世界的学问，不反映"自在之物"的任何性质，同时这两门学问又都离不开经验，是先天的认识能力和经验的结合，具有普遍性和必然性。因此，康德断言，这两门学问作为科学知识是可以成立的。在康德看来，"理性"这种先天的认识能力同"感性""知性"则大不一样。它企图撇开经验，超越现象去把握绝对的无条件的东西,即想去认识"自在之物"。可是，当"理性"这样做的时候，它就必然陷入"谬误推理"或"二律背反"而不能自拔。比如，当"理性"企图去探求世界上究竟有没有"自由"这个问题的时候，"理性"自身就会提出两种对立的答案，而且每一方都能自圆其说，对立的双方谁也驳不倒谁。这表明"理性"根本不能完成它自己所提出的任务，人们不可能获得绝对的无条件的知识，"自在之物"是不可知的。在康德看来，莱布尼茨-伏尔夫"形而上学"，乃是人心中"理性"追求绝对无条件的知识的一种表现。"形而上学"所研究的三个东西（"灵魂""自由"和"上帝"）也正是人心中"理性"所追求的三个最高的"理念"。莱布尼茨-伏尔夫"形而上学"竭力要从理论上论证灵魂是不死的，意志是绝对自由的，上帝是存在的，并且断言这些都是绝对无误的永恒的真理。康德则在《纯粹理性批判》一书中，针锋相对地逐一地驳斥了"形而上学"的上述论点，指出"形而上学"的所有这些理论证明"皆欺人而无根据"。[①]康德所做的这个批判，实质上是折断了封建神学的理性支柱，打击了封建神学。

从以上可以看出，康德批判"形而上学"的哲学基础，是调和唯物论和唯心论的二元论。正如列宁指出的："康德哲学的基本特征是调和唯物主义和唯心主义，使二者妥协，使各种相互对立的哲学派别结合在一个体系中。"[②]康德哲学中所包含的可能引向唯物主义的成分（如承认认识开始于经验）和辩证法的成分（如"二律背反"的思想），是康德批判"形而上学"的重要思想武器。从这个方面看，康德对莱布尼茨-伏尔夫"形而上学"的批判，也带有唯物论同唯心论、辩证法同形而上学斗争的性质。但是，总的说来，康德哲学的主导倾向还是唯心论的先验论、不可知论和形而上学。

康德哲学的这种调和折中的性质，决定了其批判的不彻底

---

① 康德：《纯粹理性批判》，三联书店，1957 年版，第 456 页。
② 列宁：《唯物主义和经验批判主义》，《列宁选集》第 2 卷，人民出版社 1972 年版，第 200 页。

性。康德断言,"形而上学"的三个主要原则尽管在理论上绝对不能成立,但仍然可以是信仰的对象,乃维护道德所必需。正如列宁所深刻揭露的:"康德贬损知识,是为了给信仰留下地盘。"①康德所做的这个让步,深刻反映了 18 世纪末正在形成过程中的德国资产阶级虽然具有的反封建的进步要求,但它还很软弱,带有很大的妥协性。

但是,应当看到,康德的这个让步具有被迫的和表面的性质。正如恩格斯指出的:"康德由于他那个时代的德国哲学的状况,由于他和学究气十足的沃尔弗(按:即伏尔夫,下同)的莱布尼茨主义的对立,所以或多或少地被迫在形式方面对这种沃尔弗的玄想做一些表面的让步。"②同时还应当看到,尽管康德的批判很不彻底,但他终究推翻了称霸一时的莱布尼茨-伏尔夫"形而上学"。在《纯粹理性批判》一书发表的 30 年后,黑格尔写道,"在这段时期以前,[对]那种叫作形而上学"的批判的历史影响是很大的。

我们看到,近几年我国出版的一些欧洲哲学史论著,一般都肯定康德开始了一场哲学革命。可是,令人不解的是,对康德开始的这场革命的内容——推翻莱布尼茨-伏尔夫"形而上学"这一点,有的却只字不提,有的则作为次要问题一带而过。还有的甚至认为,康德对"形而上学"的批判的实质是"为宗教信仰找到了一个新的牢固的根基","以便保卫宗教和信仰"。按照这种理解,那就很难说康德在德国开始了一场同 18 世纪法国政治革命在内容和形式上虽然不同,但在反封建的政治方向上基本一致的哲学革命了。由于撇开批判"形而上学"

---

① 列宁:《黑格尔〈逻辑学〉一书摘要》,《列宁全集》第 38 卷,人民出版社 1959 年版,第 181 页。

② 恩格斯:《致康·施米特(1895 年 3 月 12 日)》,《马克思恩格斯选集》第 4 卷,人民出版社 1972 年版,第 515 页。

这个康德哲学的中心问题，人们对康德哲学思想就只能陷于抽象的考察，或者把康德的哲学思想无目的地加以平铺直叙，或者将康德的哲学思想同唯物论（法国唯物论或马克思主义辩证唯物论）的观点做简单的对照。显然，这样做的结果势必会离开18世纪末德国思想战线上的斗争实际，势必会忽略康德的迂腐的词句中所隐藏着的革命，同时也不可能科学地说明康德哲学的保守性，而只能做出康德哲学是反动的这样一个简单化的结论。

二

康德对封建神学的批判还表现在他的《实践理性批判》一书中。有的作者认为，《实践理性批判》较之《纯粹理性批判》更糟糕，因为康德在后一本书中还只是给上帝留下了地盘，而在前一本书中则给上帝的存在做了积极的论证，讲的是一套"信仰主义的伦理学"。的确，如果从形式上看，康德在《实践理性批判》中论证了信仰，并且似乎还是以此作为本书的最终目的。但是，只要我们对该书稍加分析就可以看出，康德在这本书中实际上是在阐发18世纪末极端软弱、贫乏的德国资产阶级的道德理想，他论证上帝也只是为了使这个道德理想得以实现，而他给上帝所安排的地位恰恰表明了他对封建神学的批判。

在道德学说上，康德也是调和派。我们知道，18世纪法国唯物论者的道德观是很激进的。他们公开抨击封建的禁欲主义的道德说教，鼓吹幸福主义也即资产阶级利己主义，主张道德即幸福。在德国，占统治地位的封建道德思想则坚持道德和幸福的对立，说什么讲道德就应不计功利，鼓吹超功利主义、禁欲主义。康德在道德学说上则在道德和幸福之间徘徊，力图调和两者的对立。康德的这个思想集中表现在他的道德学说的最高概念——"至善"上。他说："……把德性和幸福结合起来以后，才算达到了至善。"①可是，康德却把这个"至善"的实现推到彼岸世界，并企图借上帝之助来实现。康德认为，要达到"至善"，首先必须要求人的意志同道德规律相契合，而要承认这种契合的可能，就必须假定"意志自由"，即假定人的意志能够排除感性欲望的干扰，使其完全遵照"绝对命令"行事。可是这对于我们这些具有感性欲望的人来说，那只是"应当"，就是说应当努力那样做，但实际上是不可能做到的。因此，这种努力就必定是一个无止境的过程，光靠短短的一生是不行的。怎么办？那就假定"灵魂不灭"，今生做不到，来世再努力。康德还认为，要把道德和幸福这两种完全对立的东西结合在一起，单靠人力是不行的，只有假定一个上帝才有可能实现。康德写道："这个至善只有在神的存在下才能实现。"②总之，在康德看来，"形而上学"的三个原则虽然在理论上是不能成立的，但作为道德上的假设则是必要的，否则就既谈不上道德，亦无幸福可言。

显然，康德的道德学说是极其保守的。18世纪法国唯物论者明确肯定，只有打倒上帝才会有真正的道德，道德就是幸福，而幸福就是现世的幸福。可是，康德却把"至善"的实现推到彼岸世界中去，并且还要招请一位上帝来帮忙。马克思和恩格斯深刻地指出："康德只谈'善良意志'，哪怕这种善良意志毫无效果他也心安理得，他把这个善良意志的实现以及它与个人的需要和欲望之间的协调都推到彼岸世界。康德的这个善良意

---

① 康德：《实践理性批判》，商务印书馆1961年版，第113页。
② 康德：《实践理性批判》，商务印书馆1961年版，第128页。

志完全符合于德国市民的软弱、受压迫和贫乏的情况。"[1]

但是，也应当看到，康德把"至善"列为他的道德学说的最高范畴，肯定人们追求幸福的合理性和必要性，这是对封建的禁欲主义道德观的非议。同时，他把上帝仅仅放在一个道德假设的地位上，这也是对封建神学中的那个创造一切、主宰一切的上帝的尊严的明显的亵渎。黑格尔认为，康德这样承认上帝就如同孩子们任意制成一个稻草人，并且彼此相约他们要装作对这个稻草人恐惧。在黑格尔看来，如果上帝的存在像康德所说的只是一个假设，那么人们就可以像法国天文学家拉普拉斯对拿破仑问他为什么在他的天文学中没有假定一个上帝这个问题的答复一样去对付康德："我没有对于这种假设的需要。"恩格斯曾经深刻地指出："康德把神的存在贬为实际理性的一种假定。"[2] 由此看来，尽管康德的伦理学说虽然还带有神秘主义的色彩，但其中仍然包含着对封建神学的批判成分。所以，简单地把康德的道德学说定为"信仰主义的伦理学"是不恰当的。

应当看到，康德哲学是否具有反神学的性质这个问题，不仅关涉到康德哲学，而且关涉到如何理解整个近代德国哲学的发展的问题。我们看到，在我们的一些欧洲哲学史论著中，对德国近代哲学的论述往往给人以这样的一种印象：似乎在近代德国哲学中，唯有费尔巴哈才是神学的批判者，莱布尼茨、康德和黑格尔等照例都是封建神学的辩护士。这是不符合德国近代哲学发展的实际情况的。

作为德国软弱资产阶级意识形态的德国古典唯心主义，是一种极为复杂的思想现象。像莱布尼茨、康德和黑格尔这样一

---

① 马克思和恩格斯：《德意志意识形态》，《马克思恩格斯全集》第3卷，人民出版社1960年版，第211—212页。

② 恩格斯：《致康·施米特（1895年3月12日）》，《马克思恩格斯选集》第4卷，人民出版社1972年版，第515页。

些资产阶级思想家，竟被封建王朝尊奉为青年的导师、国家哲学家；可是，正是这些身为国家哲学家们的唯心主义著作中，却渗透着反抗封建制度的叛逆精神，致力于批判封建神学。恩格斯写道："1750 年左右，德国所有的伟大思想家——诗人歌德和席勒、哲学家康德和费希特都诞生了；过了不到二十年，最近的一个伟大的德国形而上学家黑格尔诞生了。这个时代的每一部杰作都渗透了反抗当时整个德国社会的叛逆的精神。"①马克思也曾指出："普鲁士的国家哲学家们，从莱布尼茨到黑格尔，都致力于推翻神，可是，如果我要推翻神，那我也同样要推翻神所恩赐的国王。"②由此看来，包括康德在内的德国古典唯心主义者，从本质上看，都不是封建神学的卫道士；相反，他们倒都是封建神学的叛逆者。

我们认为，和近代英国、法国资产阶级对封建神学的批判一样，德国近代资产阶级对封建神学的批判，是一个不断深化的过程。如同法国近代资产阶级批判封建神学的斗争经历了由 17 世纪的笛卡尔的二元论到 18 世纪百科全书派的唯物论、无神论这两个大阶段一样，德国资产阶级反对封建神学的斗争过程，也大致可以划分为两个阶段。在德国资产阶级形成时期，从莱布尼茨到青年黑格尔派，是德国资产阶级对封建神学批判的第一个阶段。其特点如同 17 世纪的法国的笛卡尔对神学的批判那样，德国哲学家们基本上是站在唯心主义立场上，借助于辩证法或某些唯物论的倾向，在肯定神学的形式下批判神学，在批判神学的同时为神学留下避难所。我们看到，莱布尼茨极力吹捧上帝，但他把上帝置于一个不干预世事的"虚君"的地

---

① 恩格斯：《德国状况》，《马克思恩格斯全集》第 2 卷，人民出版社 1957 年版，第 634 页。
② 马克思：《揭露科伦共产党人案件——二，迪茨的档案》，《马克思恩格斯全集》第 8 卷，人民出版社 1961 年版，第 468 页。

位上。康德推翻了一切关于信仰的理论证明，把上帝贬为道德上的假设。黑格尔公开声言国家高于教会，法律高于教条，哲学高于宗教，并用被他神化了的资产阶级意志——"自由精神"也即所谓"绝对理念"去代替神学中的上帝。但是，不论是莱布尼茨，还是康德、黑格尔，都从来没有根本否定神学，相反，在他们的著作中，对神学的阿谀奉承之词几乎俯拾皆是。可见，这个时期的批判是很不彻底的，带有强烈的保守性。直到1848年德国资产阶级革命的前夜，费尔巴哈才把德国资产阶级批判封建神学的斗争推进到了一个新的阶段，公开地彻底地否定了封建神学。我们看到，费尔巴哈在批判神学的斗争中曾经同康德和黑格尔的唯心论进行了坚决的斗争。费尔巴哈对康德、黑格尔的批判，是哲学上的唯物论同唯心论两条根本对立的路线的斗争，反映了19世纪三四十年代德国资产阶级从改良主义转向革命的倾向，表明不批判唯心论，不突破唯心论就不可能从根本上克服神学。但是，同时也应当看到，费尔巴哈在批判黑格尔的唯心论的同时也汲取了黑格尔批判神学的某些积极成果。正如马克思指出的，费尔巴哈"在黑格尔以后起了划时代的作用，因为他强调了为基督教意识所厌恶而对于批判的发展却很重要的某几个论点，而这些论点是被黑格尔留置在神秘的朦胧状态中的"。①由此看来，费尔巴哈的伟大历史功绩，并非在于他开始了，而在于他最后完成了德国资产阶级对封建神学的批判；包括康德在内的德国古典唯心主义者批判神学的历史作用是不应抹杀的。

通过以上粗略的分析，我们认为，在18世纪末德国的具体历史条件下，康德是一位披着神学外衣的神学的叛逆者，康德

---

① 马克思：《论蒲鲁东》，《马克思恩格斯选集》第2卷，人民出版社1972年版，第141页。

哲学是一个带有极大保守性的资产阶级反封建的进步哲学。毛主席曾经指出，我们必须尊重历史，"但是这种尊重，是给历史以一定的科学的地位，是尊重历史的辩证法的发展，而不是颂古非今，不是赞扬任何封建的毒素"。[①]对康德哲学的研究也应该这样。历史发展到了今天，康德哲学已经成了反面教材，否认或冲淡它的强烈的保守性，宣扬其中的唯心论的糟粕，是完全错误的。同时，我们也必须尊重历史的辩证法的发展，把康德哲学放到当时的具体历史条件下加以考察，给它以一定的科学的地位。

（原载《南开学报》，1978 年第 3 期）

---

① 毛泽东：《新民主主义论》，《毛泽东选集》合订本，人民出版社 1969 年版，第 708 页。

关于休谟哲学的历史地位

　　大卫·休谟（1711—1776）是 18 世纪中叶英国资产阶级哲学家，欧洲近代哲学史上著名的主观唯心主义者、不可知论者。休谟哲学对后来欧洲资产阶级哲学的发展有着很大的影响。

　　关于休谟哲学，在一些欧洲哲学史论著中，流行着这样的一种看法，即认为休谟哲学是"把攻击科学和唯物论、保护和论证宗教作为主要目标"，是"为了替宗教找一个更坚实可靠的基础"，因而是一种"反动"的哲学。在这些论著中，休谟哲学的历史影响也被描述为完全消极的。

　　我们认为，对休谟哲学及其历史影响做出这样全面否定的评价，是不全面的。

一

　　毫无疑问，休谟作为一个主观唯心主义者、不可知论者，确实是唯物主义的反对派，对科学也曾进行过歪曲。但是我们认为，休谟哲学的主要特色乃是驳斥当时流行的另一种神秘的唯心主义（贝克莱哲学）和传统的宗教神学理论。

　　我们知道，在 18 世纪初，贝克莱在英国资产阶级革命后实现了英国资产阶级哲学由唯物论到唯心论的转变。贝克莱和唯物主义经验主义者洛克一样，承认感觉经验是认识的源泉；但和洛克相反，他根本否认感觉经验的客观基础——外部物质世界的存在。贝克莱哲学的基本命题"存在即被感知"，就是主张感觉观念不以外部事物的存在为前提，相反，事物的存在倒要以其是否为心灵所感知为条件。显然，这是彻头彻尾的主观唯心论。贝克莱认为，感知感觉观念的心灵有两种，一是有限的心灵即"自我"，二是无限的心灵即"上帝"，两者都是精神性的实体。我们看到，当这位主教竭力否定在感觉之外存在着物质实体的同时，他却又千方百计地要在感觉之外安放一个精神实体——上帝。在他看来，为什么一个东西在没有被任何人感觉时还仍然继续存在呢？那是因为上帝在感觉它；为什么各种感觉往往按照一定的规律呈现出来呢？那是因为"上帝的意志构成自然法则"。正如马克思指出的："贝克莱主教是英国哲学中神秘主义的代表。"①贝克莱哲学确实是以攻击唯物论和科学为其主要目标，以论证宗教为其根本任务的。

贝克莱哲学同当时宗教神学中流行的所谓设计论本质上是一致的。设计论者依据因果律，运用类比法以论证上帝的存在。他们认为，人们可以从一个人工作品（如桌子）的存在依据因果律，推论出它的作者（如木匠）的存在，依此类推，人们也可以从宇宙的存在推论出一个宇宙的设计者、创造者——上帝的存在。在当时，某些唯物主义者（如托兰德等）曾利用设计论作为摆脱宗教的简便易行的方式。他们利用牛顿的"第一推动力"的观点证实上帝的存在，认为上帝只是给了世界的最初推动，而后就不再干预自然界的事情了，这样实际上就把上帝置于一个不问世事的"虚君"地位上，剥夺了上帝干预世事的权力。但是，总的说来，那种认为上帝创造一切并且时时处处

---

① 马克思：《政治经济学批判》，《马克思恩格斯全集》第 13 卷，人民出版社 1962 年版，第 69 页。

主宰一切的设计论，还是现存宗教的主要理论支柱。

休谟在哲学上是直接从贝克莱哲学出发的。他继承了贝克莱的主观唯心主义的哲学路线，重复贝克莱批驳唯物论的种种观点。休谟宣称："除了心灵的知觉或印象和观念之外，没有任何东西真正存在于心灵之中。外在对象仅仅是由于它们所引起的那些知觉才为我们所感知。恨、爱、思维、感觉、看，所有这些无非都是知觉。"①休谟从这种主观唯心论出发，批判了洛克和斯宾诺莎等人的唯物主义和无神论的观点。

然而，休谟的主观唯心主义和贝克莱的主观唯心主义并不完全相同。休谟哲学的特色在于，他在主观唯心主义的基础上提出了不可知论，并从不可知论出发批判了贝克莱的神学点和当时流行的设计论思想。

和贝克莱不同，休谟不仅否认物质实体的存在，而且也否认任何精神实体（"自我"，"上帝"）的存在。在休谟看来，我们所能知道的就是各种特殊的知觉，所谓世界对我们来说只不过是一束知觉之流，至于这些知觉的源泉是什么，则是不可知的。

关于"自我"这个精神实体，休谟认为，我们只有各种特殊的知觉，根本知觉不到一个独立自存的"自我"这个精神实体。他说："我没有知觉，在任何时候就决不能觉察到自我，并且除了知觉之外我决不能觉察到任何东西"。②

休谟断言："关于灵魂实体的问题，是绝对不可理解的。"③

休谟不光是反驳唯物论关于肯定在我们之外存在着不依赖于我们的感觉的物质实体的观点，同时也反对贝克莱关于在我

---

① 休谟：《人性论》，塞巴-比格编，牛津 1896 年英文版，第 67 页。
② 休谟：《人性论》，塞巴-比格编，牛津 1896 年英文版，第 252 页。
③ 休谟：《人性论》，塞巴-比格编，牛津 1896 年英文版，第 250 页。

们之外存在着一个精神实体（上帝）的观点。在他看来，既然
我们的认识不能超出经验，我们所能知道的就是我们的知觉；
那么，在我们的知觉之外是否还存在着一个能产生知觉的东西，
这个东西是物质，还是精神，这都成了不可解决的问题。因此，
和物质实体一样，精神实体是否存在，其属性如何，是不可知
的。他说："我们的观念超不出我们的经验：我们没有关于神圣
的属性与作为的经验"。①

　　这就是休谟的不可知主义、怀疑主义。其特点正如列宁指
出的："休谟所谓的怀疑论，是指不用物、精神等等的作用来说
明感觉，即一方面不用外部世界的作用来说明知觉，另一方面
不用神或未知的精神的作用来说明知觉。"②应当指出的是，休
谟在贝克莱之后提出不可知论，一方面是为了进一步驳斥唯物
论，但其特色则在于否定贝克莱所肯定的精神实体。

　　为了把不可知论贯彻到底，休谟在因果律问题上大做文章。
他既反对唯物论者把因果规律说成客观事物本身具有的必然规
律，也反对贝克莱把因果规律看作神的意志的神秘主义观点。
在休谟看来，所谓原因和结果的关系，完全是经验范围内的事
情，只不过是各个知觉之间的关系。说两种现象有因果联系，
并不是说前一种现象必然地会产生后一种现象，而只不过是说
后一种现象经常地伴随着前一种现象而产生。这是因为，人们
在经验中不可能看到前一种现象中存在着必然产生后一种现象
的能力，而只能看到两种现象经常地前后相随。因此，人们所
谓的因果规律实际上只不过是一种现象经常跟随着另一种现象
这种情况在人心中不断重复而产生的一种习惯和信念，使人们

---

① 休谟：《自然宗教对话录》，商务印书馆 1962 年版，第 16 页。
② 列宁：《唯物主义和经验批判主义》，《列宁选集》第 2 卷，人民出版社 1972
年版，第 29 页。

看到某一现象时便习惯地预想经常跟随它一起出现的现象也会出现，或者相信它是经常在它之前出现的现象的结果。不难看出，休谟的因果论完全否定了因果规律的客观性和必然性，从而歪曲了科学，是主观主义的。

然而，休谟却正是利用这种主观主义的因果论批驳了贝克莱的神学理论和当时流行的设计论思想。休谟认为，贝克莱既然否认了物质实体是产生我们的感觉的原因，那么他也就没有任何理由肯定精神实体是产生我们的感觉的原因。他说："……我们正可以根据同样原则否认最高神明有任何能力，一如否认最粗重的物质有任何能力一样。我们不能了解最粗重的物质的作用，我们也一样不能了解最高神明的作用。"[①]

针对当时流行的笛卡尔学派关于上帝是具有无限能力的精神实体的观点，休谟写道："我们没有一个赋有任何能力的存在的观念，更没有一个赋有无限能力的存在的观念。"[②]

休谟认为，设计论者借助于因果律和类比法论证上帝的存在，这也是行不通的。在他看来，我们在经验中若要由果推因，就必须依据我们在事先对同类事物的许多例证的归纳而得出的结论。比如，由于我们经常看到桌子是木匠做的，这才会在我们心中形成一种因果观念（即习惯和信念），一当看到桌子便推论出木匠的存在。可是，当我们企图从自然界推论出一个自然界的创造者的时候，情况就大不一样了，这里是要求从独一的结果推论出独一的原因，而这在经验中是根本不可能的。他说："只有在我们看见了两种物象恒常会合在一块时，我们才能由这一个推测那一个；假如所呈现出的结果是完全单独的，并不能归在任何已知的种类中，那我就完全看不到，我们关于它的原

---

① 休谟：《人类理解研究》，商务印书馆 1957 年版，第 67 页。
② 休谟：《人性论》，塞巴-比格编，牛津 1896 年英文版，第 248 页。

因能有任何猜想或推测。"①

休谟明确断言："关于神的存在，没有理论证明可言！"②

休谟的《人类理解研究》一书是以下面一段话作结束的："我们如果相信这些原则（按：指他的哲学的基本观点），则我们在巡行各个图书馆时，将有如何大的破坏呢？我们如果在手里拿起一本书来，例如神学书或经院哲学书，那我们就可以问，其中包含着数和量方面的任何抽象推论吗？没有。其中包含着关于实在事实和存在的任何经验的推论吗？没有。那么我们就可以把它投在烈火里，因为它所包含的没有别的，只有诡辩和幻想。"③

在这里，休谟反对传统神学的精神跃然纸上。

休谟晚年专心致志地写了《自然宗教对话录》一书，集中地批判了当时流行的设计论。但他写成这本书后把它搁置了15 年之久不敢出版，临终前他生怕这本书出版不了，千方百计地为它安排出版的出路。休谟是著名经济学家亚当·斯密的老师和朋友，和不少法国启蒙运动的先驱如卢梭等都有交谊。他对笛卡尔、马勒伯朗士的批评，客观上配合了法国启蒙运动的领袖们对 17 世纪"形而上学"的斗争。正因为休谟著作中包含着非宗教的倾向，当时英国教会把他的著作当作无神论加以贬斥。

然而，休谟实际上并不是像教会所说的那样是一个无神论者。尽管休谟激烈抨击关于宗教的种种理论证明，但他还是一再表白他是一个最虔诚的信徒。休谟认为，宗教的真正基础不在理性，而在于信仰和神圣的启示，因此，批判对宗教的理论

---

① 休谟：《人类理解研究》，商务印书馆 1957 年版，第 130 页。
② 休谟：《自然宗教对话录》，商务印书馆 1962 年版，第 17 页。
③ 休谟：《人类理解研究》，商务印书馆 1957 年版，第 145 页。

证明，并不是反宗教，反倒是为确立真正的宗教信仰开辟道路。他说："在学术人士之中，做一个哲学上的怀疑主义者是做一个健全的、虔信的基督教徒的第一步和最重要的一步。"[①]

然而，休谟认为，虽然宇宙的秩序证明了一个全能的上帝的存在，但是："没有必要为宗教的一切信条提供根据，我们也没有必要形成关于最高存在的力量和能力的明晰的观念。"[②]

休谟在宗教问题上的这种既批判又保留的矛盾态度，反映了 18 世纪英国资产阶级的矛盾处境。一方面，刚刚取得政权的新兴的英国资产阶级正在开展一场产业革命，以巩固和发展资本主义，这就势必要求在精神上最终摆脱传统神学的束缚；另一方面，这个已经上升为统治阶级的资产阶级在政治上开始趋向保守，他们感到统治广大劳动群众的最好的精神武器又莫过于宗教。因此，问题不在于消灭宗教，而在于改造宗教。休谟的哲学和宗教观点深深地打上了 18 世纪英国资产阶级的阶级烙印。

通过上述分析，可以看出，尽管休谟哲学是唯心主义的，他对宗教的态度是矛盾的；但是休谟哲学本质上是一种非宗教的思想形式，他对传统神学理论的批判还是有其积极的历史意义的。那种把休谟哲学简单地说成是"为宗教做论证的"，说休谟"狡猾"地给"他的哲学抹上了一层非宗教的色彩"的观点是不恰当的。列宁曾经指出："当一个唯心主义者批判另一个唯心主义者的唯心主义基础时，常常是有利于唯物主义的。"[③]我们应当运用列宁的这个观点去观察休谟哲学。

---

① 休谟：《自然宗教对话录》，商务印书馆 1962 年版，第 97 页。
② 休谟：《人性论》，塞巴-比格编，牛津 1896 年英文版，第 633 页。
③ 列宁：《黑格尔〈哲学史讲演录〉一书摘要》，《列宁全集》第 38 卷，人民出版社 1959 年版，第 313 页。

二

我们认为，休谟哲学对后来资产阶级哲学的发展的影响是双重的，即既有它的消极的一面，也有其积极的一面。

首先说说休谟哲学对康德哲学的影响。康德在谈到休谟哲学对他的影响时写道："我坦率地承认，就是休谟的提示在多年以前首先打破了我教条主义的迷梦，并且在我对思辨哲学的研究上给我指出来一个完全不同的方向"。[①]

康德这里说的所谓教条主义的迷梦是什么意思？我们知道，康德早年是莱布尼茨-伏尔夫"形而上学"体系的信徒。这个"形而上学"的主要内容和主要任务就是论证上帝存在、灵魂不朽和意志自由。莱布尼茨-伏尔夫"形而上学"体系，是教条主义的、独断的，它认为人们单凭理性本身就可以做出关于上帝存在、灵魂不朽和意志自由的绝对无误的理论证明。康德所谓休谟打破了他的教条主义迷梦的意思，就是说休谟哲学打破了他对莱布尼茨-伏尔夫"形而上学"体系的信仰，把他从这个教条主义的"形而上学"体系中解放了出来。康德所谓休谟的提示给他的哲学研究指出了一个新的方向，说的就是不可知论。我们知道，康德在休谟的启发下形成了自己的不可知论的哲学体系，并借此推翻了莱布尼茨-伏尔夫"形而上学"，从而在德国开始了一场资产阶级的哲学革命。恩格斯曾经指出："在法国发生政治革命的同时。德国发生了哲学革命。这个革命是由康德开始的。他推翻了前世纪末欧洲各大学所采用的陈旧的莱布尼茨的形而

---

① 康德：《未来形而上学导论》，商务印书馆 1978 年版，第 9 页。

上学体系。"①人们看到，关于上帝存在的种种传统的理论证明，经过休谟、继之康德的批判在学术上就再也吃不开了。由此看来，休谟哲学对康德的影响，并非像有的人认为的那样是完全消极的，反之，应该说这种影响基本上是积极的。

休谟哲学对 19 世纪英国资产阶级哲学的影响看来也包含着积极的方面。1844 年，恩格斯在谈及 19 世纪上半叶流行于英国的不可知论的思潮的时候写道："休谟的怀疑论今天仍然是英国一切非宗教的哲学思想的形式。这种世界观的代表者说，我们无法知道究竟有什么神存在；即使有的话，他也根本不可能和我们发生任何联系，因此，我们在安排自己的实践活动时，就应该假定什么神也没有。我们无法知道，究竟灵魂和肉体有没有区别，究竟灵魂是不是不死的；因此，我们在生活中就假定此生是我们仅有的一生，用不着为那些我们所不能理解的事物忧虑。简单地说，这种怀疑论的实践完全重复着法国的唯物主义；但是它由于不能彻底解决问题，因而仍停留在形而上学理论的领域中"。②对于 19 世纪下半叶英国流行的不可知论思潮，恩格斯评述道："真的，不可知论如果不是'羞羞答答的'唯物主义，又是什么呢？不可知论者的自然观，完全是唯物主义的。整个自然界是受规律支配的，它绝对排除任何外来的干涉。可是，不可知论者补充道，我们无法肯定或否定已知世界之外的某个最高存在物的存在"。③恩格斯深刻地揭露了不可知论的理论上的错误即不懂得实践在认识中的作用；但同时也肯定了它在当时历史条件下的积极的实践意义。

---

① 恩格斯：《大陆上社会改革运动的进展》，《马克思恩格斯全集》第 1 卷，人民出版社 1956 年版，第 588 页。

② 恩格斯：《英国状况 十八世纪》，《马克思恩格斯全集》第 1 卷，人民出版社 1956 年版，第 660 页。

③ 恩格斯：《社会主义从空想到科学的发展》，《马克思恩格斯选集》第 3 卷，人民出版社 1972 年版，第 386 页。

19世纪末和20世纪，休谟哲学成为现代各种各样的资产阶级主观唯心主义哲学流派的重要的思想渊源之一。休谟哲学的谬误得到了充分的暴露，它的历史影响的消极方面也愈来愈明显了。但是，我们不能因此就把休谟哲学和反对马克思主义哲学唯物论的现代资产阶级主观唯心主义哲学看成一个东西，也不能把马列主义经典作家揭露和批判现代资产阶级主观唯心主义哲学的论断，不加分析地统统加在休谟哲学的头上。

恩格斯曾经指出："……另外还有其他一些哲学家否认认识世界的可能性，或者至少是否认彻底认识世界的可能性。在近代哲学家中，休谟和康德就属于这一类，而他们在哲学的发展上是起过很重要的作用的"。[①]看来，对于人类认识发展史上的一个重要环节，在欧洲近代哲学发展中起过很重要的作用的休谟哲学，是不能用简单地加个"反动的"帽子或者干脆置之不理的办法加以消除的。

[①] 恩格斯：《路德维希·费尔巴哈和德国古典哲学的终结》，《马克思恩格斯选集》第4卷，人民出版社1972年版，第221页。

亚里士多德—康德—黑格尔的范畴学说述评

欧洲哲学史上，历代哲学家都从不同的角度对范畴问题进行过探讨。随着哲学的发展，范畴在认识中的地位和作用逐渐明确，范畴的数目不断增加，范畴的内容以及范畴之间的相互关系也愈益丰富、精确和深化。研究范畴学说发展史，有助于锻炼理论思维能力，深入理解马克思主义的范畴学说。

亚里士多德、康德和黑格尔的范畴学说，在欧洲范畴学说发展史上占有重要地位。这三位哲学家对范畴问题都做过较为系统、深入的探索。他们总结和概括了各自所处的时代关于范畴问题的研究成果，分别提出了自己的范畴系统。

本文将着重讨论亚里士多德、康德和黑格尔的范畴学说的基本思想。

一

古希腊的伟大哲学家亚里士多德（公元前 384—前 322），最早发现了范畴这一思维形式，并提出了一个范畴系统。

亚里士多德列举了十个范畴：实体、性质、数量、关系、地点、时间、状态、具有、主动和被动。在《范畴篇》中，他对十个范畴做了如下的说明："让我大略地说一说我的意思：指实体的如'人'或'马'，指数量的如'二丘比特长'或'三丘

比特长'，指性质的例如'白的''通晓语法的'等属性；'二倍'
'一半''较大'等等则属于关系的范畴；'市场里''在吕克昂'
等等，属于地点的范畴；'昨天''去年'等等属于时间的范畴；
'躺卧着''坐着'等等则是指示姿态的语词；'着鞋的''武装
的'等等，属于状况［具有］；'施手术''针灸'等等，是动作；
'受手术''受针灸'等等，属于遭受的范畴。"①亚里士多德的
"范畴"一词，在古希腊和语法中的谓词是同一个词。在他看来，
每一命题必有主词和谓词两项，而一切命题中的所有的谓词都
可以分别归纳除"实体"范畴（它在命题中永远是主词）之外
的其他九个基本谓词即"范畴"之下。他说："任何事物的偶性、
种、属性和定义总是归结到这些范畴之一。"②可以看出，亚里
士多德在这里实际上是把作为语法的基本谓词的"范畴"，提升
为思维的基本形式了。十范畴乃是关于一个具体事物的一切属
性的最基本的逻辑规定。

　　我们知道，在亚里士多德之前，先辈哲学家们如苏格拉底、
柏拉图、德谟克利特等，都比较深入地讨论过"概念"这种思
维形式。作为形式逻辑学的奠基人的亚里士多德，当然十分重
视"概念"在认识中的作用。但是，他觉察到"概念"这种思
维形式"只能指示一个'如此'，不能指示一个'这个'"。③这
意思是说，"概念"只标示一类事物所共有的普遍的属性，而不
能标示一个个别具体事物本身所特有的一切属性。和"概念"
不同，十范畴能够对一个个别具体事物的所有属性做出全面的
逻辑规定。

---

　　① 亚里士多德：《范畴篇，解释篇》，商务印书馆1959年版，第11页。
　　② 亚里士多德：《论辩篇》，101b35—40（见《亚里士多德全集》第1卷，牛津
1928年英文版，下同）。
　　③ 亚里士多德：《形而上学》，商务印书馆1962年版，第152页（引文据《亚里
士多德全集》第8卷，牛津1928年英文版做了某些修改，下同）。

在亚里士多德看来，"范畴"这种基本的思维形式同个别事务的存在的基本形式是一致的。他说："基本存在的类别是正是那些为各种范畴所陈述的东西：因为'存在'的各种意义和范畴的种类一样多。这样，有些范畴说明对象是什么？另一些范畴则说明对象的质、量、关系、能动或被动、'何时'，'何地'，'存在'总有一个意义符合这些陈述之一。"[①]亚里士多德的这个思想具有明显的唯物主义倾向。

在亚里士多德之前，关于实体、质、量、时间以及空间等问题，早已为先辈哲学家们提出来并研究过。亚里士多德的贡献主要在于他总结了前人对这些问题研究的成果，把它们作为范畴这种思维形式提出来并构成了一个逻辑系统，初步地探索了范畴之间的关系。

在十范畴中，亚里士多德把"实体"范畴放在一个特殊的地位上。"实体"范畴是十范畴系统的中心，其他九个范畴都是围绕着它旋转的。

"实体"范畴的内容是什么呢？亚里士多德指出，"实体"范畴有两层意义：一是指独立存在的个别事物，如个别的人、个别的马等；二是指种属概念，如"人""动物"等。他把前者叫作"第一实体"，把后者叫作"第二实体"。亚里士多德认为，"第一实体"即个别事物是不依赖于他物而独立自存的东西。他说："有一类东西既不存在于一个主体里面，又不可以用来述说一个主体，例如一个个别的人和一匹个别的马。"[②]"第二实体"即种属概念用以指示"第一实体""是什么"，如"苏格拉底"（"第一实体"）是"人"（"第二实体"）。和"第一实体"不同，"第二实体"不是独立自存的东西。它依赖于"第一实体"，没

---

① 亚里士多德：《形而上学》，商务印书馆1962年版，第94页。
② 亚里士多德：《范畴篇，解释篇》，商务印书馆1959年版，第10页。

有"第一实体"的存在，它自身就不能存在。比如，没有一个个别的人的存在，"人"这个类概念也就不存在。亚里士多德明确指出："如果没有第一性实体存在，就不可能有其他的东西存在。"①亚里士多德正是在这种肯定个别事物的实在性，强调没有个别就没有一般的唯物主义观点的基础上，对柏拉图关于一般先于个别而存在的唯心主义理论进行了尖锐的抨击。但是，亚里士多德也并没有完全正确解决一般和个别之间的关系。在他看来，没有个别就没有一般，但一般似乎又不存于个别之中。他说："关于第二性实体，从下面的论据就可以清楚地看出它们并不存在于任何一个主体里面。因为'人'并不存在于个别的人里面。"②针对亚里士多德关于一般与个别相互关系的观点，列宁写道："妙得很！不怀疑外部世界的实在性。这个人就是弄不清一般和个别、概念和感觉、本质和现象的辩证法。"③

上述关于"第一实体"和"第二实体"的关系的讨论，基本上还局限在"概念"和个别事物的关系的范围内。亚里士多德指出："'存在'在一个意义上是'事物是什么'或'这个'，在另一意义上，它指的是质、量或者其他范畴之一。"④种属概念是有局限性的，它只是指示了"第一实体"即个别事物存在的一种形式："事物是什么"。为了全面地把握"第一实体"的多方面的存在，就还必须进一步研究其他范畴以及它们和"实体"范畴的关系。

在亚里士多德看来，"实体"范畴是十范畴系统的核心。"实体"范畴在一个命题中只能作为主词，而不能作为谓词；反之，

---

①　亚里士多德：《范畴篇，解释篇》，商务印书馆1959年版，第13页。
②　亚里士多德：《范畴篇，解释篇》，商务印书馆1959年版，第14页。
③　列宁：《亚里士多德〈形而上学〉一书摘要》，《列宁全集》第38卷，人民出版社1959年版，第418页。
④　亚里士多德：《形而上学》，商务印书馆1962年版，第125页。

质、量、关系等其他九个范畴在命题中只能作为谓词以陈述主词，而不能作为主词。比如，人们可以说"苏格拉底是文明的"，但却不可以说"文明的是苏格拉底"。亚里士多德的这个思想实际上是想表明，我们的认识对象是具体的个别事物，而质、量、关系等其他九个范畴是关于这个认识对象的多方面存在的逻辑规定。

亚里士多德认为，在十范畴中，只有"实体"（"第一实体"）是独立自存的，其他九个范畴均依赖于"实体"而不能独立自存。他说："人们可以问，'行''坐''健康'以及相似的其他语词是否也各自存在？这些没有一件能脱离实体而独自存在。假如有所存在，则存在的实际上是那个行走、坐着或健康的事物｛人｝。"①亚里士多德明确断言，"除了实体而外，其他各范畴均不能独立存在"。②亚里士多德从这个唯物主义立场出发，批判了毕达哥拉斯派关于"数"的唯心主义，深刻地指出："数学对象显然不能离开可感觉的事物而独立存在。"③不难看出，亚里士多德的这个立场是正确的。

值得注意的是，亚里士多德还研究了范畴的发展序列问题。他认为，从范畴的序列上看，"实体"范畴应在其他范畴之前。他说："事物被算为为首者有数种意义——（一）在定义上；（二）在认识程序上；（三）在时间上。但是，实体在任何一个意义上都是为首的。"④在"实体"范畴之后是"性质"范畴，在"性质"范畴之后是"数量"范畴。他说："倘这整体（按：指宇宙）只是连续系列的串联，实体便当在次序上为第一，其次为性质，

---

① 亚里士多德：《形而上学》，商务印书馆 1962 年版，第 125 页。
② 亚里士多德：《形而上学》，商务印书馆 1962 年版，第 237 页。
③ 亚里士多德：《形而上学》，商务印书馆 1962 年版，第 296 页。
④ 亚里士多德：《形而上学》，商务印书馆 1962 年版，第 125 页。

继之以数量。"①亚里士德认为，"关系"范畴涉及大小、多少等数量问题，因此应后于"质"和"量"。他说："关系范畴后于质与量，是所有实在或实体中最微末的一类。"②由此看来，亚里士多德的范畴学说是"带有流动范畴的辩证法派"。③

我们看到，亚里士多德常常把"范畴"作为他分析事物的工具。他就曾运用范畴对运动进行分类，从"实体"说，运动有产生和消灭，从"性质"说，运动有性质变化，从"数量"说，运动有增加和减少等。

综上所述，亚里士多德的范畴学说自发地表露了如下几个特点：它以个别具体事物为对象，并企图以一个范畴系统对具体事物的多方面存在做全面的逻辑规定；它自发地和本体论相结合，认为范畴既是思维形式，又是存在的形式，具有朴素唯物主义的性质；它自发地和认识论相一致，把范畴排列顺序和认识发展的程序结合起来，具有自发的辩证法性质。所有这些表明，亚里士多德的范畴学说是在自发地、朦胧地向着一门有别于形式逻辑的逻辑学——辩证逻辑进行寻求和探索。

但是，总的说来，亚里士多德的范畴学说还是很原始、很朴素的。在亚里士多德那里，范畴问题实质上是一个基本的思维形式问题；但是，他对范畴的分析往往是和语词的分析搅在一起。他对一些范畴的解释也是十分简单和粗糙的。亚里士多德后来在十范畴之外又加了五个副范畴（对立、先时、同时、运动和所有）。然而，我们看到在这十五范畴中，有些范畴（如具有、状态等）不一定都是基本范畴。而另一方面，亚里士多德曾经对形式和质料、潜能和现实、必然和偶然等问题做过深

---

① 亚里士多德：《形而上学》，商务印书馆 1962 年版，第 237 页。
② 亚里士多德：《形而上学》，商务印书馆 1962 年版，第 291 页。
③ 恩格斯：《自然辩证法》，人民出版社 1971 年版，第 181 页。

入的探索，但他却不把这些列入范畴。亚里士多德虽然对范畴的联系做了某些探索，表现了自发的辩证法倾向，但是总的来说，他没有把对立统一的思想应用于范畴的研究。

二

在 17—18 世纪,欧洲各国资产阶级哲学家在反对经院哲学的斗争中，对哲学上的各种范畴进行了广泛深入的讨论。在此基础上，德国哲学家康德（1724—1804）在 18 世纪末提出了一个范畴系统。

康德的范畴学说是他的认识论的一个重要组成部分。康德在批判莱布尼茨-伏尔夫"形而上学"①的过程中系统地阐发了自己的认识论。他认为，人心具有三种先天的认识能力："感性""知性"和"理性"。与此相应的，人类有三门学问："数学""物理学"（自然科学）和"形而上学"（关于宇宙本体的学问）。"感性"（具有时间和空间两种直观形式）这种先天的认识能力和感觉经验相结合，使数学知识具有普遍性和必然性。"知性"（具有因果性等十二种思维形式即"范畴"）这种先天的认识能力和感觉经验相结合，使物理学的原理具有普遍性和必然性。数学和自然科学这两门学问都是先天的认识能力和感觉经验的结合，都是关于现象世界（即感觉经验世界）的事情，它们的原理都具有普遍性和必然性，因而作为科学知识是可以成立的。"理性"（具有"世界""灵魂"和"上帝"三种"理念"）的情况则大不一样。"理性"想撇开经验，超越现象世界去认识"自在之物"。康德竭力证明，"理性"的这种努力是徒劳的，上帝

① 莱布尼茨-伏尔夫"形而上学"的主要内容是论证上帝存在、灵魂不灭和意志自由。

是否存在，灵魂是否不朽以及意志是否自由这些问题，在理论上是根本不可知的。因此，康德认为，作为"理性"的学问的莱布尼茨-伏尔夫"形而上学"，完全是假学问，是根本不能成立的。康德推翻了莱布尼茨-伏尔夫"形而上学"，打击了封建神学，在德国开始了一场资产阶级的哲学革命。

康德在阐述他的"知性"的学说时，提出了一个有别于传统的形式逻辑的"先验逻辑"。这个所谓的"先验逻辑"实际上就是一个范畴系统。康德的范畴学说和他的整体哲学体系一样，总的倾向是唯心论的、形而上学的，但其中也包含着某些合理的成分，仍不失为欧洲范畴学说发展史上的一个重要环节。

首先，康德把范畴看作基本的思维形式。康德认为，"知性"是一种对感性对象进行思维，把零散的、特殊的感性对象加以综合联结成为有规律性的自然科学知识的先天认识能力。"感性"管直观，"知性"管思维。正像"感性"有自己的直观形式（时间和空间）一样，"知性"也有自己的思维形式即"范畴"。

然而，康德却把"范畴"这种思维形式看作人心先天固有的东西，力图先验地演绎出他的范畴体系。康德高度评价亚里士多德提出的十范畴学说，认为这是"足值敏锐思想家"的事业。但他又认为，亚里士多德罗列十个范畴"并未贯之以原理"，似乎是随处捡得的。康德则力图从他的先验唯心主义的原理中引出他的范畴学说。他把范畴叫作"纯概念"。所谓"纯"，就是说不是来自经验，不包含丝毫的经验成分。在康德看来，通过"感性"在人心中形成的各种感性对象都是孤零零的，相互间没有联系，它们不可能给予联结的表象。康德认为，"在一切表象中，联结乃唯一不能由对象授予者。"[①]因此，起着综合联结感性对象作用的范畴乃源自知性，而与感性无关。在康德

---

① 康德：《纯粹理性批判》，三联书店 1957 年版，第 99 页。

看来，既然范畴根源于"知性"，那么就只能从"知性"中先验地演绎出范畴系统。他认为，"知性"的综合联结能力在逻辑上表现为判断的能力，而每一个判断中都必然地蕴涵着一个范畴。比如，在"太阳晒是石头热的原因"这个判断中，就蕴涵着"因果性"这个范畴，没有这个范畴就不可能形成这个判断。这样，康德便从判断形式的分类入手构造范畴系统。他认为，一切判断就其形式来说可以归结为四组十二种。与此相应的，范畴也是四组十二种：一，量的范畴——单一性、多数性、全体性；二，质的范畴——实在性、否定性、限制性；三，关系的范畴——实体和属性、原因和结果、主动和被动；四，样式的范畴——可能性和不可能性、存在性和不存在性、必然性和偶然性。

康德认为，他的这个范畴系统是"至极完备"的，尽管人们还可以从这些范畴中引申出若干副范畴如生、灭、变化等，但上述十二范畴则是最基本的范畴。这种观点实际上是把人的认识能力看成凝固不变的东西，因而本质上是形而上学的。

康德觉察到了范畴之间的某些联系。他说："每一类中所有范畴之数常同为三数之一事，实堪注意。其尤宜注意者，则每一类中之第三范畴，常由第二范畴与第一范畴联结而生。"①比如，"交互作用"范畴是"实体和属性"范畴同"因果性"范畴联结而生的。康德的这个思想后来为费希特、谢林特别是黑格尔所继承和发挥。但是，总的说来，康德没有致力于研究范畴之间的联系和转化。在他那里，十二范畴之间的关系基本是平列的、各自孤立的、静止的。

我们看到，康德把范畴看作人心固有的凝固不变的认识能力，这种观点较之具有朴素唯物论和自发辩证法性质的亚里士

---

① 康德：《纯粹理性批判》，三联书店1957年版，第89页。

多德的范畴观来说，是大为逊色的。但是，也应当看到，康德的范畴学说，基本上摆脱了亚里士多德十范畴学说的原始性、直观性。康德自发地把范畴规定为人类思维的基本形式。他所列举的十二范畴较之亚里士多德的十范畴，不仅在数量上有所增加，更重要的是在内容上更为丰富、更为深刻了。

其次，康德不仅把范畴看作思维形式，而且看作自然的规律或法则。康德的这个思想也是通过唯心主义的方式表达的。

应当明确的是，康德这里所说的"自然界"是指由人们的感觉经验构成的所谓"现象世界"，而不是指"自在之物"，不是指独立于人们的感觉经验而存在的客观物质世界。康德说得很清楚："我们是把自然界仅仅当作现象的总和，也就是当作在我们心中的表象的总和，来认识的。"[1]在康德看来，在自然界里，也即在我们的感觉经验里，感性对象本来是孤零零的，其间没有什么普遍的必然的联系，即没有规律性；只是在人们运用先天的范畴去思维对象的时候，对象之间才有了普遍必然的联系，才有了规律性。比如，人们在经验中常常看到"太阳晒石头，石头热了"这两个现象经常前后相随。康德认为，感觉经验所能告诉我们的，仅仅是这两个现象经常前后相随，而不能告诉我们这两个现象之间存在着什么必然联系。只有当人们运用"因果性"范畴去思维这两个现象，从而说"太阳晒热了石头"，才使这两个现象之间有了普遍必然的联系，有了规律性。康德说："因果性概念……使一个普遍有效的判断成为可能。"[2]由此，康德断言，人给自然立法，"理智的（先天）法则不是理智从自然界得来的，而是理智给自然界规定的"。[3]按照康德的

---

① 康德：《未来形而上学导论》，商务印书馆 1978 年版，第 92 页。
② 康德：《未来形而上学导论》，商务印书馆 1978 年版，第 67 页。
③ 康德：《未来形而上学导论》，商务印书馆 1978 年版，第 93 页。

这个观点，人们的认识过程不是反映客观规律的过程，不是从感性认识上升为理性认识的过程，反倒是向客观世界强加规律的过程。显然，康德的这条认识论路线是彻头彻尾的唯心论的先验论的路线，是根本错误的。但是，从范畴学说发展史上看，康德把范畴看作事物的规律或法则的思想，较之亚里士多德把范畴简单地看作事物的多方面的存在的分别规定，应该说是深刻得多了。

此外，康德还认为，范畴虽然不是来自感觉经验，但是范畴的使用却离不开经验。在康德看来，范畴只是综合联结经验对象的思想形式，离开了经验，范畴就成了空架子，形成不了真正的科学知识。在康德看来，范畴只适用于现象世界，和感觉经验相结合形成有条件的相对的知识。如果人们超越现象世界，用范畴去规定"自在之物"，企图取得无条件的绝对的知识，那么，范畴本身就会发生矛盾——"二律背反"。比如，如果人们一定要探究整个世界的时间和空间上究竟是有限的还是无限的话，那么就必定会出现说有限有理，说无限也有理的矛盾。在康德看来，矛盾等于悖理，等于荒谬。理性中出现矛盾，这说明人的认识能力是有限的。上帝是否存在呢？灵魂是否不灭呢？意志是否自由呢？康德答曰：不可知。

由此看来，康德的范畴学说具有调和唯物论和唯心论、经验论和唯理论的特征。当他肯定范畴的先天性时，他是唯心论者、唯理论者；当他坚持范畴只有同经验相结合才能形成科学知识的时候，他表现出经验论的倾向，包含了一定的唯物论的成分。当17—18世纪欧洲哲学战线上的两大派——经验论和唯理论，各执一个片面，打得不可开交的时候，康德把两派的原则容纳于一个体系中，企图解决理性认识和感性认识的统一问题。我们看到，尽管康德并没有科学地解决这个统一，但他却指出了这种统一的必然的趋向。这不能不说是认识史上的一个进步。

康德把矛盾看作不合理，是主观的"幻想"，认为思想上发生了矛盾说明人的认识能力有限。这是错误的。但是，康德的"二律背反"学说不自觉地揭露了这样一个事实：即当人们一旦要透过现象去把握事物的本质的时候，思想上就必然会出现矛盾。康德的"二律背反"学说在客观上暴露了形而上学片面观点局限性，包含了辩证法的因素，是黑格尔的矛盾学说的出发点。

康德认为，范畴只能把握有条件的相对的知识，不能把握无条件的绝对的对象，这表明康德的范畴论具有相对主义性质。在反对莱布尼茨-伏尔夫"形而上学"的绝对主义、独断主义的过程中，康德范畴学说中的相对主义曾表现过一定的积极意义。但是，这种相对主义在理论上是错误的，因为它根本否认了范畴具有把握客观真理的能力，导致了不可知论。后来，黑格尔正是在批判康德的范畴学说中的相对主义和不可知论，论证思维和存在具有同一性的过程中，创立了一个新的范畴系统。

三

在康德之后，黑格尔（1770—1831）写了巨著《逻辑学》。和传统的形式逻辑不同，黑格尔的"逻辑学"是一个庞大的范畴系统。在"逻辑学"中，黑格尔自觉地把辩证法运用于范畴的研究，或者说他自觉地揭露了范畴的辩证法。黑格尔的《逻辑学》是一本彻底的唯心主义的著作。然而，正是在这部最唯心主义的著作中，包含了欧洲哲学史上的最丰富、最深刻的辩证法思想。黑格尔的《逻辑学》可以说是一本很好的辩证法的教科书。下面，我们将着重对黑格尔关于范畴学说的某些基本思想做简要的评述。

黑格尔指出，康德哲学是近代德国哲学的基础和出发点，他的"逻辑学"是康德的"先验逻辑"继承和发展。当然，这种继承和发展本身就是一个批判的过程。黑格尔哲学，包括范畴学说，正是在批判康德的二元论、不可知论，论证思维和存在的辩证同一的过程中形成的。

黑格尔认为，范畴是存在的本质。在康德那里，范畴只是主观的思维形式，和客体"自在之物"毫不相干。黑格尔则认为，康德主张范畴不适用于"自在之物"，"这除了说这些形式本身就是某种不真的东西而外，不能有其他意义"。[①]在黑格尔看来，范畴不仅仅是存在于我们头脑中的主观的思维形式，而且是内蕴于客观事物之中的决定事物的本质的"客观思想""客观概念"。他说，"思想不仅是我们的思想，同时复是事物的本身，或对象的本质"。[②]他举例说，当人们评判一件艺术品时总说这种评判不应基于个人的主观爱好，而应力求客观。这意思就是说，人们应当用艺术品的"客观概念"去衡量它。一件艺术品只有符合"艺术品"这个"客观概念"才算得上是真的艺术品。黑格尔由此断言，"这些思想形式和范畴乃是事物内在的核心"。

和康德不同，黑格尔在这里坚持思维和存在的同一，但他的思维和存在同一的学说是以客观唯心主义为基础的。黑格尔看到了思维、范畴和只能把握事物现象的感觉表象不同，它能够把握事物的本质；但是，他却把这种情况歪曲为存在的本质就是思维。恩格斯深刻地揭露了黑格尔范畴学说的客观唯心主

---

① 黑格尔：《逻辑学》上卷，商务印书馆1966年版，第27页。
② 黑格尔：《小逻辑》，三联书店1959年版，第131页。

义的本质，他指出："范畴在他（按：指黑格尔）看来是先存在的东西，而现实世界的辩证法是它的单纯的反光。实际上刚刚相反：头脑的辩证法只是现实世界（自然界和历史）的运动形式的反映。"①

黑格尔认为，范畴乃是人们认识具体真理的各个阶段和环节。康德把十二范畴机械地拼凑为一个系统，其中每一个范畴似乎都是独立自在的，范畴之间没有内在的联系。同时，在康德看来，范畴只能把握有条件的相对的知识，不能把握绝对真理。反之，黑格尔则认为，范畴完全有能力把握绝对真理（"绝对理念"），否则它就不是真的。但是，任何一个孤立的范畴都不能把握真理，一个范畴只有同其他范畴有机地联系在一起，才能表达真理。这是因为，真理是具体的，而不是抽象的。在日常生活中，人们往往把感官直接感触到的东西叫作具体，否则称为抽象。与此不同，黑格尔这里说的抽象，是指孤立和片面，这里所说的具体，是指全面性，"是不同的规定的统一"。在黑格尔看来，真理不是一个抽象的共相，而是不同范畴构成的一个有机的系统。范畴则是真理的一个方面、一个环节。如果孤立地考察一个范畴，撇开它和其他范畴的联系，把它看作独立自在的东西，那它就是抽象的，不能表达真理。黑格尔写道："任何事物一孤立起来看便显得狭隘而无意义，其取得意义与价值即由于它是隶属于全体的，并是理念之一有机的环节。"②他还说："理念自身本质上是具体的，是不同的规定之统一。"③

撇开黑格尔关于"绝对理念"的种种唯心主义的虚构，黑

---

① 恩格斯：《自然辩证法》，人民出版社1971年版，第181页。
② 黑格尔：《小逻辑》，三联书店1959年版，第422页。
③ 黑格尔：《哲学史讲演录》第1卷，三联书店1956年版，第29页。

格尔关于具体真理以及范畴是真理的环节的思想，本质上是一个深刻而正确的见解。马克思肯定了黑格尔的这一思想，他指出："具体之所以具体，因为它是许多规定的综合，因而是多样性的统一。"①列宁也指出："真理就是由现象、现实的一切方面的总和以及它们的（相互）关系构成的。"②关于范畴在认识中的地位和作用，列宁写道，"人对自然界的认识（＝'观念'）的各个环节，就是逻辑的范畴"。③他又说："范畴是区分过程中的一些小阶段，即认识世界的过程中的一些小阶段，是帮助我们认识和掌握自然现象之网的网上纽结。"④黑格尔这一思想的合理成分就在于他猜测到了逻辑范畴是人们认识客观具体真理道路上的一个一个的阶段和环节。

　　黑格尔认为，范畴的发展是一个从抽象上升到具体的过程。他指出，"理念本质上是一个过程"。⑤真理不是抽象的，而是具体的。然而，具体真理却不是能够一下子把握的，它是一个由抽象到具体的发展过程。黑格尔写道："认识是从内容到内容向前转动的。首先，这种前进是这样规定自身的，即：它从单纯的规定性开始，而后继的总是愈加丰富和愈加具体。因为结果包含它的开端，而开端的过程以新的规定性丰富了结果。……普遍的东西在以后规定的某一个阶段，都提高了它以前的内容，它不仅没有因它的辩证的前进而丧失什么，丢下什么，而且还带着一切收获和自己一起，使自身更丰富、更密实。"⑥列宁指

---

　　① 马克思：《〈政治经济学批判〉导言》，《马克思恩格斯选集》第 2 卷，人民出版社 1972 年版，第 103 页。
　　② 列宁：《黑格尔〈逻辑学〉一书摘要》，《列宁全集》第 38 卷，人民出版社 1959 年版，第 210 页。
　　③ 列宁：《黑格尔〈逻辑学〉一书摘要》，《列宁全集》第 38 卷，人民出版社 1959 年版，第 212 页。
　　④ 列宁：《黑格尔〈逻辑学〉一书摘要》，《列宁全集》第 38 卷，人民出版社 1959 年版，第 90 页。
　　⑤ 黑格尔：《小逻辑》，三联书店 1959 年版，第 403 页。
　　⑥ 黑格尔：《逻辑学》下卷，商务印书馆 1976 年版，第 549 页。

出，黑格尔的这段话"对于什么是辩证法这个问题，非常不坏地做了某种总结"。①

黑格尔的"逻辑学"中范畴顺序的排列，就体现了"绝对理念"从抽象上升到具体的过程。"逻辑学"的第一个范畴"纯有"是一个最贫乏、最抽象的"理念"。"纯有"这个范畴只是标示一个事物"存在"，其他则什么也不是。显然，这种认识是很贫乏，很抽象的。从"纯有"出发，随着范畴的向前推演，"理念"的内容便愈来愈具体，愈来愈丰富了。比如，"质"的范畴标示事物有了规定性，使一个事物和其他事物区别了开来，这较之"纯有"来说就比较具体，比较丰富了。然后，由"质"进到"量"，又由"量"推演到"度"。"度"这个范畴较之"质"来说就更丰富、更具体了。因为"度"已经不是一般的质，而是有"限量"的质了。当人们认识到水保持液态这个"质"的度是摄氏 0°～100°的时候，较之仅仅知道水和冰、蒸气有区别这一点就丰富得多、具体得多了。"逻辑学"的最后一个范畴"绝对理念"和"纯有"比较，已是大不相同了，它包含了"纯有"以来的一切范畴及其相互关系，因此它是最丰富、最具体的。黑格尔所说的贫乏和抽象，意即浅显和片面；所谓丰富和具体，意指深刻和全面。黑格尔关于由抽象上升到具体的思想，实际上是猜测到了人类认识是一个"由浅入深，由片面到更多方面"②的辩证发展过程。

但是，黑格尔是一位唯心主义者。他在阐述从抽象到具体这一思想的时候，往往把人类认识的发展过程同事物的发展过程搅混在一起，神秘地认为，从抽象到具体是"绝对理念"自

① 列宁：《黑格尔〈逻辑学〉一书摘要》，《列宁全集》第 38 卷，人民出版社 1959年版，第 250 页。
② 毛泽东：《实践论》，《毛泽东选集》合订本，人民出版社 1969 年版，第 260页。

己认识自己的过程，从而把为"绝对理念"所决定的事物的发展也说成是什么从抽象到具体的过程。显然，这是完全错误的。马克思深刻地指出："黑格尔陷入幻觉，把实在理解为自我综合、自我深化和自我运动的思维的结果，其实，从抽象上升到具体的方法，只是思维用来掌握具体并把它当作精神上的具体再现出来的方式。但绝不是具体本身的产生过程。"①

黑格尔还认为，矛盾是范畴的本性。他高度评价康德的"二律背反"学说，认为康德的这个学说肯定了理性发生矛盾的必然性，暴露了莱布尼茨-伏尔夫"形而上学"的片面观点和局限，是近代哲学史上的"一个最重要的和最深刻的进步"。但是，在黑格尔看来，康德的"二律背反"学说的重大缺点之一，就在于康德消极地对待理性的矛盾，认为理性中发生矛盾是理性的缺陷，表明理性缺乏把握真理的能力。和康德相反，黑格尔认为："理性矛盾的真实积极的意义乃在于认识凡一切真实之物都包含有相反的成分于其中。因此认识甚或把握一个对象，也就是要觉察到此对象为相反的成分之具体的统一。"②不仅如此，黑格尔还认为矛盾是运动的泉源，宣称"矛盾是推动整个世界的原则"。③矛盾学说是黑格尔辩证法思想的精华所在。

矛盾分析法是黑格尔进行范畴推演的根本方法。黑格尔继承和发挥了康德关于范畴排列的三一式。他说："伟大的［辩证法］概念的本能使得康德说：第一个范畴是肯定的，第二个范畴是第一个范畴的否定，第三个范畴是前两者的综合。"④黑格尔"逻辑学"的范畴都是按照这个三一式的架子排列起来的。

---

① 马克思：《〈政治经济学批判〉导言》，《马克思恩格斯选集》第 2 卷，人民出版社 1972 年版，第 103 页。
② 黑格尔：《小逻辑》，三联书店 1959 年版，第 144 页。
③ 黑格尔：《小逻辑》，三联书店 1959 年版，第 267 页。
④ 黑格尔：《哲学史讲演录》第 4 卷，商务印书馆 1978 年版，第 269 页。

比如，存在—本质—概念，质—量—度，本质—现象—实在，主观性—客观性—理念，等等。在黑格尔看来，范畴的推演不是靠什么外在的力量，而是根源于范畴的内在的否定性。范畴的内在的否定性是范畴自身运动的灵魂。黑格尔说："引导概念自己向前的，就是前述的否定的东西，它是概念自身所具有的，这个否定的东西构成了真正辩证的东西。"①比如，"存在"中包含着自己的否定方面——"非存在"，"同一"中包含着自己的否定方面——"差异"，"可能性"包含着自己的否定方面——"现实性"，如此等等。正因为肯定的东西中包含着自身的否定方面，才能引起自身的变化，超越自身，向他物转化。黑格尔认为，辩证的否定不是"无"，而是范畴联结、发展的环节、因而否定的东西中包含着肯定的东西。在肯定的东西中把握否定的东西，在否定的东西中把握肯定的东西，促成了范畴的联系、转化和过渡，由抽象向具体的推演。正因为黑格尔把矛盾看作范畴的本性，所以黑格尔的范畴系统不是各种僵硬的规定的机械的集合，而是一个生动活泼的有机统一的体系。

最后，黑格尔范畴系统还具有一个明显的特点，就是体现了本体论、逻辑学、认识论三者的一致。亚里士多德的十范畴系统自发地表露了这个特点。康德的范畴学说则把三者明显地分裂开来。和康德不同，黑格尔则在客观唯心主义的基础上，依据思维和存在同一的基本原则，发挥辩证法，力图把逻辑学同本体论、认识论统一起来。在黑格尔看来，逻辑范畴不仅是主观的思维形式，而且首先是存在的本质，逻辑学所研究的那个"绝对理念"也正是宇宙的灵魂。因此，作为研究思维形式和规律的逻辑学便和本体论"合流了"。②不难看出，正是这种

---

① 黑格尔：《逻辑学》上卷，商务印书馆 1966 年版，第 38 页。
② 黑格尔：《小逻辑》，三联书店 1959 年版，第 90 页。

"合流"决定了黑格尔"逻辑学"中的范畴推演过程是"绝对理念"自身的发展过程，也是人类认识真理的发展过程。逻辑范畴不断地由抽象上升到具体，也是人类认识不断由浅入深，由片面走向全面。因此，在黑格尔看来，逻辑学和认识论也是一致的。

黑格尔关于逻辑学、本体论、认识论三者一致的思想是以客观唯心主义世界观为基础的，但其中也包含了合理的成分。列宁十分重视黑格尔在"逻辑学"的第二部（主观逻辑）第二部分（理念）的导言中所阐述的有关思想，认为"就在这里，可说是特别天才地指明了逻辑和认识论的一致"。[①]

通过以上对黑格尔范畴学说的几个基本思想的评介可以看出，黑格尔的范畴学说是唯心主义的，同时又是辩证的，在这个唯心主义的辩证逻辑中包含着许多深刻而正确的思想。黑格尔的范畴学说集欧洲数千年范畴研究的成果之大成，同时也标志着欧洲古典范畴学说的终结。

马克思主义经典作家们正是在批判改造黑格尔的范畴学说的基础上创立了辩证唯物论，开辟了范畴学说发展史的新阶段。

（原载《天津师院学报》，1979 年第 2 期）

---

① 列宁：《黑格尔〈逻辑学〉一书摘要》，《列宁全集》第 38 卷，人民出版社 1959 年版，第 205 页。

辩证法也有它保守的方面

——学习恩格斯《路德维希·费尔巴哈和德国古典哲学的终结》一书笔记

一、"辩证法不崇拜任何东西,按其本质来说,它是批判的和革命的。"[①]——人们对马克思关于唯物辩证法的这个正确而重要的论断,一般是比较熟悉的。那么,唯物辩证法是否也还有它的保守方面呢?这个问题似乎往往被人们所忽略、回避,甚至为一些人所否定。现在看来,全面地准确地理解马克思主义唯物辩证法,把本质上是革命的辩证法完整地理解为绝对的革命性和相对的保守性的对立统一,无论在理论上还是在实践上,都具有重要的意义。

二、恩格斯在《路德维希·费尔巴哈和德国古典哲学的终结》一书中曾经明确指出,辩证法"也有保守的方面:它承认认识和社会的每一个阶段对自己的时间和条件来说都有存在的理由,但也不过如此而已。这种看法的保守性是相对的,它的革命性质是绝对的——这就是辩证哲学所承认的唯一绝对的东西"。[②]在这里,恩格斯针对黑格尔的唯心主义辩证法所具有的强烈的保守性,着重强调了辩证法的革命方面,这是完全必要

---

① 马克思:《〈资本论〉第一卷第二版跋》,《马克思恩格斯选集》第 2 卷,人民出版社 1972 年版,第 218 页。

② 恩格斯:《路德维希·费尔巴哈和德国古典哲学的终结》,《马克思恩格斯选集》第 4 卷,人民出版社 1972 年版,第 213 页。

的、正确的。但是，不难看出，恩格斯在着重强调辩证法的革命方面的绝对性的同时也明确肯定了辩证法具有保守的方面。在恩格斯看来，辩证法乃是革命方面和保守方面的统一，它的保守性是相对的，而革命性则是绝对的。

三、恩格斯的这个论断是在评述黑格尔的"凡是现实的都是合理的，凡是合理的都是现实的"这个著名命题的过程中引出的。从理论上看，黑格尔的这个命题实际上揭示了辩证法所包含的革命和保守这两个方面。黑格尔的辩证法的革命性质就在于它认为，凡是现实的东西随着时间的推移和条件的变化都会变成不合理的即不符合"绝对理念"发展要求的东西，变成不现实的归于灭亡的东西；而凡是合理的即符合"绝对理念"发展要求的东西，不管它和现存的、表面的现实多么矛盾，都注定要成为现实的，用黑格尔的话来说就是"凡是合理的都是现实的"。另一方面，辩证法又有它的保守方面，即肯定任何一个具体事物相对于它所处的时间和条件来说，又都有其存在的理由，具有必然性，因而是现实的，用黑格尔的话来说就是"凡是现实的都是合理的"。可是，我们看到，尽管黑格尔看到了辩证法所包含的这两个方面，但是，这位软弱的资产阶级思想家却极力回避辩证法的革命性质的绝对性，相反，他的唯心主义体系使得他的辩证法的"革命的方面就被过分茂密的保守的方面所闷死"，以至在黑格尔那里，"彻底革命的思维方法竟产生了极其温和的政治结论"。[①]恩格斯敏锐地揭示了黑格尔哲学中所隐藏着的革命性，同时也深刻地揭露了黑格尔哲学的保守的主导倾向。针对黑格尔的唯心主义辩证法的这种强烈的保守性，恩格斯明确指出，辩证法虽然也有它的保守方面，但这种保守

---

① 恩格斯：《路德维希·费尔巴哈和德国古典哲学的终结》，《马克思恩格斯选集》第4卷，人民出版社1972年版，第214页。

性是相对的，其革命性质则是绝对的。

四、把辩证法理解为似乎只讲革命，不讲保守，只讲否定，不讲肯定，看来，这是不全面的。马克思和恩格斯曾经指出："《共产党宣言》的任务，是宣告现代资产阶级所有制必然灭亡。"①但是，和空想社会主义者把资本主义看作不符合人类理性的历史谬误，对资本主义采取绝对否定的态度不同，在马克思和恩格斯看来，资本主义在人类历史发展的一定阶段上产生和发展具有它的历史必然性，资本主义代替封建主义是人类历史发展过程中一个巨大的进步，"资产阶级在历史上曾经起过非常革命的作用"。②同时，我们也看到，马克思和恩格斯在对资本主义的肯定的理解中同时又包含了对资本主义的否定的理解，明确指出，随着资本主义生产方式的内部矛盾的发展，资本主义又必然要走向自己的反面，最终归于灭亡。从表面上看，马克思和恩格斯对资本主义的批判不像空想社会主义者的否定一切的态度那样"激进"，但从实质上看，马克思和恩格斯的批判才是科学的，真正体现了辩证法的革命的批判的本质。可见，本质上具有革命性、否定性的辩证法仍然肯定社会的每一阶段对自己的时间和条件都有其存在的理由。把辩证法看成根本不讲肯定，不讲保守，那是不正确的。

五、辩证法的发展观点和那种根本否定事物的相对稳定性的相对主义，有着本质的区别。但是只有坚持绝对的革命方面和相对的保守方面的统一，辩证法才能和相对主义划清界限。如果离开相对的保守方面侈谈绝对的革命性，把革命方面的绝对性加以绝对化，那就势必陷入那种主张"刹那灭生"、否定一

① 马克思和恩格斯：《〈共产党宣言〉1882年俄文版序言》，《马克思恩格斯选集》第1卷，人民出版社1972年版，第231页。
② 马克思和恩格斯：《共产党宣言》，《马克思恩格斯选集》第1卷，人民出版社1972年版，第253页。

切的相对主义。恩格斯在强调运动的绝对性的同时指出，"物体相对静止的可能性，暂时的平衡状态的可能性，是物质分化的根本条件，因而也是生命的根本条件"。①否认相对的保守性，否认相对静止、相对稳定性，那绝不是什么辩证法，而是反辩证法的相对主义。

六、林彪、"四人帮"歪曲篡改马克思主义辩证法的一个重要手法就是把辩证法的绝对的革命性加以绝对化，根本否认辩证法所具有的相对的保守方面。他们打着"革命""批判"的幌子，只讲矛盾的斗争性，不讲矛盾的同一性，只讲绝对运动，不讲相对静止，只讲不断革命，不讲革命发展阶段论，大肆鼓吹怀疑一切，批判一切，打倒一切，砸烂一切。他们喊着最响亮的"革命"词句，整日价地叫嚷要斗斗斗、变变变、乱乱乱。在他们的眼里，讲团结等于"折中调和"，求安定等于"死水一潭"，保持相对稳定等于"墨守成规"，巩固社会主义制度等于"复辟""倒退"。在他们看来，凡是现存的事物都是不合理的，都应当立即砸烂。其反革命目的正是要瓦解社会主义，颠覆无产阶级专政。林彪、"四人帮"的形而上学猖獗，从反面告诉我们，全面地准确地把握唯物辩证法是何等重要！

七、马克思主义辩证法包括了相对的保守方面，但并不归结为保守主义。保守主义把现存事物看成是僵硬不变的，实质上是维护旧事物的哲学。马克思主义唯物辩证法则是一种科学的发展学说，它是在肯定革命方面的绝对性的基础上承认相对的保守方面，是维护、发展新生事物的哲学。

八、有的同志觉得，似乎只有革命、否定才是积极的，讲起来也理直气壮；而保守、肯定等则似乎是消极的东西，讲起

---

① 恩格斯：《自然辩证法》，《马克思恩格斯选集》第 3 卷，人民出版社 1972 年版，第 563 页。

来就感到被动。这种看法也是片面的。应当知道，和绝对的革命性相结合的相对的保守方面，其本身就是革命性发展链条上的必要环节，因而也具有革命的积极意义。在一定的条件下，保持事物的相对稳定性即相对的保守方面正是实现绝对的革命性的条件。

九、保持相对的保守方面，对于新生事物的巩固和发展具有积极的意义。一般说来，新生事物总是在一场急剧的变动中诞生。但是，新生事物的巩固和发展则需要相对稳定的条件。新生事物在经过激烈的搏斗基本战胜旧事物之后就必须争取一个相对稳定的条件以休养生息，使自己能站稳脚跟，巩固和发展胜利成果，否则新生事物也可能中途夭折。历史上常常有这样的现象，为运动开路的是所谓激进派，但能够巩固运动成果的则往往是所谓保守的稳健派。看来，这绝不是一种历史的偶然现象。

十、承认相对的保守性，对于事物的发展也有积极的意义。马克思主义者是不断革命论和革命发展阶段论的统一论者。坚持革命发展的阶段性正是实现不断革命的必要环节。在一定的历史条件下，只有坚持革命发展的阶段性才有可能实现不断革命。比如，从人类历史发展的长河看，社会主义社会只是一个暂时的阶段，它必然要转化到共产主义社会。但是，为了实现这种转化，在历史发展的现阶段，人们却必须全心全意地搞社会主义，巩固和发展社会主义制度。人们不积极从事社会主义事业，而去空谈共产主义，这种"共产主义"就只能是空想的共产主义、假共产主义，是真正的共产主义者所不取的。

十一、综上所述，必须把本质上革命的批判的辩证法完整地理解为绝对的革命方面和相对的保守方面的统一。这对正确解决辩证法中的一系列理论原则问题（如运动和静止、矛盾的同一性和斗争性的关系问题等）具有重要意义。

全面地准确地理解和宣传马克思主义的辩证法，对于继续澄清被林彪、"四人帮"搅乱了的理论、路线和政策上的是非，坚持党在社会主义历史时期的路线和政策，巩固、发展社会主义制度和安定团结的政治形势，加速四化建设，具有重要的现实意义。

（原载《天津师范学院学报》，1980 年第 2 期；
转载《新华月报》（文摘版），1980 年第 8 期）

哲学原理体系：一种可能的命运

多年来通行的马克思主义哲学原理体系，目前的境遇甚为不佳。学生们不愿意学它，教师们不愿意讲它，即使它的编者们对它也并不真正感兴趣。这个往日具有极高的权威性、今日在哲学考场上仍然是绝对权威的体系，现在已被人们戴上了"旧"字号的帽子，被称为"旧体系"了。旧体系的不中用，在人们精神上产生了一种无所适从的失落情绪，因而热切地期望一个新的权威体系的出现。适应这种需要，近年来不少人全神贯注地从事新体系的探索，付出了艰辛的劳动。本文作者现在企图别出心裁地为哲学原理体系设想另一种可能的命运：代替旧体系的是无体系，就是说从此不再搞哲学原理体系，特别是不再搞那种统一的、标准的、权威性的体系。

马克思主义哲学本身并不要求搞体系

我们认为，要破除旧体系，首先必须从根本上破除旧体系的思维方式，特别是体系化的思维方式。旧体系的创立者们创立旧体系的一个基本出发点，就是认为马克思主义哲学必须搞一个原理体系。应当说这种思维方式的影响是广泛的、深入的。我们看到，现在创立新体系的要求和种种努力也仍然是以马克思主义哲学必须搞一个原理体系这一点为前提的。可是，在我们看来，这个前提本身是未经证明的，有待进一步研究和讨论的。

如果从 19 世纪 40 年代马克思开始创立马克思主义哲学算起，到现在马克思主义哲学已经有 140 多年的历史了。在这 140 多年历史的前 80 年期间，马克思、恩格斯和列宁等马克思主义哲学的经典作家们，都以毕生的精力从事创立、丰富和发展马克思主义哲学这一伟大事业，取得了极大的成功，并使马克思主义哲学获得了广泛深入的传播。值得我们深思的是，正是在马克思主义哲学得到辉煌发展的这 80 年中，经典作家们始终没有构造一个今人十分偏爱的那种逻辑上首尾一贯的、完备的哲学原理体系，并且始终反对任何构造这种体系的企图。

我们知道，在马克思主义哲学产生之前，哲学家们有一个共同的特点，就是热衷于以自己的有限的经验和知识，构造出一个永恒绝对的真理体系。马克思和恩格斯在哲学史上所实现的空前伟大的变革之一，就在于他们终止了人类对一切永恒绝对的真理体系的追求和构造。马克思反复声称，他的任务绝不是给人们颁布某种绝对真理体系，而是在批判旧世界中发现新世界。马克思从不做哲学上的无病呻吟，他的每一部著作、每一个哲学命题的提出和发挥，都具有鲜明的现实针对性和浓烈的时代特色。即使在他创立了新的世界观之后，他也没有像以往的哲学家们那样把精力耗费在构造永恒的完备的体系之上，而是立即把新世界观运用于政治经济学和社会主义学说的研究，并通过这种研究进一步丰富和发展马克思主义哲学。

恩格斯也是如此，他和马克思一起创立并发展了马克思主义哲学，但他也没有建立一个完备的马克思主义哲学体系的打算，相反，他始终谴责任何构造体系的倾向和企图。恩格斯在论述黑格尔哲学时明确指出，黑格尔在他的著作中虽然频繁地爆发出革命的怒火，但却不能得出革命的结论，"原因很简单，因为他不得不去建立一个体系，而按照传统的要求，哲学体系是一定要以某种绝对真理来完成的"。[①]和黑格尔相似，杜林也是一位创造体系的专家。在《反杜林论》一书中，恩格斯通过对杜林的体系的批判，"比较连贯的阐述"了马克思主义哲学的基本观点。但是，为了避免创造体系的误解，他明确声明："这书的目的并不是以另一个体系去同杜林先生的'体系'相对立"。[②]为什么恩格斯始终反对构造体系呢？在他看来，"体系"产生于克服一切矛盾的需要，可是如果一切矛盾一下子永远消除了，那么我们就会达到绝对真理，而绝对真理是任何一个个别的人都不能达到的。

列宁在新的历史条件下，把马克思主义哲学推进到了一个新的阶段。列宁写了很多哲学专著。如《唯物主义与经验批判主义》《哲学笔记》等，还写了不少宣传马克思主义的通俗论著，如《马克思主义的三个来源和三个组成部分》等。但是，我们看到，列宁的所有哲学著作都是有感而发的，都是力图对新时代的历史发展、科学和哲学的发展做出新的马克思主义的哲学概括，而从没有打算构造一个超时空的马克思主义哲学原理体系。

应当说，马克思、恩格斯和列宁的哲学活动以及他们不主张搞哲学体系的主张，很值得我们今天的马克思主义哲学家们思考。我们看到，至今仍有不少人十分欣赏"全面""系统""一贯"六个字，十分偏爱在哲学上搞无矛盾的首尾一贯。在他们看来，一种哲学的科学性和生命力首先取决于它的各个原理、

---

① 恩格斯：《路德维希·费尔巴哈和德国古典哲学的终结》，《马克思恩格斯选集》第 4 卷，人民出版社 1972 年版，第 213 页。

② 恩格斯：《反杜林论》，《马克思恩格斯选集》第 3 卷，人民出版社 1972 年版，第 46 页。

范畴之间的无矛盾的首尾一贯。从这一点出发，他们把马克思、恩格斯、列宁、斯大林和毛泽东等在不同时代、针对不同问题阐发的哲学命题和观点，超时空地拼凑在一起，极力消除其中的矛盾，力求构造一个无矛盾的首尾一贯的体系。与此相反，我们认为，一种哲学的科学性和生命力主要决定于它是否真正把握住了时代精神的精华，是否真正满足了时代的需要，而不在于它的代表人物的观点之间、它的原理和范畴之间，在逻辑上是否首尾一贯。不仅如此，我们还认为，一个能够随着时代的变化而不断发展着的有生命力的哲学，在逻辑上的标志并不是它的各个原理、范畴之间的首尾一贯，相反，恰恰倒在于它们之间存在着种种矛盾。客观事物和人们的认识都是在矛盾中前进的，哲学也是如此。我们看到，历史上那些自称是消除了一切矛盾的绝对真理的体系，都先后一个一个地被推翻了。马克思主义哲学的生命力不在于没有矛盾，相反地倒在于它敢于揭示自身包含的矛盾，从而不断超越自身的矛盾。140 多年来马克思主义哲学之所以能够永葆青春，正在于它能够不断扬弃自身的矛盾以适应时代的变化，并推动历史的前进。因此，那种把马克思主义哲学看成无矛盾的首尾一贯的体系，或者企图把马克思主义哲学构造成一个超时空的无矛盾的首尾一贯的体系的想法，都是不符合马克思主义哲学的科学本性的。由此可见，马克思主义哲学本身并不要求搞一个什么体系，多年来盛行的体系化的思维方式对于马克思哲学来说是不可取的。

搞新体系存在着难以克服的困难

大概从 20 世纪 30 年代起，马克思主义哲学发展的状况发生了变化，进入了一个体系化的时代。众所周知，这一变化是和斯大林的倡导分不开的。适应斯大林式的中央集权主义的政治需要，一个统一的、标准的、具有政治权威性的马克思主义哲学原理体系逐步形成了。这样一来，马克思主义哲学就不再是指导人们认识和改造世界的科学，而变成了为中央集权制度现行方针、政策做辩护的工具，成了统一人们思想和行动的永恒不变的信条。有人说，旧体系在传播马克思主义哲学方面起了一定的积极作用。的确，几十年来有不少人是直接通过旧体系接触马克思主义哲学的。但是，和旧体系传播教条主义的消极的历史作用相比，它的积极作用恐怕就显得微不足道了。由于苏联和斯大林的特殊的历史地位，斯大林时代构造的哲学体系对于包括中国在内的世界马克思主义哲学运动产生了巨大的深远的影响，直到今天，我们还在啃着这个历史的苦果。旧体系的缺陷在哪里呢？关于这个问题，目前大致有三种看法，并且各自提出了改革旧体系的方案。

第一种看法认为，旧体系在逻辑上存在着问题。范畴的排列、四大块的顺序没有内在联系，没有体现世界观、方法论、认识论的统一原则，因此是不成体系的体系。针对这个缺陷，不少人对旧体系中原理、范畴之间的关系做了各式各样的调整工作，力求突出各种原理、范畴的内在联系。现在看来，各种调整工作的结果，均不能令人满意。因此，现在大多数人认为，旧体系的根本缺陷不在于逻辑结构，改造旧体系不能先从逻辑入手。

第二种看法认为，旧体系虽然反映了马克思主义哲学的基本观点，但内容陈旧了、过时了。几十年来，旧体系虽然也在不断修改，不断增加新的东西，但大都是一些例子，在基本原理和范畴方面没有什么变化。针对这些缺陷，不少同志力图概括自然科学和社会科学发展的最新成果，提出了一些新的原理和范畴，如"系统""结构""信息""主体性""价值"等，以丰富和发展马克思主义哲学原理体系。新近出版的某些马克思主义哲学原理著作确实给人一种面貌焕然一新的感觉。然而，我们看到，新增加的这类原理、范畴，马克思主义经典作家们并没有提出和论述过，因而，就很难把它们看作马克思主义底哲学原理，最多也只能叫作马克思主义的哲学原理。当代马克思主义哲学家从事新原理、新范畴的探索，应当看作发展马克思主义哲学的尝试，应予鼓励和肯定。但是，在一本哲学原理著作中，把经典作家们创立和阐发过的原理、范畴，同当代马克思主义哲学家提出的新原理、新范畴不加区别地混在一起，似乎是不合适的，既不利于人们把握马克思主义哲学的本来面貌，也不利于人们正确评价当代马克思主义哲学家们所做的贡献。我们看到，新体系的创立者们似乎已经明确地意识到了这个创立新体系必然碰到的而又难以克服的困难。

第三种看法认为，旧体系并没有反映马克思主义哲学的基本精神，应当加以彻底改造。有的人认为，马克思主义哲学的核心是人，应当以人为出发点重新构造马克思主义哲学体系。另一些人则认为，马克思主义哲学是实践唯物主义，应当以实践为基础重建马克思主义哲学体系。按照这种思路构造的新体系究竟是着重于逻辑结构的调整，还是着重于新原理、新范畴的创立，目前还不得而知。但是，不论走哪条路，看来都存在着上述难以克服的困难。

我们认为，人们对旧体系提出的上述种种责难，都是有理有据的，但是，旧体系的根本缺陷并不在于体系内容排列上的不合逻辑，不在于内容陈旧，也不在于没有反映马克思主义哲学的基本精神，而在于它的超时空的体系构架。所谓超时空就是把马克思主义经典作家们在不同时期、针对不同问题阐发的哲学观点，超越时间、空间和条件，按照某种体系框架凑合在一起，进行主观的逻辑推演，形成一个超时空的永恒的真理体系。恩格斯对黑格尔哲学说的话，也完全适用于旧体系："由于'体系'的需要，他在这里常常不得不求救于强制性的结构"①，因此"在细节上也有许多东西不能不是牵强的、造作的、虚构的，一句话，被歪曲的"②。不断发展的活生生的马克思主义哲学为强制性的体系结构凝固了，僵化了。为了体系的严密，人们也不能不在许多细节上矫揉造作，牵强附会，比如规律和范畴有何异同，矛盾同一性究竟有几个方面，如何确定否定之否定的起点，以及错误思维和存在有没有同一性等，在相当长的时期内，人们在这类细节上争论得不可开交。在我们看来，把精力耗费在这类烦琐哲学问题上，实在是不可容忍的浪费。可以预见，近几年还会出现各种各样的新体系，它们对旧体系也可能做出某些方面或某种程度的改造，但是，既然想搞体系，那么，要想克服旧体系的超时空的根本缺陷，恐怕是不可能的。

　　如果说创立新体系有难以克服的困难，那么，现在企图搞一个统一的、标准的、具有权威性的新体系那就难上加难了。现在，我们正处于一个哲学反思的时代。人们不仅批判旧体系，而且对马克思主义哲学本身也在进行深刻的反思。马克思主义哲学的对象是什么？马克思主义哲学的精神实质究竟是什么？马克思主义哲学究竟如何发展？马克思主义哲学是否必须再搞一个体系？未来的体系的框架应是一个什么样子？大家知道，在这些问题上人们意见纷纭，莫衷一是。可以想见，在今后一

---

①　恩格斯：《路德维希·费尔巴哈和德国古典哲学的终结》，《马克思恩格斯选集》第4卷，人民出版社1972年版，第215页。

②　恩格斯：《社会主义从空想到科学的发展》，《马克思恩格斯选集》第3卷，人民出版社1972年版，第421页。

个相当长的时期内，学术界在这些问题上也不会取得基本一致的意见。所以，除非采取行政手段，要形成一个统一的、标准的、权威性的哲学体系是不可能的。

不搞体系有助于哲学研究和教学的健康发展

习惯于"大一统"的人们感到困惑了：旧的权威性体系被否定了，新的权威性体系又建立不起来，这样下去，马克思主义哲学的命运将会如何？长期以来，在人们思想上形成了一个模糊观念，似乎现有的哲学原理体系就是马克思主义哲学。因此，有的人就把旧体系的缺陷，把旧体系的凝固僵化，看作马克思主义哲学的停滞，或者把否定旧体系看作否定马克思主义哲学。显然这是一种误解。应当明确，旧体系和马克思主义哲学并不是一回事。如前所述，在马克思主义哲学发展的前 80 年中，并不存在什么原理体系，但马克思主义哲学却得到了健康的辉煌的发展。从我国近十年的哲学发展来看，旧体系的面貌基本上依然如故，但马克思主义哲学并未停滞，相反地倒是大大地向前发展了。这些年来，哲学战线上所开展的实践标准、科学是生产力、人道主义、价值、主体性、非理性成分以及科学哲学中一些问题的讨论和研究，从哲学高度深刻地反映了并且积极地影响了我们改革、开放时代人们的精神风貌和思维方式的变化，充分显示了马克思主义哲学的强大的生命力。僵化的旧体系正在阻碍着马克思主义哲学的发展，败坏着马克思主义哲学的声誉。我们否定旧体系并不是否定马克思主义哲学，相反地倒是为马克思主义哲学的发展开辟道路。

如果说否定了旧体系，新体系又搞不成，那么，马克思主义哲学教育如何进行？我们认为，在马克思主义哲学教育中，必须停止超时空的原理体系的讲授和孤立、静止的教学方法，切实贯彻生动活泼的历史主义精神和方法。可以考虑，未来的哲学教育的内容大致包括以下两个部分。一是"马克思主义哲学发展史"。在这一部分中，力求客观地介绍每一位经典作家各自的历史背景、基本的哲学观点、历史贡献和历史的局限性，勾画出马克思主义哲学发展的一般线索。通过学习，使学生从丰富的生动的历史过程中把握马克思主义哲学发展中的历史经验和教训，领会马克思主义哲学的立场、观点和方法。二是"当代马克思主义哲学研究"。在这一部分中，着重评介当代中外马克思主义哲学家正在探讨的反映当代社会生活的重大哲学问题，如主体性问题、价值问题和非理性问题，等等。通过学习，使学生了解马克思主义哲学在当代的进展和问题，启发学生对当代社会生活进行独立的哲学思考。

我们认为，这样做有利于贯彻理论联系实际的方针。多年来，我们在哲学教育中一直强调理论要联系实际，结果，理论和实际老是两张皮。在我们看来，在哲学教育中能否贯彻理论联系实际的方针，首先取决于教学内容。如果教学内容本身就是超时空的、脱离实际的，那么要在教学中讲理论联系实际，那只能是一句空话，最多也不过是靠选几个适当的例子做点联系实际的点缀，正像人们所说，讲好哲学的秘密是"贵在举例"。相反，如果教学内容本身就是和实际紧密联系的，那么，尽管理论有它的相对独立性，也有可能搞好理论和实际的结合。"马克思主义哲学发展史"和"当代马克思主义哲学研究"就是和历史实际、现实实际密切结合的马克思主义哲学，只要我们在教学中处理得当，它必然会引导学生面向实际、面向世界、面向未来。其次，这样做还有利于克服注入式的教学方法，调动学生独立思考的主动性。我们发给学生的课本不再是一份什么问题都已经解决了的绝对真理的记录或是一张包治百病的万灵药方的清单，而是一个人类迄今不断探索真理的历史过程和尚待研究的种种问题。因而，这里没有一大堆一成不变的概念、条条要人们去死记硬背，需要的倒是开动思想机器主动地提出问题，独立地思考问题。再次，我们还认为这样做更能鲜明地体现马克思主义哲学的开放本质。旧体系是静态的、封闭的；"马克思主义哲学发展史"和"当代马克思主义哲学研究"则是动态的、开放的。在这里，每一位经典作家的哲学观点，都是马克思主义哲学发展过程中的一个阶段或一个环节，有贡献，也有局限性，有经验，也有教训。"当代马克思主义哲学研究"提供的主要不是关于当代重大哲学问题的现成的答案，而是关于当代重大哲学问题研究的进展和存在的问题，以及研究过程中出现的各种不同观点和方法。通过学习，可以使学生更深切地体会到，马克思主义哲学不是教条，而只是人们更好地认识和改造世界的指南，它的强大的生命力不在于它结束了真理，而只在于为人类认识真理开辟广阔的道路，从而增强学生的发展马克思主义哲学的历史责任感。

由此看来，否定了旧体系绝不会影响马克思主义哲学的研究和教育，反而倒会使马克思主义哲学研究和教育能更健康地发展。最后，想特别说明一点，我们反对构造马克思主义哲学原理体系，丝毫不意味着否定对马克思主义哲学基本原理及其内在的联系的研究，但必须坚持理论和实际相结合的历史主义原则，而不能牵强附会地搞超时空的体系。

（与郜庭台合作；

原载《天津社会科学》，1988年第5期）

黑格尔对康德的二律背反学说的继承和发展

　　康德的二律背反学说包含着辩证法的成分，是黑格尔的矛盾学说的重要的思想渊源。研究黑格尔对康德的二律背反学说的继承和发展，有助于深入了解德国古典哲学中辩证法思想的发展过程和黑格尔的唯心主义辩证法。

　　黑格尔继承和发展康德的二律背反学说，是围绕着进一步清算莱布尼茨-伏尔夫"形而上学"，克服康德的二元论，不可知论，论证思维和存在具有同一性这个基本目标进行的。

　　我们知道，18世纪在德国思想界占据统治地位的莱布尼茨-伏尔夫"形而上学"，是一个以论证上帝存在、意志自由和灵魂不灭为主要任务的唯心主义体系。这个"形而上学"的基本的思想方法就是从某种抽象概念出发，按照形式逻辑的推理规则进行抽象的推论，从而对它所研究的对象做出片面的规定，并且断言这些片面的规定是绝对的永恒的真理。按照这种片面的思想方法，上帝是排斥偶然性的绝对的必然存在物，意志是排斥必然性的绝对自由的东西，灵魂是绝对不可分的单纯实体，因而是不灭的。在莱布尼茨-伏尔夫"形而上学"看来，矛盾是人们在推理过程中由于违背推理规则而产生的偶然的差错，是纯粹主观的东西，因而，矛盾等于荒谬。可见，这个唯心主义的"形而上学"体系，在方法论上是孤立的、静止的、片面的，也即形而上学的。

18 世纪末，随着德国资本主义的发展，在法国启蒙运动的号召下，康德奋起推翻了莱布尼茨-伏尔夫"形而上学"体系，开始了一场德国资产阶级的哲学革命。二律背反学说就是康德批判"形而上学"的一个重要思想武器。针对莱布尼茨-伏尔夫"形而上学"的片面观点，康德在批判"形而上学"的理性宇宙论时，提出了四组二律背反。（一）正题：世界在时间和空间上是有限的；反题：世界在时间和空间上是无限的。（二）正题：世界上的一切都是由单纯的不可分的部分构成的；反题：世界上的一切都是可分的。（三）正题：世界上存在着自由；反题：世界上的一切都受因果必然性的制约，没有自由。（四）正题：世界上有一个绝对的必然存者；反题：世界上一切都是偶然的，没有一个绝对的必然存者。康德认为，每当人们企图超越现象去把握自在之物的时候，理性中就必然会出现不可解决的矛盾——二律背反。比如说，当人们去探讨世界在时间和空间上是有限还是无限的时候，人们就必然会陷入说有限有理，说无限也有理的二律背反之中。因此，在康德看来，莱布尼茨-伏尔夫"形而上学"对它所研究的对象所做的种种片面的规定，统统是站不住脚的，应予全部推倒。康德认为，理性中出现二律背反，说明人的认识能力是有限的，只能认识现象，不能把握自在之物。可见，康德是一位唯心主义者、不可知论者。康德的这个不可知论在理论上否定了"形而上学"的对象（上帝、自由、灵魂），但同时也否定了人们认识客观世界的可能性，否定了理想（即康德所说的"理念"）转化为现实的可能性。这样一来，康德就在思维和存在之间挖掘了一条不可跨越的鸿沟。

18 世纪末发生的法国资产阶级革命，极大地激发了德国资产阶级的反封建的情绪，他们从法国革命中朦胧地看到了理想能够转化为现实的希望。伴随着德国资产阶级的形成，德国思想战线上出现了一场批判康德的二元论、不可知论，论证思维和存在同一性的哲学运动。继费希特、谢林之后，黑格尔形成了一个以思维和存在具有同一性的命题为核心的哲学体系。黑格尔是一位客观唯心主义者。他把康德的那个仅仅存在于人脑之中的"理念"移至人脑之外，说在人们头脑之外存在着一个所谓"客观思维"，也即"绝对理念"。黑格尔认为，"客观思维"是存在（即具体事物）的本质，并在存在中不断实现自己，使存在同自己相符合，达到思维和存在的同一。按照黑格尔，我们人的思维乃是"客观思维"的最高产物，因此，凡是我们头脑中认为是合理即符合"客观思维"的东西，就必定能够转化为现实，使思维和存在同一。黑格尔的整个哲学体系就是力图描述"绝对理念"在存在中不断实现自己，使思维和存在同一的发展过程。黑格尔在批判康德的二元论、不可知论，论证思维和存在同一的过程中，精心处理了那个把康德引向不可知论的二律背反学说。他充分肯定了康德的这个学说中的辩证法因素及其历史功绩，同时也指出了它的缺陷，并在此基础上系统地阐发了他的矛盾学说，从而为他论证思维和存在的辩证同一奠定了方法论基础。

一

黑格尔认为，康德的二律背反学说暴露了莱布尼茨-伏尔夫"形而上学"片面观点的缺陷，指出了理性发生矛盾的必然性，这是应当肯定的。但是，康德从二律背反走向不可知论，这表明康德还没有从根本上摆脱"形而上学"的片面观点。在黑格尔看来，为了彻底克服"形而上学"的片面观点，就必须把这种片面观点的基础——抽象的同一性提高到具体的同一性上来。

黑格尔高度评价康德的二律背反学说对"形而上学"片面观点的揭露和关于理性发生矛盾的必然性的思想。他说：

> 旧形而上学……欲研究一对象以求得形而上学的知识时，总是抽象地应用一些片面范畴，而排斥其反面。所以康德却与此相反，乃尽力去证明，用这种抽象的方法所得的结论，总是可以另外提出一些与之正相反对但具有同样的理由同样的必然性的说法，以否定之。[①]

黑格尔指出：

> 康德这种思想认为知性的范畴所引起的理性世界的矛盾乃是本质的，并且是必然的，必须认作近代哲学界一个最重要的和最深刻的进步。[②]

然而，黑格尔认为，康德从二律背反中得出不可知论的消极结论，说明他并没有真正理解理性矛盾的积极意义，说明康德虽然暴露了"形而上学"的片面观点的弊病，但并没有从根本上克服"形而上学"的片面观点。

黑格尔认为，"形而上学"的片面观点集中地表现在坚持同一律；"甲是甲"或"甲不能同时为甲和非甲"。这种思想方法往往是凭借思想的抽象作用，抓住一个具体事物的某一方面，而丢掉它的其他方面，因而不能全面地反映一个具体事物。因此，黑格尔把这种同一律称为"抽象的同一性"。

黑格尔认为，从认识的发展过程来看，形成抽象的同一性是认识发展过程中的一个必要的阶段，即所谓"知性阶段"。其任务是区分事物的各种特性，使思想具有坚定性和确定性。比

[①] 黑格尔：《小逻辑》，三联书店 1959 年版，第 144 页。
[②] 黑格尔：《小逻辑》，三联书店 1959 年版，第 142 页。

如，直线是直线，它和曲线有区别。但是，人的认识不能老是停留在"知性阶段"上，不能认为客观具体事物就是这种"抽象的同一性。"如果把"知性""抽象的同一性"绝对化，那便是形而上学。

黑格尔写道：

> 我们必须首先承认知性式的思想之权利和优点。大概讲来，无论在理论的和实践的范围内，没有理智，便不会有坚定性和确定性。①

同时，黑格尔又指出：

> 但思想不仅是老停滞在知性的阶段，而总念亦不仅是知性的功能。②

黑格尔认为，要真正全面把握一个具体事物的本质，就必须把认识从"知性"阶段提高到"理性"阶段上来，抓住具体的同一，即包含着差异的同一。这是因为，事物的本质就包含着差异。黑格尔说：

> 本质主要地包含有异（或区别）的特性。③

黑格尔认为：

> 无论什么可以说得上存在的东西，必定是具体的，包含有区别和对立于其自身。④

在黑格尔看来，即使一个简单的命题，其中主词和谓词之间也是既同一又有差别。拿"月亮是星球"这句话来说，"月亮"是个别，"星球"是一般，两者既同一，又有差别。如果只讲同一，不讲差异，绝对地按照抽象的同一性行事，那么人们就只能说"月亮是月亮""星球是星球"之类同词反复的话了，显然，

---

① 黑格尔：《小逻辑》，三联书店 1959 年版，第 184 页。
② 黑格尔：《小逻辑》，三联书店 1959 年版，第 183 页。
③ 黑格尔：《小逻辑》，三联书店 1959 年版，第 259 页。
④ 黑格尔：《小逻辑》，三联书店 1959 年版，第 267 页。

这是笨拙可笑的。

黑格尔进一步区别了两种差异：一种是外在的差异，比如一枝笔同一头骆驼的差异；另一种是内在的本质的差异即对立，如上和下、生和死、直和曲等之间的差异。具有外在差异的两个事物，一方可以离开另一方而存在，比如一枝笔的存在和一头骆驼的存在与否不相干。内在的本质的差异则表现为对立的双方之间一方离开了另一方便不能存在，比如没有上，也就无所谓下，反之亦然。真正的具体的同一性所包含的差异，乃是这种内在的本质的差异。关于本质的差异，黑格尔写道：

> 本质的异即是"对立"。在对立中，相异者，不是任一别物，而是与它正相反对的别物，这就是说，每一方面只由于与另一方面有了关系方得到它自己的性格，此一方面只有从另一方面反映回来，方能自己照映自己，另一方面亦然。这样每一方面都是对方自己的对方。[①]

我们看到，莱布尼茨-伏尔夫"形而上学"的基本公式是：甲＝甲。反之，康德的公式则是：有甲就必有非甲。显然，这是一个进步。然而，当康德把甲和非甲绝对对立起来的时候，他实际上又走向了自己的反面，重新回到了"甲＝甲"和"非甲＝非甲"的抽象的同一性。和康德不同，在黑格尔看来，甲是甲，同时又是非甲，甲乃是甲和非甲的对立统一。黑格尔深刻地指出：

> 人们也承认同一性命题只表达了片面的规定性，只包含一个抽象的、不完全的真理。——但是在这个正确判断中，直接便包含这样的意思，即：真理只有在同一与差异的统一中，才是完全的，所以真理唯在于这种统一。[②]

---

① 黑格尔：《小逻辑》，三联书店 1959 年版，第 263 页。
② 黑格尔：《逻辑学》下卷，商务印书馆 1976 年版，第 33 页。

黑格尔正是运用这种具体同一性的观点即对立统一的观点去解决康德提出的四组二律背反问题。在他看来，矛盾着的双方，有限和无限、可分和不可分、自由和必然以及偶然和必然等，既不能各自孤立自存，也不是绝对地对立，而是对立的统一。关于有限和无限的二律背反的解决，黑格尔写道：

> 有限物只是对自身的超越；所以有限性也包含无限性，包含自身的他物。同样，无限性也只是对有限性的超越；所以它本质也包含它的他物。①

黑格尔还说：

> 并没有一个无限物，原先是无限，尔后又必须变成有限，超越到有限性；它乃是本身既有限，又无限。②

关于第三组的二律背反，即自由和必然的二律背反，康德曾经是这样解决的：现象界一切是必然的；自由归于自在之物，是一个人们永远追求，但在现象界又永远不能实现的"理念"。康德这样解决自由和必然的二律背反，势必导致主观和客观、思维和存在的分裂。和康德相反，黑格尔认为：

> 一种不包含必然性于其自身的自由，或是一种无有自由的纯粹必然性，只是一些抽象而不真实的范畴罢了。自由本质上是具体的，永远自己决定自己，因此同时又是必然的。③

在黑格尔看来，不应当把自由看作摆脱必然性制约的主观任性，真正的自由乃在于对必然性的认识。按照黑格尔的这种观点，思维和存在就能够是同一的了。

总之，在黑格尔看来，康德的二律背反学说的重大缺点之

---

① 黑格尔：《逻辑学》上卷，商务印书馆 1966 年版，第 145 页。
② 黑格尔：《逻辑学》上卷，商务印书馆 1966 年版，第 154 页。
③ 黑格尔：《小逻辑》，三联书店 1959 年版，第 116 页。

一，就是仍然停留在抽象的同一性上，不懂得具体的同一性。因此，康德消极地对待理性的矛盾，认为理性中发生矛盾是理性的缺陷，表明理性缺乏把握真理的能力。相反，黑格尔则认为：

> 理性矛盾的真实积极的意义乃在于认识凡一切真实之物都包含有相反的成分于其中。因此认识甚或把握一个对象，也就是要觉察到此对象为相反的成分之具体的统一。①

黑格尔明确指出：区分抽象的同一性和具体的同一性，是识别形而上学和辩证法的关键。他说：

> 勿把同一认作抽象的同一，认作排斥一切"异"的"同"。这是使得一切坏的哲学有别于那唯一值得称为哲学的哲学之关键。②

恩格斯十分重视黑格尔关于具体同一性的思想，他指出："旧形而上学意义下的同一律是旧世界观的基本原则：a＝a。每一个事物和它自身同一。……但是最近自然科学从细节上证明了这样一事实：真实的具体的同一性包含着差异和变化。"③

二

我们看到，尽管康德揭露了理性矛盾的必然性，但他仍和"形而上学"一样地认为矛盾纯粹是主观的东西，仅仅存在于人的理性之中。黑格尔认为，这是康德的二律背反学说的另一个重大缺陷。黑格尔说：

---

① 黑格尔：《小逻辑》，三联书店 1959 年版，第 144 页。
② 黑格尔：《小逻辑》，三联书店 1959 年版，第 258 页。
③ 恩格斯：《自然辩证法》，《马克思恩格斯选集》第 3 卷，人民出版社 1972 年版，第 538 页。

"这种先验唯心主义让矛盾保持着,只是认为事物本身并不是那样矛盾着的,而认为矛盾仅仅出现在我们心灵内。……康德未免对于事物太姑息了,认为事物有了矛盾是不幸之事。①

黑格尔则主张,矛盾不仅仅存在于我们的思想中,而且存在于对象本身之内,构成对象的本质。因而,认识的任务就在于把握事物的内在矛盾。他指出:

认识一切对象之矛盾性乃是哲学思考的本质。②

黑格尔把康德这种回避客观矛盾的态度讥讽为对待世界的温情主义。他说:

康德的见解是如此的深远,而他的解答又如此的琐屑。他的解答只出于对世界事物的一种过度的温情主义。他似认为世界的本质是不应该具有矛盾的污点的,只好说是矛盾仅是由于思想的理性,或心灵的本质。③

黑格尔认为,康德的这种温情主义实际上是解决不了问题的。黑格尔写道:

通常对事物温情只担心事物不要自己矛盾……忘记了矛盾并不以此而解决,只是被推到别处……④

对于黑格尔对康德的温情主义的批判,列宁写道:"这种讽刺真妙!(庸俗之辈)对自然界和历史'抱温情态度',就是企图从自然界和历史中消除掉矛盾和斗争。"⑤

黑格尔坚持对象中有矛盾的思想,反映了新兴资产阶级有反封建情绪的增长。我们看到,在 17 世纪,弱小的德国市民安

---

① 黑格尔:《康德哲学论述》,商务印书馆 1962 年版,第 43 页。
② 黑格尔:《小逻辑》,三联书店 1959 年版,第 144 页。
③ 黑格尔:《小逻辑》,三联书店 1959 年版,第 143 页。
④ 黑格尔:《逻辑学》下卷,商务印书馆 1976 年版,第 45 页。
⑤ 列宁:《黑格尔〈逻辑学〉一书摘要》,《列宁全集》第 38 卷,人民出版社 1959 年版,第 141 页。

于在封建专制制度下发展资本主义，力图掩盖并调和同封建专制制度的矛盾，在哲学上便表现为莱布尼茨的"预定和谐说"。到了18世纪，有了初步发展的德国市民在法国启蒙运动的影响下开始感到在封建专制制度统治下生活不甚舒服了，实际生活和德国市民的理想差了一大截子。这就引起了康德的头脑的骚动，在思想上发生了不可解决的矛盾——"二律背反"。黑格尔批判康德的温情主义反映了19世纪初德国资本主义同封建制度的矛盾有了新的发展，反映了在法国革命影响下刚刚形成的德国资产阶级敢于正视客观现实矛盾的革命精神。

然而，黑格尔是一个唯心主义者，因而不可能把这种矛盾的客观性的思想贯彻到底。尽管他大力反对康德的主观主义，坚持对象本身中有矛盾，但他本人从来就没有跳出过主观主义的圈子。他所说的对象，不过是他的那个"绝对理念"的派生物。他所说的对象中的矛盾，实际上也只是"绝对理念"自身的矛盾。同时，我们看到，黑格尔在理论上大谈矛盾的客观性，讥讽康德的温情主义，可是，一旦真正接触到德国的现实的社会阶级矛盾时，他这位温情主义的理论上的反对者转眼就成了一个实践上的十足的温情主义者了。在他的笔下，似乎德国现实中的矛盾已经调和了，到处充满着"安静"与"和谐"。唯心辩证法家黑格尔的头上始终摇晃着一条庸人的辫子。

三

黑格尔认为，康德的二律背反学说还有一个缺点，就是只列举了四种矛盾。正像黑格尔把康德的那个存在于头脑中的"理念"提升为世界的本原一样，他也把康德的那个存在于头脑中的"二律背反"提升为宇宙的根本原则，认为一切都是二律背反，一切事物都包含矛盾。他指出：

> 还有可以注意的，因为康德对于理性的矛盾缺乏更深
> 刻的研究，所以他只列举了四种矛盾。……不仅那四个特
> 别从宇宙论中所提出的对象里可以发现矛盾，而乃在一切
> 种类的对象里，在一切的表象、总念和理念里，均可发现
> 矛盾。知道这点并且认识一切对象之矛盾性乃是哲学思考
> 的本质。①

黑格尔明确指出：

> 就辩证法的固有特质而言，矛盾进展乃所以构成知性
> 所规定的一切事物的真实本质，为支配一切事物和整个有
> 限世界的法则。②

可以看出，黑格尔突破康德的四组二律背反，把矛盾看作
一切事物的本质和规律的思想，是对康德二律背反学说的一个
重大发展。

黑格尔从一切有限事物都有矛盾的观点出发，对包括莱布
尼茨、康德在内的17—18世纪流行的形而上学观点进行了广泛
的深入的批判，系统地阐发了他的矛盾学说。凡是被形而上学
看作绝对对立、互不相干的东西，如质和量、肯定和否定、有
限和无限、一般和个别、现象和本质、原因和结果、必然和偶
然、可能和现实、动机和效果、分析和综合、自由和必然、理
论和实践等，黑格尔都力图理解为对立统一。

关于质和量的问题，我们知道，欧洲17—18世纪流行的形
而上学，往往是从机械论的观点出发从量的方面考察事物，用
事物的量的方面的差异说明事物之间的性质的不同。他们在描
述事物的变化时，也往往只看到量的变化（增加或减少），而看

---

① 黑格尔：《小逻辑》，三联书店1959年版，第143—144页。
② 黑格尔：《小逻辑》，三联书店1959年版，第187页。

不到事物的性质的变化、一物向他物的转化。比如，17 世纪德国哲学家莱布尼茨就曾提出一个著名的命题："自然界里没有飞跃。"这意思是说，自然界里只有量变，没有质变。按照这种观点，世界上的各种事物，古今毕同，因为一种事物只能产生同样的事物，而不能变化为另一种事物。可见，形而上学把质和量绝对对立起来，不懂得两者之间的联系和转化。

黑格尔批判了这种形而上学观点。他写道：

> 我们必须指出，那惯于仅在量的规定里去寻求事物一切区别和一切性质的办法，乃是一个最有害的成见。无疑的，心灵较多于自然，动物较多于植物，但如果我们以求得较多较少的量的知识为满足，不进而去把握它们之特有的，亦即质的性格，则我们对于这些对象和其区别所在的了解，亦复异常之少。[①]

黑格尔还指出：

> 据说自然界中是没有飞跃的；普遍的观念，如果要想理解发生和消逝……以为只要把它们设想为逐渐出现或消失，那就是理解它们了。但上面已经说过："有"的变化从来都不仅是从一个大小到另一个大小的过渡，而且是从质到量和从量到质的过渡，是变为他物，即渐进过程之中断以及与先前实有物有质的不同的他物。[②]

可以看出，黑格尔对机械论和庸俗进化论的上述批评，是正确的。

黑格尔从他的唯心主义辩证法的立场出发，认为质和量是"绝对理念"发展过程中的既有区别、又有联系的两个环节。黑格尔在阐述质和量的辩证关系时，引出了"度"即限度这个范

---

① 黑格尔：《小逻辑》，三联书店 1959 年版，第 230 页。
② 黑格尔：《逻辑学》上卷，商务印书馆 1966 年版，第 404 页。

畴，认为"度"是质的限量，是质和量的统一。一个事物在一定的限度（"度"）内，量的变化不影响到事物的质；但量的变化一旦超过了一定的限度（"度"），事物的性质就会发生变化，由一种事物转化为另一种事物。黑格尔写道：

> 一方面限有之量的特性可以改变，而不致影响它的质。但同时另一方面这种不影响质的量之增减亦有其限度，一超出其限度，就会引起质的改变。譬如，水的温度最初是不影响水的流动性的。但流质的水的温度之增加或减少却有一个限度，到了这限度，这水的凝结状态就会发生质的变化，而这水一方面会变成蒸气，另一方面会变成冰。[①]

黑格尔认为，质变和量变不同，量变是渐进性的过程，而质变则是渐进性过程的中断，是飞跃。拿水来说：

> 水经过冷却并不是逐渐变成坚硬的，并不是先成为胶状，然后再逐渐坚硬到冰的硬度，而是一下子便坚硬了。[②]

黑格尔的这些思想包含着辩证法的合理成分。马克思指出，黑格尔发现的单纯量的变化转为质的变化的规律，"在历史和自然上是证明同样有效的"。[③]

我们看到，从莱布尼茨的"自然界里没有飞跃"的庸俗进化论，发展到黑格尔的量变必然引起质变的辩证法思想，这在近代德国哲学发展史上是一个重大的进步。黑格尔这一思想的形成，除了受到当时自然科学的新成就的影响外，更主要的是由于法国革命的冲击。在这位资产阶级历史唯心论者看来，他所处的时代正是推动历史前进的"自由意识"（也即"绝对理念"）从量变进入质变的时代，而法国革命便是"自由意识"新飞跃

---

① 黑格尔：《小逻辑》，三联书店 1959 年版，第 244 页。
② 黑格尔：《逻辑学》上卷，商务印书馆 1966 年版，第 404 页。
③ 马克思：《1867 年 6 月 22 日致恩格斯的信》，《马克思恩格斯书信选集》，人民出版社 1962 年版，第 202 页。

的象征。早在 1807 年黑格尔的哲学思想刚刚形成的时候，他就对法国革命做了如下的哲学概括：

> 我们这个时代是一个新时期的降生和过渡的时代。……事实上，精神从来没有停止不动，它永远是在前进运动着。但是，犹如在母亲长期怀胎之后，第一次呼吸才把过去仅仅是逐渐增长的那种渐进性打断——一个质的飞跃——从而生出一个小孩来那样，成长着的精神也是慢慢地静悄悄地向着它的新的形态发展，一块一块地拆除它旧有的世界结构。……可是这种逐渐的、并未改变整个面貌的颓毁败坏，突然为日出所中断，升起的太阳就如闪电般一下子建立起了新世界的形相。[①]

黑格尔的这段富有革命气息的话，反映了德国资产阶级对法国革命的热情向往，表现了他关于量变引起质变这一辩证法思想的革命实质。

然而，黑格尔发出的这个革命怒火，事隔十多年之后，便被他本人亲手扑灭了。在 1821 年出版的《法哲学原理》中，黑格尔背叛了他的辩证法，公然鼓吹起庸俗进化论来了。他这样写道：

> 一种状态的不断发展从外表看来是一种平静的觉察不到的运动。久而久之国家制度就变得面目全非了。[②]

在这里，黑格尔经常挂在口边的“质变”“中断”“飞跃”等，统统不见了，剩下的只是“平静的”运动。这深刻地反映了法国革命失败后，在欧洲各国封建势力猖狂复辟的形势下，德国资产阶级的保守性的增强。针对黑格尔的这种庸俗进化论，马克思尖锐地指出：“诚然，在许许多多国家里制度改变的方式

---

① 黑格尔：《精神现象学》上卷，商务印书馆 1979 年版，第 7 页。
② 黑格尔：《法哲学原理》，商务印书馆 1961 年版，第 316 页。

总是新的要求的逐渐产生，旧的东西瓦解等等，但是要建立新的国家制度，总是要经过真正的革命。"①马克思对黑格尔的这个批判，反映了无产阶级革命路线对资产阶级改良主义路线的斗争，表现了无产阶级的彻底革命精神，表明只有无产阶级才能把辩证法贯彻到底。

黑格尔还从现象和本质的对立统一这个角度，批判了康德的二元论、不可知论。在康德那里，现象世界和自在之物是两个各自独立的王国，人们只能认识现象，不能认识本质（自在之物）。黑格尔则认为，现象和本质是对立的统一，现象是易变的，本质则比较稳定，但现象就是本质的表现，本质就存在于现象之中。他说：

> 本质并不存留在现象之后或现象之外，而乃即借将世界降低到仅仅的现象的地位，而表现其为本质。②

黑格尔批判了康德的不可知论，认为人们通过现象就必定能够把握本质。他说：

> "他（按：指康德）只把捉住现象之主观的意义，他于现象之外执着一个抽象的本质——知识所不能达到的物自身，殊不知……当我们认识了现象时，我们因而同时即认识了本质。③

这里，黑格尔借助于现象和本质的辩证法克服了康德的不可知论，达到了思维和存在的同一。黑格尔是一位唯心主义的可知论者。

在黑格尔看来，不仅所有的哲学范畴都是对立的统一，而且一切具体事物也都充满了矛盾。在形而上学看来绝对不相容

---

① 马克思:《黑格尔法哲学批判》,《马克思恩格斯全集》第 1 卷,人民出版社 1956 年版,第 315 页。
② 黑格尔:《小逻辑》,三联书店 1959 年版,第 284—285 页。
③ 黑格尔:《小逻辑》,三联书店 1959 年版,第 284 页。

的东西，如直线和曲线、磁石的南极和北极以及生命和死亡等，黑格尔都理解为对立的统一。他说：

> 在几何学里，我们必须假定一个圆周的圈线，是为无限多和无限小的直线所形成。"[①]

> 北极的磁石没有南极便不存在，反之亦然。[②]

> 生命本身即具有死亡的种子。[③]

然而，黑格尔的唯心主义体系却使得他的矛盾普遍性这个极其深刻的思想半途而废了。黑格尔所说的"一切事物"仅仅指的是"绝对理念"发展过程中的"有限事物"，即自然界和社会历史中的各种具体事物，而不包括作为发展过程的终结的那个"绝对理念"。在他看来，一切有限事物都是暂时的、相对的。任何一个有限事物都依赖另一个有限事物，包含着另一个有限事物，因而具有矛盾。而这种矛盾运动必然导致自身的毁灭，过渡到另一个有限事物。反之，作为发展过程的终结的那个"绝对理念"则是无限的、绝对的。它自己决定自己，以本身为对象，因而不包含矛盾，而是一切矛盾的调和与解决。黑格尔写道：

> 一切有限之物并不是坚定不移，究竟至极的，而乃是变灭无常的，而有限事物的变灭无常不是别的，即有限事物辩证（或矛盾进展）。有限事物，本来以他物为其自身，由于内在的矛盾，便被迫而超出当下的存在，因而过渡到它的反面。[④]

关于"绝对理念"，黑格尔则说：

> 就理念之为主观的和客观的理念的统一言……是以理

---

① 黑格尔：《小逻辑》，三联书店 1959 年版，第 134 页。
② 黑格尔：《小逻辑》，三联书店 1959 年版，第 266 页。
③ 黑格尔：《小逻辑》，三联书店 1959 年版，第 188 页。
④ 黑格尔：《小逻辑》，三联书店 1959 年版，第 190 页。

念的本身作为对象……这种统一乃是绝对和全部的真理，自己思想自己的理念……"①

我们在黑格尔的《法哲学原理》中看到，黑格尔把日耳曼王国说成是世界历史的顶峰，它的使命就是一个原则：

这个原则的内在性就是一切矛盾的调和和解决。②

可见，黑格尔虽然突破了康德的四组二律背反的框子，深刻阐发了矛盾的普遍性的思想，但他的这个思想也是不彻底的。

四

黑格尔对康德的二律背反学说的最重大的发展就是他提出的矛盾是事物自己运动的泉源的光辉思想。

在黑格尔之前，谢林已经提到了这一点。谢林写道：

对立在每一时刻都重新产生，又在每一时刻被消除。对立在每一时刻这样一再产生又一再消除，必定是一切运动的最终根据。③

但是，谢林是一位绝对同一论者。他的公式是："绝对同一→矛盾→绝对同一"。因此，在谢林那里，同一较之矛盾似乎是更本质的东西。这表明谢林也还没有彻底摆脱抽象的同一性的羁绊。

黑格尔则认为，矛盾和同一相比，矛盾是更本质的东西，并且是一切事物运动的泉源。他说：

矛盾似乎并不像同一那样是本质的和内在的规定，这

---

① 黑格尔：《小逻辑》，三联书店 1959 年版，第 420 页。
② 黑格尔：《法哲学原理》，商务印书馆 1961 年版，第 359 页。
③ 谢林：《先验唯心论体系》，商务印书馆 1977 年版，第 148 页。

是自古以来的逻辑和普遍的观念的根本成见之一；是呀！假如要谈到高低的次序，并把这两个规定分别固定下来，那么就必须承认矛盾是更深刻的、更本质的东西。因为同一和矛盾相比，不过是单纯直接物、僵死之有的规定，而矛盾则是一切运动和生命力的根源；事物只因为自身具有矛盾，它才会运动，才具有动力和活动。①

"形而上学"把矛盾看作偶然的、不正常的现象。对此，黑格尔写道：

> 矛盾不单纯被认为仅仅是在这里，那里出现的"不正常现象，而且是在其本质规定中的否定物，是一切自己运动的根本，而自己运动不过就是矛盾的表现。②

黑格尔认为：

> 矛盾是—普遍而无法抵抗的力量，在这个大力之前，无论表面上如何稳定坚固的事物，没有一个，能够支持不摇。③

黑格尔断言：

> 矛盾是推动整个世界的原则。④

我们看到，康德哲学基本上是一个静止的、僵硬的体系。反之，黑格尔哲学则是一个生动的、活泼的体系。黑格尔哲学体系从"逻辑学"进入"自然哲学"，最后到"精神哲学"，描述的就是"绝对理念"不断运动、变化和发展的过程。在黑格尔的眼里，世界不是现存的各个静止事物的总和，而是一个发展过程。黑格尔的这个唯心主义辩证发展观的基础就是他的矛盾学说。正是矛盾推动着"绝对理念"不断向前发展，正是矛

---

① 黑格尔：《逻辑学》下卷，商务印书馆1976年版，第66页。
② 黑格尔：《逻辑学》下卷，商务印书馆1976年版，第66页。
③ 黑格尔：《逻辑学》下卷，商务印书馆1976年版，第190页。
④ 黑格尔：《逻辑学》下卷，商务印书馆1976年版，第267页。

盾推动着思维和存在不断走向同一。

关于矛盾是事物自己运动的泉源的思想，乃是黑格尔的矛盾学说的精髓。形而上学坚持抽象的同一性，否认矛盾，从而把事物看成僵死的东西，如果有运动，那也是外力作用的结果。因此，在运动的泉源问题上，形而上学必然是外因论者。反之，辩证法家黑格尔则力图从事物的内部矛盾寻找事物自己运动的动力。黑格尔的这个思想对于17—18世纪广泛流行的形而上学的绝对静止的世界观，是一个十分有力的冲击，是人类认识发展史上的一次巨大的跳跃。

列宁十分重视黑格尔关于矛盾是事物自己运动的泉源的思想。在《黑格尔〈逻辑学〉一书摘要》中，列宁多次摘录了黑格尔有关这方面的言论，并在批语中写道："辩证法的精华。"[1]

然而，应当看到，黑格尔的这些极其深刻的思想照例是隐藏在唯心主义的外壳之中的，因而也不能贯彻到底。在他那里，当"绝对理念"经过漫长的矛盾运动回到了老家的时候，矛盾调和了，动力也没有了，一切到此终结了。因此，列宁在高度评价黑格尔关于矛盾是事物自己运动泉源的思想的同时，也指出黑格尔的这些思想是同唯心论交织着在一起的，"必须揭发、理解、拯救、解脱、清洗这种实质"。[2]

恩格斯指出，莱布尼茨-伏尔夫的"形而上学"的方法"曾被康德特别是黑格尔在理论上摧毁"。[3]康德的二律背反学说暴露了莱布尼茨-伏尔夫"形而上学"片面观点的谬论，黑格尔的矛盾学说则从根本上摧毁了形而上学的片面观点。黑格尔的矛

---

① 列宁：《黑格尔〈逻辑学〉一书摘要》，《列宁全集》第38卷，人民出版社1959年版，第247页。

② 列宁：《黑格尔〈逻辑学〉一书摘要》，《列宁全集》第38卷，人民出版社1959年版，第147页。

③ 恩格斯：《卡尔·马克思〈政治经济学批判〉》，《马克思恩格斯选集》第2卷，人民出版社1972年版，第120页。

盾学说是康德二律背反学说的继承和发展，大大地丰富了德国古典哲学的辩证法思想的理论宝库。但是，不论是康德的二律背反学说，还是黑格尔的矛盾学说，都是唯心论的，因而不是彻底的。

（原载《社会科学战线》，1980 年第 1 期）

评黑格尔的真理观

在真理问题上，黑格尔是西方哲学史上一位著名的唯心主义的可知论者。他在批判莱布尼茨-伏尔夫"形而上学"的独断论、康德的不可知论和形而上学唯物论的反映论的过程中，以客观唯心论为基础，把辩证法应用于认识论，把实践引入认识论，系统地深入地发挥了他的唯心主义可知论的真理学说。

黑格尔的真理观是马克思主义真理学说的一个重要思想渊源。研究黑格尔的真理观，对于我们在真理问题上划清唯物论和唯心论、辩证法和形而上学的界限，深入理解马克思主义的真理学说，具有重要的意义。

真理是"客观的"

唯心主义者黑格尔是一个客观真理论者。他从客观唯心主义立场出发，批判主观真理论，坚持真理的客观性，以论证真理的可知性。

黑格尔反对主观真理论。古希腊智者普罗泰戈拉曾提出过一个著名的命题："人是万物的尺度。"这个命题的实质就是把个人的主观感觉当作判别真理的准绳。黑格尔认为，这种以个人的主观欲望、兴趣、爱好、任性、目的、偏好等为真理的尺度的真理论是错误的，因为它否定了"人人所公认的本身有效的标准的客观基础"。[1]智者们"不是从事情的自在自为地存在着的概念来了解义务、了解应做的事，而是提出一些外在的理由，来分别是和非、利和害"。[2]反之，认识真理的道路则应当是："当我思想时，我放弃我的主观的个别性，我深入于事物之中，让思想（依理则而）自由行使，倘若我掺杂一些主观意思于其中，便把思想弄坏了。"[3]在黑格尔看来，真理是客观的，是不依个人的感觉、兴趣、爱好为转移的，认识真理切忌主观性。

黑格尔认为，康德的真理论也是主观的。我们知道，康德哲学的基本点就是认为人们只能认识现象，不能认识自在之物。在康德看来，人心先天地具有三种认识能力：感性、知性和理性。感性的直观形式（时间和空间）和感觉经验相结合，使数学知识具有普遍性和必然性。知性的思维形式（因果性等十二范畴）和经验相结合，使自然科学知识具有普遍性和必然性。康德认为，个人的感觉人人不同，具有主观的偶然的性质，而不依主观感觉为转移的带有普遍性和必然性的知识则是客观的。可是，当康德说具有普遍必然性的知识是客观性的真理的时候，他又说使知识具有普遍性和必然性的时间和空间直观形式以及因果性等范畴仅为人脑所固有，和自在之物无关，而数学和自然科学知识也只是关于观察世界的知识，不反映自在之物。对此，黑格尔指出："康德所谓思想的客观性，在某种意义下，仍然是主观的。因为，依康德讲来，思想虽说是有普遍性和必然性，但只是我们的思想，而与事物自身间却有一个无法渡越的鸿沟隔开着。"[4]因此，在黑格尔看来，康德所说的同自

① 黑格尔：《小逻辑》，三联书店1959年版，第272页。
② 黑格尔：《哲学史讲演录》第2卷，三联书店1957年版，第20页。
③ 黑格尔：《小逻辑》，三联书店1959年版，第94页。
④ 黑格尔：《小逻辑》，三联书店1959年版，第131页。

在之物无关的客观真理实际上还是主观的。

黑格尔认为，康德关于理念的学说更具有主观主义的性质。在康德那里，"感性"和"知性"这两种先天的认识能力只适用于现象世界，形成关于现象世界的有条件的知识即相对真理。与此不同，"理性"则是一种企图超越现象世界去把握自在之物，以求得无条件的知识即绝对真理的先天的认识能力。然而，康德证明，当"理性"企图超越现象世界去把握自在之物，寻求绝对真理的时候，理性自身就必然陷入谬误推理或"二律背反"而不能自拔。康德的结论是，人们只能认识现象，求得相对真理；不能认识自在之物，获得绝对真理。因此，在康德那里，"理性"的概念——"理念"（如"共和国"的理想）虽然是至高无上的、是绝对真理的模型，但却只是一个永远不能到达、永远不能实现的目标。黑格尔认为，康德的"这样一个不能够建立自身与其对象——自在之物——的一致的理性，不与理性概念一致的自在之物，不与实在一致的概念，不与概念一致的实在，都是不真的观念"。①康德的"理念"只是一个不能实现的单纯的想象的东西，而"一个单纯的想象的东西是不真的"。②在黑格尔看来，康德的真理论是主观的，其基本缺陷就在于主观和客观、思维和存在的分裂。

那么，什么是真理呢？黑格尔认为，真理不是什么主观的东西，"真理乃在于客观性与概念的同一"③，即思维和存在的同一。因此，为求得真理，人们就必须排除主观性，深入事物。他说："真理的认识将这样来建立，即于客体按照客体的样子而没有主观反思的附加去认识，并且正确行动在于顺从客观规律；

① 黑格尔：《逻辑学》下卷，商务印书馆1976年版，第259页。
② 黑格尔：《哲学史讲演录》第4卷，商务印书馆1978年版，第284页。
③ 黑格尔：《小逻辑》，三联书店1959年版，第400页。

客观规律没有主观根源，不能容许随意专断和违反其必然性的处理。"①他还说："只有思想深入于事物的实质，方能算得真思想。"②

乍一听这些话，黑格尔似乎很像一位十足的唯物主义者。其实，黑格尔倒正是唯物主义客观真理论的一位坚决的批判者。17—18 世纪的形而上学唯物主义者都是客观真理论者。他们主张存在是第一性的，意识是第二性的，认为真理是思维和存在的同一，即思维对存在的正确反映。黑格尔对这种以反映论为基础的唯物主义的思维和存在同一的真理论采取轻蔑的态度，说什么唯物主义真理观是"先假定有一个对象，我们的表象须与此对象相符合"③。和唯物主义相反，黑格尔则从他的思维是存在的本质这个客观唯心主义的基本原则出发，把真理说成是存在对于思维的符合。他说："真理即是客观性对于概念之符合。"④黑格尔举例说明他的思想："我们常说到一个真朋友。所谓一个真朋友，就是指一个朋友的言行态度能够符合友道的概念。"⑤这就是说，一个事物是否真，不取决我们的思想，而取决于它是否符合它的概念。基于这种观点，黑格尔把真理区分为两种："形式的真理"和"较深意义的真理。"所谓"形式的真理"是指对事实、现象的正确描述。他认为，这种"形式的真理"仅仅可以说是一个"正确的"或"不错的"观念、表象。其内容则可能是不真的。比如，人们可能对一个坏朋友得到一个正确的表象，但这个表象则是不真的，因为它不符合"友道"这个概念。在黑格尔看来，"较深意义的真理"则不满足于

---

① 黑格尔：《逻辑学》下卷，商务印书馆 1976 年版，第 393 页。
② 黑格尔：《小逻辑》，三联书店 1959 年版，第 89 页。
③ 黑格尔：《小逻辑》，三联书店 1959 年版，第 96 页。
④ 黑格尔：《小逻辑》，三联书店 1959 年版，第 399 页。
⑤ 黑格尔：《小逻辑》，三联书店 1959 年版，第 96 页。

对事实、现象的正确描述，而是深入到事实、现象里面寻求其中蕴藏着的概念，即事物的本质和规律。应当看到，黑格尔的这个思想确实击中了 17—18 世纪流行的唯物主义经验论的要害，即把真理仅仅看作对事实、现象的正确反映，而不看作对事物的本质和规律的正确反映。但是，黑格尔所谓的"较深意义的真理"的出发点从根本上说来是错误的。他把人们用以把握客观事物的本质和规律的概念客观化，把它说成是存在于人脑之外，内蕴于客观事物之中的"客观思想""客观概念"，说成是客观事物的基础、本质和规律。在黑格尔看来，客观具体事物好像是一具外壳，"客观概念"蕴藏其中，只有当事物符合它的概念的时候，事物才是实在的，才是真理。黑格尔所谓的客观真理，指的就是这种"客观概念"。可见，黑格尔的客观真理论乃是客观唯心主义的客观真理论，是"客观主义＋神秘主义"[①]。不难看出，黑格尔的这种始终不超越思想范围的"客观真理"，实质上还不过是主观真理。

黑格尔正是从这种客观唯心主义的客观真理论出发，批判康德的主观真理论，克服了康德的二元论和不可知论。在他看来，康德的那个处于现象世界之外、和思想格格不入的"自在之物"是"完全空虚的东西"，应予彻底取缔。事物、存在、现象的本质不是别的，它本身就是思想。我们的思想去把握事物中的思想，不过是思想自己认识自己，因而是完全可能的。

上述可见，黑格尔的真理观是彻头彻尾的唯心论的。但是，从他对主观真理论和"形式的真理"的批评，坚持真理的客观性，观察的客观性这些方面看，其中也还包含着某些合理的成分。黑格尔曾经写道："……必须考察自在自为的事物本身，一

---

① 列宁：《黑格尔〈逻辑学〉一书摘要》，《列宁全集》第 38 卷，人民出版社 1959 年版，第 186 页。

方面从事物的普遍性去考察,另一方面对事物也不要迷失方向,去抓环境、例子和比较,而是要心目中唯有这些事物,并且把它们的内在的东西引入意识。"①列宁十分重视黑格尔的这个思想,他指出:"观察的客观性(不是实例、不是枝节之论,而是自在之物本身)。"②列宁并把这一点列为辩证法的第一要素。

真理是具体的

人们一般都感到哲学是一门很抽象的学问。反之,黑格尔则宣称:"哲学是最敌视抽象的,它引导我们回复到具体。"③黑格尔认为,哲学以真理("理念")为对象,而"理念自身本质上是具体的,是不同的规定之统一。……如果真理是抽象的,则它就是不真的"。④在日常生活中,人们所说的"具体"主要是指感官能够直接接触的东西,"抽象"则是指感官不能直接感触的东西。与此不同,黑格尔这里所说"抽象"和"具体"都是感官不能直接感触的属于思维领域中的东西,简单地说,"抽象"是指思想上的片面性,"具体"是指思想上的全面性。黑格尔关于真理的具体性的思想包含着两层意思:真理是对立物的统一;真理是一个全面的有机的整体。

黑格尔反对抽象的同一性,否认抽象真理。我们知道,莱布尼茨-伏尔夫"形而上学"的基本思想定律叫作同一律:A＝A。或者说,A 不能同时既是 A 和非 A。按照这种"非此即彼"的观点去观察事物,就必然导致对一个具体事物做出片面的规

---

① 黑格尔:《逻辑学》下卷,商务印书馆 1976 年版,第 537 页。
② 列宁:《黑格尔〈逻辑学〉一书摘要》,《列宁全集》第 38 卷,人民出版社 1959 年版,第 238 页。
③ 黑格尔:《哲学史讲演录》第 1 卷,三联书店 1956 年版,第 29 页。
④ 黑格尔:《哲学史讲演录》第 1 卷,三联书店 1956 年版,第 29 页。

定，比如，世界不是无限的就是有限的，不是偶然的就是必然的，如此等等。黑格尔指出，这种同一律是借思想的抽象作用形成的，"抽象作用或孤立化乃即所以建立这种形式的同一而将一本身具体的事物转变成这种单纯的形式。有两种方式足以造成这种情形：或是由于凭借所谓分析作用，丢掉了一部分具体事物所具有的多种特性，而只举出一种特性；或者抹杀这些特性之不同处，而将多种的特性概括为一"。①因此，这种同一律也就是抽象的同一性。黑格尔指出："这种形而上学未能达到具体的同一性，而只是执着那抽象的同一性。"②在黑格尔看来，17—18 世纪的唯物论哲学同莱布尼茨-伏尔夫"形而上学"在哲学观点上虽然不同，但两者在思想方法上却有一个共同点，即坚持抽象的同一性。因此，在形而上学唯物论哲学中，有限和无限、必然和偶然、自由和必然等，也同样处于绝对的对立之中。黑格尔认为，康德提出的"二律背反"学说暴露了这种抽象同一性的缺陷。他说："旧形而上学……欲研究一对象以求得形而上学的知识时，总是抽象地去应用一些片面的范畴，而排斥其反面。所以康德却与此相反，乃尽力去证明，用这种抽象的方法所得的结论，总是可以另外提出一些与之正相反对但具有同样的理同样的必然性的说法，以否定之。"③但是，康德认为，理性中发生了矛盾（如有限和无限、单一和复合、自由和必然、偶然和必然等），说明理性本身有缺陷，缺乏把握真理的能力。黑格尔认为，这表明康德并没有正确理解理性矛盾的积极意义，表明康德虽然暴露了抽象同一性的缺陷，但并没有彻底摆脱抽象同一性。

① 黑格尔：《小逻辑》，三联书店 1959 年版，第 256 页。
② 黑格尔：《小逻辑》，三联书店 1959 年版，第 120 页。
③ 黑格尔：《小逻辑》，三联书店 1959 年版，第 144 页。

黑格尔主张具体的同一性。他认为，从认识发展过程来看，形成抽象的同一性，是认识发展过程中的一个必要的阶段，即所谓"知性"阶段。其任务是区分事物的各种不同的特性，使思想具有坚定性和确定性。比如，直线就是直线，直线不是曲线；生命就是生命，生命不是死亡；等等。但是，人的认识不能老是停留在"知性"阶段上，不能认为客观具体事物本身就是这种抽象同一性。在黑格尔看来，要真正全面把握一个具体事物的本质，就必须把认识从"知性"阶段提高到"理性"阶段上来，抓住具体的同一，即包含着差异的同一。这是因为，事物的本质就包括着差异。黑格尔说："本质主要地包含有异（或区别）的特性。"[1]他还说："无论什么可以说得上存在的东西，必定是具体的，包含有区别和对立于其自身。"[2]比如，"在几何学里，我们必须假定一个圆周的圈线，是为无限多和无限小的直线所形成"[3]。"生命本身即具有死亡的种子。"[4]因此，黑格尔认为，抽象的同一性只造成片面的规定性，只包含一个抽象的、不完全的真理，"真理只有在同一与差异的统一中，才是完全的，所以真理唯在于这种统一"。[5]恩格斯十分重视黑格尔关于具体同一性的思想，他指出："旧形而上学意义下的同一律是旧世界观的基本原则：a＝a。每一事物和它自身同一。……但是最近自然科学从细节上证明了这样一件事实：真实的具体的同一性包含着差异和变化。"[6]

与此相关的，黑格尔还认为，真理"乃是一个有机的系统，

---

① 黑格尔：《小逻辑》，三联书店 1959 年版，第 259 页。
② 黑格尔：《小逻辑》，三联书店 1959 年版，第 267 页。
③ 黑格尔：《小逻辑》，三联书店 1959 年版，第 134 页。
④ 黑格尔：《小逻辑》，三联书店 1959 年版，第 188 页。
⑤ 黑格尔：《逻辑学》下卷，商务印书馆 1976 年版，第 33 页。
⑥ 恩格斯：《自然辩证法》，《马克思恩格斯选集》第 3 卷，人民出版社 1972 年版，第 538 页。

一个全体"。①黑格尔常常举出一些生动的感性事例说明他的这个意思。"花虽说具有多样的性质，如香、味、形状、颜色等但它却是一个整体。在这一朵花里，这些性质中的任何一种都不可缺少，这朵花的每一个别部分，都具有整个花所有的特性。"②又如，"身体上各个分子或官肢之所以是它们那样，只由于它们的有机统一，或由于有了有机统一的关系。譬如一只手，如果从身体上割下来，名虽仍可叫作手，实已不是手了"。③黑格尔的这些话，无疑是针对 17—18 世纪哲学和自然科学中流行的孤立的、片面的观点而发的。机械唯物主义者把一切事物包括动物和人，都看成由各种毫无内在联系的零件组成的一架机器。经验主义者认为认识的任务只在于对于对象的种种特性加以一部分一部分地、一层一层地加以分析、分解和规定。黑格尔指出："这样一来，那有生命的内容便弄成僵死的了。因为只有具体的、整个的方面是有生命的。"④黑格尔认为要想把握对象，分别作用总是不可少的，但须知分别仅是认识历程的一方面，主要之点乃在于使分别开了的各分子，复归于联合。因此，真理不是一个片面的规定，也不是各个片面规定的外在的组合，而是一个内在的有机的统一体。黑格尔说："因为真理既是具体的……必是联系的谐和的统一体，换言之，真理必是一全体。"⑤在黑格尔的"逻辑学"中，最高范畴"绝对理念"就是所谓"绝对和全部的真理"。但它不是一个抽象概念，而是一个具体概念，是"逻辑学"中所有范畴的有机的统一。任何一个范畴都只是"绝对理念"的一个规定，"绝对理念"则

①　黑格尔：《哲学史讲演录》第 1 卷，三联书店 1956 年版，第 32 页。
②　黑格尔：《哲学史讲演录》第 1 卷，三联书店 1956 年版，第 30 页。
③　黑格尔：《小逻辑》，三联书店 1959 年版，第 405 页。
④　黑格尔：《小逻辑》，三联书店 1959 年版，第 124 页。
⑤　黑格尔：《小逻辑》，三联书店 1959 年版，第 67 页。

是所有范畴构成的一个有机的系统。正如黑格尔说的："理念的真正内容不是别的，只是我们前此所逐步研究其发展的整个系统。"①

马克思主义经典作家们充分肯定黑格尔关于真理的具体性思想中的辩证法合理成分。马克思说过："具体之所以具体，因为它是许多规定的综合，因而是多样性的统一。"②列宁也曾指出："真理就是现象、现实的一切方面的总和以及它们的（相互）关系的构成的。"③"真理是全面的"④。

真理是过程

我们知道，在欧洲 17—18 世纪，形而上学的绝对静止观点在人们的思想中占据着统治的地位。与此相应的，在认识论上，不论是唯物论者，还是唯心论者，不论是经验论者，还是唯理论者，大都是认识的一次完成论者，认为真理是能一下子把握，一蹴而就的。与此相反，黑格尔自觉地把发展观点贯彻于认识论，认为真理不是思维和存在的"一种静态的抽象的呆滞的同一"，"理念本质上是一个过程"。⑤认识真理的活动是一个围绕着思维和存在这个基本矛盾而展开的不断由相对到绝对、由抽象到具体的发展过程。

在黑格尔看来，真理本来是有条件的、相对的真理和无条件的、绝对的真理的统一，可是人们却往往将二者割裂，坚执

---

① 黑格尔：《小逻辑》，三联书店 1959 年版，第 422 页。
② 马克思：《〈政治经济学批判〉导言》，《马克思恩格斯选集》第 2 卷，人民出版社 1972 年版，第 103 页。
③ 列宁：《黑格尔〈逻辑学〉一书摘要》，《列宁全集》第 38 卷，人民出版社 1959 年版，第 210 页。
④ 列宁：《黑格尔〈逻辑学〉一书摘要》，《列宁全集》第 38 卷，人民出版社 1959 年版，第 212 页。
⑤ 黑格尔：《小逻辑》，三联书店 1959 年版，第 403 页。

一个片面。莱布尼茨-伏尔夫"形而上学"坚执真理的无条件、绝对的方面，认为人们能够一下子把握无条件的绝对的真理，陷入独断论。针对这种独断论，康德坚执真理的有条件、相对的方向，认为人们只能认识有条件的相对的真理，永远不能把握无条件的绝对的真理，从而陷入了不可知论。黑格尔反对这两种片面性，深刻地指出："只有无条件者与有条件者的结合才是理性的具体概念。"①这就是说，具体真理乃是相对和绝对的统一。

黑格尔着重批判了康德的相对主义。在康德看来，"理性"要求把握绝对真理，可是，人们却只能认识相对真理，因此，理性概念——"理念"就成了一个人们力求达到但又永远不能达到的彼岸的东西。黑格尔指出："不可能达到的东西便是不真；必须懂得这样的无限物是不真的。"②在黑格尔看来，康德在这里陷入了所谓无穷进展的坏的无限性，"不使无限有接触有限的机会，而认两者间有一深渊，有一无法渡越的鸿沟，无限永远在那边，有限坚持在这边"。③康德不懂得"无限物事实上是当前现有的"④，就存在于有限物之中，"有限性中也包含无限，包含自身的他物"⑤。如果说，康德是一位理想主义者，整日价地沉溺于那不可实现的理想之中，那么，黑格尔则可以说是一位现实主义者。在黑格尔看来，理想不应当是脱离现实有限事物、可望而不可即的空洞的东西，真正的理想就存在于现实的有限的事物之中，"认有限事物具有理想性的看法，乃是哲学上的主要原则"。⑥有一个寓言：一个患病的学生想吃水果，可

① 黑格尔：《哲学史讲演录》第4卷，商务印书馆1978年版，第276页。
② 黑格尔：《逻辑学》上卷，商务印书馆1966年版，第149页。
③ 黑格尔：《小逻辑》，三联书店1959年版，第219页。
④ 黑格尔：《逻辑学》上卷，商务印书馆1966年版，第148页。
⑤ 黑格尔：《逻辑学》上卷，商务印书馆1966年版，第145页。
⑥ 黑格尔：《小逻辑》，三联书店1959年版，第220页。

是当人们把樱桃和葡萄放在他面前的时候，他却不伸手去拿，因为摆在他面前只是一个一个的樱桃和葡萄，而不是"水果"。黑格尔说，这位习惯于抽象思维的学究"不知道特殊性也包含普遍性在内"。①总之，在黑格尔看来，真理既不是一蹴而就的，也不是可望而不可即的。绝对真理并非一个空名，不是一堆不着实际的毫无内容的空话；绝对真理就存在于现实的、具体的、特殊的、有限的、有条件的相对真理之中，通过相对真理而把握绝对真理。黑格尔说，相对真理是"一种真理同时又是不真的真理"。②这就是说，任何具体真理都是相对和绝对的统一，是从相对走向绝对的过程。

怎样看待谬误在真理发展过程中的作用呢？形而上学坚持真理与谬误的抽象对立；真理就是真理，谬误就是谬误。一种新的学说出现了，它便宣布自己是绝对真理，断言所有别的学说都是谬误。按照这种观点，历史不过是谬误和谎言的陈列馆，研究历史毫无教益。在黑格尔看来，这种观点实际上是把真理看成僵硬不变的东西，否认真理是一个发展的过程。他说："真实和虚妄通常被认为是两种一定不移的各具有自己的本质的思想，两者各据一方，各自孤立，互不沟通。与这种看法相反，我们必须断言真理不是一种铸成了的硬币，可以现成地拿过来就用。"③人们很可能做出错误的认识。所谓错误的认识就是指思维和存在的不同一。但是，这种不同一，却是真理发展过程中的一个"本质的环节"，"从这种区别里很可能发展出它们的同一性，而且发展出来的这种同一性就是真理"。④这种被真理所扬弃的错误并不像矿渣从金属里被排除了那样被清除出去，

---

① 黑格尔：《哲学史讲演录》第 1 卷，三联书店 1956 年版，第 23 页。
② 黑格尔：《哲学史讲演录》第 1 卷，三联书店 1956 年版，第 24 页。
③ 黑格尔：《精神现象学》上卷，商务印书馆 1962 年版，第 25 页。
④ 黑格尔：《精神现象学》上卷，商务印书馆 1962 年版，第 25 页。

反之，它自身"还直接呈现于真理本身之中"。①然而，我们不应当把扬弃了错误的真理看成真理和错误的混合物，像水和油那样外在地混合在一起的东西。在扬弃了错误的真理中，错误虽然还直接呈现于真理之中，但它"不再是作为虚妄的东西而成为真理的一个环节"②了。总之，在黑格尔看来，错误和真理不是抽象的对立物，错误往往是真理的前导，"只有由于这种错觉或错误，真理才会出现"，因而"扬弃了的错误或外在性，本身即是达到真理之一必然的阶段"。③

对于黑格尔来说，真理从相对到绝对的过程也就是一个从抽象到具体的发展过程，黑格尔的"逻辑学"概括他描述了真理（"绝对理念"）由抽象到具体的前进过程。"逻辑学"的第一个范畴"纯有"，是最贫乏、最抽象的真理（"理念"）。从"纯有"出发，随着范畴的向前推演，真理（"理念"）便愈来愈丰富，愈来愈具体。而"逻辑学"的最后一个范畴"绝对理念"则和"纯有"大不相同了。它包含了"纯有"以来的所有范畴及其相互关系，因此它的内容是最丰富、最具体的。黑格尔写道："认识是从内容到内容向前转动的。首先，这种前进是这样规定自身的，即：它从单纯的规定性开始，而后继的总是愈加丰富和愈加具体。因为结果包含它的开端，而开端的过程以新的规定性丰富了结果。……普遍的东西在以后规定的每一阶段，都提高了它以前的全部内容，它不仅没有因为它的辩证的前进而丧失什么，丢下什么，而且还带着一切收获和自己一起，使自己更丰富、更密实。"④列宁指出，黑格尔的"这段话对于什

---

① 黑格尔：《精神现象学》上卷，商务印书馆 1962 年版，第 25 页。
② 黑格尔：《精神现象学》上卷，商务印书馆 1962 年版，第 26 页。
③ 黑格尔：《小逻辑》，三联书店 1959 年版，第 398 页。
④ 黑格尔：《逻辑学》下卷，商务印书馆 1976 年版，第 549 页。

么是辩证法这个问题，非常不坏地做了某种总结。"①在这里，黑格尔的确猜测到了人类认识是一个"由浅入深、由片面到更多方面"②的辩证发展过程。

然而，应该注意的是，黑格尔上面所说的那个不断丰富、不断具体的"普遍的东西"就是"绝对理念"，他上面所说的"认识"活动本质上是"绝对理念"自己认识自己的活动。因此，他在这里就不仅仅是谈的人的认识的发展问题，而且还说的是事物的发展问题。黑格尔在"逻辑学"中对事物发展的思辨的描述，在不少地方确实把握住了事物发展的某些真实的联系。但是，他常常把事物的发展和人的认识的发展搅混在一起，认为具体事物的发展为"绝对理念"所主宰，因而也是什么从抽象到具体的过程，这是完全错误的。马克思深刻地指出："黑格尔陷入幻觉，把实在理解为自我综合、自我深化和自我运动的思维的结果，其实，从抽象上升到具体的方法，只是思维用来掌握具体并把它当作精神上的具体再现出来的方式。但绝不是具体本身的产生过程。"③

有一种观点认为黑格尔的"具体概念"学说"完全否认了从感性具体到现象这一认识阶段的必要性"。看来，这种观点还有待商榷。不妨摘录黑格尔的两段话："认识过程最初是分析的。对象总是取的孤立化的形态，故分析方法的活动即着重于从当前个体事物求出其普遍性。在这里思想仅是一抽象的作用和求形式的同一的作用。这就是洛克及所有经验论者所采取的立场。许多人说，认识作用除了将当前给予的具体对象析碎

---

① 列宁：《黑格尔〈逻辑学〉一书摘要》，《列宁全集》第 38 卷，人民出版社 1959 年版，第 250 页。
② 毛泽东：《实践论》，《毛泽东选集》合订本，人民出版社 1969 年版，第 260 页。
③ 马克思：《〈政治经济学批判〉导言》，《马克思恩格斯选集》第 2 卷，人民出版社 1972 年版，第 103 页。

成许多抽象的成分，并将这些成分孤立起来观察外，没有别的
工作可做。"① "为形成经验起见，经验主义必须特别应用分析
方法。在知觉里，我们具有一复多的具体的内容，对于它的种
种特性，我们须得一层一层加以分析出来，有如剥葱一般。这
种分解过程的主旨，即在于分解并拆散集在一起的特性……经
验主义于分析对象时，便陷入错觉：它自以为它是让对象呈现
其本来面目，不增减改变任何成分，但其实，却将对象的具体
的内容转变成为抽象的了。这样一来，那有生命的内容便弄成
僵死的了，因为只有具体的、整个的才是有生命的。不用说，
要想把握对象，分别作用总是不可少的，而且心灵的自身本来
即是一种分别作用。但须知分别仅仅是认识历程的一方面，主
要之点乃在于使分别开了的各分子，复归于联合。"②在这两段
话中，黑格尔通过批判经验主义阐明了他的认识论的观点：一
个完整的认识过程是从感性具体到抽象，然后又从抽象进到思
维上的具体，方法是分析和综合的结合。从感性具体到抽象，
这是认识历程的最初阶段，并且是不可缺少的阶段。经验主义
的错误在于把分析方法绝对化，把认识仅仅停留在抽象阶段上，
不懂得分析方法和综合方法结合的必要，不懂得还必须把认识
从抽象提高到思维上的具体，以便把握事物的内部的联系。由
此看来，说黑格尔完全否认了从感性具体到抽象这一认识阶段
是不恰当的。

那么黑格尔在"逻辑学"中为什么不从感性具体出发，而
从抽象的规定出发，并且大谈从抽象到具体呢？这里应当看到，
认识论和逻辑学是有区别的。作为研究人类认识发展规律的学
问的认识论，应当阐述一个完整的认识过程，撇开从感性具体

---

① 黑格尔：《小逻辑》，三联书店 1959 年版，第 412 页。
② 黑格尔：《小逻辑》，三联书店 1959 年版，第 124 页。

到抽象这个阶段，是错误的。逻辑学则是以思维形式和规律为对象，因此它撇开从感性具体到抽象这一认识阶段，着重研究思维从抽象到具体的发展规律，这是合理的。马克思在谈到政治经济学的方法时指出："在第一条道路上，完整的表象蒸发为抽象的规定；在第二条道路上，抽象的规定在思维行程中导致具体的再现。"[①] 在形式上，作为研究的方法，必须首先走第一条道路，充分地占有具体的材料，分析它的各种发展形式，探寻这些形式的内在联系。和研究方法相反，叙述方法则是逻辑的方法，必须走第二条道路，从抽象上升到具体。马克思对政治经济学的研究无疑是从大量的现实的和历史的材料出发的，但是，《资本论》的叙述方式则是从商品这个抽象规定开始的。范畴由抽象逐步上升到具体，呈现在我们面前的"就好像是一个先验的结构"[②]，但实际上这恰恰正是"科学上正确的方法"。[③] 因此，尽管黑格尔是唯心主义者，他在逻辑学中讲的是什么"纯思想"的发展，但从方法论上看，他在逻辑学中从某种抽象的规定出发，坚持从抽象到具体的逻辑方法，则是无可非议的。

总的说来，黑格尔是一位真理发展论者。按照他的原则，真理应是一个无限的发展过程，孤零零的绝对真理是不存在的。然而，黑格尔终究是一位唯心主义者，"体系"似乎总是需要以某种绝对真理作为结束的。而这个绝对真理不是别的，就是他的"绝对哲学"。在这里，辩证法家黑格尔竟然背叛了自己的辩证法。

---

① 马克思：《〈政治经济学批判〉导言》，《马克思恩格斯选集》第 2 卷，人民出版社 1972 年版，第 103 页。

② 马克思：《〈政治经济学批判〉导言》，《马克思恩格斯选集》第 2 卷，人民出版社 1972 年版，第 103 页。

③ 马克思：《〈资本论〉第一卷，第二版跋》，《马克思恩格斯选集》第 2 卷，人民出版社 1972 年版，第 217 页。

真理是理论的和实践的理念的统一

黑格尔真理观的一个显著特征就是把实践引入认识论，把真理看作理论和实践的统一。在黑格尔看来，一个完整的认识过程包括理论和实践两个方面。他说："认识的过程一方面由于接受了存在的世界于自身内，于主观的观念和思想内，而扬弃了理念之片面性的主观性，并将那当作真实有效的客观性当作充实它自身的抽象的确定性之内容。另一方面，它又扬弃了客观世界的片面性，反过来将客观世界仅当作一假相，仅当作一堆偶然的事实虚幻的形状之聚集而已。并凭借主观的内在本性以决定并整理这聚集体。"①前者就是认知真理的理论活动，后者则是实现真理的实践活动。"绝对理念"，也即真理乃是"理论的和实践的理念的统一"。②

黑格尔把实践引入认识论，突出了认识的能动方面，克服了消极反映论。18 世纪法国唯物论者有一个著名的命题：人是环境的产物。这个命题坚持了唯物论的反映论的路线。但是，这种反映论具有消极的直观的性质，不懂得人不仅是环境的产物，而且也是环境的改造者。与此不同，黑格尔则认为，认识的活动不只是接受客观世界的内容于自身的过程，而且是能动地改造客观世界的过程。人在环境面前不是一个消极的直观者，而是要通过实践活动使环境"人化"，即改造环境使其满足人的需要。黑格尔说："人把他的环境人化了，他显出那环境可以使他得到满足。"③对于黑格尔的实践观点，列宁指出："人的意

---

① 黑格尔：《小逻辑》，三联书店 1959 年版，第 410 页。
② 黑格尔：《小逻辑》，三联书店 1959 年版，第 421 页。
③ 黑格尔：《美学》第 1 卷，人民文学出版社 1958 年版，第 326 页。

识不仅反映客观世界，并且创造客观世界"。[1]他又说："世界不会满足人，人决定以自己的行动来改变世界。"[2]

黑格尔把实践引入认识论，克服了康德的二元论、不可知论，以实现思维和存在的同一——真理。康德的《纯粹理性批判》讲的是理论认识问题，其结局是不可知论。在康德看来，理论上不能解决的问题可以在实践中解决。可是，在《实践理性批判》中，实践理性的理念——"善"仍然是一个永远不能实现即永远不能和客观世界同一的"应当"。康德憧憬着一个理想的国度："每个人应该将他自己和别人总不只当作工具，始终认为也是目的——这是一切有理性者都服从的规律。这样由共同的客观规律的关系就产生由一切有理性者组成的系统。这个系统可以叫作目的国。"[3]康德所向往的这个"目的国"，实际上就是法国启蒙思想家们所极力加以美化的所谓"自由、平等、博爱"的资产阶级理性王国的法国表述。法国资产阶级决心用革命手段实现这个理性王国，可是德国市民的代言人康德却宣称，"当然，这个目的国只是一个理想"。[4]在康德那里，理念和现实之间，"应当如此"和"实际如此"之间，始终横着一条不可逾越的鸿沟。黑格尔指出，对于康德说来，"善与实在的这种同一性就是理性的要求；但是主观的理性不能实现这种同一性"。[5]因此，"绝对的善只是停留在'应该'里，没有客观性，那么它就只得老是停留在那里"。[6]黑格尔认为，康德哲学未免过于软弱了，"理念并不会薄弱无力到永远只是应当如此，而不

① 列宁：《黑格尔〈逻辑学〉一书摘要》，《列宁全集》第38卷，人民出版社1959年版，第228页。
② 列宁：《黑格尔〈逻辑学〉一书摘要》，《列宁全集》第38卷，人民出版社1959年版，第229页。
③ 康德：《道德形而上学探本》，商务印书馆1957年版，第48页。
④ 康德：《道德形而上学探本》，商务印书馆1957年版，第48页。
⑤ 黑格尔：《哲学史讲演录》第4卷，商务印书馆1978年版，第303页。
⑥ 黑格尔：《哲学史讲演录》第4卷，商务印书馆1978年版，第294页。

是真实如此的程度"。①在黑格尔看来，"思维、概念必然地不
会停留在主观性里面，而是要扬弃它的主观性并表示自身为客
观的东西"。②那么，理念怎样才能够在客观世界中实现自己
呢？或者说，理念怎样才能使客观世界和自己相符合、相同一
呢？曰：行动！黑格尔说："实践的理念，即行动。"③在他看
来，实践理性的理念——"善"不仅是一个"应当"，而且是行
动，是改造世界使之符合于"应当"的行动。他说："善趋向于
改造当前的世界使之符合于它自己的目的。"④这就是说，实践
是使思维转化为存在，使存在符合于思维，实现思维和存在同
一，走向客观真理的一个环节。

康德在批判莱布尼茨-伏尔夫"形而上学"关于上帝存在的
本体论的证明的时候说过，我们不能从关于上帝的概念中推断
出上帝的存在，正像不能从愿望有一百元钱的观念中推断出实
际上应存在一百元钱一样。黑格尔认为，说想象或愿望一百元
可能的钱不同于一百元真实的钱，这是对的。但是一个老在这
种想象和愿望中兜圈子的人，必定是一个无用的人。他的这种
想象和愿望也是不算的。如果一个人真想获得一百元钱，那么
他就必须超出想象和愿望，采取行动，动手去工作，以便把想
象和愿望变成客观存在，真正拿到一百元钱。黑格尔说："每一
个行为都要扬弃一个观念（主观的东西）而把它转变成为客观
的东西。"⑤在黑格尔看来，思维和存在是能够相互转化的，实
践、行动则是这种转化的必要环节。

当黑格尔把实践引入认识论的时候，实际上他也就为检验

① 黑格尔：《哲学史讲演录》第 4 卷，商务印书馆 1978 年版，第 285 页。
② 黑格尔：《小逻辑》，三联书店 1959 年版，第 57 页。
③ 黑格尔：《小逻辑》，三联书店 1959 年版，第 418 页。
④ 黑格尔：《逻辑学》下卷，商务印书馆 1976 年版，第 522 页。
⑤ 黑格尔：《哲学史讲演录》第 4 卷，商务印书馆 1978 年版，第 284 页。

真理提供了一个客观标准。在他看来，理论理念是以当前的不以主观想象为转移的外部世界为前提，认识这世界是什么样子；实践理念则提供世界应当成为什么样子的图画，把当前的外部世界看成不符合"应当"的假象、虚无，并通过实践活动去改造外部世界，消灭它的假象、虚无的方面，使它变成符合"应当"的客观真实的现实。黑格尔说："当外在现实由于客观概念的活动而变化，从而它的规定也被扬弃时，它恰恰因此便失去了仅仅是现象的实在、外在的可规定性和虚无性，于是它也就被建立为自在自为之有的。"[①] 在黑格尔看来，人的认识是否具有真理性的问题，这在理论活动中是解决不了的。真理只有通过实践活动，实践的结果——"自在自为之有"即客观的真实的现实，才能得到验证。

黑格尔从他的这种实践观点出发，批判了唯动机论，论证了动机和效果的统一。黑格尔看到了日常生活中常常出现动机和效果不一致的情况，比如良好的动机可能得不到好的结果，恶劣的动机也可能被好的行为伪装起来，但是他认为动机和效果本质上是统一的。他说，人们"偶尔在一两件事情里，可以伪装，可以隐藏，他们却无法遮掩他们全部的内在自我。在整个生活过程里任何人的内心也不可逃避地必得流露出来。所以即在这里我们仍然必得说，人就是他的一串行为所构成的"。[②] 可以看出，在黑格尔这里，动机和效果统一的基础是行为、实践，行为、实践是检验动机的标准。

针对黑格尔的这类思想，列宁写道："毫无疑问，在黑格尔那里，在分析认识过程中，实践是一个环节，并且也就是向客观的（在黑格尔看来是'绝对的'）真理的过渡。因此，当马克

---

① 黑格尔：《逻辑学》下卷，商务印书馆 1976 年版，第 528 页
② 黑格尔：《小逻辑》，三联书店 1959 年版，第 300—301 页。

思把实践的标准列入认识论时，他的观点是直接和黑格尔接近的：见《费尔巴哈论纲》。"①

黑格尔还进一步发挥了康德关于实践理性高于理论理性的思想，指出实践理念"比以前考察过的认识的理念更高，因为它不仅具有普遍的资格，而且具有绝对现实的资格"。②实践理念不仅是具有普遍性的"应当"，而且是直接改造当前现实外部世界的行动。黑格尔的这个思想，实际上是猜测到了改造世界较之认识世界的意义更加伟大。列宁充分肯定了黑格尔的这个思想中所包含的合理成分，他指出："实践高于（理论的）认识，因为实践不仅有普遍性的优点，并且有直接的现实性的优点。"③

由此看来，黑格尔把实践引入认识论，把真理看作理论和实践的统一，包含着合理的成分。但是，应当记住，黑格尔所谓的实践理念，仍然不过是他的那个"绝对理念"发展过程中的一个环节，是一种精神性的劳作，而不是感性的物质活动。

综上所述，黑格尔的真理观是一个唯心主义可知论的体系，其中包含了不少深刻而合理的思想。直到今天，人们仍然可以从黑格尔所阐发的这些深刻而合理的思想中受到启发。

在19世纪初，黑格尔能够克服康德的不可知论，提出唯心主义的可知论，这不是偶然的。康德在18世纪末提出的不可知论包含了重重矛盾：他一方面用不可知论批判封建神学，同时又为神学留下地盘，在理论上，上帝是否存在是不可知的，但在实践上，上帝可以作为一个道德上的假定而存在；另一方面，

---

① 列宁：《黑格尔〈逻辑学〉一书摘要》，《列宁全集》第38卷，人民出版社1959年版，第228页。
② 黑格尔：《逻辑学》下卷，商务印书馆1976年版，第523页。
③ 列宁：《黑格尔〈逻辑学〉一书摘要》，《列宁全集》第38卷，人民出版社1959年版，第230页。

他又用不可知论在论证资产阶级理想如"自由""共和国"等的合理性的同时证明其实现的不可能。康德的不可知论深刻地反映了 18 世纪末正处于形成过程中的德国资产阶级的精神状态：向往革命但对自己的力量又缺乏足够的信心。和康德不同，黑格尔是在法国资产阶级革命的浪潮的激烈震荡下登上哲学舞台的。法国革命推动了法国资产阶级的形成，激动了德国资产阶级反封建的革命情绪。现在，黑格尔感到，康德老是沉湎于不可能实现的理想之中，这未免太软弱了。在他看来，法国革命证明，理想可以实现。思维可以转化为存在，凡是合理的东西都是能够变成现实的。如果说，在康德那里，"自由"的实现还依赖于一个上帝的话，那么，在黑格尔看来，"自由"（"绝对理念"）本身就是万能的上帝，它完全有力量实现自己。和康德哲学不同，黑格尔哲学不仅论证了资产阶级理想的合理性，而且着重论证其实现的必然性。黑格尔的可知论准确地反映了 19 世纪初刚刚形成的德国资产阶级实现自己的阶级要求的信心的显著增强。恩格斯指出："当黑格尔在他的'法哲学'一书中宣称君主立宪是最高的、最完善的政体时，德国哲学这个表明德国思想发展的最复杂的但也最准确的指标，也站到资产阶级方面去了。换句话说，黑格尔宣布了法国资产阶级取得政权的时刻即将到来。"①但是，刚刚形成的德国资产阶级仍然是十分怯弱、保守的。它从法国革命中受到了鼓舞，同时也为法国革命过程中人民群众的革命行动所惊吓。黑格尔惊叹道："人民群众把自由抓到手里，所表现出来的狂诞情形实在可怕。"②德国资产阶级依然是热烈向往革命，但又不敢采取任何实际行动。这

---

① 恩格斯：《德国的革命和反革命》，《马克思恩格斯全集》第 8 卷，人民出版社 1961 年版，第 16 页。
② 黑格尔：《哲学史讲演录》第 4 卷，商务印书馆 1978 年版，第 256—257 页。

就决定了黑格尔的可知论只能是唯心主义的。尽管黑格尔在他的哲学中大讲辩证法，侈谈实践高于理论，不时发现革命的怒火，但他始终是在"绝对理念"中兜圈子，从不敢超出思想的范围一步。因此，黑格尔哲学的总的倾向仍然是保守的。

（原载《社会科学战线》，1981 年第 2 期）

康德哲学的人本主义精神及其历史影响

——纪念康德《纯粹理性批判》发表二百周年

18 世纪末，在法国发生政治革命的同时，德国发生了哲学革命。和法国启蒙思想家们批判宗教、反对 17 世纪的"形而上学"的斗争相呼应，康德高举"理性"的旗帜，用他的三个"批判"构成了一个"真""善""美"统一的批判哲学体系，推倒了陈旧的莱布尼茨-伏尔夫"形而上学"，打击了神学，从而在德国开始了一场反封建的哲学革命。

康德哲学的基本精神是什么？它的革命意义何在？根植于18 世纪末德国现实的康德哲学，是一个相当保守的唯心主义体系，带有神学的不彻底性。然而，康德哲学本质上是法国革命的德国理论。贯穿于康德哲学体系的一条主线，就是法国启蒙思想家们所倡导的反对神本主义的人本主义精神。康德哲学的中心不是"神"，而是"人"，"真""善""美"基于"人"，统一于"人"。在康德哲学中，一切（包括"神"）都得围绕着"人"这个轴心而旋转。排斥、削弱"神"的权威，伸张人类理性的权威，确立"人"在自然界和人类社会生活中的主宰地位，这就是康德哲学的基本精神，也是它的反封建的革命意义所在。

康德的唯心论的人本主义，是近代德国人本主义思想发展的一个重要阶段。由康德开始的德国哲学革命的最后成果，是费尔巴哈的"感性的人"。费尔巴哈的唯物论的人本主义学说是在批判德国古典唯心主义的过程中形成的，同时又是自康德以来的德国古典唯心主义哲学中的人本主义精神的继承和发挥。费尔巴哈用"感性的人"，替代了唯心主义的纯理性的"人"（"自我意识"），从而最终否定了"神"，完成了近代德国资产阶级对宗教的批判。关注"人的解放"的青年马克思，在创立关于"人"的科学——历史唯物论的过程中，也曾批判地吸取了从康德到费尔巴哈的德国古典哲学中人本主义思想的合理成分。

由此看来，研究康德哲学的人本主义精神，对于深入理解康德哲学、德国古典哲学的发展过程以及德国古典哲学对马克思主义形成的影响，都具有重要的意义。

一

和法国启蒙思想家们一样，康德把人类理性放到至高无上的地位。在《纯粹理性批判》的第一版序文中，他便积极呼吁用人类理性去批判一切。康德写道："现代尤为批判之时代，一切事物皆须受批判。宗教由于其神圣，法律由于其尊严，似能避免批判。但宗教法律亦正以此引致疑难而不能得诚实之尊敬，盖理性唯对于能经受自由及公开之检讨者，始能与以诚实之尊敬。"[1]康德把资产阶级的意志提升为人类理性，把当代资本主义生产关系和意识形态的发展，看作人类理性的崛起。在康德看来，人类理性、哲学不再是神学的婢女，法律的仆从，而是评审宗教和法律的神圣、庄严的法庭。理性不承认任何外来的权威，它是衡量一切的准绳，顺乎理性者生，逆乎理性者亡。正如黑格尔指出的："康德哲学的观点首先是这样：思维通过它的推理作用达到了：自己认识到自己本身是绝对的、具体的、

---

① 康德：《纯粹理性批判》，三联书店 1957 年版，第 3 页。

自由的、至高无上的。思维认识到自己是一切的一切。除了思维的权威之外更没有外在的权威；一切权威只有通过思维才有效准。"①康德批判哲学的这个基本指导思想，集中地体现了康德哲学的人本主义精神。显然，在专制主义和封建神学还横行于德国的历史条件下，康德的这种思想实质上是一种反抗整个德国社会的叛逆精神。

纵观《纯粹理性批判》一书，康德在这里实际上主要是想解决"人"和"神"在自然界中的地位问题。按照康德的思想，"神"是一种和自然界毫不相干的、超自然的、不可知的东西；而通过唯心主义装饰起来的"人"——"自我意识"则是自然界的主人。

康德极力排斥"神"在自然界中的影响和地位。莱布尼茨-伏尔夫"形而上学"断言，上帝是自然界的根源和主宰，人们无须凭借感觉经验，单靠理性就可以对上帝的存在做出绝对无误的理论证明。针对"形而上学"，康德提出了贯穿于他的整个哲学的两个基本概念："现象"和"自在之物"。康德所谓的"现象"是指"自在之物"作用于我们的感官而产生的感觉表象。在他看来，由感觉表象构成的现象世界便是所谓"自然界"。康德说："我们是把自然界仅仅当作现象的总和，也就是当作在我们心中的表象的总和，来认识的。"②显然，这是一种主观唯心主义的自然观。康德所谓的"自在之物"是一个很含混的概念，有多种含义。③其中一个比较明确的和比较重要的含义是指"形而上学"研究的对象：上帝、灵魂和自由。在康德看来，就人

---

① 黑格尔：《哲学史讲演录》第4卷，商务印书馆1978年版，第256页。
② 康德：《未来形而上学导论》，商务印书馆1978年版，第92页。
③ 康德的"自在之物"概念大致有如下几种含义：一，在我们之外存在着的刺激我们感官而产生感觉的外部物质世界；二，理论上无法把握的超感性的对象，如上帝、灵魂和自由；三，实践上应当力求实现而又永远不能实现的思想目标，如"至善""共和国"等。

类理性来说，它只能认识"现象"，不能认识"自在之物"，上帝存在与否，这在理论上是不可知的。

康德从认识论上着手批判"形而上学"。在认识论上，康德力图调解唯理论和经验论的对立。他既肯定经验论的原则：认识开始于经验；也肯定唯理论的原则：具有普遍性和必然性的知识不会来自经验，只能为理性先天地所固有。康德认为，知识有两个来源：一个是感官提供的零散的感觉材料；另一个是理性固有的具有普遍性和必然性的先天认识能力。一个科学知识必定是由这两方面构成的，缺一不可。人的认识活动就是先天的认识能力（"形式"）去整理后天的感觉（"质料"），形成具有普遍性和必然性的科学知识。康德断言，人心中有三种先天的认识能力："感性""知性"和"理性"。[①]与此相应的，人们有三门学问：数学、自然科学和"形而上学"。"感性"这种先天认识能力（具有"时间"和"空间"两种直观形式）和感觉材料相结合，形成感性直观知识，时间、空间直观形式的先天性，决定了数学知识具有普遍性和必然性。"知性"这种先天认识能力（具有"因果性"等范畴）和感性对象相结合，使自然科学原理具有普遍性和必然性。数学和自然科学这两门学问都是先天的认识能力和感觉经验的结合，都是关于现象界的知识，具有普遍性和必然性，作为科学知识是能够成立的。然而，"理性"的情况则大不一样。它企图撇开经验，超越现象世界去把握"自在之物"。比如，它要求对上帝的存在做出理论证明。在康德看来，"形而上学"就是"理性"的这种不切实际的要求的理论表现。康德竭力证明，"理性"这样做，势必陷入谬误推理

---

① 康德这里说的"理性"，不是指和信仰相对立的意义上的理性，也不是指和感性认识相对应的意义上的理性，而是专指人心中存在着的一种要求把握绝对无条件的超感性对象的先天认识能力。

或二律背反，结果是徒劳的。因此，康德认为，和数学、自然科学不同，作为"理性"的学问的莱布尼茨-伏尔夫"形而上学"，完全是假学问，作为科学知识是不能成立的。

可以看出，康德批判"形而上学"基本上是从主观唯心论出发的，结局是不可知论。然而，康德却借此排除了上帝对自然界的干预，维护了数学和自然科学的独立地位，宣布神学同人类理性的格格不入，这在当时的历史条件下，还是具有革命意义的。

那么，"人"在自然界中居于一个什么样的地位呢？康德认为，人是自然界的立法者。人们在自然界里可以看到，一切事物都处于因果必然的连锁之中，具有确定不移的法则。然而，自然界的普遍的合法则性却根源于人心。由感觉经验构成的自然界本来是零散的、杂乱无章的，只是由于人运用具有普遍性和必然性的先天直观形式和先天思维形式去规范经验，自然界的事物才有了规律性。康德写道："理智的（先天）法则不是理智从自然界得来的，而是理智给自然界规定的。"[①]他还说："自然界的最高立法必须是在我们心中，即在我们的理智中。"[②]按照康德的这个观点，人的认识过程不是反映客观规律，反倒是给自然界输入、强加规律的过程。显然，这是一条十足的主观主义的认识路线，是同法国唯物论者的反映论路线根本对立的。

不过，也应当看到，康德的这个思想确实触及了法国唯物论者的反映论的消极直观的缺点。人在科学实验活动中所表现的能动作用，给了康德以深刻的启发。在康德看来，自然科学的实验方法表明，人在自然界面前，不是一个消极的直观者，

---

① 康德：《未来形而上学导论》，商务印书馆 1978 年版，第 93 页。
② 康德：《未来形而上学导论》，商务印书馆 1978 年版，第 92 页。

而是一个能动的主体。人们通过科学实验受教于自然界，但在科学实验中人们在自然界面前不像学生在老师面前那样：老师讲什么就听什么；相反，科学实验是理性预先依据一定的原理经过周密的设计而进行的能动活动，在这里，人主动地提出问题，强迫自然界回答。因此，康德认为，和只能提供或然性的知识的日常经验观察不同，科学实验这种能动的活动能够提供普遍性和必然性的知识。不难看出，康德的这个思想中包含着合理的成分。正如恩格斯指出的，"单凭观察所得的经验，是决不能充分证明必然性的。……必然性的证明是在人类活动中，在实验中，在劳动中。"①可是，康德却把科学实验活动能够提供普遍性和必然性这一点，歪曲成人的理智先天地给自然界立法，甚至要求在认识路线上实行一次"哥白尼式的革命"，把认识必须符合于客体的反映论原则倒转为客体必须符合于认识主体的先验论原则，这就陷入了谬误的泥坑。片面地夸张主体、精神的能动性，正是康德的唯心论的人本主义的一个显著特点，它深刻地反映了 18 世纪末德国市民不敢革命但又向往革命的软弱性格。

二

在《实践理性批判》中，康德哲学的人本主义精神表现得更为集中、更为突出。在卢梭的号召下，康德把"自由"列为至高无上的原则，认为"自由"是人类理性的本质，决定了人在社会生活中的自主地位。

按照康德的哲学体系，《纯粹理性批判》是处理理性的理论

---

① 恩格斯：《自然辩证法》，《马克思恩格斯选集》第 3 卷，人民出版社 1972 年版，第 549—550 页。

应用问题，讲的是认识论；《实践理性批判》是处理理性的实践应用问题，讲的是伦理学。在唯心论者康德看来，道德是整个社会生活的基础，伦理学是一切社会科学的前提，它的中心概念便是"自由"。

在伦理学上，康德反对经验论者的功利主义伦理思想，认为道德的基础和目的不是幸福，讲道德就不得计较利害得失。在康德看来，一个受制于自然必然性的意志，也即为情感上的好恶和趋利避害的因素所影响的意志，绝不可能是"善良意志"。意志之为善良，只在它能摆脱自然必然性也即感性欲望的牵制，从而完全服从道德规律。先验论者康德认为，人心中存在着一种先天的道德原则，这就是"不论做什么，总应该做到使你的意志所遵循的准则永远同时能够成为一条普遍的立法的原理"。①按照康德的这个思想，衡量一个行为是否是道德的，不在于这个行为对谁有利以及它的效果如何，而是取决于这个行为所遵循的准则是否同时能够成为人人应当遵守的普遍原则。康德把这种超功利、超历史的道德规律叫作"绝对命令"。所谓"绝对"，就是说是无条件的，不受任何感性欲望的条件的制约。所谓"命令"，是指"应当如此"。在康德看来，"绝对命令"也仅仅是一个"应当"，实际上是得不到完全执行的。这是因为，"人"不仅是一个理性的存在者，而且是一个感性的存在者，因此要求彻底排除感性欲望对意志的影响，这对"人"来说，是不可能的。可以看出，康德所谓的"绝对命令"，实际上是软弱无力的，"因为它要求不可能的东西，因而永远达不到任何现实的东西"②。

---

① 康德：《实践理性批判》，商务印书馆1961年版，第30页。
② 恩格斯：《路德维希·费尔巴哈和德国古典哲学的终结》，《马克思恩格斯选集》第4卷，人民出版社1972年版，第227页。

康德认为，道德规律的存在是以"自由"为前提的。所谓"自由"就是意志的一种能够排除一切外来力量的干扰，摆脱自然必然性、感性欲望的制约而进行独立判断的能力。只是由于意志是自由的，人们才能服从道德规律。康德说："只有自由者才会有道德。"①在康德看来，人作为感性的存在者，受自然必然性的制约，没有自由可言；人作为理性的存在者，则能摆脱自然必然性的制约，意志是自由的。意志自由显示了理性的存在者的"人"的独立、尊严和人格的伟大。

康德撇开功利讲道德，撇开客观必然性讲自由，把人的精神生活看作无源之水，无本之木，是独立自在的东西，这显然是唯心主义的、形而上学的。不过，康德在这里确实暴露了经验论者的功利主义道德观的片面性，看到了道德现象的超功利的特质。和动物不同，人是有自己的精神生活的，不是物质、功利的奴隶。康德的失足在于，他把道德现象的超功利特质加以绝对化了，从而陷入了超功利主义。

康德认为，道德规律具有普遍性，其根据在于人本身就是目的。康德写道："我们把有理性者称为人，因为他的本性就证明他就是目的，不能只当作工具。"②每一个有理性的存在者都以自身为目的，在这方面是一律平等的。因此，道德规律对他们来说必定是普遍有效的。在康德看来，在世界万物中，唯有人不是达到某种目的的工具，任何人自身就是目的。因此，唯有人具有绝对的价值，而这绝不是任何物质财富的价值所能比拟的。康德谴责统治者视群众为工具，对之加以任意驱使，甚至任意杀戮的行为；他还谴责用暴力征服落后民族的野蛮行为，认为这些行为完全违背了"人是目的"

---

① 康德：《道德形而上学探本》，商务印书馆1957年版，第61页。
② 康德：《道德形而上学探本》，商务印书馆1957年版，第43页。

这个道德原则，因而是不道德的。由此看来，康德的人本主义具有人道主义的精神。

康德还提出了一个所谓"意志自律"的道德原则。在他看来，道德规律不是从经验中得来的，也不是神制定的，而是人的理性自身定立的。这就是所谓"意志自律"。按照康德的思想，人们服从道德规律不是对某种外来力量的屈从，而是意志对自己所颁布的法规的尊重。康德说："意志不特要服从规律，并且因为一定要认意志自己为颁定这个规律者而服从，意志也只为这个理由，才服从这个规律。"①康德认为，"意志自律"是道德的最高原则，是"人"的尊严的根据。他说："人的尊严就在于这个能够做普遍律的制定者的资格，不过人自己也得要服从他所定的这种规律罢了。"②"意志自律"的根据也在于"自由"。唯有自由的人才能参与制定道德规律，服从道德规律。在康德看来，自己立法，自己服从，这正是自由的具体表现。康德关于法治共和国的政治学说，就是以这一伦理思想为基础的。

康德的唯心论的人本主义自由观，乃是典型的法国革命的德国理论。黑格尔指出："卢梭已经把自由提出来当作绝对的东西了。康德提出了同样的原则，不过主要是从理论方面提出来的；法国则从意志方面来掌握这个原则。……法国人具有现实感、实践的意志把事情办成的决心，——在他们那里观念立刻就能转变成行动。……在德国，同一个自由原则占据了意识的兴趣；但只是在理论方面得到了发挥。我们在头脑里面和头脑上面发生了各式各样的骚动；但是德国人的头脑，却仍然可以很安静地戴着睡帽坐在那里，让思维自由地在内部进行活动。"③

---

① 康德：《道德形而上学探本》，商务印书馆 1957 年版，第 45—46 页。
② 康德：《道德形而上学探本》，商务印书馆 1957 年版，第 54 页。
③ 黑格尔：《哲学史讲演录》第 4 卷，商务印书馆 1978 年版，第 256—257 页。

康德确是这样一位喜欢在头脑里闹革命的人物。康德依据他的自由原则憧憬着一个同德国现实的专制制度相对立的道德王国，即由一切有理性者组成的"目的国"。他指出："在目的国度中，人就是目的本身，那就是说，没有人（甚至于神）可以把他单单用作手段，他自己总永远是一个目的；因而那以我们自己为化身的人的本质对我们自身说一定是神圣的。"①"目的国"中的每一分子既是"目的国"的法规的制定者，又是"目的国"的法规的服从者。可以看出，康德所向往的这个"目的国"实际上就是法国启蒙思想家所鼓吹的"自由、平等、博爱"的资产阶级理性王国，也是康德所追求的能够保证公民"自由""平等"和"独立"权利的代议制共和国。我们看到，18 世纪末，法国资产阶级决心用革命手段去实现这个理性王国。可是，德国市民的代言人康德却"安静地戴着睡帽，坐在那里"说："当然，这个目的国只是一个理想。"②可见，康德所谓的"目的国"或"共和国"也只是一个"应当"，是人们应当力求实现但又永远不能实现的道德理想。关于康德的自由意志学说，马克思和恩格斯指出，康德"把法国资产阶级意志的有物质动机的规定变为'自由意志'、自在和自为的意志，人类意志的纯粹自我规定，从而就把这种意志变成纯粹思想上的概念规定和道德假设"。③追求纯粹精神上的自由和解放，是康德哲学的人本主义精神的又一个显著特点。

我们看到，和《纯粹理性批判》不同，在《实践理性批判》中，康德在颂扬人的自由、独立、尊严精神的同时，为神学留下了地盘。如前所述，康德坚决反对功利主义的道德思想，坚

① 康德：《实践理性批判》，商务印书馆 1961 年版，第 134 页。
② 康德：《道德形而上学探本》，商务印书馆 1957 年版，第 48 页。
③ 马克思和恩格斯：《德意志意识形态》，《马克思恩格斯全集》第 3 卷，人民出版社 1960 年版，第 213 页。

持讲道德就不得计较利害。然而，康德终究不是一位封建的道学先生，不是一位禁欲主义者。他认为，讲道德绝不是为了幸福。但是，有道德的人应当"配享受幸福"。[①]因此，道德和幸福的协调应该是道德生活所追求的最高目标，也即所谓"至善"。康德说："在把德性和幸福结合起来以后，才算达到至善。"[②]康德的"至善"范畴的提出，就使他的伦理学同鼓吹禁欲主义的神学道德论划清了界限。可是，康德又把"至善"的实现推到彼岸世界。在他看来，道德和幸福本来是两个根本对立的东西，要把两者结合起来，这对于我们这些有限的理性存在者的人来说，是办不到的。因此，必须假设一个神的存在。他说："这个至善是只有在神的存在的条件下才能实现的。"[③]这样，康德在《纯粹理性批判》中推倒了理性神学的圣殿之后，又在《实践理性批判》中修建起道德神学的庙宇。康德召请上帝来保证"至善"的实现，深刻地反映了18世纪末德国市民对专制制度的依附、幻想和屈从。

但是，不能由此就把康德的伦理学说成是"信仰主义的伦理学"，更不能由此把康德整个哲学的目的说成是为神学做论证的。康德伦理学的核心不是"神"，而是"人"。"自由"是康德伦理学的"拱心石"[④]。自由不依赖于神，而神的概念却依附于自由。道德规律是人制定的，上帝的存在依靠道德规律来证明。这就是说，神的存在仅仅是一个道德上的假设。正如恩格斯指出的："康德把神的存在贬为实际理性的一种假定。"[⑤]实际上，康德的道德神学包含了对传统神学的批判成分，因而受

---

① 康德：《实践理性批判》，商务印书馆1961年版，第113页。
② 康德：《实践理性批判》，商务印书馆1961年版，第113页。
③ 康德：《实践理性批判》，商务印书馆1961年版，第128页。
④ 康德：《实践理性批判》，商务印书馆1961年版，第1页。
⑤ 恩格斯：《致康·施米特（1895年3月12日）》，《马克思恩格斯选集》第4卷，人民出版社1972年版，第515页。

到了封建当局的责难。但是，不论如何，神学的不彻底性，是康德的人本主义思想的一个重大的缺陷，是康德的唯心主义世界观的不可避免的结局。

三

康德的美学思想也渗透着人本主义的精神。按照康德哲学的体系，《判断力批判》是想借助于"判断力"来调解"知性"（自然的必然性）和"理性"（道德上的自由）之间的对立，使人的道德理想能在感性世界中实现。《判断力批判》一书由"审美的判断力"和"目的论的判断力"两个部分组成，前者讲美学，后者讲有机界的目的论问题。在美学中，康德同样坚持以"人"为中心，认为美的理想是道德精神的表现和象征，美的艺术作品是道德理念的最完满的感性形象显现，强调艺术创作的自由、独创精神。

康德认为，美的理想是道德精神的表现。在美学中，康德首先分析了"纯粹美"和"依存美"两个范畴。他不同意经验论者把美和功利搅在一起，也不同意理性派把美同真、善混为一谈，认为美之为美只是由于对象的形式给主体带来审美愉快的纯粹鉴赏判断，不涉及对象的存在、概念和目的，不计利害，就是说与内容无关。一句话，纯粹美在于形式。所谓"依存美"是依存于概念、目的或功利的美，也就是依存于一定的内容的美。按照美在于形式的标准，纯粹美的数量不多，康德所能列举的也就是花、鸟、贝类、无意义的装饰图案，无标题的幻想曲以及缺歌词的音乐这么一些，而绝大部分的自然美和艺术美都属于所谓"依存美"的范畴。看来，康德精心分析纯粹美的主要目的，似乎不在于用以进行美的分类（哪些事物是"纯粹美"，哪些事物是"依存美"），而在于揭示审美判断的特质，强调形式美是美的事物的"不可缺的条件"。①在康德看来，形式美是一个事物有资格被称为美的事物的必要条件。一件作品如果缺乏审美形式，那就根本不能成为艺术品，不论它的内容如何。而一件作品如果具备了审美形式，那么它的充实的内容不仅不会损害美，而且对美"有所增益"。②在美学中，康德不善于正确处理形式和内容的关系，表现出某种程度的形式主义倾向，但从康德美学思想的全局来看，康德重视内容甚于重视形式，他的主要精力是花在对"依存美"的分析上，探讨内容如何对形式"有所增益"。在康德看来，即使是对大自然的美的欣赏，也不完全是纯粹的，其中也多少掺杂着道德的因素。比如，人们认某种色彩为纯洁，某种色彩为温柔、谦逊。这就是说，道德精神通过美的事物而感性化，"美是道德的象征"。③按照康德的思想，尽管"纯粹美"是无条件的绝对的，"依存美"是相对的有条件的，但美的理想却不是"纯粹美"，而是"依存美"。因为，美的理想不仅涉及形式，它主要是涉及内容意义。所谓理想美就是无限的道德理念在个别感性形象中的显现。在康德看来，一个美的人体就形象地显现出了温良、纯洁、刚强或肃穆等道德精神。因此，康德认为，美的理想"在于表现道德"。④

康德在分析"壮美"（"崇高"）时，更强调道德精神、人的尊严在审美活动中的意义。康德认为，"壮美"和"纯粹美"两者都是令人愉快的，但又不相同。"纯粹美"是由于对象的形式符合于人的想象力和理解力的自由活动与和谐合作而产生的，

---

① 康德：《判断力批判》上卷，商务印书馆1964年版，第116页。
② 康德：《判断力批判》上卷，商务印书馆1964年版，第69页。
③ 康德：《判断力批判》上卷，商务印书馆1964年版，第201页。
④ 康德：《判断力批判》上卷，商务印书馆1964年版，第74页。

是一种没有目的的合目的性的审美判断。与此不同，"壮美"就其形式来说，是和我们的判断力相抵触，不适合我们的表达机能，好像是对于我们的想象力施加的暴力。可是，恰恰由于这种不符合才在我们心中激发起壮美感来。"壮美"的对象或者在数量上，体积上宏大无比（如星空、山岳、海洋等），或者是在威力上强大无比（如火山爆发、乌云密布中的雷电、海洋里的惊涛骇浪等），就其形式来说是令人惊骇的，使人在它们面前感到自己微不足道。但是，只要我们自觉安全，它们的形状愈可怕，对我们就愈有吸引力，并且把它们看作"崇高"。不过，这并不是说这些可怕的对象本身有什么"崇高"，而是说它们把我的心灵提到了最高的高度，使我们在精神上显示出一种同它们进行较量的抵抗力。自然威力的不可抗拒性迫使作为感性的存在者的人自认在肉体方面的无能，但是同时它又能使作为理性的存在者的人显示出对自然的独立，显示出一种超自然的优越性、自我尊严感。因此，"真正的崇高只能在评判者的心情里寻找，不是在自然对象里"。①康德认为，对自然对象的崇高感实际上不过是人对自己的使命，对人性尊严的崇敬。不难看出，康德的崇高说是主观唯心主义的。不过，康德这个学说中渗透的人性尊严的思想在当时历史条件下还是具有反封建的积极意义的。

在探讨艺术创作问题时，康德强调人的自由和独创精神。在康德看来，自由是艺术的精髓，艺术是自由活动的产物。他说："正当地说来，人们只能把通过自由而产生的成品……唤做艺术。"②但是，不应当把自由理解为不受任何约束。在自由的艺术里，某些强制性的东西（如正确丰富的语言和音律等）仍

---

① 康德：《判断力批判》上卷，商务印书馆 1964 年版，第 95 页。
② 康德：《判断力批判》上卷，商务印书馆 1964 年版，第 148 页。

然是必要的。康德指出，美的艺术是天才的艺术。天才的作品具有典范性，它不可通过模仿而得，因为它是天才的自由独创的产品。天才的自由独创的功能就在于给作品注入灵魂，表达审美理念，在有限的个别的感性形象中展示出无限普遍的理性理念，把人们从有限引向无限，从感性世界引向超感性世界，从现实世界引向理想境界，使人心胸开阔，精神振奋。在康德看来，理性理念本来是不可认识、无法实现的东西，但它在天才的艺术作品中却获得了"客观现实性的外观"①，仿佛变成了客观现实。

综上所述，康德的三个"批判"都是围绕着"人"这个中心而展开的。康德通过他自己的方式突出地强调了人的主观创造性、人的自由和人的尊严。在当时的历史条件下，康德的这种人本主义精神是符合资产阶级反封建的要求的，具有革命意义。

但是，我们也可以看到，康德哲学的人本主义精神具有很大的历史的和阶级的局限性。康德把"人"机械地分割为两个方面：感性的存在者和理性的存在者。但是，在康德看来，人之为人，本质上是一个理性的存在者，也即所谓"纯粹理性"或"自我意识"。把现实的人归结为纯粹的抽象的"自我意识"，集中地表现了康德的人本主义思想的唯心主义本质，决定了康德的人本主义思想的软弱性和妥协性。尽管康德极力要求发挥人的主观能动性，极力伸张人的权威，但是人的理想、愿望除在天才的艺术作品中仿佛变成了客观现实外，实际上只是可望而不可即的"应当"。而为了幻想"应当"的实现，康德就不得不为神学留下地盘。由此看来，康德哲学的人本主义精神虽然包含了革命的成分，但总的倾向还是保守的。康德的这个思想

---

① 康德：《判断力批判》上卷，商务印书馆1964年版，第160页。

深刻地反映了 18 世纪末德国社会的落后状况和德国市民的软弱、受压迫和贫乏的情况。

四

康德哲学的人本主义精神对后来德国哲学的发展发生了很大的影响。唯心主义者费希特、谢林以及黑格尔，要求进一步发挥"自我意识"的能动性，以克服康德的"应当"哲学，企图在"自我意识"的圈子里实现思维和存在的同一。而后，唯物主义者费尔巴哈把"自我意识"的人归结为"感性的人"，否定了神，完成了对宗教的批判。马克思批判地继承了德国古典哲学中的人本主义精神，在无产阶级革命实践的基础上，做出了人的本质是社会关系的总和的科学结论，创立了历史唯物论。

在康德之后，费希特把"自由、独立、行动"作为他的哲学的主题，继承和发挥了康德的唯心论的人本主义思想。他高度评价康德关于"自我意识"的学说，认为它表达了人的自由和独立的精神，把人提高到了创造和支配者的地位。但是，在费希特看来，康德哲学有一个基本的缺陷，即不是从"自我意识"出发，而是从外物、经验出发。因此，"自我意识"就不是一个独立不倚的绝对的东西，在它之外还存在着一个同自己格格不入的"自在之物"，这样，就不可避免地导致主体和客体的分裂。费希特认为，"自我意识"是无条件的、绝对的，哲学应当从"自我意识"出发，并复归于"自我意识"。"自我"创造"非我"（客体），同时又克服"非我"而复归于"自我"。"自我"不仅是一个认识主体，同时也是一个实践主体。"自我"的本性就是"行动"。"行动！行动！——这就是我们的生存目的。"[①]在费希特看来，抛开了康德的"自在之物"，"自我"便可以在自己的内部建立起主体和客体的差别、对立，并实现两者的同一。可是，费希特并没有摆脱得了康德，在他看来，实现主体和客体的同一，获得绝对自由，仍然还是一个"应当"。他说："人应该无限地、永远不断地接近那个本来达不到的自由。"[②]费希特是康德的道德神学的信奉者和鼓吹者。由此看来，和康德哲学比较，费希特的"自我"哲学是更加彻底的主观唯心论，同时也更加抽象地发展了人的主观能动方面。

　　谢林早期的哲学思想也渗透着人本主义的精神。谢林最初追随费希特，从费希特的"自我"哲学出发向传统神学挑战，声称"上帝就是个绝对自我，此外它是个无"。不久，谢林看到费希特的那个与"非我"相对立的"自我"也还不是一个绝对的东西，因而不能达到主观和客体的同一。于是，他便从费希特的主观唯心论转向客观唯心论，把"自我意识"客观化为创造万物、主宰万物的宇宙精神即所谓"绝对同一性"。谢林从"绝对同一性"引出主体和客体的差别、对立，最后两者复归于"绝对同一性"。按照谢林的"绝对同一性"哲学，哲学的开端和归宿是自由，人的本质是自由，历史发展的最高目的是自由，而自由的保证便是法治国家。谢林把他的那个万能的"绝对同一性"称作上帝，说什么人通过自己的历史不断地做出关于上帝存在的证明。尽管谢林的唯心主义泛神论不同于传统神学，包含了对传统神学的批判成分，但它终究还是给神学留下了避难所。

---

　　① 费希特：《论学者的使命》，商务印书馆1980年版，第52页。
　　② 费希特：《知识学基础》，《十八世纪末—十九世纪初德国哲学》，商务印书馆1975年版，第135页。

　　青年黑格尔高度评价康德、费希特和谢林哲学的人本主义
精神。黑格尔在 1795 年给谢林的一封信中写道："人们在这全
部哲学的最高的高点上将感到头昏眼花,在这里人被举得很高;
然而,人们为什么这样晚才达到这里呢? 在这里人的尊严提高
了,他的自由的才能被承认了,这种才能使人的全部精神秩序
中处于平等地位。我相信,人在他自身就表明有受尊敬的价值,
就是这个时代的最好的标志了;它证明,在压迫者和尘世的诸
神头上的光环消失了。哲学家们证明这种人的尊严,教给人民
去感受这种尊严,并教给他们不要去乞求他们被踏到尘土里的
权利,而是自己再把它拿到手——据为己有。宗教和政治同穿
一条裤子,宗教按专制主义的需要进行鄙视人类的说教,似乎
人类以他自身的力量,不能做任何事情来改善他的处境。随着
事情要像它应该是的那样观念的普及,那么,某些永远攫取一
切人的贪婪、愚懦就消失了。这就是观念,思想的生命力。"①
黑格尔的这段话的重要意义就在于它明确地、集中地揭示了包
括康德在内的德国古典唯心主义哲学的人本主义实质,明确地、
集中地揭示了德国古典唯心主义哲学中所隐藏着的革命精神。
不过,黑格尔不久便感到康德哲学只是停留在"应当"上,未
免太软弱了。他说:"绝对的善只是停留在'应该'里,没有客
观性,那么它就只得老是停留在那里。"②为了克服康德的"应
当"哲学,和谢林相似,黑格尔也把"自我意识"客观化为渗
透万物、主宰万物的世界精神也即所谓"绝对理念"。他大力发
挥辩证法,论证思维(理念)和存在(事物)的同一性。在黑
格尔看来,思维是存在的本质,存在只有符合于思维才有实在
性;思维必定要在存在中不断实现自己,使存在符合于思维。

---

　　① 黑格尔:《哲学史讲演录》第 4 卷,商务印书馆 1978 年版,第 391 页。
　　② 黑格尔:《哲学史讲演录》第 4 卷,商务印书馆 1978 年版,第 294 页。

因此，黑格尔认为，"绝对理念"是万能的，"应当"也即合乎"理念"发展要求的东西，是必定会实现的。他说："思维、概念必然地不会停留在主观性里，而是要扬弃它的主观性并表示自身为客观的东西。"①黑格尔指出，万能的"绝对理念"就是上帝，而上帝的本质就是自由。可以看出，黑格尔对"绝对理念"的崇拜，实际上不过是对人的本质（自由）的崇拜，更具体地说，是资产阶级对自己的意志的崇拜。黑格尔关于合理的必定会成为现实的这个思想的提出，更加突出了人的主观能动方面。它深刻地反映了19世纪初刚刚形成的德国资产阶级对实现自己的阶级要求的信心显著增强。但是，和康德、费希特、谢林一样，客观唯心主义者黑格尔仍然是在"自我意识"或"绝对理念"内兜圈子，仅仅满足于纯粹精神上的自由和解放。

在德国资产阶级革命的前夜，费尔巴哈在批判基督教的过程中，对德国哲学中关于人的观念实现了根本的转变，把唯心主义的纯理性的人变成感性的人，创立了唯物主义的"人本学"体系。费尔巴哈明确指出："旧哲学的出发点是这样一个命题：'我是一个抽象的实体，一个仅仅思维的实体，肉体是不属于我的本质的'；新哲学则以另一个命题为出发点：'我是一个实在的感觉的本质，肉体总体就是我的"自我"，我的实体本身'。……新哲学是光明正大的感性哲学。"②在费尔巴哈看来，人是客观自然界发展的产物，思维是人脑的属性，理性是以感性为基础的。唯心主义的根本错误就在于把思维看作脱离人脑、脱离感性的独立实体。坚持这一点，就势必为上帝留下了避难场所。因此，要彻底否定神学就必须彻底否定唯心主义，恢复感性的

---

① 黑格尔：《哲学史讲演录》第4卷，商务印书馆1978年版，第285页。
② 费尔巴哈：《未来哲学原理》，《费尔巴哈哲学著作选集》上卷，三联书店1959年版，第169页。

人的权威。费尔巴哈正是从感性的人出发，得出了"人创造了神"的无神论的结论。正如马克思所说，"费尔巴哈正是从感性的人出发"，得出了"人创造了神"的无神论的结论。也正如马克思和恩格斯所说："费尔巴哈把形而上学的绝对精神归结为'以自然为基础的现实的人'，从而完成了对宗教的批判。"①不过，费尔巴哈在批判德国古典唯心主义者关于人的学说的时候不善于吸取这个学说中所包含的辩证法的合理成分。因此，在他坚持物质第一性，意识第二性这唯物主义原则的同时，却忽略了人的主观的能动方面。我们还看到，费尔巴哈所谓的"现实的人"，实际上是撇开了一切社会关系的纯粹的自然的人，因而仍然是十分抽象的人。这就决定了费尔巴哈在解决社会历史问题时不能不陷入唯心主义。

　　在德国哲学的人本主义精神的薰陶下成长起来的青年马克思，一直思考着"人的解放"这个重大的哲学课题。青年马克思最初也把人理解为能动的"自我意识"，其本质就是自由、精神自由。在他看来，对自由的扼杀就是对人的本质的玷污和损伤，只有打破对精神自由的各种束缚，人类才能得到解放。后来，费尔巴哈的唯物主义人本学促进了马克思关于人的观念的改变。但是，现实的阶级斗争实践表明，费尔巴哈关于"人"的见解仍然不能解决"人的解放"这个根本问题。在无产阶级革命实践的基础上，马克思提出了关于人的本质的崭新见解。马克思深刻地指出："费尔巴哈把宗教的本质归结于人的本质。但是，人的本质并不是单个人所固有的抽象物，在其现实性上，它是一切社会关系的总和。"②马克思批判地继承了德国古典唯

---

　　① 马克思和恩格斯：《神圣家族》，《马克思恩格斯全集》第2卷，人民出版社1957年版，第177页。

　　② 马克思：《关于费尔巴哈的提纲》，《马克思恩格斯选集》第1卷，人民出版社1972年版，第18页。

心主义者关于人的主观能动性的思想，克服了费尔巴哈哲学思想的直观性的缺点，他指出："费尔巴哈不满意抽象的思维而诉诸感性的直观；但是他把感性不是看作实践的、人类感性的活动。"[①]马克思在人的本质问题上所做的这个革命变革，为他创立历史唯物主义科学奠定了巩固的基础。

恩格斯指出："德国的工人运动是德国古典哲学的继承者。"[②]我认为，我们要继承的主要是从康德以来的德国古典哲学的人本主义精神，以及围绕着这个中心，德国古典哲学家们所阐发的辩证法和唯物论的思想。

（原载《天津社会科学》，1981 年第 1 期）

---

① 马克思：《关于费尔巴哈的提纲》，《马克思恩格斯选集》第 1 卷，人民出版社 1972 年版，第 17 页。

② 恩格斯：《路德维希·费尔巴哈和德国古典哲学的终结》，《马克思恩格斯选集》第 4 卷，人民出版社 1972 年版，第 254 页。

略论费尔巴哈的思维和存在统一的学说

——兼评关于"思维和存在同一性"命题的含义的论争

长期以来造成了这样一种印象：似乎在德国古典哲学中黑格尔主张思维和存在同一性，费尔巴哈反对思维和存在同一性。

这是一种错觉。这种错觉往往导致人们对德国古典哲学中的思维和存在同一性这个命题的含义发生种种误解：有的同志认为这个命题的本来的含义主要是讲思维和存在的等同，因而是一个唯心论的命题；有的同志认为这个命题的本来的含义主要是讲思维和存在的相互转化，包含着辩证法的成分。按照第一种理解，主张思维和存在同一性的人不可能是唯物主义者。按照第二种理解，主张思维和存在同一性的人不可能是形而上学者。

然而，事实上，费尔巴哈恰恰是一位形而上学唯物主义的思维和存在同一性论者。

研究费尔巴哈的思维和存在同一性学说不仅有助于我们深入理解费尔巴哈的人本学唯物论和德国古典哲学的发展过程，而且有助于我们正确理解德国古典哲学中思维和存在同一性这个命题的本来的含义。

一

费尔巴哈的思维和存在同一学说，是在批判康德的不可知论和黑格尔的唯心主义可知论的过程中形成的一个形而上学唯物主义可知论的命题。

费尔巴哈全力揭露黑格尔的可知论的唯心主义实质。我们知道，康德在批判莱布尼茨–伏尔夫"形而上学"体系的过程中，陷入了分裂主体和客体、思维和存在的不可知论。针对康德的不可知论，黑格尔创立了以思维和存在同一性命题为核心的可知论体系，论证思维和存在能够实现一致、符合。在黑格尔看来，思维（"绝对理念"）是存在（"事物"）的本质，存在是思维的派生物、外壳。人的思维乃是"绝对理念"发展的最高产物。因此，人们把握事物的本质，实际上不过是"绝对理念"自己认识自己。不言而喻，这是完全可能的。费尔巴哈肯定黑格尔的思维和存在同一性学说是对康德的割裂思维和存在关系的不可知论的"扬弃"。但是，在费尔巴哈看来，黑格尔所说的这种同一实际上不过是形式的虚假的同一。这是因为，在黑格尔那里，不论是思维和存在的对立，还是思维和存在的同一，本质上都是思维自身内部的对立和统一。费尔巴哈尖锐地指出，黑格尔也讲"思维与存在的对立，但是这种对立是在思维本身之内，因此思维直接毫无困难地将思维与存在的对立扬弃了，因为在思维之中作为存在的对立物的存在，并不是别的东西，就是思维自身"。[①]黑格尔所谓的"思维与存在的同一，只是表示思维与自身同一。"[②]这就是说，黑格尔论证思维和存在同一，思维和存在的一致、符合，是以他的思维即存在、存在即思维的唯心主义原则为基础的。正因为黑格尔坚持在思维的圈子里

---

① 费尔巴哈：《未来哲学原理》，《费尔巴哈哲学著作选集》上卷，三联书店1959年版，第154页。
② 费尔巴哈：《未来哲学原理》，《费尔巴哈哲学著作选集》上卷，三联书店1959年版，第154页。

讲思维和存在的同一，所以，现实的物质世界、真正的存在，对黑格尔说来，就仍然"永远是一个彼岸的东西"①。可见，黑格尔的可知论是不彻底的，它并没有真正解决康德造成的思维和存在分裂的问题。

费尔巴哈不仅是黑格尔的思维和存在同一性学说的批判者，而且也是黑格尔的这个学说的改造者、继承者。和黑格尔一样，费尔巴哈也是一位可知论者，认为思维和存在是能够同一的。但是，在他看来，要真正解决思维和存在的同一就必须抛弃黑格尔的唯心论，站到人本主义的立场上来。他说："思维与存在的统一，只有在将人理解为这个统一的基础和主体的时候，才有意义，才有真理。"②这是费尔巴哈的唯物主义可知论的基本命题。

有一种观点认为，黑格尔主张思维和存在的同一，费尔巴哈主张思维和存在的统一。因此，讲思维和存在的同一是唯心论；讲思维和存在的统一是唯物论。比如，普列汉诺夫认为，"唯物主义承认主体和客体的统一，而不承认两者的同一。这一点费尔巴哈也说得很明白。"③其实，费尔巴哈从来也没有把他自己同黑格尔的原则分歧归结为"思维和存在的统一"与"思维和存在的同一"的对立，更谈不上什么"说得很明白"。相反地，在费尔巴哈的著作中，"对立的统一"和"对立的同一"往往是同义语④。他有时也把黑格尔的"思维和存在的同一"称为"思维和存在的统一"，说在黑格尔那里，"思维和存在的统

---

① 费尔巴哈：《未来哲学原理》，《费尔巴哈哲学著作选集》上卷，三联书店1959年版，第154页。
② 费尔巴哈：《未来哲学原理》，《费尔巴哈哲学著作选集》上卷，三联书店1959年版，第181页。
③ 普列汉诺夫：《马克思主义的基本问题》，人民出版社1957年版，第16页。
④ 费尔巴哈：《未来哲学原理》，《费尔巴哈哲学著作选集》上卷，三联书店1959年版，第177页。

一仅仅意味着思维……与其自身、即与思维的统一"①。在德国古典哲学中，同一（Indentitat）和统一（Einheit）两个概念往往是相互通用的。在黑格尔的著作中是这样的，在费尔巴哈的著作中也是这样。马克思主义经典作家在论及黑格尔的思维和存在同一学说的时候，也有时称之为"思维和存在的同一"②，有时称之为"思维和存在的统一"③。因此，我们把黑格尔的思维和存在的同一学说称为思维和存在的统一学说并无不可，把费尔巴哈的思维和存在的统一学说称为思维和存在的同一学说也无可指责。应当明确的是，费尔巴哈的唯物主义同黑格尔的唯心主义的根本分歧既不在于"思维和存在的统一"与"思维和存在的同一"的对立，也不在于思维和存在能否同一或统一，而在于思维和存在的同一或统一，也即思维和存在的一致、符合的基础和主体是什么？是"人"，还是思维（"绝对理念"）？换句话说，费尔巴哈和黑格尔之间的分歧是可知论者之间的分歧，是唯物主义可知论者和唯心主义可知论者之间的分歧。关于这一点，费尔巴哈倒是真正说得很明白的。

二

那么，费尔巴哈是怎样理解"人"的呢？为什么以"人"为基础和主体才能正确解决思维和存在的同一呢？

首先，费尔巴哈认为，人是一个以肉体为基础的精神和肉体、思维和存在统一的实体，只有以这样一个实体为基础和主

---

① 费尔巴哈：《论唯灵主义和唯物主义，特别是从意志自由方面着眼》，《费尔巴哈哲学著作选集》上卷，三联书店 1959 年版，第 499 页。

② 恩格斯：《致康·施米特（1895 年 3 月 12 日）》，《马克思恩格斯选集》第 4 卷，人民出版社 1972 年版，第 515 页。

③ 恩格斯：《自然辩证法》，《马克思恩格斯选集》第 3 卷，人民出版社 1972 年版，第 564 页。

体才谈得上思维和存在的同一。

我们知道，康德、黑格尔也讲"人"，但在他们看来，"人"本质上是一个独立于肉体、人脑的精神实体（"自我意识"）。反之，费尔巴哈则断言，根本不存在什么脱离肉体、人脑的独立的精神实体，精神、思维不过是人脑的属性，依存于人脑。他指出："没有脑的活动，我便不能思维，不能分辨……脑的活动是我们自我的基础或制约我们的自我的最高活动。"①在费尔巴哈看来，把思维不看作独立的实体，而看作人脑的属性，乃是正确解决思维和存在同一的前提。这是因为，"只有实在的实体才能认识实在事物，只有当思维不是自为的主体，而是一个现实实体的属性的时候，思想才不脱离存在"②。费尔巴哈还说："作为一个现实实体的活动思维，怎样能不去掌握现实的实体和事物？只有将思维与人分离开来，固定为其自身，才会产生出这个困难的，无结果的，为这个观点所不能解决的问题：思维是怎样达到客体，达到存在的？因为思维既然固定为其自身，亦即置身于人以外，那就脱离与世界的一切结合和联系了。"③显然，费尔巴哈坚持的是一条鲜明的唯物主义路线，他的可知论是建立在存在第一性，思维第二性的唯物主义基础之上的。

不过，费尔巴哈在批判黑格尔的思维和存在同一性的学说的唯心主义基础的同时，也抛弃了黑格尔这个学说中所包含的辩证法思想。我们知道，思维和存在的同一性是整个黑格尔哲学的基本的命题。黑格尔的三重品格——可知论者、客观唯心论者和辩证论者，全都建立在这个命题之上。黑格尔的思维和

---

① 费尔巴哈：《反对身体和灵魂、肉体和精神的二元论》，《费尔巴哈哲学著作选集》上卷，三联书店1959年版，第195页。
② 费尔巴哈：《未来哲学原理》，《费尔巴哈哲学著作选集》上卷，三联书店1959年版，第181页。
③ 费尔巴哈：《未来哲学原理》，《费尔巴哈哲学著作选集》上卷，三联书店1959年版，第181页。

存在同一性学说是在批判康德的不可知论的斗争中形成的，其基本目标是为了论证世界的可知性，论证思维和存在的一致、符合。他论证思维和存在的一致、符合的基础或出发点是客观唯心论，方法是辩证法。按照黑格尔的辩证法，思维和存在不是两个僵硬的对立物，两者之间不存在不可逾越的鸿沟；相反，思维和存在是对立物的统一，两者能够相互转化，趋向一致、符合。不难看出，黑格尔的这个思想包含了积极的合理成分。可是，费尔巴哈不理解这一点。他竟把黑格尔的辩证法看作黑格尔玩弄的思辨把戏，从而把黑格尔关于思维和存在相互转化的思想，特别是思维转化为存在的思想不加分析地当作唯心主义加以摒弃。这样一来，费尔巴哈的唯物主义的思维和存在同一性学说就不可避免地带有形而上学的、直观的性质，只讲思维依赖、反映存在，不讲思维向存在转化，忽略了人的主观的能动方面。

其次，费尔巴哈还认为，人是以感性为基础的感性和理性的统一体，只有以这个统一体为基础的主体，理性（思维）才能找出通向客体的道路，思维的真理性才能得到证实。

我们知道，唯心主义者康德、黑格尔一贯抬高理性，贬低感性，认为人的本质是超感性的理性（思维）。和康德、黑格尔不同，费尔巴哈认为人首先是一感性存在者，"人的本质是感性，而不是虚幻的抽象、'精神'"[①]，"感性先于理性"[②]理性以感官为前提，而不是感官以理性为前提。因此，理性、思维不应当封闭于自身之内，它只有通过感官才能找到通向客体的道路，达到思维和存在的同一。费尔巴哈写道："世界只对于开放的头

---

① 费尔巴哈：《反对身体和灵魂、肉体和精神的二元论》，《费尔巴哈哲学著作选集》上卷，三联书店1959年版，第213页。
② 费尔巴哈：《说明我的哲学思想发展过程的片断》，《费尔巴哈哲学著作选集》上卷，三联书店1959年版，第248页。

脑才是开放的，而头脑的门户只是感官。但是那个孤立的、封闭在自身之内的思维，那个没有感官，没有人的，在人以外的思维……它无论怎样努力也永远不能找到一条走向客体，走向存在的道路，正如一个人从身躯上砍下来的头脑之不能找到了解一个对象的道路一样，因为了解的手段，官能，已经失去了。"①

在费尔巴哈看来，感性之所以能成为沟通理性和客体、思维和存在的桥梁，是因为感觉是对客体的特性的反映。主观唯心主义者和不可知论者往往是通过夸大感觉的主观性，把感觉看作纯粹的主观心理状态以否定外物的客观实在性和认识世界的可能性的。与此相反，费尔巴哈则通过肯定感觉的内容的客观性、确实性以论证外物的客观实在性和认识世界的可能性。费尔巴哈认为，感觉确有其主观性，但它是由客观对象引起的，包含了客观内容，是对外物的特性的反映。比如，渴的感觉是主观的，但是，渴的感觉不就是体内水分不足的反映吗？！盐所引起的咸味感觉是主观的，它并不直接就是"盐的自在的特性"，但是咸味感觉却正是"盐的自在特性的主观表现"，也即盐本身的特性的"主观映现"。费尔巴哈明确断言："我的感觉是主观的，但它的基础或原因是客观的。"②他还说："感觉是客观救世主的福音、通告，否认这一点，是多么庸俗！"③列宁指出，费尔巴哈把感觉说成是客观救世主的福音和通告，这是稀奇古怪的术语，"然而却是一条十分鲜明的哲学路线：感觉给

---

① 费尔巴哈：《未来哲学原理》，《费尔巴哈哲学著作选集》上卷，三联书店 1959 年版，第 182 页。

② 费尔巴哈：《论唯灵主义和唯物主义，特别是从意志自由方面着眼》，《费尔巴哈哲学著作选集》上卷，三联书店 1959 年版，第 530 页。

③ 费尔巴哈：《论唯灵主义和唯物主义，特别是从意志自由方面着眼》，《费尔巴哈哲学著作选集》上卷，三联书店 1959 年版，第 530 页。

人们揭示客观真理"。①

　　费尔巴哈认为，康德的不可知论乃在于本质（"自在之物"）和现象、理智和感性的分裂。在康德哲学中，现象是感性的，具有现实性，但现象是没有本质的存在，因而是不真实的，没有真理性；本质是理智的对象，被认为是真实的，具有真理性，但本质却不是理智所能规定、认识的事物，这种没有现象、存在的本质缺乏现实性。费尔巴哈指出："将'真理性'从'现实性'分离开来，将'现实性'从'真理性'分离开来，是一件多么矛盾的事情！"②在费尔巴哈看来，本质和现象并非两个各自独立的王国，两者均统一于感情事物之中。"我们只需要不将理智与感觉分开，便能在感性事物中寻得超感性的东西，亦即精神和理性"③通过现象把握住事物的本质。

　　按照费尔巴哈的学说，感性不仅是理性的基础，不仅是理性通向客体的门户，而且是检验理性、思维的真理性的标准。思维的真理性是通过感性而得到证实的。"真理性，现实性，感性的意义是相同的。"④应当看到，费尔巴哈所说的感性实际上是一个很含混的概念，有时指的是感性直观，有时指的是感官直接接触到的客观事物（"感性事物"），有时指的是满足人们生理需要的活动或人们相互间日常交往的活动，而更多的是指情感欲望，等等。

　　在费尔巴哈看来，黑格尔在自我意识的圈子里寻找真理的标准是错误的。这种标准只能是形式的、主观的，不能决定思

　　① 列宁：《唯物主义和经验批判主义》，《列宁选集》第 2 卷，人民出版社 1972 年版，第 129 页。

　　② 费尔巴哈：《未来哲学原理》，《费尔巴哈哲学著作选集》上卷，三联书店 1959 年版，第 151 页。

　　③ 费尔巴哈：《未来哲学原理》，《费尔巴哈哲学著作选集》上卷，三联书店 1959 年版，第 174 页

　　④ 费尔巴哈：《未来哲学原理》，《费尔巴哈哲学著作选集》上卷，三联书店 1959 年版，第 166 页

维的真理性。而"能够决定这一点的唯一标准，乃是直观"。①
"只有那通过感性直观而确定自身，而修正自身的思维，才是真
实的，反映客观的思维——具有客观真理性的思维"②这是因为，
感性直观具有直接性和绝对的明确性。他说："只有那种不需要
任何证明的东西，只有那种直接通过自身而确证的，直接为自
己做辩护的，直接根据自身而肯定自己，绝对无可怀疑，绝对
明确的东西，才是真实的和神圣的。但是只有感性的事物才是
绝对明确的；只有在感性开始的地方，一切怀疑和争论才停
止。"③按照费尔巴哈的观点，作为真理的标准的感性直观并非
个别人的感性直观，而是人类共同的一致的感性直观。个别人
的感性直观具有主观性，只有人人一致的感性直观才是客观的，
才是真理的尺度。他说："我一个人所见到的东西，我是怀疑的，
别人也见到的东西，才是确实的。"④他还说："只有别人跟我
相一致的地方，才是真的；一致是真理之第一象征，而这却只
是因为类是真理之最终尺度。"⑤显然，费尔巴哈提出把感性直
观作为检验真理的尺度，目的是为了克服康德、黑格尔从理性
寻找真理标准的主观主义。应该说，这在当时的历史条件下还
是有积极意义的。可是，费尔巴哈不懂得，不论是感性直观还
是理性思维，不论是个人感性直观还是人类共同一致的感性直
观，都同属于主体认识的范围的东西。因此，用感性直观即使
是人类共同一致的感性直观去检验理性、思维，实际上还不过

---

① 费尔巴哈：《未来哲学原理》，《费尔巴哈哲学著作选集》上卷，三联书店1959
年版，第179页
② 费尔巴哈：《未来哲学原理》，《费尔巴哈哲学著作选集》上卷，三联书店1959
年版，第178页
③ 费尔巴哈：《未来哲学原理》，《费尔巴哈哲学著作选集》上卷，三联书店1959
年版，第170页
④ 费尔巴哈：《未来哲学原理》，《费尔巴哈哲学著作选集》上卷，三联书店1959
年版，第173页
⑤ 费尔巴哈：《反对身体和灵魂、肉体和精神的二元论》，《费尔巴哈哲学著作选
集》上卷，三联书店1959年版，第194页

是用一种主观的东西去检验另一种主观的东西，不可能达到客观性。因此，费尔巴哈把感性直观看作真理的标准，并没有摆脱得了主观主义。

费尔巴哈认为，唯心主义者，不可知论者往往割裂理论和实践的关系，不懂得"理论所不能解决的那些疑难，实践会给你解决"。①通观费尔巴哈的著作，他所讲的实践主要是指感性事物、经验事实、人们的日常生活活动以及人与人之间日常交往活动，等等。费尔巴哈经常列举科学上的、特别是日常生活中的大量的经验事实驳斥唯心论和不可知论。他说："我一贯地只把明显的、历史的、经验的事实和例证作为依据。"②费尔巴哈处处强调生活、实践观点，这表明了他的哲学的鲜明的唯物主义倾向。但从某一方面说，费尔巴哈的实践观比之黑格尔的实践观后退了。黑格尔把实践看作"绝对理念"发展过程中的一个环节，这是唯心论；但他把实践理解为人们有目的地改造世界的活动，这是深刻的。费尔巴哈的认识论上的一个基本缺陷就是忽略了人们能动地改造世界的实践在认识论中的意义。正如马克思指出的，费尔巴哈"不了解'革命的''实践批判的'活动的意义"。③

再次，费尔巴哈认为，人是自然界的产物，因此人能认识自然界。

在费尔巴哈看来，人和动植物一样，也是一个自然本质。人是以客观自然界为基础的，是自然界的一部分，"自然界的最

---

① 费尔巴哈：《说明我的哲学思想发展过程的片断》，《费尔巴哈哲学著作选集》上卷，三联书店 1959 年版，第 248 页
② 费尔巴哈：《说明我的哲学思想发展过程的片断》，《费尔巴哈哲学著作选集》上卷，三联书店 1959 年版，第 249 页
③ 马克思：《关于费尔巴哈的提纲》，《马克思恩格斯选集》第 1 卷，人民出版社 1972 年版，第 16 页。

高级的生物"①，和自然界处于不可分割的联系之中。不仅人的肉体离不开自然界，人的精神、思维活动也和自然界息息相关。和肉体一样，人的认识器官、认识能力也并不是什么超自然的、同自然界格格不入的东西，同样是自然界的产物。他说："自然不仅建立了平凡的肠胃工场，也建立了头脑的庙堂。"②正因为如此，所以自然界给予我们的认识器官、认识能力是足够我们用以认识自然界的。换句话说，作为自然界的产物的人认识自然界，实际上不过是自然界自己认识自己，因而是完全可能的。费尔巴哈机敏地写道："有机物和无机物成立一种必然的联系。所以我们也没有理由可以设想，倘若人有更多的感官，人就能认识自然界的更多的属性或事物。……人的感官不多不少，恰合在世界的全体中认识世界之用。"③列宁认为，费尔巴哈的这个思想"对于反对不可知论是重要的"④

最后，费尔巴哈还认为，人不是一个孤独的"自我"或"主体"，任何一个人只有作为人类一分子才能存在，只有依靠人类才能认识世界。

费尔巴哈常常把人说成"你"和"我"的统一，所谓"你"就是在"我"之外的，能为"我"所感知的感性对象，也即他人或人类。所谓"我"也同样是能为"你"所感知的感性对象。这就是说，真实的"自我"并非为康德、黑格尔所说的什么孤独的精神实体，而是以他人、人类的存在为前提的实在的感性事物。人是"社会动物"，每一个人只能作为人类的一分子而存

---

① 费尔巴哈：《说明我的哲学思想发展过程的片断》，《费尔巴哈哲学著作选集》上卷，三联书店 1959 年版，第 248 页。
② 费尔巴哈：《黑格尔哲学批判》，《费尔巴哈哲学著作选集》上卷，三联书店 1959 年版，第 84 页。
③ 费尔巴哈：《宗教本质讲演录》，《费尔巴哈哲学著作选集》下卷，三联书店 1962 年版，第 630 页。
④ 引自列宁：《费尔巴哈〈宗教本质讲演录〉一书摘要》，《列宁全集》第 38 卷，人民出版社 1959 年版，第 64 页。

在，没有"你"就没有"自我"和"主体"。在费尔巴哈看来，人的认识活动也不是孤立"自我"的活动，人的感觉、思想，实际上都是在与他人的实际交往中产生的，一个人的认识的真理性也需要借助于他人才能得到证明。他说："人的本质只是包含在团体之中，包含在人与人的统一之中，但是这个统一只是建立在'自我'和'你'的区别的实在性上面的。"[①]他还说："观念只是通过传达，通过人与人的谈话而产生的。人们获得概念和一般理性并不是单独做到的，而只是靠你我相互做到的。……人与人的交往，乃是真理性和普遍性最基本的原则和标准。"[②]可以看出，费尔巴哈在这里力图从人和人之间现实的感性关系中去探讨人的本质、人的认识的形态和发展。这种观点不仅是同唯心主义者的"自我意识"学说根本对立的，而且也在一定程度上克服了17—18世纪唯物主义者关于人的本质的机械论的缺陷。不过，费尔巴哈对人与人之间的感性关系的理解，仍然是十分抽象的。他所看到的人与人之间的社会联系或感性关系也仅仅是"你"和"我"、男人和女人之间的差别和联系，而不懂得人的本质乃是社会关系的总和。

在费尔巴哈看来，只有正确处理个人和人类之间的关系才能解决思维和存在的同一。不可知论者的一个重要缺陷就是孤立地、静止地考察个人的认识能力，从个人的知识和才能的有限性出发否定人类认识世界的可能性。费尔巴哈对人的认识能力充满信心。在他看来，自然界就好似一本不隐藏自己的大书，只要我们去读它，我们就可以认识它。然而，这并不是说任何一个个别的人就能穷尽对世界的认识。在费尔巴哈看来，任何

---

① 费尔巴哈：《未来哲学原理》，《费尔巴哈哲学著作选集》上卷，三联书店1959年版，第185页。

② 费尔巴哈：《未来哲学原理》，《费尔巴哈哲学著作选集》上卷，三联书店1959年版，第173页。

一个个别的人总是要受他所处的时间和空间条件的限制，因此，他的知识和才能是有限的。但是，个别人的知识和才能的界限并不是人类的知识和才能的界限。从历史观点来看，人类的知识和才能是绝对的、无限的，我没有认识到的东西，别人会认识到，我们这一代人还没有认识的东西，将为我们的后人所认识。费尔巴哈写道："我的知识、我的意志是有限的；但是，我的界限却并不是别人的界限，更不是人类的界限；我感到困难的事，却有别人感到轻而易举；对某一个时代来说不可能的、不可思议的事，对下一个时代来说，却就是可以思议的和可能的事了。我的生活被束缚于一个有限的时代，人类的生活则不然。人类之历史，正不外在于继续不断地克服在某一个特定时代里被认为是人类之界限、从而被认为是绝对而不可逾越的界限的那些界限。"①费尔巴哈的这一段精辟的文字从发展的观点正确地概括了人类认识的发展规律，解决了人类认识能力的无限性和它在个体中的实现的有限性的矛盾，体现了唯物主义和辩证法的精神，从而有力地批判了不可知论，论证了思维和存在的同一，丰富和发展了唯物主义可知论。

　　费尔巴哈不仅运用这种发展观点批判了相对主义、不可知论，而且也以此批判了黑格尔的绝对主义错误。我们知道，黑格尔哲学本身就包含着发展的无限性和体系的封闭性的矛盾。黑格尔的正统门徒们完全抛弃了黑格尔的辩证发展观点，竟把黑格尔哲学奉为到了顶的"绝对哲学"。针对这种绝对主义，费尔巴哈指出，尽管黑格尔哲学从科学性和思想丰富来说超过了已往的任何哲学，但它绝不是什么穷尽了一切真理的"绝对哲学"。这是因为处于一定时间和空间条件下的个体的认识能力总

---

① 费尔巴哈：《基督教的本质》，《费尔巴哈哲学著作选集》下卷，三联书店 1962年版，第 187 页。

是有限的，人类的无限的认识能力绝不可能在有限的个别人身上得到完满的实现。费尔巴哈尖锐地指出："人类在一个个体中得到完满无遗的体现，乃是一件绝对的奇迹，乃是现实界一切规律和原则的勉强取消——实际上也就是世界的毁灭。"[①]因此，他认为，黑格尔哲学也只是一定时代的哲学，对于我们所处的新时代来说，它已经是一种与我们疏远的哲学，成了我们新时代的一种精神负担，用新哲学代替黑格尔哲学乃是新时代提出的必然要求。恩格斯指出，人的认识能力"按它的本性、使命、可能和历史的终极目的来说，是至上的和无限的；按它的分别实现和每次的现实来说，又是不至上的和有限的"。而"这个矛盾只有在无限的前进过程中，在至少对我们来说实际上是无止境的人类世代更迭中才能得到解决"。[②]可以看出，恩格斯的这个思想是和费尔巴哈的上述观点十分接近的。这表明，在费尔巴哈的形而上学唯物主义体系里也包含着某些辩证法的合理成分。

总之，费尔巴哈的思维和存在同一学说是围绕"人"这个中心展开的。他从"人"出发否定康德的不可知论，批驳黑格尔的唯心论，同时又从"人"出发论证思维和存在的同一，从而丰富和发展了唯物主义可知论。

不过，费尔巴哈的人本主义的思维和存在同一性学说也有很大的局限性。从表面上看，费尔巴哈对"人"的理解很丰富、很具体，人是肉体和精神的统一，感性和理性的统一，人和自然的统一，以及个体和类的统一，等等。但进一步看，费尔巴哈关于"人"的观念是相当贫乏和抽象的。费尔巴哈所讲的"人"

---

① 费尔巴哈：《黑格尔哲学批判》，《费尔巴哈哲学著作选集》上卷，三联书店1959年版，第84页

② 恩格斯：《反杜林论》，《马克思恩格斯选集》第3卷，人民出版社1972年版，第126页。

实际上是撇开了一切社会关系、历史联系的生物学意义的人，这种人在客体面前不过是一个消极直观的主体。显然，从这种抽象的"人"出发，也是不可能科学地解决思维和存在的同一性问题的。

三

由上述可见，费尔巴哈的思维和存在同一性学说是以唯物主义为基础的，具有形而上学的特征，其基本精神是论证思维和存在能够达到一致、符合，阐述世界的可知性。明确这一点，有助于我们正确理解德国古典哲学、特别是黑格尔的思维和存在同一性学说的基本含义。

如前所述，黑格尔的思维和存在同一这个命题包含了三个方面的意义：思维和存在等同（唯心论），思维和存在相互转化（辩证法），以及思维和存在的一致、符合（可知论）。这就给后人对这个命题做不同的解释留下了余地。因为，不论是把这个命题说成是唯心论的，还是说成是辩证法的，还是说成是可知论的，人们都可以从黑格尔的著作中找到充分的材料。现在的问题是，究竟哪一方面的意义才是这个命题的本来的或基本的含义。看来，这个问题光靠孤立地分析黑格尔哲学本身是不太好解决的，而应当着眼于德国古典哲学的发展过程。从德国古典哲学关于思维和存在有没有同一性以及怎样实现两者的同一的争论的发展过程来看，即从黑格尔批判康德的不可知论提出思维和存在同一性命题，而后这个命题又为费尔哈所批判地继承这个发展过程来看，黑格尔的这个命题是一个唯心主义的辩证法的可知论命题，目的是要解决思维和存在的一致、符合，而客观唯心主义和辩证法则是他解决思维和存在的一致、符合问题的基础和方法。正因为如此，黑格尔的这个带有唯心主义和辩证法性质的命题才有可能为形而上学唯物主义可知论者费尔巴哈所批判地吸取。我们看到，费尔巴哈对黑格尔的这个命题的批判改造工作就在于，否定黑格尔的这个命题的唯心主义基础（思维和存在的等同）；抛弃黑格尔的这个命题所包含的辩证法思想（思维和存在的区别、转化）；在唯物主义的基础上，从可知论的意义上（思维和存在能够达到一致、符合）继承、改造黑格尔的这个命题。

恩格斯曾多次论及黑格尔的思维和存在同一性学说。在《自然辩证法》中，恩格斯指出，在黑格尔哲学中，"尽管我们在这里遇到无数的任意虚构和凭空臆造，尽管这种哲学的结果——思维和存在的统一采取了唯心主义的头足倒置的形式，却不能否认：这个哲学在许多情况下和在极不相同的领域中，证明了思维过程同自然过程和历史过程是类似的，反之亦然，而且同样的规律对所有这些过程都是适用的"。[①]此外，恩格斯在《路德维希·费尔巴哈和德国古典哲学的终结》一书的第二章中，在论述了哲学的基本问题的第一个方面即思维和存在何者为第一性的问题之后接着说："但是，思维和存在的关系问题还有另一个方面：我们关于我们周围世界的思想对这个世界本身的关系是怎样的？我们的思维能不能认识现实世界？我们能不能在我们关于现实世界的表象和概念中正确地反映现实？用哲学的语言来说，这个问题叫作思维和存在的同一性的问题。绝大多数哲学家对这个问题都做了肯定的回答。例如在黑格尔那里，对这个问题的肯定回答是不言而喻的：我们在现实世界中所认识的，正是这个世界的思想内容，也就是那种使世界成为绝对

---

① 恩格斯：《自然辩证法》，《马克思恩格斯选集》第 3 卷，人民出版社 1972 年版，第 564 页。

观念的逐渐实现的东西，这个绝对观念是从来就存在的，是不依赖于世界并且先于世界而在某处存在的；但是思维能够认识那一开始就已经是思想内容的内容。这是十分明显的。同样明显的是在这里，要证明的东西已经默默地包含在前提里面了。"①从恩格斯的这些论述中可以看出，恩格斯对黑格尔的思维和存在同一性学说是采取分析的态度的。恩格斯一方面深刻揭露黑格尔的这个学说的唯心主义实质；另一方面又充分肯定黑格尔的这个命题坚持思维和存在一致、符合的合理成分，把它作为一个同不可知论相对立的可知论命题提出来。

总之，通过对黑格尔和费尔巴哈的思维和存在同一性学说的阐述。人们可以清楚地看到，在德国古典哲学中，既有辩证唯心主义的思维和存在同一性论者，也有形而上学唯物主义的思维和存在同一性论者。思维和存在同一性这个命题本身并无唯物论或唯心论、形而上学或辩证法的意义，其基本的含义只有于肯定思维和存在能够达到一致、符合，是一个和不可知论的界限，而不是划分唯物论和唯心论、辩证法和形而上学的标准。可见，轻易断言"凡是主张思维和存在同一的观点都是唯心论"，或者轻易断言"坚持思维和存在的同一就是坚持辩证法"，都是不适当的。在哲学史上，任何一个哲学命题本来都有自己的确定的含义。任意改变或扩大命题的含义就必然造成歧义，带来混乱。

黑格尔和费尔巴哈的思维和存在同一性学说是马克思主义辩证唯物主义可知论的直接理论前提。马克思和恩格斯批判地改造了黑格尔和费尔巴哈的思维和存在同一性学说，从人的社会性、历史性考察人的认识运动，把实践引入认识论，把辩证

---

① 恩格斯：《路德维希·费尔巴哈和德国古典哲学的终结》，《马克思恩格斯选集》第 4 卷，人民出版社 1972 年版，第 221 页。

法运用于认识论，创立了科学的辩证唯物主义的可知论，从根本上克服了历史上形形色色的不可知主义。如果说，黑格尔把能动的"自我意识"的人作为思维和存在同一的基础和主体，费尔巴哈把感性的物质的人作为思维和存在同一的基础和主体的话，那么，马克思主义的思维和存在同一性学说的基础和主体则是社会的、实践的人。从黑格尔的辩证唯心主义的思维和存在同一性学说，到费尔巴哈的形而上学唯物主义的思维和存在同一性学说，再到马克思的辩证唯物主义的思维和存在同一性学说，这是人类认识史上可知论学说发展过程中的一次极有意义、内容极为丰富的否定之否定。

（原载《天津师院学报》，1981 年第 5 期）

对西欧中世纪哲学的探讨

在我国西方哲学史的研究中，"中世纪"哲学和"文艺复兴"时期的哲学一向是比较薄弱的环节。车铭洲同志的专著《西欧中世纪哲学概论》（以下简称《概论》）的出版，给这方面的研究增添了新的色彩，令人欣喜。

《概论》较为全面、系统地描述了西欧封建社会哲学思想的演变过程，引进了丰富的材料，初步概括了西欧封建社会的哲学发展规律，在一些问题上提出了自己的独立见解，富于启发性，具有一定的学术价值。

处处渗透着历史主义的精神，是《概论》的一个显著的特色。西欧封建社会的哲学思潮是和基督教密切相关的。但在作者笔下，基督教并不是一种凝固不变的意识形态，而是一个不断变化发展的过程。比如，公元 4 世纪，罗马帝国逐渐改变了对基督教的政策，由反对、镇压转变为支持、改造和利用基督教，使其适应奴隶主阶级统治的需要。作者认为，随着西欧社会过渡到封建主义，基督教也相应地经历了一个封建化的过程。到了 15—16 世纪，欧洲封建社会由发展而走向衰败，与此相应的，封建基督教也开始趋于瓦解，出现了新兴资产阶级的宗教改革运动。毫无疑问，和任何宗教一样，基督教也是一种"颠倒的世界观"，但是，它的内容、形式以及社会作用却是随着社会历史的发展而不断演变的。当然，准确、深入地描述这种演变过程是一件复杂而困难的任务。尽管《概论》对这种演变过程的某些环节的描述（如基督教的封建化的过程）并不是很理想的，但可以看出，作者在这方面下了很大的功夫。

对西欧封建主义社会的哲学发展，本书也采取历史主义的态度。在封建社会形成的初期，以波依提乌斯和爱里乌根纳为代表的哲学思潮"注重现实，注重现实政治、经济和思想文化的发展"。作者认为，"这反映了新兴的统治阶级的朝气，反映了封建社会确立时期各个方面的发展和百废待兴的状况"。随着封建制度的巩固和教会势力的强大，从 11 世纪起，经院哲学形成了。经院哲学并非铁板一块，其中包含了唯名论和唯实论的激烈斗争。13 世纪托马斯的神学哲学体系概括了"中世纪经院哲学发展的黄金时代所达到的总的成就"。然而，到了 15—16 世纪经院哲学便日趋瓦解，代之而起的则是反映市民资产阶级的各种新的哲学思潮。中世纪经院哲学无疑是神学的奴仆，但是它本身有一个形成、发展和衰落的过程，是欧洲哲学发展史上的一个重要环节。因此，对于经院哲学也必须进行具体的历史的分析和评价。

对于西欧封建社会哲学的发展，《概论》也提出了某些独立的见解，富于启发性。比如，作者认为，"封建统治阶级内部，教会大地主说与世俗地主的斗争，教权派与国王派的斗争，反映在哲学思想上，表现为经院哲学内部唯实论同唯名论的斗争；农民、市民反对地主阶级，特别是反对大地主阶级的土地兼并和霸权主义的斗争，在哲学上反映为各种形式的'异端'反对教会教条的斗争"。这种概括对于理解中世纪哲学的发展是具有根本性的。这种概括的准确程度如何，能否完满地解释中世纪哲学发展的各种错综复杂的现象，还有待于进一步的研究，但作者确实以此合理地解释了某些现象。

可以看出，作者花了很大的力气，搜集、分析了大量的材料，从而丰富了《概论》的内容。《概论》对波依提乌斯哲学、爱里乌根纳哲学、托马斯哲学、唯名论和唯实论的斗争，以及人文主义思潮等的阐述较之以往的论著在内容上都丰富、深入得多了。这是很好的。不过，从全书的安排来说，似乎经院哲学所占的篇幅少了一些，而"文艺复兴"时期的内容相对地显得多了一些。

（与王勤田合著，原载《读书》，1983 年第 7 期）

"思维和存在的同一性"
本来只是一个可知论命题

思维和存在的同一性是哲学认识论中的一个重要命题。对于这个命题，长期以来众说纷纭。概括地说，主要有如下两种根本对立的观点：

一种观点认为，思维和存在的同一性这个命题的实质讲的是思维和存在的等同，因而是一个唯心论的命题，其中心点是反对唯物论。按照这种观点，这个命题是同辩证唯物论的认识论根本对立的，承认它势必陷入唯心论。

另一种观点认为，思维和存在的同一性命题的实质讲的是思维和存在的相互转化，因而是一个辩证法的命题，其中心点是反对形而上学、机械论。按照这种观点，只要把这个命题放在唯物主义的基础上，它就可以成为辩证唯物论的认识论的一个基本原理，甚至可以用这个命题来概括整个辩证唯物论的认识论。相反，如果否认这个命题，那就势必陷入机械论。

我认为，上述两种根本对立的观点确实都涉及了思维和存在的同一性这个命题历史发展过程中的某些方面，但双方都还是在这个命题的外围打转转，没有触及这个命题的本质。在我看来，从这个命题的历史发展过程来考察，虽然它涉及唯物论和唯心论、辩证法和形而上学的矛盾问题，但就其本来的意义说，思维和存在的同一性讲的只是思维和存在之间的一致或符合，是一个可知论的命题，其中心点是反对不可知论。承认不承认思维和存在的同一性，只是划分可知论和不可知论的界限，而不是区分唯物论和唯心论、辩证法和形而上学的标准。至于这个命题同辩证唯物论的认识论的关系，我认为也只应当从这个意义上去理解。

能否说思维和存在的同一性这个命题的实质就是坚持思维和存在的等同呢？持这种观点的同志往往援引黑格尔，说黑格尔的思维和存在的同一性学说就是讲的思维和存在的等同，其目的就是反对唯物论。这种看法是欠全面的，并没有真正把握住黑格尔这个思想的精神实质。我们知道，在德国古典哲学的发展过程中，一个中心的问题就是思维和存在有没有同一性。康德认为，在我们之外存在着刺激我们的感官而产生感觉的客体，即所谓"自在之物"；同时他又认为这个客体是不可知的，认识所能达到的只是"自在之物"刺激我们的感官而产生的感觉，即所谓"现象"。这表明康德是一位不可知论者，他根本否认思维和存在能够达到一致或符合，根本否认思维和存在的同一性。黑格尔的思维和存在的同一性学说正是针对康德的不可知论提出来的。和康德不同，黑格尔是一位可知论者。在他看来，思维和存在之间没有一条不可跨越的鸿沟，两者之间能够达到一致或符合，具有同一性。黑格尔指出，在康德哲学中，"这样一个不能够建立自身与其对象——自在之物——的一致的理性，不与理性概念一致的自在之物，不与实在一致的概念，不与概念一致的实在，都是不真的观念。"①而真理则应当是"概念与实在的符合"②。可以看出，在康德、黑格尔这里，思维和存在有没有同一性的问题，本来就是指思维和存在两者能否一致或符合，人们的思想能否把握客观实在的问题，换句话说，

① 黑格尔：《逻辑学》下卷，商务印书馆 1976 年版，第 259 页。
② 黑格尔：《逻辑学》下卷，商务印书馆 1976 年版，第 449 页。

是一个不可知论和可知论的问题。当然，康德和黑格尔对这个问题的不同回答，是同他们在本体论上的不同立场密切相关的。如果说，康德的不可知论是以他的二元论为基础的话，那么黑格尔的可知论则是建立在他的客观唯心主义之上的。按照黑格尔的客观唯心主义，"绝对理念"即所谓"客观思维"是宇宙的本原，存在的本质。人的思维是"客观思维"发展的最高阶段。因此，人的思维能够把握存在的本质，达到思维和存在的一致和符合，世界是可知的。可以看出，黑格尔的思维和存在的同一性思想确实具有为某些同志所说的思维和存在等同的意义，是唯心论的。但是，我们不应当把黑格尔解决问题的基础和出发点（唯心主义），同他所要解决的问题（可知论）混为一谈，从而否认这个命题本来的可知论的意义。对于具体问题应当进行具体的分析。黑格尔是一位唯心主义的可知论者。他批判康德的不可知论，坚持思维和存在同一的可知论，这不仅反映了19 世纪初刚刚形成的德国资产阶级实现自己的阶级理想的信心的显著增强，同时在人类认识史上也有很大的积极意义。但是，他站在客观唯心主义立场上用思维和存在的等同去解决思维和存在的一致或命令问题，这就表现了他的可知论的消极的保守的性质。恩格斯在《路德维希·费尔巴哈和德国古典哲学的终结》一书的第二章中，在论述了哲学的基本问题的第一个方面即思维和存在何者为第一性的问题之后接着说："但是，思维和存在的关系问题还有另一个方面：我们关于我们周围世界的思想对这个世界本身的关系是怎样的？我们的思维能不能认识现实世界？我们能不能在我们关于现实世界的表象和概念中正确地反映现实？用哲学的语言来说，这个问题叫作思维和存在的同一性问题，绝大多数哲学家对这个问题都做了肯定的回答。例如在黑格尔那里，对这个问题的肯定回答是不言而喻的：

我们在现实世界中所认识的，正是这个世界的思想内容，也就是那种使世界成为绝对观念的逐渐实现的东西，这个绝对观念是从来就存在的，是不依赖于世界并且先于世界而在某处存在的；但是思维能够认识那一开始就已经是思想内容的内容，这是十分明显的。同样明显的是，在这里，要证明的东西已经默默地包含在前提里面了。"①从这段话里可以清楚地看出，恩格斯对黑格尔的思维和存在的同一性学说是采取分析态度的，首先把这个命题作为同不可知论相对立的可知论的命题提出来，肯定黑格尔是和康德不同的可知论者；同时又深刻地揭露了黑格尔的这个命题的唯心主义的性质，表明黑格尔是一位唯心主义可知论者。

　　把黑格尔的思维和存在的同一性思想不加分析地简单地仅仅归结为唯心主义，就可能使人产生一种错觉：似乎讲思维和存在的同一性就是唯心主义，而唯物主义者是绝不讲思维和存在的同一性的。有的同志就是这样看问题的。这些同志常常援引费尔巴哈，说唯物主义者费尔巴哈完全否定黑格尔的思维和存在的同一性学说。我认为，这种看法和历史事实有出入。的确，费尔巴哈是黑格尔的思维和在的同一性学说的最坚决、最激烈的批判者。但是，又应当看到，费尔巴哈不仅是黑格尔的这个学说的批判者，而且也是黑格尔的这个学说的继承者。和黑格尔一样，费尔巴哈也是康德不可知论的反对者，他从来没有否定过黑格尔对康德的不可知论的批判。但是，在费尔巴哈看来黑格尔站在唯心主义立场上是不可能真正克服康德的不可知论的。因此，费尔巴哈在批判黑格尔的思维和存在的同一性学说的唯心主义基础的同时，又力图对黑格尔的这个命题给予

　　① 恩格斯：《路德维希·费尔巴哈和德国古典哲学的终结》，《马克思恩格斯选集》第 4 卷，人民出版社 1972 年版，第 221 页。

唯物主义的改造。针对黑格尔的思维和存在的同一性的学说，费尔巴哈写道："思维与存在的统一，只有在将人理解为这个统一的基础和主体的时候，才有意义，才是真理。只有实在的实体才能认识实在事物，只有当思维不是自为的主体，而是一个现实实体的属性的时候，思想才不脱离存在。因此思维与存在的统一并不是那种形式的统一，即以存在作为自在自为的思维的一个特性，这个统一是以对象，以思想的内容为依据的。"①从费尔巴哈的这段话中可以看出，他所攻击的是黑格尔的思维和存在同一性学说的唯心主义基础，而不是思维和存在的同一性这个可知论命题本身。在唯物主义可知论者费尔巴哈看来，只有把思维和存在的同一性这个命题置于"人本主义"的基础之上，把"人"而不是把"绝对理念"看作思维和存在同一的基础和主体，这个命题才是真理，才能真正克服康德的不可知论。费尔巴哈的这个思想可以说是对德国古典哲学中关于思维和存在有没有同一性问题的长期争论所做的"人本学"唯物主义的总结。由此看来，思维和存在的同一性这个命题就其本来的意义说就是讲的思维和存在的一致或符合，是一个同不可知论相对立的可知论命题。至于解决思维和存在两者之间的一致或符合的基础或出发点，则既可能是唯心主义（如黑格尔），也可能是唯物主义（如费尔巴哈）。因此，那种把肯定思维和存在的同一性命题的哲学家统统斥为唯心主义者的观点，是不恰当的。

能否说思维和存在的同一性命题就是讲的思维和存在的相互转化呢？持这种观点的同志也往往援引黑格尔，说黑格尔的思维和存在的同一性学说虽然是唯心主义的，但它的中心思想

---

① 费尔巴哈：《未来哲学原理》，《费尔巴哈哲学著作选集》上卷，三联书店1959年版，第181页。

就是讲思维和存在的相互转化，反对机械论、形而上学。看来，这种看法也是欠全面的。的确，黑格尔的思维和存在的同一性学说是同法国唯物论的直观反映论相对立的。这种对立不仅表现在先验论和反映论的对立上，而且也表现在辩证法和形而上学思维方法的对立上。法国唯物论者一般是形而上学的可知论者。在他们看来，人们通过消极的感性直观便可达到思维和存在的一致或符合。黑格尔则是一位辩证的可知论者，在他看来，思维和存在的一致或符合是一个思维和存在相互转化的过程。毫无疑问，黑格尔的思维和存在的同一性学说中包含了思维和存在相互转化的可贵的辩证法成分。但是，应当明确的是，黑格尔的思维和存在的同一性学说，首先和主要是针对康德的不可知论提出来的，焦点是思维和存在两者能否达到一致或符合。可知论者黑格尔和法国唯物论的分歧则根本不是什么思维和存在两者能否一致或符合，不是什么思维和存在有没有同一性，而在于如何实现这种一致或符合即同一。因此，切不可把黑格尔解决问题的方法（辩证法）和他所要解决的问题（可知论）混为一谈，不能因为黑格尔的思维和存在的同一性命题中包含着辩证法的成分，就忽略或否定这个命题的本来的可知论的意义。应当看到，把思维和存在的同一性这个可知论的命题同辩证法相结合，是黑格尔哲学的特色。这一点并不是每一个肯定思维和存在同一性的哲学家都能做到的。比如，费尔巴哈这位唯物主义者的思维和存在的同一性学说，就有一个显著的缺陷：缺少辩证法。费尔巴哈虽然看到了从存在到思维的转化，但却不懂得思维向存在的转化。显然，我们不能因为费尔巴哈不懂得思维和存在的相互转化就说他根本否定思维和存在的同一性，也不能因为他肯定思维和存在的同一性就说他主张思维和存在的相互转化。由此看来，那种把承认或不承认思维和存在的同一性当作划分认识论中的辩证法和形而上学的标准的看法也是不适当的。

　　看来，困难主要源自黑格尔。思维和存在的同一性乃是整个黑格尔哲学的最基本的命题。黑格尔的三重品格（客观唯心主义者、辩证论者和可知论者）全都建立在这个命题之上，真可谓本体论、辩证法、认识论的三位一体。这就给后人对这个命题做不同的解释留下了余地。现在的问题是，究竟是哪一方面是这个命题的本来的或基本的含义。我觉得，这个问题光靠孤立地分析黑格尔哲学本身是不太好解决的，而应当着眼于德国古典哲学的发展过程。从德国古典哲学关于思维和存在有没有同一性的争论的发展过程来看，从黑格尔批判康德的不可知论提出思维和存在的同一性命题，而后这个命题又为费尔巴哈批判地继承这个过程来看，黑格尔的这个命题的本来的或基本的含义只是可知论，而客观唯心主义和辩证法则是他个人解决可知论的基础、出发点和方法。

　　如果说困难来自黑格尔，那么可以说解决问题的钥匙则是费尔巴哈。既然，形而上学唯物主义者费尔巴哈公开声明自己也是思维和存在同一性论者，那么轻易断言."凡是主张思维和存在的同一性就是唯心论"，或者轻易断言"凡是坚持思维和存在的同一性就是坚持辩证法"，都是不适当的。在哲学史上，任何一个哲学命题本来都有自己的确定的含义，任意扩大或改变命题的含义就必然造成歧义，带来混乱。

　　综上所述，我认为，思维和存在有没有同一性的问题仅仅是哲学基本问题的第二个方面的问题，即世界是否可知的问题。这个问题只是划分可知论和不可知论的界限，而不是区分唯物论和唯心论、辩证法和形而上学的标准。应当看到，在肯定思维和存在的同一性的哲学家中间，既有唯心主义的思维和存在的同一性论者，也有唯物主义的思维和存在同一性论者，既有辩证的思维和存在同一性论者，也有形而上学的思维和存在同一性论者，也即在可知论者之间，在怎样解决世界可知性的问题上，往往交织着唯物论和唯心论、辩证法和形而上学的斗争。但是决不应当把可知论者之间的这种斗争说成是什么承认或不承认思维和存在的同一性的斗争。

思维和存在的同一性命题和辩证唯物论的认识论的关系应当如何理解呢？我认为，辩证唯物论的认识论是历史上的可知论哲学的继承和发展，因此，它理所当然地应把哲学史上的可知论命题——思维和存在的同一性加以改造和吸收，成为辩证唯物论的可知论的原理。那种认为思维和存在的同一性命题同辩证唯物论的认识论势不两立的观点是不恰当的。同样，那种力图扩大思维和存在的同一性命题的意义，甚至要用这个命题概括整个辩证唯物论的认识论的倾向，也是不恰当的。

（原载《南开学报》，1981 年第 3 期；
转载《新华文摘》，1981 年第 9 期）

略论近代德国的哲学革命

——兼评德国古典哲学研究中的一个公式

关于德国古典唯心主义的历史地位，恩格斯曾经写道："在法国发生政治革命的同时，德国发生了哲学革命。这个革命是由康德开始的。他推翻了前世纪末欧洲各大学所采用的陈旧的莱布尼茨的形而上学体系。费希特和谢林开始了哲学的改造工作，黑格尔完成了新的体系。"[①]正像 18 世纪法国启蒙运动为法国资产阶级革命做了舆论准备一样，德国古典唯心主义者所开展的哲学革命，也为 19 世纪德国的政治变革做了前导。

多年来，在我们的德国古典哲学的研究中，德国古典唯心主义者所进行的这场哲学革命及其历史意义并没有得到适当的阐发。一些关于德国古典哲学的论著对这个问题很少谈及，有的甚至根本不提。相反的，人们从这些论著中却常常看到这样一些论断："从康德开始经过费希特和谢林而到黑格尔完成的德国古典唯心论是对 18 世纪法国唯物论的反动"；康德的"整个思想归根到底是为宗教、神学做论证的"，"在政治上是反动的"；黑格尔哲学是"理性神学"，是普鲁士王国的"国家哲学"。显然，从这些论断出发，人们就很难理解德国古典唯心主义者进行了一场为未来的资产阶级革命做了前导的哲学革命了。这样，

---

① 恩格斯：《大陆上社会改革运动的进展》，《马克思恩格斯全集》第 1 卷，人民出版社 1956 年版，第 588 页。

尽管人们竭力从德国古典唯心主义中去寻找辩证法思想，肯定其合理性，但它总使人感到抽象而缺乏生命力。

我们看到，关于德国古典唯心主义的上述种种论断，是和长期以来德国古典哲学研究中的一个通行的公式密切联系着的。这个公式就是把德国古典哲学的发展史归结为德国古典唯心主义反对法国唯物论和费尔巴哈的唯物论反对德国古典唯心主义这"两次大斗争"的历史。按照这个公式，德国古典唯心主义在这"两次大斗争"中始终扮演着一个反面角色，起着反面教员的作用。现在看来，这些问题有必要进一步研究和商讨。

我们认为，反封建是德国古典哲学发展的主线。包括德国古典唯心主义在内的德国古典哲学，首先和主要是在反封建的斗争中形成和发展的。德国古典唯心主义尽管具有强烈的保守性，但是，和法国唯物论、费尔巴哈的唯物论一样，它也是反封建的进步哲学。上述通行的公式以及由它所引出的关于德国古典唯心主义的种种论断的基本缺陷，就在于用资产阶级内部的不同世界观的对立和斗争掩盖或抹杀了德国古典哲学特别是德国古典唯心主义的反封建的基本精神。

一

德国古典唯心主义主要是在反封建的斗争中形成和发展的。它所开展的哲学革命，是一场资产阶级反封建的思想革命。

德国古典唯心主义者是 18 世纪末至 19 世纪初德国软弱资产阶级的思想代表。他们的思想深深地打上了这个时期德国资产阶级既向往革命但又不敢实行革命的两面性格的烙印。众所周知，康德、费希特、谢林和黑格尔都不是什么革命家，而是十足的改良主义者。他们都是封建当局任命的青年的导师——

大学教授，在现实政治问题上是循规蹈矩、谨小慎微的君子，有时甚至公开为封建专制制度祝福，为封建神学粉饰。然而，应当看到，德国古典唯心主义者终究是一批资产阶级的代言人。他们跪着造反，竭力通过迂腐晦涩的唯心主义言词来表达资产阶级的反封建的要求。恩格斯写道："1750 年左右，德国所有的伟大思想家——诗人歌德和席勒、哲学家康德和费希特都诞生了；过了不到二十年，最近的一个伟大的德国形而上学家黑格尔诞生了。这个时代的每一部杰作都渗透了反抗当时整个德国社会的叛逆的精神。"[1]1795 年，黑格尔在写给谢林的一封信中曾尖锐地指出："宗教和政治同穿一条裤子，宗教按专制主义的需要进行鄙视人类的说教，似乎人类以他自身的力量，不能做任何事情来改善他的处境。"[2]在给谢林的另一封信中，黑格尔还明确指出："理性和自由是我们要解决的课题。"[3]德国古典唯心主义者反抗当时整个德国社会的叛逆精神主要表现在高举人类理性的旗帜批判封建神学，鼓吹资产阶级的自由、平等要求，对抗封建专制制度。

马克思曾经指出，在德国"对宗教的批判是其他一切批判的前提"。[4]尽管德国古典唯心主义者表面上极力粉饰现存宗教，但他们本质上是封建神学的叛逆者。18 世纪末，封建神学仍然是德国各邦专制制度的精神支柱，在意识形态领域内占据统治地位。在哲学上，18 世纪流行的以论证上帝存在、灵魂不灭和意志自由为主要内容的莱布尼茨-伏尔夫"形而上学"体系，成了封建神学的附庸，严重地阻碍着自然科学和资产阶级思想

---

① 恩格斯：《德国状况》，《马克思恩格斯全集》第 2 卷，人民出版社 1957 年版，第 635 页。
② 黑格尔：《哲学史讲演录》第 4 卷，商务印书馆 1978 年版，第 391 页。
③ 黑格尔：《哲学史讲演录》第 4 卷，商务印书馆 1978 年版，第 389 页。
④ 马克思：《〈黑格尔法哲学批判〉导言》，《马克思恩格斯选集》第 1 卷，人民出版社 1972 年版，第 1 页。

的发展。18 世纪末，在法国启蒙思想家和英国哲学家休谟等人横扫 17 世纪的"形而上学"同时，康德在德国也高举理性的旗帜奋起批判莱布尼茨-伏尔夫"形而上学"体系。在《纯粹理性批判》中，康德竭力论证莱布尼茨-伏尔夫"形而上学"关于上帝存在、灵魂不灭和意志自由的一切理论证明"皆欺人而无根据"。[①]在《实践理性批判》中，"康德把神的存在贬为实际理性的一种假定"。[②]康德推翻了莱布尼茨-伏尔夫"形而上学"，打击了封建神学，开始了一场哲学革命。费希特进一步发挥了康德的道德神学思想，并因此而遭到封建当局的非难。谢林宣称，"对于我们来说，关于上帝的正统概念已不复存在了"。他用唯心主义的泛神论对抗封建神学。黑格尔则公开声言，国家高于教会，法律高于教条，哲学高于宗教，并用被他神化了的资产阶级意志——"自由精神"也即所谓"绝对理念"去代替封建神学中的上帝。在黑格尔看来，"上帝"等于"自由"，"自由"等于"上帝"。因此，不应当把黑格尔的上帝同封建神学中的上帝混为一谈，黑格尔对上帝（"绝对理念"）的崇拜，实质上不过是资产阶级对自己的意志（"自由"）的崇拜。黑格尔哲学中所隐藏的反神学的精神，后来为青年黑格尔派所继承和发挥。当然，德国古典唯心主义者站在唯心主义的立场上批判神学，是不可能彻底的。他们照例是在肯定神学的形式下否定神学，在否定神学的同时又为神学留出地盘。但是，我们决不能因此就否定其批判神学的积极的历史意义，硬说他们的哲学是为神学做论证的。

　　德国古典唯心主义者是资产阶级政治理想的鼓吹者，封建

---

　　① 康德：《纯粹理性批判》，三联书店 1957 年版，第 456 页。
　　② 恩格斯：《致康·施米特（1895 年 3 月 12 日）》，《马克思恩格斯选集》第 4 卷，人民出版社 1972 年版，第 515 页。

专制主义的批判者。我们知道，康德对专制制度是不满的，他要求进行资产阶级的改革。他认为一个理想的政治制度应当是法治国家。康德是一位二元论者、不可知论者。在他看来，法治国家虽然很合理，但不过是一个国家的"理念"，就是说是人们应当力求实现但又永远不可能实现的理想。康德看到现实的东西不合乎理想，这本身就是对现实的专制制度的否定，反映了18世纪德国市民资产阶级对自己的阶级要求有了新的觉悟；但他又说理想的东西不能实现，把法治制度推到彼岸世界，这正反映了18世纪末正在形成的德国资产阶级还很软弱，对自己的力量还缺乏足够的信心。在法国革命的震荡下，伴随着资产阶级的形成，德国思想战线上出现了一场批判康德的二元论、不可知论，论证思维和存在具有同一性的哲学运动。费希特开路，接着的是谢林，黑格尔完成了以思维和存在同一为核心的唯心主义辩证法体系。黑格尔在唯心主义的基础上充分发挥辩证法思想，主张思维和存在具有同一性，认定合理的东西必然会转化为现实。在他看来，君主立宪制即法治制度不仅是合理的，而且是必定能够实现的。恩格斯指出："当黑格尔在他的《法哲学》一书中宣称君主立宪是最高的、最完善的政体时，德国哲学这个表明德国思想发展的最复杂但也最准确的指标，也站到了资产阶级方面去了。换句话说，黑格尔宣布了德国资产阶级取得政权的时刻即将到来。"[①]然而，和批判宗教一样，德国古典唯心主义者对专制制度的批判也是很不彻底的。这些政治上的庸人极端害怕革命的群众运动，坚决反对采取任何革命行动。在他们看来，德国的改造只能走自上而下的改良道路。但是，无论如何，德国古典唯心主义者的主导思想仍然是批判封

---

① 恩格斯：《德国的革命和反革命》，《马克思恩格斯选集》第1卷，人民出版社1972年版，第510页。

建主义，树立资本主义的。因此，我们不应当像普鲁士政府那样近视，竟把黑格尔哲学推崇为普鲁士王国的"国家哲学"。

作为德国软弱资产阶级的意识形态的德国古典唯心主义，是一种极为复杂的思想现象。像康德和黑格尔这样一些资产阶级思想家曾被封建王朝尊奉为青年的导师和国家哲学家；可是，正是在这些被推崇为国家哲学家们的唯心主义著作中却隐藏着反抗封建制度的叛逆精神。马克思曾经指出："普鲁士的国家哲学家们，从莱布尼茨到黑格尔，都致力于推翻神。可是，如果我推翻神，那我也要同样推翻神所恩赐的国王。"①由此看来，我们必须善于从本质上看问题，所谓"国家哲学家"的哲学，实质上是资产阶级反封建的哲学。

二

的确，德国古典唯心主义者是以狄德罗为代表的法国唯物论、无神论的反对派。但是，我们不能因此就断言德国古典唯心主义的批判锋芒首先和主要是针对法国唯物论的，从而简单地把德国古典唯心主义说成对法国唯物论的反动。

首先应当明确的是，德国古典唯心主义所代表的德国资产阶级和法国唯物论所代表的法国资产阶级，在当时的历史条件下都还处于上升时期，两者在反封建这个政治大方向上是一致的。由于近代欧洲各国政治经济发展的不平衡，这两国的资产阶级之间在一定时期内在反封建上存在着激进和保守的差别。18世纪的法国资产阶级已经十分强大，政治上日趋激进，敢于同封建专制制度直接对峙，并在这个世纪末发动了政治革命。

---

① 马克思：《揭露科伦共产党人案件——二，迪茨的档案》，《马克思恩格斯全集》第8卷，人民出版社1961年版，第468页。

德国资产阶级的处境则不一样。18世纪末，德国资产阶级还正处于形成过程之中，经济上很软弱，政治上很保守，政治革命还没有提到日程上来，它只企图通过改良主义道路发展自己。这种情况反映在意识形态上便表现为，德国古典唯心主义和法国唯物论都具有反封建的性质，同时两者之间又存在着很大的差别和对立。德国古典唯心主义面临着两个对立面：一个是德国古典唯心主义同德国封建神学唯心主义之间的对立，它反映了德国资产阶级同德国封建主义之间的矛盾；另一个是德国古典唯心主义同法国唯物论的对立，它反映了保守的德国资产阶级同激进的法国资产阶级之间的矛盾。显然，在当时德国的历史条件下，前一种矛盾是主要的，后一种矛盾则是次要的。如前所述，德国古典唯心主义本质上是反封建的，但是它往往也借批判法国唯物论、无神论向封建神学献媚，掩饰自己的叛逆精神。为了揭露德国古典唯心主义的保守性，科学地阐明德国古典唯心主义同法国唯物论的矛盾和斗争，划清唯物论和唯心论的原则界限，是完全必要的。但是，如果将这种矛盾和斗争置于德国古典唯心主义同封建神学唯心主义的矛盾和斗争之上，或者把德国古典唯心主义和封建神学唯心主义看成一丘之貉，则是不适当的。

我们看到，就是在法国启蒙运动中，资产阶级思想家们之间在世界观上也不是完全一致的，也存在着唯心论和唯物论的矛盾和斗争。"百科全书派"的唯物论和无神论，无疑是法国启蒙运动的最高成果，但它也只是法国启蒙运动中的一个派别。法国启蒙运动中的不少代表人物如孟德斯鸠、伏尔泰、卢梭等人，并不是唯物论者或无神论者。人们并没有因为他们同"百科全书派"唯物论者在世界观上有分歧就说他们是对"百科全书派"的唯物论的反动。既然如此，那么为什么又一定要把德国古典唯心主义说成对法国唯物论的反动呢？

　　马克思曾经指出，要"公正地把康德的哲学看成是法国革命的德国理论"。[①]马克思的这个论断，其实不仅适用于康德哲学，而且适用于整个德国古典唯心主义。德国古典唯心主义者从软弱的德国资产阶级立场去看待法国的革命风暴。他们同情法国启蒙运动和法国革命，并从中吸取了反神学、争自由的资产阶级反封建的革命精神；可是，当他们把法国的革命学说移植到德国来的时候，又多方设法磨去其棱角，锉钝其锋芒，实行德国式的改造，以适应德国市民-资产阶级的改良主义路线的需要。我们看到，康德哲学的一个重要背景就是法国启蒙运动，卢梭倡导的"自由"精神渗透在康德的一切著作之中。但是，康德却把法国资产阶级以现实的阶级利益为基础的自由要求变成了抽象的"自由意志"。我们从康德关于"自在之物"和认识论的学说中也可以明显地看到法国唯物论的影子，比如他肯定"自在之物"是独立于人们意识并且是感觉的泉源，承认认识开始于经验并且离不开经验。可是，康德又力图将这些唯物论的原则同唯心论相调和。费希特、谢林和黑格尔都是在法国革命的浪潮的震荡下登上哲学舞台的。他们从法国革命中受到了鼓舞，看到了资产阶级理想能够变为现实的希望。黑格尔在称颂法国革命的同时又百般攻击法国革命过程中人民群众的革命行动是什么"可怖的暴虐"，哀叹"人民群众把自由抓到手里，所表现出来的狂诞情形实在可怕"。[②]黑格尔极端轻蔑法国唯物论，说法国唯物论"很单调"，"非常肤浅"。但是，他对包括法国唯物论在内的法国哲学反对天主教、攻击专制制度的革命精

---

　　① 马克思：《法的历史学派的哲学宣言》，《马克思恩格斯全集》第 1 卷，人民出版社 1956 年版，第 100 页。
　　② 黑格尔：《哲学史讲演录》第 4 卷，商务印书馆 1978 年版，第 256—257 页。

神始终是肯定的。黑格尔说："法国哲学著作在启蒙思想中占重
要地位，这些著作中值得佩服的是那种反对现状、反对信仰、
反对数千年来的一切权威势力的惊人魄力。"[①]他认为："法国
的无神论、唯物论……怀着深恶痛绝的感情反对各种毫无思想
性的前提，反对宗教里的各种硬性规定的准则。"[②]在德国，保
守的思想家们总是惯于抽象地责难法国哲学攻击了教会和国
家。对此，黑格尔写道："他们（按：指法国哲学家）攻击的是
什么宗教！……是最无耻的迷信，教权，愚蠢，出卖良心……
他们攻击的是什么国家！是大臣和他们的宠姬仆妇的最盲目的
统治。"[③]黑格尔认为，现在德国哲学和法国哲学坚持的是同一
个原则，走的是同一条路，干的是同一件事，这就是反神学，
争自由。由此看来，把德国古典唯心主义说成对法国革命的反
动是错误的，同样的，把德国古典唯心主义说成对法国唯物论
的反动，也是不正确的。

有的同志认为，德国古典唯心主义者在法国唯物论之后还
坚持唯心论，反对唯物论，这是历史的倒退。这种看法也是值
得研究的。我们知道，和法国不同，18 世纪末至 19 世纪初，
德国还不存在唯物论存在和发展的土壤，正在形成的德国资产
阶级还没有需要也没有能力掌握唯物论这个尖锐武器。在这种
情况下，德国古典唯心主义活跃于哲学舞台，负起了反封建的
历史任务，这是很自然的事，谈不上什么倒退问题。如果从德
国近代哲学发展史来看，那么德国古典唯心主义较之路德和莱
布尼茨的思想反倒应该说是前进了一大步。我们还看到，德国
古典唯心主义者在批判法国唯物论的同时还克服了法国唯物论

---

① 黑格尔：《哲学史讲演录》第 4 卷，商务印书馆 1978 年版，第 218—219 页。
② 黑格尔：《哲学史讲演录》第 4 卷，商务印书馆 1978 年版，第 219 页。
③ 黑格尔：《哲学史讲演录》第 4 卷，商务印书馆 1978 年版，第 223 页。

的形而上学的缺点。德国古典唯心主义者所提供的丰富的、深刻的辩证法思想，乃是人类认识发展史上的一次新飞跃。

三

在黑格尔之后，费尔巴哈批判了德国古典唯心主义，创立了唯物论体系，把德国古典哲学推向了一个新的阶段。费尔巴哈的唯物论和德国古典唯心主义在哲学路线上是根本对立的。然而，我们必须把这两者之间的对立和斗争放到当时的具体历史条件下加以考察。

首先应当看到，德国古典唯心主义和费尔巴哈的唯物论，是同一个阶级即德国资产阶级的不同发展阶段上的意识形态，费尔巴哈对德国古典唯心主义的批判，乃是德国资产阶级的自我批判。德国古典唯心主义是 18 世纪末至 19 世纪初德国资产阶级形成时期的资产阶级思想体系，费尔巴哈的唯物论则反映了 19 世纪三四十年代开始壮大起来的资产阶级的反封建的要求。费尔巴哈对黑格尔哲学的批判，如同康德批判莱布尼茨；费希特批判康德；谢林批判费希特；以及黑格尔批判康德、费希特、谢林一样，都是德国资产阶级的自我批判，都是德国资产阶级随着自己的成长、强大而不断割除自己身上的保守尾巴，克服反封建的不彻底性的努力。当然，这两种批判在性质上又是很不相同的。康德对莱布尼茨的批判和黑格尔对康德的批判，完全是在唯心论的圈子里进行的。这表现了在从莱布尼茨到黑格尔这段历史时期内，德国资产阶级的反封建的革命性虽然在逐渐增强，但保守、妥协的倾向仍然是主要的。费尔巴哈对黑格尔的批判则不同，这是一场唯物论哲学路线反对唯心论哲学路线的斗争。它反映了 19 世纪三四十年代迅速强大起来的德国资产阶级的革命积极性的急剧增长，反映了德国资产阶级由长期的保守、妥协的路线向激进、革命的立场的转变，预示着一场革命风暴行将到来。

必须明确，费尔巴哈的批判锋芒主要是针对宗教的，他对德国古典唯心主义的批判始终是围绕着批判基督教这个斗争中心进行的。费尔巴哈早年是黑格尔哲学的信徒，他本人曾努力从黑格尔哲学出发批判过宗教，但没有从根本上解决问题。随着对宗教批判的深入，费尔巴哈意识到，黑格尔哲学现在已经成了神学的最后的理性支柱，不突破黑格尔的唯心论体系，就不可以彻底打倒神学。用他的话来说就是："谁不扬弃黑格尔哲学，谁就不扬弃神学。"① 费尔巴哈通过批判德国古典唯心主义转向唯物论，并在唯物论的基础上论证了无神论，从而同基督教实行了公开彻底的决裂。由此看来，我们不应当离开费尔巴哈反神学这个中心问题去谈费尔巴哈同德国古典唯心主义的矛盾和斗争。

费尔巴哈对宗教的批判斗争，乃是德国资产阶级长期批判封建神学的斗争的继续和完成。马克思说过，德国的革命是"从僧侣的头脑开始"的。这个僧侣就是路德。16世纪，路德发动了针对罗马天主教的宗教改革运动，开始了德国资产阶级对封建神学的批判。他极力抬高信徒的个人信仰的地位，用个人信仰的权威对抗天主教教会的权威。路德的宗教改革运动沉重地打击了罗马天主教教会，但他所创立的新教也很快便成了一些地方封建诸侯实行专制主义的工具。而后，德国古典唯心主义者竭力伸张理性的权威，用人的理性对抗神学。费尔巴哈继承了历史上资产阶级的反神学的传统，第一次站在唯物论、无神

---

① 费尔巴哈：《关于哲学改造的临时纲要》，《费尔巴哈哲学著作选集》上卷，三联书店1959年版，第114页。

论的立场上把神归结为人，用人代替神，同封建神学彻底决裂，从而完成了德国资产阶级对封建神学的批判。费尔巴哈在谈到自己的思想演变过程时写道："我的第一个思想是上帝，第二个是理性，第三个也是最后一个是人。"①费尔巴哈一生思想演变的三个阶段，可以说是德国近代资产阶级哲学发展过程的缩影，是德国资产阶级批判封建神学长期斗争过程的缩影。

尽管费尔巴哈责难黑格尔哲学是神学的最后的理性支柱，但是实际上黑格尔哲学曾为费尔巴哈批判宗教做了理论准备。正如马克思指出的，费尔巴哈"在黑格尔以后起了划时代的作用，因为他强调了为基督教意识所厌恶而对于批判的发展却很重要的某几个论点，而这些论点是被黑格尔留置在神秘的朦胧状态中的"。②应该说，黑格尔的批判者费尔巴哈还是能历史地看待黑格尔哲学的。在费尔巴哈看来，黑格尔哲学从科学性和思想丰富来说超过了以往的哲学，但它终究是他那个时代的哲学，时至今日，黑格尔哲学已经成了时代的负担，必须抛弃。费尔巴哈看到了黑格尔哲学中隐藏着批判神学的成分，说"黑格尔哲学在肯定基督教的同时否定了基督教"，但是黑格尔"把对基督教的否定掩盖起来"，"弄得暧昧不清"③，并为神学留下了最后的"避难所"。由此看来，划清费尔巴哈的唯物论同德国古典唯心主义的界限是必要的，模糊或冲淡两者之间的原则界限是错误的。但是，如果认为在德国古典哲学中，德国古典唯心主义者都是神学的卫道士，唯有费尔巴哈才是反神学的战士，那是不正确的。实际上，费尔巴哈的历史功绩并非在于他

---

① 费尔巴哈：《说明我的哲学思想发展过程的片断》，《费尔巴哈哲学著作选集》上卷，三联书店 1959 年版，第 247 页。

② 马克思：《论蒲鲁东》，《马克思恩格斯选集》第 2 卷，人民出版社 1972 年版，第 141 页。

③ 费尔巴哈：《改革哲学的必要性》，《费尔巴哈哲学著作选集》上卷，三联书店 1959 年版，第 95 页。

开始了，而在于他完成了德国资产阶级对宗教的批判。

德国哲学革命的最后成果就是把神归结为"人"，用费尔巴哈的话来说就是：不是神创造了人，而是人创造了神。费尔巴哈以"人"为中心批判了宗教，创立了唯物论，阐发了他的社会伦理观点。费尔巴哈的人本主义唯物论不仅为德国资产阶级革命做了思想准备，而且直接为马克思主义的创立提供了理论前提。马克思高度评价费尔巴哈的人本主义，同时他又指出："他致力于把宗教世界归结于它的世俗基础。他没有注意到，在做完这一工作后，主要的事情还没有做哩。因此，世俗基础自己和自己本身分离，并使自己转入云霄，成为一个独立王国，这一事实，只能用这个世俗基础的自我分裂和自我矛盾来说明。因此，对于世俗基础本身首先应当从它的矛盾中去理解，然后用排除这种矛盾的方法去实践中使之革命化。"①马克思正是从费尔巴哈的人本主义出发，把费尔巴哈的超历史、超阶级的抽象的"人"放到具体的社会关系中去加以分析，揭示了人的本质是社会关系的总和，从而创立了历史唯物主义科学。不过，应当看到，费尔巴哈的人本主义乃是德国古典哲学中的人本主义精神发展的结晶。康德哲学的基本精神就是人本主义。在《纯粹理性批判》中，康德鼓吹要用人的理性批判一切，在《实践理性批判》中，他竭力要维护人的自由和尊严。正如黑格尔指出的，康德的哲学观点是"除了思维的权威之外更没有外在的权威；一切权威只有通过思维才有效准。"②德国古典唯心主义者把所谓"自我意识"抬到绝对无上的地位，就是力图通过抽象的形式伸张人的理性的权威。费尔巴哈的人本主义正是渗透

---

① 马克思：《关于费尔巴哈的提纲》，《马克思恩格斯选集》第 1 卷，人民出版社1972 年版，第 17 页。
② 黑格尔：《哲学史讲演录》第 4 卷，商务印书馆 1978 年版，第 256 页。

在德国古典唯心主义哲学中的人本主义精神发展的自然的结果。从这里也可以看出，费尔巴哈不仅是德国古典唯心主义的批判者，而且也是德国古典唯心主义的继承者。

综上所述，从康德到费尔巴哈的德国古典哲学实现了一场资产阶级反封建的哲学革命。德国古典哲学首先和主要是在批判封建神学的唯心主义、形而上学世界观的斗争中形成和发展起来的。围绕着批判神学这个斗争中心，德国古典哲学在它的发展过程中也交织着辩证法和形而上学、唯物论和唯心论的斗争。因此，我们认为，那种把德国古典哲学的发展归结为"两次大斗争"的公式不能很好地说明德国古典哲学的革命意义，不符合德国古典哲学发展的实际，因而是不适当的。

（原载《外国哲学》，1983 年第 3 卷）

承认不承认"思维和存在的同一性"也不是划分辩证法和形而上学的标准

——略评王若水同志的《略评"第三种意见"》

近几年来，我的脑子里一盘旋着这样一个问题：关于思维和存在的同一性问题的讨论进行了二十多年，为什么至今还没有一个结果？除了某些超学术的因素的干扰外，争论各方在观察问题的角度上是否都存在着一些问题？能不能跳出二十多年来争论双方的圈子，撇开一些细节，探索一个新的角度？我觉得可以把关于思维和存在的同一性的研究和讨论分作两步走：第一步，首先弄清楚哲学史上形成的这个命题的本来的含义；第二步，再研究马克思主义应当如何估价（改造吸收或彻底否定）这个命题的哲学意义。在我看来，如果第一步还没有走好，就急于在第二步上用力做文章，那就很难把问题搞清楚。拙文《"思维和存在的同一性"本来只是一个可知论的命题》①就是这个想法的产物。

拙文关于"思维和存在的同一性"这个哲学命题的基本观点可以归结为如下的一段话：

在我看来，从这个命题的历史发展过程来考察，虽然它涉及唯物论和唯心论、辩证法和形而上学的矛盾问题，

---

① 冒从虎：《"思维和存在的同一性"本来只是一个可知论的命题》，《南开大学学报》，1981年第3期。

但就其本来的意义说，思维和存在的同一性讲的只是思维和存在之间的一致或符合，是一个可知论的命题，其中心点是反对不可知论。承认不承认思维和存在的同一性，只是划分可知论和不可论的界限，而不是区分唯物论和唯心论、辩证法和形而上学的标准。

王若水同志在《略评"第三种意见"》一文中，把我的上述观点列入了加引号的第三种意见，声称所谓"第三种意见"不过是二十多年前他早已"提出"并且"早就说清楚了的问题"。①照这样说，似乎我自以为跳出了争论双方的圈子，而实际上并没有逃出如来佛的手心，重复着二十多年前人们早已提出并且早已说清楚了的观点。

对此，我则不以为然。相反，我倒认为，拙文所提出的观点恰恰是王若水同志二十多年前以及二十多年来从来没有提出，也从来没有搞清楚的问题。

王若水同志首先责难我对争论双方的分歧的概括不准确。拙文是这样开头的：

> 思维和存在的同一性是哲学认识论中的一个重要命题。对于这个命题，长期以来众说纷纭。概括地说，主要有如下两种根本对立的观点：

> 一种观点认为，思维和存在的同一性这个命题的实质讲的是思维和存在的等同，因而是一个唯心论的命题，其中心点是反对唯物论。……

> 另一种观点认为，思维和存在的同一性命题的实质讲的是思维和存在的相互转化，因而是一个辩证法的命题，其中心点是反对形而上学、机械论。

王若水同志对此提出异议，他说："关键在于：这样概括双

---

① 王若水：《略评"第三种意见"》，《社会科学战线》，1982 年第 4 期。

方分歧是否准确？”

所谓“概括”，当然不可能把被概括的问题的所有方面都摆出来，而只能着重揭示其实质。那么，我对争论双方的观点的实质的概括，特别是对肯定思维和存在的同一性的一方的观点的实质的概括是否准确呢？

不妨先看看王若水同志本人对自己所持的观点的实质所做的概括。

1960 年，王若水同志在《思维和存在没有同一性吗？》一文中指出：

> 否认思维和存在的任何同一性，这意味着什么呢？这意味着不承认思维和存在是矛盾的两个方面，或者即使是矛盾的两个方面，也仅仅有对立的关系而没有统一的关系。这也就是说，对立统一这一条辩证法的根本法则，竟然不适用于像思维和存在的关系这样的根本性的命题。①

同年三月，王若水同志在《形而上学还是唯物辩证法？》一文中关于思维和存在的同一性问题的讨论，写道：

> 我以为这个讨论提出的是如何宣传辩证法、反对形而上学的倾向问题，是一个如何在思维和存在的关系的根本问题上，在认识论的根本问题上贯彻唯物辩证法和批判形而上学观点的问题。②

同年六月，王若水同志在《关于思维和存在的同一性问题》一文中明确指出：

> 我们只要说明了思维和存在是互相联系着，在一定条件下共处于一个统一体中，又在一定条件下互相转化，那

---

① 王若水：《在哲学战线上》，人民出版社 1980 年版，第 313 页。
② 王若水：《在哲学战线上》，人民出版社 1980 年版，第 314 页。

么，我们就证明了思维和存在具有同一性。①

就在这同一篇文章中，王若水同志还指出：

> 从 1958 年开始的国民经济大跃进以来，主观能动性的巨大作用更是太明显了。在这样的时代还不承认思维和存在的辩证关系，特别不承认思维向存在的转化，那只能说是头脑受形而上学的影响太深了。②

二十年来，王若水同志对这个问题的理解没有任何改变。1981 年，他在《辩证法的命运》一文中开宗明义地指出：

> "思维和存在的同一性"讨论，实质是矛盾的同一性是否适用于思维和存在的关系问题。③

好了！王若水同志的观点是鲜明的：思维和存在的同一性这个命题的实质讲的是思维和存在的相互转化，是一个辩证法的命题，肯定它就是坚持辩证法，否定它就是陷入了形而上学。可见，我对包括王若水同志在内的一方的观点的实质的概括是准确的，尽管我根本不同意王若水同志对思维和存在的同一性这个命题的实质的理解。因为哲学史上确有不懂得辩证法，不懂得思维和存在相互转化，但又明确肯定思维和存在的同一性的人，唯物主义者费尔巴哈就是这样的一位哲学家。

王若水同志还责难我忽略了他曾经说过的一些话，如思维和存在的同一性问题是哲学基本问题的第二方面，是划分不知论和不可知论的标准。其实，讨论另一方的同志也并不完全否认思维和存在的同一性是一个可知论的观点，比如，杨献珍同志就曾明确指出思维和存在的同一性是"黑格尔的唯心主义可知论的命题"。④

---

① 王若水：《在哲学战线上》，人民出版社 1980 年版，第 348 页。
② 王若水：《在哲学战线上》，人民出版社 1980 年版，第 355 页。
③ 王若水：《辩证法的命运》，《社会科学战线》，1981 年第 3 期。
④ 杨献珍：《唯物论的命运》，《社会科学战线》，1982 年第 1 期。

这就是说，问题不在于有没有说过思维和存在的同一性是可知论的话，重要的是这个命题的基本含义或实质是什么？是唯心论，是辩证法，还是可知论？

王若水同志对这个问题的看法应当说是很明确的。他不仅把否定和肯定思维和存在的同一性的实质归结为"形而上学还是唯物辩证法"①，而且反复说明不应当把思维和存在的同一性仅仅理解为思维和存在的"一致""符合"，换句话说，不应当仅仅理解为可知论。他说：

> 我们可以从"符合""一致"的意义上来考察它们之间的同一性，但是我们没有理由把思维和存在的同一性仅仅限制在这个意义上。②

> 有的同志认为，思维和存在的同一性仅仅是思维正确地反映存在，其他关系都不是同一性，这显然是把矛盾的同一性狭隘地理解为"符合"。③

和王若水同志的观点相反，我的观点恰恰就是王若水同志所批评的"狭隘"的观点。当然我不主张把辩证法的矛盾同一性狭隘地理解为"符合"；但是，我认为，哲学史上形成的思维和存在的同一性这个命题中的"同一性"就仅仅具有"一致"或"符合"的意义。因此，我明确指出，思维和存在的同一性这个命题的本来含义或实质讲的只是思维和存在的一致、符合，仅仅是一个可知论的命题。我在《"思维和存在的同一性"本来只是一个可知论的命题》和《略论费尔巴哈的思维和存在的统一性学说》④两篇文章中，论证的就是这种"狭隘"的观点。

---

① 王若水：《在哲学战线上》，人民出版社1980年版，第314页。
② 王若水：《在哲学战线上》，人民出版社1980年版，第377页。
③ 王若水：《在哲学战线上》，人民出版社1980年版，第376页。
④ 冒从虎：《略论费尔巴哈的思维和存在的统一性学说》，《天津师院学报》，1981年第5期。

我提出的这个观点以及为这个观点所做的初步论证能否成立，这是可以讨论、批评的，但是，把我的观点说成是王若水同志的某个观点的重复，则是不可理解的。

既然历史上既存在辩证的唯心主义的思维和存在同一性论者，即辩证唯心主义的可知论者（如黑格尔），又存在着形而上学唯物主义的思维和存在同一性论者，即形而上学唯物主义的可知论者（如费尔巴哈），那么，我们就没有理由说思维和存在的同一性这个命题本身是唯物主义的，还是唯心主义的，是辩证法的，还是形而上学的，而只能说这个命题本来只是一个可知论的命题，它既可以作唯物主义的了解，也可作唯心主义的了解，既可作辩证法的了解，也可作形而上学的了解。

我从思维和存在的同一性本来只是一个可知论的命题这个基本观点出发，断言承认不承认思维和存在的同一性既不是划分唯物论和唯心论的标准，也不是划分辩证法和形而上学的标准，而仅仅是划分可知论和不可论的界限。当然，王若水同志要以把我的"既不是"看成他所说的对思维和存在的同一性"可以有唯心主义的了解，也可以有唯物主义的了解"的观点的重复。即便如此，那么我说的"也不是"呢？不知王若水同志是否也认为这同样是对他的某种观点的重复？！如果说，在"既不是"上，我的观点和王若水同志的观点尽管出发点不同，但在形式上还是类似的；那么，在"也不是"上，我的观点和王若水同志的区别就如同黑白那样分明了。正因为如此，本文就不得不选定这样一个过长的标题："承认不承认思维和存在的同一性也不是划分辩证法和形而上学的标准。"

关于思维和存在的同一性命题和辩证唯物论的认识论的关系，拙文是这样说的：

> 我认为，辩证唯物论的认识论是历史上的可知论哲学

的继承和发展，因此，它理所当然地应把哲学史上的可知论命题——思维和存在的同一性加以改造和吸收，成为辩证唯物论的可知论的原理。那种认为思维和存在的同一性命题同辩证唯物论的认识论势不两立的观点是不恰当的。同样那种力图扩大思维和存在的同一性命题的意义，甚至要用这个命题概括整个辩证唯物论的认识论的倾向，也是不恰当的。

在我看来，从黑格尔的辩证唯心主义的思维和存在的同一性学说，到费尔巴哈的形而上学唯物主义的思维和存在的同一性学说，再到马克思主义的辩证唯物主义的思维和存在的同一性学说，是人类认识发展史上可知论学说发展过程中的一次极有意义、内容极为丰富的否定之否定，很值得我们用力研究。遗憾的是，现有的公式，不论是说肯定思维和存在的同一性就是肯定唯心主义，还是说肯定思维和存在的同一性就是坚持辩证法，似乎都不能指导我们进行这种研究。

本文没有对自己的观点做进一步的论证，而只是为自己的观点相对于王若水同志的观点的独立性做了一点辩护。坚持观点的独立性决不在于争夺什么"发明权"，目的只是为了促进讨论的深入发展，何况独立性并不等于正确性、科学性。我愿意在今后的研究和讨论中对自己的观点进行补充、修正，以至否定。

（原载《社会科学战线》，1984 年第 1 期）

关于洛克物体两种性质观念理论的再探讨

在我国西方哲学史学科中，人们对洛克关于物体两种性质与两种性质的观念之间的关系学说，长期争论不休。现在看来，这个问题不单纯是一个哲学史问题，而且是一个涉及主体与客体的关系的重要理论问题，即认识的客观性与主观性、绝对性与相对性的相互关系问题。因此，我们感到，有必要对这个问题做进一步的研究和讨论。

历来对这个问题的讨论，主要集中在所谓物体的第二性质与关于物体第二性质的观念之间的关系问题上。一部分同志认为，洛克关于第二性质的观念的学说具有唯心主义的倾向和符号论的特征，为后来的贝克莱的主观唯心主义开了方便之门；另一部分同志则认为，洛克在关于第二性质观念的学说上坚持了唯物主义，后为贝克莱所歪曲。值得注意的是，争论双方对于洛克的物体的第一性质与关于第一性质的观念之间的关系的观点，有着一致的理解和评价，似乎洛克在这方面不存在什么问题。

我们认为，在洛克的物体的两种性质与关于两种性质的观念的学说中，问题主要发生在所谓物体的第一性质与关于第一性质的观念之间的关系的观点上。正是在这里，洛克坚持直观的反映论，片面地强调认识的客观性、绝对性方面，忽略了认识的主观性、相对性方面，从而为贝克莱哲学开辟了道路。在我们看来,如果不能正确理解和评价洛克在这个问题上的观点,那就无法正确理解和评价他的物体的第二性与关于第二性质的观念之间的关系的学说,也不能正确理解和评价贝克莱哲学与洛克哲学之间的关系。

"原型说"的局限性

洛克依据 17 世纪数学力学发展的成果,从唯物主义经验论角度看,继伽利略、霍布斯之后,进一步系统地讨论了物体的性质及其与人们的感觉观念之间的关系问题,提出了所谓物体的两种性质和关于物体的两种性质的两种观念的学说。

洛克首先依据机械论的原则把物体的性质分为两种。他写道:

> 第一就是物体中各凝固部分底体积、形相、数目、位置、运动和静止。这些性质不论我们知觉它们与否,总是在物体中存在的。……

> 第二就是任何物体中一种特殊的能力,它可以借不可察觉的第一性质,在某种形式下,在我们底感官上生起作用来,并且由此使我们生起不同的各种颜色、声音、气味、滋味等等观念。……[1]

按照洛克的观点,作为感觉观念的源泉,不论是第一性质,还是第二性质,都是客观的,寓于物体之中的。但是,第一性质是物体固有的性质,第二性质则是由微细的、感官所不能觉察的第一性质的不同结合而派生出来的一种能力。

从唯物主义经验论出发,洛克认为,物体的两种性质作用于感官便产生两种不同的观念,第一性质作用于感官产生

---

[1] 洛克:《人类理解论》,商务印书馆 1959 年版,第 106 页。

体积、形相、数目、位置、运动和静止等关于第一性质的观念，第二性质作用于感官产生色、声、香、味等关于第二性质的观念。洛克强调指出，尽管两种观念都是物体的性质作用于感官的产物，但它们与物体的性质关系却是很不相同的。第一性质的观念是第一性质的肖像，和第一性质的原型相似；第二性质的观念则不同。不过，洛克认为，尽管第二性质的观念不是物体的第二性质的肖像，与物体的第二性质的原型不相似，但是它和物体的第二性质仍然是"相对应、相契合"，因而不是人心虚构的东西，"一定是一个实在的观念"[①]。根据洛克的上述思想，我们可以把他关于第一性质的观念与第一性质的关系的观点叫作"原型说"，把他关于第二性质的观念与第二性质的关系的观点称为"契合说"。一方面，"原型说"是在反对唯心主义天赋观念论的斗争中形成的，坚持的是一条鲜明的唯物主义反映论路线，这是应予充分肯定的；另一方面，也应当看到，"原型说"只是唯物主义反映论发展过程中的一个环节，它不可避免地带有一定的历史局限性。充分肯定"原型说"的历史功绩和深入揭示其历史局限性，两者都是必要的。然而，我们看到，以往的论者对后一方面似乎没有给予必要的注意。

"原型说"一个明显的特点，就是在反对天赋观念论，坚持感觉观念的客观性的同时，忽略了感觉观念的主观性方面。毫无疑问，认识开始于经验，感觉观念是对于外物的性质的反映或摹写。但是，不应当把反映或摹写理解为是外物的性质的原型的复现。正如列宁指出的，"不容争辩，摹写决不会和原型完

---

① 洛克：《人类理解论》，商务印书馆 1959 年版，第 352 页。

全相同"。[①]感觉观念是客体的性质的主观反映，它不仅为客体的性质所决定，而且也受主体的生理、心理特质以及处于一定条件下的主体的状况所影响。因此，感觉观念就不仅报道着客体的消息，同时也包含着主体的主观成分，报道着主体的消息。洛克所谓的第一性质的观念，不可能是物体的第一性质的直接肖像或原型复现，而是已经为主体加工、改造了的东西。拿时间和空间来说，我们头脑中的时空观念无疑是客体的时空属性的反映，但它所把握的绝不是客体的时空属性的纯态，而是打上主体的烙印的时空。比如，当外物光信息两次发放的时间隔值，小于感官至大脑信息加工时值之差时，本来是间断的客观光信息在感官上却被反映为连续的现象。同样，客观上本来间断的空气震动，如果频率达到一定程度，在听觉里就被反映为时间上的连续声音。

我们认为，人类的认识是主观性和客观性的统一，是人们通过主观的认识形式反映客观内容的过程。片面夸大认识的主观性方面，否定认识的客观性，势必导致主观唯心主义或不可知主义。另一方面，如果片面坚持认识的客观性，忽略认识的主观性方面，那也会陷入"自以为是"的主观主义，以为凡是自己感觉到的就是真的，与客体绝对符合的。

"原型说"就是这样一种认识论上的绝对主义观点。在洛克那里，所谓物体的第一性质是指凝性、广袤、形相、运动、静止与数目等具有量的特性的数学力学性质。囿于数学力学的观点，他把这些性质看作物体的根本的固有的性质，体积较大而能为感官所直接把握的物体具有这些性质，微细的而不能为感官直接把握的物体部分也同样具有这些性质。按照洛克的观点，

---

① 列宁：《唯物主义和经验批判主义》，《列宁选集》第 2 卷，人民出版社 1972 年版，第 241 页。

第一性质的观念乃是第一性质的肖像，它的原型就存在于物体之中，与物体的第一性质绝对符合。这样，洛克就在强调感觉观念反映事物的绝对性的同时忽略了这种反映的相对性的方面。事实上，感觉观念不可能和外物绝对一致。这是因为认识主体总是在一定的条件下和它的对象发生关系的。仅就感觉主体和对象相互所处的位置来说，它在某种程度上决定着主体的观察效果。笛卡尔早就看到这一点，他以人们对同一座塔为例说明人们对物体的大小、高低这些特性的感觉深受认识主体对外物观察的角度和位置的影响。笛卡尔说，"我曾经多次观察到，塔远看像是圆的，近看却是方的，竖在这些塔顶上的巨像在底下看却像是些小雕像"。①显然，笛卡尔在这里确实触及了感觉观念的相对性方面。遗憾的是，唯理论者笛卡尔却从感觉观念的相对性引出了否定感觉观念的确实性的错误结论，说什么诸如上述的现象破坏了他对感官的可靠性的"信心"。和笛卡尔相反，经验主义者洛克坚持第一性质观念的客观性、绝对性，但他也跳到了另一个极端，忽略了感觉观念的相对性方面。可以看出，洛克和笛卡尔一样，都不懂得感觉观念于对外物的性质的把握既是绝对的，又是相对的，人们正是在相对中去把握绝对的。

　　洛克的"原型说"的出现有其历史缘由。牛顿的力学是洛克认识论的主要的自然科学背景。洛克关于第一性质与第一性质的观念的关系的学说（"原型说"）乃是牛顿的绝对时空观的哲学表达。正如牛顿力学在宏观世界里完全有效一样。洛克的"原型说"也和常识相吻合。因此，这种"原型说"的局限性也就往往不易为人们所觉察。

---

① 笛卡尔：《形而上学的沉思》，《十六—十八世纪西欧各国哲学》，商务印书馆1975年版，第145页。

"契合说"优于"原型说"

在一个相当长的时期内，一部分同志坚持认为洛克关于物体的第二性质与第二性质的观念之间的关系观点具有唯心主义或符号论的倾向。我们认为这里有两个问题：一个是事实问题，即洛克对这一点究竟是怎么说的；另一个是观点问题，即用什么标准去理解、评价洛克的这个学说。

如前所述，洛克对于第二性质与第二性质的观念的关系的阐述，基本上是清楚的。第一，第二性质的观念是由物体的第二性质作用于感官的产物。第二，第二性质的观念与物体的第二性质的原型不相似，但不是主观的幻想，也不是任意的符号，而是与物体的第二性质相契合的实在观念。比如，他举例说："糖既然能给我们产生出所谓白和甜等观念来，因此，我们就确乎知道，糖中一定有一种能力，来在我们心中产生那些观念。"[①]这是事实。

然而，问题在于用什么观点来理解这种事实，有一部分同志是站在洛克的"原型说"的立场上，以"原型说"为标准去评论"契合说"。在他们看来，"原型说"坚持的是唯物主义反映论路线，而"契合说"强调主体和客体的差别，突出第二性质的观念的主观性、相对性，断言观念和外物的性质的原型不相似，这就离开了唯物主义反映论路线，陷入了唯心主义或符号论。和这种观点相反，在我们看来，这些同志恰恰是在用"原型说"的缺陷否定"契合说"的优点。"契合说"并没有否认物体性质与关于物体性质的观念的关系是反映与被反映的关系，而且它坚持认为，引起色、声、香、味等主观感觉的是物体本

---

① 洛克：《人类理解论》，商务印书馆 1959 年版，第 352 页。

身的某种客观能力。因此，洛克"契合说"的唯物主义立场是十分明确的。这里，不同的只是"原型说"把物体的性质与关于物体性质的观念的关系当作直接的原型映现的关系，而"契合说"则在肯定两者"相照应""相契合"的同时，看到了它们尚有区别，也即看到了两者不完全一致的不相似的地方。因此，我们认为，从人类认识发展史的角度看，"契合说"优于"原型说"，其优越之处就在于它不仅坚持了认识的客观性、绝对性，而且看到了认识的主观性、相对性方面。

洛克的"契合说"所体现的关于认识的主观性、相对性的思想具有经验主义的性质。事实上，不仅感觉观念具有主观性、相对性的方面，理性认识也同样具有主观性、相对性的方面。这对于不知理性认识为何物的经验主义者洛克来说，当然是无法论及的。

上述观点已经表明，我们倾向于争论中的另一方面的立场，即认为洛克在第二性质与第二性质的观念之间的关系上坚持了唯物主义反映论路线。但是，对于这一部分同志所持的某些论据，我们则不敢完全赞同。比如，他们认为洛克关于第二性质的观念的学说之所以是唯物主义的，主要是因为洛克反对"以质说明质"的唯心主义原则，坚持贯彻"以量说明质"的一般的唯物主义原则。第一，我们没有看到洛克在阐述他的第二性质和第二性质的观念的学说的时候在什么地方批评了"以质说明质"的唯心主义原则，因此，把洛克的这个学说同所谓"以质说明质"的原则对立起来，就不免使人感到唐突。第二，且不说"以量说明质"是否可以概括为一般的唯物主义原则，仅就洛克哲学来看，他也没有贯彻这个原则。如上所说，在洛克哲学中，严格地说，"质"的范畴还没有出现，因此也就谈不上"以量说明质"。黑格尔在他的《自然哲学》中曾经指出，在自然界的力学领域内，"量"的范畴占据统治地位，对象是彼此外在的，相互间仅仅具有量的区别，一切为机械性所统治。只是到了物理和化学领域，"质"的范畴才出现。应该说，黑格尔的这种见解不无道理。诚然，牛顿力学是一门科学，但当洛克把牛顿力学提升为哲学世界观，用力学原则去观察一切、解释一切的时候，这就陷入了机械论。作为哲学世界观的机械论，其思维方法必定是形而上学的，它只能以量说明量，而不能用量说明质，解决量与质的辩证关系。那么，能不能把洛克所谓的第一性质的观念理解为量的观念，把洛克所谓第二性质的观念理解为质的观念呢？即使可以这样理解，那也无济于事。因为洛克也从来没有用第一性质的观念去说明第二性质的观念。因此，我们认为，用"以量说明质"作为论证洛克关于第二性质与第二性质的观念的学说的唯物主义性质的论据，是不充分的。

贝克莱对洛克的批判的二重性

由于对洛克的两种性质和两种观念的学说的不同理解和评价，便产生了如何看待贝克莱哲学与洛克哲学的关系问题。主张洛克关于第二性质和第二性质的观念的学说是唯心主义的一方认为，贝克莱进一步发挥了洛克这个学说的唯心主义倾向走向了主观唯心主义。主张洛克这个学说为唯物主义的一方则认为，贝克莱对洛克的这个唯物主义学说做了主观唯心主义的歪曲。如前所述，我们认为，洛克在第二性质和第二性质的观念的学说上坚持的是唯物主义反映论路线，因而也就不存在贝克莱发展了洛克这个学说中的唯心主义倾向问题。但我们也不同意说贝克莱对洛克的这个唯物主义学说进行了唯心主义的歪曲。把哲学史上各个哲学派别更替，把哲学发展的历史看作一个哲学体系歪曲另一个哲学体系的历史，这显然是不恰当的。哲学史是人类认识史，在历史上曾经发生过重大影响的哲学派别，必定是人类认识发展史上的重要环节，各个哲学派别的更替也必定是合乎人类认识发展的客观规律的。我们认为，应当按照这个观点去观察贝克莱哲学和洛克哲学的体系。

贝克莱是如何对待洛克关于两种性质和两种观念的学说的呢？

首先，贝克莱进一步发挥了洛克关于第二性质的观念具有主观性、相对性的观点，并力图把这个观点推广于第一性质的观念上，认为第一性质的观念也具有主观性、相对性。他说："同一物体，在一眼看来是小的，圆的，光的，同时在另一眼看来又是大的，不平整的，带棱角的。"①关于凝性的观念也是这样："一个动物感觉为坚硬的物体，另一个肢体较为结实坚强的动物则可以感觉到它是柔软的。"②值得注意的是，贝克莱在《人类知识原理》一书中，不满于牛顿的绝对时空观，明确提出了时空相对性思想。他说："我们所构成观念的任何绝对运动，实质上只是在此种意义下所确定的相对运动。"③"任何纯粹空间的观念都是相对的。"④这样，贝克莱强调了被洛克"原型说"所忽略的问题。在他看来，一切观念，不论是凝性、形相、运动等观念，还是色、声、香、味等观念，都具有主观性、相对性。应当承认，贝克莱这个思想中包含了一定的合理成分。

然而，贝克莱却从一个极端跳到了另一个极端。他在强调感觉观念的主观性、相对性的同时，根本否定了感觉观念的客观性、绝对性，做出了"物是感觉的复合"的主观唯心主义结

① 贝克莱：《贝克莱哲学对话三篇》，商务印书馆1957年版，第24页。
② 贝克莱：《贝克莱哲学对话三篇》，商务印书馆1957年版，第26页。
③ 贝克莱：《人类知识原理》，商务印书馆1973年版，第72页。
④ 贝克莱：《人类知识原理》，商务印书馆1973年版，第73页。

论，并以此论证信仰主义。

贝克莱的主观唯心主义体系及其所做出的荒唐结论，理所当然地受到了来自各方面、特别是唯物主义者的揭露和批判。不过，贝克莱哲学在人类认识史上的地位却也因此而没有得到恰当的阐述。应当看到，仅仅宣布一种哲学是错误的，还推翻不了这种哲学。贝克莱在欧洲近代哲学史上是一个具有转折性意义的人物之一。把这样一个在历史上曾经发生过重要影响的哲学当作绝对的废物或人类智慧的"耻辱"（狄德罗语）而简单的撇在一边，这绝不是历史主义的态度。评价一种哲学思想，不应当简单孤立地看它得出的具体结论是什么，更重要的应当着眼于它在人类认识发展的一定阶段上提出了什么新的问题。比如，拿笛卡尔哲学来说，"我思故我在"无疑是笛卡尔哲学中的一个重要命题。不过应当看到，这样的命题只具有暂时的性质，很快就为后人抛弃了。真正重要的，倒是笛卡尔这一命题所体现的一种新的精神、新的原则，即推崇理性，主张用理性的尺度审查、改造人类知识。正是这一原则，启迪了整个近代西方哲学。同样，霍布斯的国家学说的直接目的是论证君主专制统治的合理性。但是，"从理性和经验中，不是从神学中引申出国家的自然规律"①，才是他的国家学说的真正实质所在。因此，尽管霍布斯的专制主义理论受到洛克、卢梭等后人的激烈批判，但他所倡导的"用人的眼光观察国家"的原则却成了他的批评者们论证君主立宪制或民主共和国的思想的出发点。同样，如果我们撇开贝克莱哲学体系中某些暂时性的东西，那么就可以清楚地看到，贝克莱哲学以及由它演化出来的休谟哲学的历史地位就在于它们在欧洲近代哲学史上第一次突出地强

---

① 马克思：《第179号〈科伦日报〉社论》，《马克思恩格斯全集》第1卷，人民出版社1956年版，第128页。

调了认识的主观性、相对性原则。贝克莱和休谟哲学所体现的这个原则，不仅对克服 17 世纪"形而上学"的独断论和形而上学唯物主义认识论的直观性起过一定的积极作用，而且对后来欧洲哲学和自然科学的发展也有重大影响。可以设想，如果爱因斯坦囿于洛克的"原型说"，只是从直观反映论和机械论的角度观察世界，那么，他是肯定发现不了相对论的。事实上，爱因斯坦在冲击牛顿绝对时空观，创立相对论的过程中，也的确受到了贝克莱、休谟关于认识的主观性、相对性的哲学思想的直接启迪。同时我们看到，贝克莱哲学在德国古典哲学中受到了来自各方面的批评，但是，贝克莱哲学所体现的认识的主观性、相对性的原则，却始终渗透在他的反对者的哲学思想中。

在认识论上，我们是辩证唯物论的反映论者。我们必须旗帜鲜明地坚持从客观到主观的唯物主义认识论路线，肯定认识的客观性、绝对性，反对包括贝克莱、休谟在内的各种否定认识的客观性、绝对性的唯心主义认识论路线。同时，又必须明确，我们所主张的反映论是辩证的，在坚持认识的客观性、绝对性的基础上也应该肯定认识有其主观性、相对性的方面，反对否定认识的主观性、相对性的形而上学唯物主义的直观反映论。只有这样，我们才能科学地处理主体和客体、思维和存在的关系。

通过上面的考察，我们得到以下两点启示。

第一，绝对夸大认识中的主观性和相对性，必然导致主观唯心主义。从洛克到贝克莱哲学的发展说明了这一点。由于贝克莱片面地强调被洛克哲学所忽略的认识的主观性、相对性的方面，以至于不承认有在感觉观念以外独立存在的客观世界，用主观感觉代替客观存在，陷入主观唯心论。但是，必须明确的是，不应当把承认认识的主观性、相对性的观点同主观唯心主义混为一谈。

第二，否认认识中的主观性、相对性，将从另一途径通往主观主义。我们看到，直观反映论把一切诉诸感性直现，认为一切都是客观的，绝对的，不承认认识中有主观性、相对性方面，这看起来似乎彻底坚持了唯物主义立场，实则不然。因为当他们从所谓"纯客观"出发，执着地认为主观完全再现了客观对象的原型时，他们就混淆了主客观之间的区别，以为主观感觉到的，也就是客观本身直接具有的，把本来包含了主观和相对成分的东西认作是纯客观的，从而走向"自以为是"的主观主义。可见，肯定认识中的主观性、相对性和肯定认识的客观、绝对性，是并行不悖，相辅相成的，只有把两者辩证地结合起来，才能科学地实现主体和客体、思维和存在的同一，避免主观主义。

（与毛怡红合作；

原载《天津社会科学》，1984 年第 3 期；

转载《外国哲学》，第 6 辑）

应当注意对主体结构中的非理性成分的研究

为了正确处理主体和客体的关系，近年来人们提出了主体结构问题。这确是一个值得深入探讨的新课题。我们认为，在考察主体结构的过程中，应当注意主体结构中的非理性成分及其和理性成分之间的关系的研究。

主体结构中的理性成分是人们所熟悉的。广义地说，它包括一切认识形式，即通常所说的感性认识形式（感觉、印象、知觉等）和理性的（逻辑的）认识形式（概念、判断、推理等）。狭义地说，它是指理性的（逻辑的）思维形式。常言道，人是有理性的生物。这句话当然是不错的。正因为人具有理性能力，它才能正确地认识世界和改造世界。不过，也应当看到，人作为主体，其精神生活并不是纯理性的，也还存在着非理性的方面。所谓主体结构中的非理性方面，通常是指直觉、潜意识、情感、灵感、习惯、意志、信念（信仰）、本能的欲望和反应，等等。

在一个相当长的时期内，我们对认识论的研究通常是偏重于主体结构中的理性方面，较为深入地探讨了感性认识和理性认识、认识和实践的关系。这种研究对于人们正确认识世界和改造世界无疑是十分重要的。可是，在我们注重主体结构中的理性方面的同时，却忽略了对主体结构中的非理性成分的研究，忽略了对主体结构中非理性成分和理性成分之间的关系，以及非理性成分和实践之间的关系的研究。换句话说，对于主体结构中的非理性成分在人们认识世界和改造世界中的地位和作用，没有给予必要的注意。这不能说不是一个欠缺。

有人认为，哲学只讲理性，非理性的方面可以交给心理学去研究。这种看法并不可取。哲学的任务就在于教导人们如何正确处理主体和客体、意识和物质的关系。如果我们对主体、意识的研究只着眼其一个方面，而忽略其另一个方面，那就很难对主体和客体、意识和物质的关系做出完满的回答。

近年来，这个问题逐渐为人们所注意。科学史家和科学学家们十分重视非理性成分（如"直觉"）在科学发现中的作用。文学艺术界也在讨论非理性成分（如"灵感"）在艺术创作中的意义。在教育学中，人们提出了应当重视非智力因素（"情感""意志""性格"）的培养问题。实际生活中也向人们提出了"信念"在个人和社会生活中的地位和作用问题。从哲学观点来看，上述种种都可以归结为这样一个问题：怎样看待主体结构中的非理性成分，怎样处理主体结构中的非理性成分和理性成分，以及非理性成分和实践之间的关系？

实际上，这个问题并不是今天才提出来的。自古以来，哲学家们在探讨主体和客体的关系问题的时候，就不仅研究了感性和理性、认识和实践的关系，而且也不断地探索着理性和非理性之间的关系。古希腊的哲学家们一般说来是崇尚理性的，柏拉图、德谟克利特、亚里士多德等古代名哲们大都自发地相信理性的权能，认为凭理性即可以把握绝对。不过，在晚期希腊哲学中也出现了一股贬抑理性，甚至否定理性的哲学思潮。以皮浪为代表的怀疑论者认为，理性是无能的，事物是不可知的，主张不下任何判断。古罗马的新柏拉图主义者则认为，只有在直觉（入神）的状态中才可能把握绝对。古罗马著名的基督教教父奥古斯丁在理性和非理性的关系上提出了一个明确的原则：信仰在先，信仰高于理性。在西欧中世纪，奥古斯丁的这个原则得到了彻底的贯彻，信仰占据了绝对的至高无上的地位，理性的思考则屈居为信仰的侍从。然而，物极必反。随着欧洲近代资本主义关系的形成和发展，哲学战线上出现了一股崭新的思潮——理性主义。以培根、笛卡尔为代表的理性主义浪潮猛烈地冲击着信仰的权威。理性成了绝对的至高无上的东西，包括宗教、法律制度在内的一切事物都必须放在理性法庭面前经受审判，顺乎理性者生，逆乎理性者亡。值得注意的是，正当理性主义兴盛之际，18世纪英国哲学家休谟却向理性开始发难。他认为，理性不能把握普遍性、必然性知识，不能把握绝对，并且提出了一个著名的命题："习惯""信念"是人生的最高指导。继休谟之后，康德主张理性只能把握相对的真理，唯有靠"意志""信仰"才能达到绝对。与此同时，雅可比提出了所谓"直接知识"说，认为只有靠直觉才能把握绝对。黑格尔则是一位特殊的人物。这位伟大的思想家坚守理性主义的阵地，力图在理性主义的基础上借助于辩证法把信仰、直觉、情欲等非理性的东西同理性结合起来。在他看来，唯有理性才是把握绝对的合适的形式，直觉、信仰、情欲、意志等只不过是理性发展过程中的各个环节、阶段或理性借以实现自己的工具，始终为理性所主宰。可以说，黑格尔的哲学体系是近代理性主义哲学思潮的最高总结和完成。可是，正当黑格尔把理性抬到绝对的地位的时候，德国哲学中又出现了一种反理性主义的苗头。叔本华首先向黑格尔的理性主义发起挑战，他认为人的本质不是理性，而是意志，意志不为理性所制约、支配、相反，理性只不过是意志实现自己的向导。19世纪末，尼采把叔本华的唯意志论演化为所谓权力的意志论。随后又出现了鼓吹直觉主义的柏格森生命哲学。在现代西方哲学中，反理性主义仍然是一股重要思潮。新黑格尔主义、新托马斯主义、弗洛伊德主义、存在主义、实用主义以及法兰克福学派中某些代表人物的思想中都程度不同地表现出反理性主义的倾向。这些反理性主义哲学的共同立场是贬抑、否定理性，把非理性的东西如直觉、信念、潜意识、意志或自发的本能冲动作为自己哲学的原则、出发点。

怎样看待哲学上长期存在的理性主义和非理性主义这两种对立的思潮呢？

毫无疑义，反理性主义作为一种哲学观点从根本上说是反科学的、错误的。这是因为，人们要正确地改造世界就必须首先正确认识世界，而人们只有借助于理性才可能正确反映客观事物的本质和规律。如果撇开理性单纯从某种非理性的东西出发，那么，这种行动就必定是盲目的，绝不可能达到正确改造世界的目的。不过，应当注意的是，在我们批判反理性主义哲学的时候，必须把反理性主义和主体结构中的非理性成分加以区别，前者是一种错误的哲学观点，后者则是客观存在的事实。反理性主义者的错误只在于把主体结构中的非理性成分的作用绝对化了，而不在于肯定了非理性成分的存在及其作用。因此，我们在批判反理性主义的时候就不应当否认非理性成分的存在，忽视对非理性成分的作用的研究。应当看到，在某些非理性主义者的著作中，对非理性成分的作用所做的某些具体描述和分析不无合理之处，不应一概加以抹杀。事实上，我们只有注意对主体结构中的非理性成分的地位和作用进行认真的研究（包括批判地汲取非理性主义者著作中的某些合理因素），用辩证唯物主义去占领非理性成分这块阵地，才有可能从根本上克服非理性主义。长期以来，反理性主义哲学的荒谬结论和它的消极的、反动的社会作用，使人们对它产生了一种厌恶情绪，并且由此对主体结构中的非理性成分采取一种忌讳态度，这是可以理解的。然而，厌恶或忌讳终究不是解决问题的科学态度和方法。

怎样看待理性主义这种哲学思潮呢？近代理性主义哲学思潮把人们从中世纪的信仰主义桎梏中解放了出来，对科学的发展和社会的变革起了巨大的推动作用。理性主义者正确地强调了理性把握客观世界的能力，但是，他们把理性的东西和非理性的东西决然地对立起来，片面抬高理性的地位，视非理性的成分为完全消极的东西，则是不适当的。毫无疑问，理性的东西和非理性的东西是有区别的，具有相互排斥、对立的一面。在某些情况下，非理性的东西可能摆脱理性的东西而成为决定行为的主要因素。在另一些情况下，理性也可能克制非理性成分而成为决定行为的主导因素。但是，作为统一的主体结构中的两个成分，又是相互关联、相互影响的。人们认识世界的活动绝不是纯粹的理性过程，某些非理性的成分如灵感、直觉等非逻辑的环节在人们认识世界中有时起着非常重要的作用。科学史上的不少重大科学发现的实例可以证明这一点。深入的理性思考常常引起灵感的激发，而灵感又常常促使理性的思考向前大大推进一步。一个经过实践检验的正确理论可以带来人们对它的坚定的信念，而坚定的信念又能促进理论的实现，其次，非理性的成分对人们的实践也具有很大的影响。事实上，人们的实践活动并非都是在理性的指导下自觉地、有意识地进行的，自发的、下意识的行动往往倒是自觉的、有意识的实践的先导。即使在理性指导下的自觉的、有意识的实践活动，在从理性到实践的过渡中也往往必须以信念、意志、热情等非理性成分作为中介。此外，非理性成分还是主体能动性的一个重要组成部分。把主观能动性仅仅归结为思想和实践这两个方面，显然是不够的。一种理论、计划或方案再好，如果把它放在一个意志薄弱、信念不坚或者情绪消沉的人手里，那就很难把它付诸实践，即使付诸实践也不可能坚持到底，把它变为现实。反之，一种方向上大体正确但还不太完善的理论、计划或方案，对于一个信念坚定、意志坚强或者斗志昂扬的人来说，他就能勇于把它付诸实践，并在实践中不断地修正、补充、发展它，不屈不挠地去实现它。否认或低估信念、意志、情绪等非理性成分的能动作用，是不对的。

我们注意到非理性成分在认识世界和改造世界中的作用，丝毫不意味着认为它的作用完全是积极的。正如正确的理论能引导人们正确认识世界和改造世界，错误的理论会把人们引入歧途一样，非理性成分的作用既有它积极的方面，也有它消极的方面。当非理性的成分完全脱离理性的约束和指导的时候，它的作用就往往是消极的。比如，宗教狂热就是这样一种极其荒唐的非理性行为，它当然无助于人们正确地认识世界和改造世界，尽管历史上的某些宗教事变曾经起过一定的积极作用。但是，如果我们能把理性成分和非理性成分恰当地结合起来，在坚持理性成分的主导地位的同时发挥非理性成分的作用，那么，非理性成分就能有助于我们正确认识世界和改造世界。我们研究非理性成分在主体结构中的地位和作用的目的，就在于限制和克服它可能带来的消极影响，把它纳入正确轨道，有助于人们自觉地利用它更好地处理主体和客体的关系，正确地认识世界和改造世界。

由上述可见，排斥理性成分，把非理性成分绝对化，是错误的；同样的，排斥非理性成分，把理性成分绝对化，也是片面的。人们常说，干事情要"冷热结合"。这里所谓的"冷"，就是指要发挥理性的权能，对事物做冷静的科学分析。这里所谓的"热"，就是指非理性的干劲、热情。我们可以说，成功＝理性因素＋非理性因素，两者缺一不可。

主体结构中的理性成分和非理性成分都是在社会实践中发生、发展的。社会实践是理性成分和非理性成分统一的基础。但是，如何在社会实践的基础上正确理解两者的相互关系，科学地规定各自的地位和作用，这还是一个有待进一步深入探讨的问题。本文的主旨只在于提出这个问题，以期引起人们的注意。

（与常健合著；

原载《南开学报》，1983 年第 5 期；

转载《新华文摘》，1983 年第 11 期）

究竟应当怎样区分主体结构中的理性成分与非理性成分？

——答陶伯华同志

　　读了陶伯华同志《怎样区分主体结构中的理性成分与非理性成分——与冒从虎、常健同志商榷》[①]一文后，看到拙文[②]中所提出的"应当注意对主体结构中的非理性成分的研究"这一基本主张和基本论点，在陶文中得到了明确的赞同和响应，颇受鼓舞。

　　与此同时，陶文对拙文关于理性成分与非理性成分的划分，提出了不同的见解。拙文认为，"主体结构中的非理性方面，通常是指直觉、潜意识、情感、灵感、习惯、意志、信念（信仰）、本能的欲望和反应等"，而陶文指出："能把直觉、潜意识、情感、灵感、习惯、意志、信念等简单地归结为主体结构中的非理性方面吗？我们的回答是否定的。"

　　另外，在拙文发表后，我们还高兴地看到了薛纪浩同志所写的《略论信仰》（见《天津师大学报》1984 年第 4 期）。薛文对信仰（信念）做了较为深入的哲学探讨，但也不同意拙文关于信仰属于非理性方面的观点。他认为："信仰并不能纳入主体

---

　　① 陶伯华：《怎样区分主体结构中的理性成分与非理性成分——与冒从虎、常健同志商榷》，《南开学报》，1984 年第 4 期。
　　② 冒从虎、常健：《应当注意对主体结构中的非理性成分的研究》，《南开学报》1983 年第 5 期。

的非理性结构。"

对于这些观点，我们虽然不敢苟同，但是，我们认为不同观点的切磋无疑会使对非理性问题的探讨趋于深入。因此，在这里我们再提出一些看法，求教于大家。

从陶文的题目上看，作者似乎是要对主体结构中的理性成分与非理性成分做出严格、更准确的区分。但是，通篇复读，我们在陶文中所看到的仅仅是诸如"灵感的智力因素与非智力因素的统一""潜意识中有理性成分与非理性成分""直觉是感性直观与理性思维的统一""情感、意志、信念等可分为受理性支配和不受理性支配的两个不同的等级层次"等论断，却找不到一个关于划分理性成分与非理性成分的明确标准。这恐怕是陶文的一个基本缺陷。正因为如此，尽管陶文也肯定"非智力因素""不受理性支配的""非理性成分"等，但始终不能使人对非理性成分形成一个明确的概念。

在我们看来，同理性成分有自己的形式（如概念、判断、推理等）一样，主体结构中的非理性成分也有自己的具体的表现形式，如直觉、意志、情感、信仰、本能的反应，等等。陶文肯定主体结构中存在着非理性的成分，但是，该文在否认直觉、意志、情感、灵感、信仰等是非理性成分的形式的同时，却没有给人们指明文件作者所理解的非理性成分的形式是什么，这恐怕是陶文的缺陷之二。

陶文之所以不同意将直觉、灵感、潜意识、情感、信念、意志等划入非理性范畴，其主要理由是因为它们都同理性思维有密切联系，因而只能说是"理性与非理性的统一"。拙文表明，我们并不否认理性成分与非理性成分的联系，我们认为，"作为统一的主体结构中的两个成分，又是相互关联、相互影响的"，比如，"深入的理性思考常常引起灵感的激发、而灵感又常常促使理性的思考向前大大推进一步"。但我们又认为，不能因为非理性成分和理性成分有联系，就模糊两者之间的界限，把非理性成分的形式本身说成是什么"理性与非理性的统一"，如同不能因为感觉和思维有联系就把感觉这种感性认识形式本身说成是什么"感性与理性的统一"一样。如果把任何与理性思维相联系的心理形式都排除于非理性的范畴之外，那就很难找到任何一种非理性成分的形式，也就根本无法在非理性和理性之间做出区分。这恐怕就是陶文不能正面提出划分理性和非理性的标准和回答什么是非理性成分的具体形式的原因所在。强调理性成分与非理性成分的联系而忽视两者的区别，是陶文的缺陷之三。

我们看到薛纪淼同志关于信仰不能纳入主体的非理性结构这种观点的论据与陶文的论据雷同。薛文指出："虽然主观的确信是信仰的核心，但是我认为信仰并不能纳入主体的非理性结构。因为信仰总是蕴含认识因素于自身的。"①首先，"主观的确信是信仰的核心"这句话实在令人费解。不知道"主观的确信"这个概念和"信仰"这个概念究竟有何区别，是不是说"主观的确信"不蕴含认识因素，"信仰"则蕴含认识因素呢？如果说由于信仰蕴含认识因素因而不能纳入非理性结构，那么，不蕴含认识因素的"主观的确信"是否属于非理性的结构呢？其次，说"信仰总是蕴含认识因素于自身"这也是很不明确的，这里所说的"蕴含"到底是指信仰总是以一定的认识结构为其对象，还是说信仰与认识有一定的联系，还是说信仰本身也是一种认识形式呢？毫无疑问，信仰和认识是有一定联系的，但是，正如薛文所说："主体是否已经形成信仰，关键在于主体对于某一思想是否确信，而不在于它是否可信。"这就是说，信仰

① 薛纪淼：《略论信仰》，《天津师大学报》1984年第4期。

有其自身的特质，和认识是有区别的。可见，薛文实际上已经承认了信仰与认识的区别，遗憾的是，该文只是描述了这种区别，却没有深入揭示这种区别的实质。

我们认为，信念和认识在形式上是完全不同的。认识是对客观世界的反映，而信念却是对某种认识结果的态度。我们对别人的观点可以不信；对自己的感觉可以怀疑；对自己的判断可以坚信或不坚信，这些都是态度，而不是认识本身，更不是理性认识。如果把信仰（信念）看作认识形式，那么，我们通过相信、怀疑、不相信等等这些信仰的具体形式能获得什么样的认识结果呢？是不是说我们相信了一个正确的认识就等于认识了一种客观的规律性呢？当然，我们对共产主义的信念，应当力求建立在对共产主义客观必然性的深刻的认识基础上，但是，能不能说相信共产主义就等于认识到了共产主义的客观必然性？倘若如此，那么我们就可以满足于对于共产主义的"相信"，而不必去努力加深对共产主义必然性的认识了，这难道是可以接受的吗？所以，不能把信仰（信念）和认识这两种不同的心理形式混为一谈，否则就会导致荒谬的结论。

其次，不能认为信念必然是同理性认识相联系。我们可以根据理性的思考相信某些说法，也可以根据直觉就相信某些论断，甚至还可能由于某种感情的支配而采取相信或不相信的态度，比如，宗教迷信就不能说与理性的思考有必然的联系。这表明，信念的确定方式可以是理性的，也可以是非理性的。如果认为信念的确定方式一定是理性的，那么，在宗教和哲学之间就无法做出任何确定的区分。

再次，不能因为信念的对象是认识结果，就否认信念是非理性的心理形式。我们确定某一种心理形式是不是非理性的，并不能依据其对象的性质，而应当根据这种心理形式本身的特性，就如同我们确定认识是主观形式还是客观世界的形式不能依据认识对象的性质一样。我们不能因为感觉的对象是客观世界，就否认感觉是一种主观的心理形式，我们也同样不能因为信念的对象是认识结果，就否认信念是一种非认识的心理形式。否则，我们不仅难以区分理性和非理性，认识和非认识，而且也很难区分主观世界与客观世界了。

最后，即使是那些通过理性思考所确定的信念，也仍然是一种非理性的心理形式。因为，信念的产生和确定方式并不能改变这种心理形式本身的特质，并不能使它从一种态度转变为一种认识，正如同不能因为情感可以由理性的思考产生，就把这种情感称为一种认识。信念是否通过理性思考而产生，只能说明信念和认识的结合方式，而不能证明信念是否已消融于认识。以上这些论证表明，以"信仰总是蕴含着认识因素于自身"为由来否认信仰属于非认识的和非理性的心理形式，是站不住脚的。

还应当指出的是，薛文把"蕴含认识因素"作为否认信仰是非理性形式的根本论据，实际上就是把是否蕴含认识因素作为划分理性成分与非理性成分的标准，这显然是不确切的。事实上，不仅主体结构中的理性成分是认识形式，某些非理性的成分，如灵感、直觉、潜意识等，也是认识形式。同理性认识一样，它们也是对客观世界正确的或歪曲的反映，区别只在于，理性认识是一种自觉的、遵循一定逻辑形式的认识，而非理性的认识则或者是不自觉的，或者是不遵循一定逻辑形式的认识。由此可以说，非理性成分包括着属于认识范畴的和不属于认识范畴的这两大类，而如果以是否是认识形式作为理性与非理性的划界标准，就不能把所有的非理性形式包括无遗。

陶文由于没有认真区分什么是主体结构中的非理性成分，

因此对我们所提出的"非理性本身是盲目的"和"非理性成分在人类理性认识活动中具有非常重要的作用"这两个命题感到诧异，认为这是一种"自相矛盾"。在该文的作者看来，只有把我们所说的诸种非理性的形式都看作理性与非理性的统一，才能解决这个矛盾，因为非理性成分本身虽然是盲目的，但灵感、直觉、潜意识等都不是非理性的心理形式，所以可以对认识有重要作用。然而，若照此推理，那么就可以说，灵感、直觉、潜意识、信念、情感、意志等心理形式本身就已经达到了非理性与理性的统一，无须再探讨关于它们应如何与理性认识相结合的问题，就是说，不必去研究它们发挥积极作用的条件，而可以对它们的认识结果抱信赖态度，对它们所造成的任何心理状态不加控制。这似乎是处理问题的一种更简单的方法，但它是可以令人信服的吗？事实上，非理性成分本身的作用是不确定的，盲目的，它有可能产生积极的作用，也有可能产生消极的作用，有可能产生重要的作用，也有可能产生微乎其微的作用。而当非理性成分同理性思维建立起密切的联系时，它的积极作用就会尽可能发挥出来，而消极的作用就会得到最大的抑制。就灵感、直觉、潜意识这些可以属于认识范畴的非理性心理形式来说，它们只有以理性思维为背景，才可能对人的创造性思维产生积极影响，其认识结果也只有经过理性思维的严格考察，才能转变为科学的认识成果。相反，不以理性思维为背景的灵感、直觉和潜意识常常是没有什么认识价值的，而不经过理性思维严格考察的非理性认识的成果，也不能作为科学的认识结果，更不能作为我们实践活动的理论依据。就情感、意志、信念、欲望这些不属于认识范畴的非理性的心理形式来说，它们只有在理性思维的制约之下，才能对认识和实践活动产生积极的影响，否则它就会造成许多消极的结果，如宗教迷信和宗教狂热所产生的那些作用。可见，把灵感、直觉、潜意识、情感、意志、信仰、欲望这些非理性的心理形式同理性的心理形式区别开来，并不会在估价其作用上产生"自相矛盾"，而且只有在这种区分的基础上，我们才能来谈这些非理性形式发挥作用的条件，研究它们与理性形式的联系和统一。而不加区别地谈统一，却恰恰会忽略这些非理性的心理形式发挥作用的条件，无法探讨理性与非理性的具体联系和统一，造成事与愿违的结果。

过去，人们忽略了灵感、直觉、潜意识、情感、意志、信仰、欲望这些非理性成分对认识和实践的重要作用，这是片面的。现在，人们开始重视这些心理形式的作用，初步开展了对它们的研究。但是，由于西方出现了反理性主义思潮，因此，人们对"非理性"这个概念常常忌说讳言，似乎只有冠之以"理性与非理性的统一"，才可言其积极意义，这反而会弄巧成拙。如果按照这种说法，那么，西方就没有一个哲学家或哲学流派可以说成是"反理性主义的"，因为所谓"反理性主义"无非是说它们片面地强调灵感、直觉、潜意识、意志、情感、信念、欲望这些非理性成分的作用，而按照上述标准，这些成分都不是非理性的，而是理性与非理性的统一，所以这些理论也就无所谓"反理性主义"了，因为它们强调的不是非理性成分，而是理性与非理性的统一，只不过它们没有明确地认识到其中的理性成分罢了。可见，我们若是接受了上述观点，那么我们最终只不过是从另一个角度又承认了反理性主义所主张的东西，区别仅仅在于改换了它的名称。我们认为，重视灵感、直觉、潜意识、情感、意志、信念、欲望这些心理形式的作用，并不在于否认它们本身是非理性的心理形式，而在于认真研究这些非理性的心理形式发挥作用的条件，说明非理性形式与理性形式之间的联系。正是在这一点上，体现了我们与"非理性主义者"和"反理性主义者"的根本区别。

我们对非理性问题的理论研究仅仅是初步的，许多有关的概念、范畴和理论观点还有待不断锤炼和逐步明确。陶伯华、薛纪湉两同志的文章虽然忽略了非理性成分与理性成分的区别，但是他们对非理性成分与理性成分的联系的论述，较之拙文是深入了一步，这是应该予以肯定的。

（与常健合著；

原载《南开学报》，1985年第3期）

朱熹和黑格尔理学之同异浅析

"理"（一般、本质、规律）这个哲学范畴，是人类认识发展史上的一个重要环节。在中外哲学史上，许多哲学家包括唯物主义者和唯心主义者、辩证法家和形而上学家，都从不同角度对这个重要的哲学范畴进行探索，从而丰富、推进了人类对"理"这一范畴的认识。

我国 12 世纪（南宋）的哲学家朱熹和德国 18 世纪末至 19 世纪初的哲学家黑格尔这两位生活于不同国度、不同时代的大哲学家都从客观唯心主义出发对"理"这个范畴进行了较为系统、深入的阐发。研究这两个理学的同异，有助于我们从一个方面加深和丰富对"理"这个哲学范畴的理解。

"理"与"物"

理与物的关系问题，是贯穿朱熹理学以及黑格尔理学的一个基本问题。

作为客观唯心主义者，朱熹和黑格尔都把理看作某种客观的精神实体，认为理主物从，理先物后，理是物的本原、核心，物是理的产物、外壳。朱熹对理先物后的论证并不一贯。他有时认为理在时间上先于物而存在。比如，他说："未有天地之先，毕竟也只是理。有此理，便有此天地。若无此理，便亦无天地，无人无物，都无该载了，有理便有气，流行发育万物。"①他把理分为"天下公共之理"和"一物所具之理"，认为"一物所具之理"就存在于该物之中，与该物同时并在，在时间上并没有先后，而"天下公共之理"则是在时间上先于物的存在而存在的。在一物未形成之前"是有天下公共之理，未有一物所具有之理"。可是，朱熹有时不仅否认个别事物中理和气（按：指构成物的资料）有时间上的先后，而且也否认"天下公共之理"也即"太极"在时间上先于物而存在。他说："自太极至万物化生，只是一个道理包括，非是先有此而后有彼，但统是一个大源，由体而达用，从微而至著耳。"②在这里，朱熹把理与万物的关系归结为体与用、本体与现象的关系，明确否定了时间上的先后关系。值得注意的是，朱熹还从另一个角度论证理先物后。他说："理与气本无先后之可言，然必欲推其所从来，则须说先有是理。"③这就是说，理和物在时间上并没有先后之别，但从理论上或逻辑上说，理乃是物的逻辑前提、根据，没有理便没有物。比如，竹椅和竹椅之理是同时并存的，但从逻辑上说，竹椅之理是竹椅的根据和前提，没有竹椅之理，便没有竹椅。从形式上看，这个逻辑上的"没有某物之理便没有某物"和时间上的"没有某物之理便没有某物"很"相似"，但实质上是不同的。前者坚持理在物中，后者则导致理在物外。总的看来，朱熹似乎倾向于这种逻辑先后论，坚持理气不可分，理在物中，物为理所主宰。从这个方面说，朱熹之理不同于柏拉图的"理在物外"的理，而近似于黑格尔的"理在物中"的理。我们看到，黑格尔所讲的理先物后正是这样一种逻辑先后论。

---

① 《朱子语类》卷一。
② 《朱子语类》卷九四。
③ 《朱子语类》卷一。

黑格尔认为，"概念乃是内蕴于事物本身之中的东西，事物之所以是事物，即由于其中包含概念"。[①]这就是说理在物中，物之为物决定于其中之理。比如，我们说这张画是一件艺术品，这就意味着这张画中蕴藏着一个艺术概念（理），换句话说就是这张画符合其中蕴藏着的艺术品概念。反之，如果这张画中不包含一个艺术品概念，或者说这张画不符合艺术品概念，那么这张画就称不上什么艺术品。因此，在黑格尔看来，理是物的核心、根据和前提，在这个意义上也即在逻辑上理是真正先于物的。

朱熹和黑格尔的理学都是在批判现象论的过程中形成的。在朱熹看来，唯物主义者张载以气为本体也"只说得形而下者"，没有抓住事物的本质。他不满意于佛学的现象论，说"释氏只见得个皮，里面许多道理，他都不见"。[②]黑格尔则是康德的不可知论的批判者。康德的基本观点就是认为人们只能把握现象，不能认识自在之物。黑格尔以理念替换康德的自在之物，断言理念就内蕴于现象之中，把握了现象也就认识了本质（理念），思维和存在是能够同一的。在黑格尔看来，唯物主义经验论的缺陷也在于把认识停留在现象上，满足于求得对现象的正确描述（"形式真理"），不懂得透过现象把握事物的本质、规律的意义。可以看出，朱熹和黑格尔从不同角度批判现象论，主张物中有理，突出理也即本质、规律在事物发展过程中决定作用，强调人们把握事物的本质、规律的重要意义，这在理论上还是有一定的积极意义的。但是，他们把事物的本质、规律绝对化、精神化，这就不可避免地陷入唯心主义、神秘主义。

两位哲学家都认为除了个别事物的理还有统括一切个别事物的理的总理，并且用不同的方式阐述了个别事物的理和这最

---

① 黑格尔：《小逻辑》，商务印书馆 1980 年版，第 339 页。
② 《朱子语类》卷九四。

高的理的关系。朱熹把这个最高的理名之曰"太极"。他认为，太极只是一个理字，不过，太极是万理的总和，"总天地万物之理，便是太极"。①朱熹常用"月印万川"来比喻太极和万理之间的"理一分殊"的关系，天上只有一个月亮（理一），但印在江湖河海里的月亮却是万万千（分殊）。如果说朱熹对万物之理和最高的理之间的关系的分析方法是静态的，那么黑格尔对这个问题则力求给予动态的处理。朱熹叫作"太极"的东西，黑格尔称之为"绝对理念"。在黑格尔看来，"绝对理念"不是一个抽象的空名，也不是万物之理的机械的总和，而是各个个别理念的有机联系的系统。任何一个个别的理念孤立起来便是片面的、抽象的、僵死的，它们只有作为"绝对理念"发展链条上的一个环节，作为"绝对理念"系统中的一个有机的分子，才是有生命的。黑格尔认为，"绝对理念"是丰富的、具体的，是一个从贫乏到丰富、从抽象到具体的过程。

朱熹和黑格尔在分析理的时候，也都常常列举一些自然界的事物，力求概括自然科学方面的某些成果。但是，总的来说，两位哲学家都倾向于轻自然，重社会，更注重于社会政治伦理方面的问题的探讨，甚至给理这个一般的哲学范畴武断地片面地赋予特定的社会政治道德属性，注入他们所处的时代和他们所隶属的社会阶级的意志的特殊内容。在朱熹的笔下，理是一个纯粹的封建道德本体："宇宙之间，一理而已。……其张之为三纲，其纪之为五常。"②黑格尔则认为，理的本质为"自由"，"世界历史无非是自由意识的进展"。③朱熹和黑格尔之理实质上都是他们所隶属的阶级的意志的客观化，以便借以证明他们

---

① 《朱子语类》卷九四。
② 朱熹：《读大纪》，《朱文公文集》卷七。
③ 黑格尔：《历史哲学》，三联书店1956年版，第57页。

所代表的阶级的意志的合理性、神圣性。朱熹要通过他的理学来论证封建等级制度的合理性、永恒性和神圣性。黑格尔则要通过他的理学论证资本主义取代封建主义的必然性。由此看来，朱熹和黑格尔对理的崇拜，实质上不过是他们对他们各自所代表的阶级的意志的崇拜。

"理" 与 "情"

理与物的关系引申到人身上便是理性与情欲的关系。朱熹和黑格尔这两位哲学家在处理理与情的关系问题方面和他们处理理与物的关系的基本精神是一致，即扬理抑情。不过，在具体处理方式上，两者也表现出明显的差别。

朱熹认为，人是由理与气二者结合而成的，因而人的心便有"道心"和"人心"之别。他说："只是这一个心，知觉从耳目之欲上去，便是人心；知觉从义理上去，便是道心。"①"心一也，方寸之间人欲交杂，则谓之人心；纯然天理，则谓之道心。"②按照这个说法，似乎"道心"是指合乎天理的理性的东西，而一切感官上的欲望均属"人心"。可是，他又说："饮食者，天理也。要求美味，人欲也。"③朱熹的这个意思似乎又是说，感性欲望并非都是人欲，其中有一部分是属于天理，或者说是符合天理的；只是那和天理决然对立的一部分感性欲望才是人欲。和朱熹不同，黑格尔一方面力求划清理与情的界限，同时又力求使得情理相通。黑格尔认为，人的本质是自我意识、思维、理性，其本性是独立自决、自由的；而一切感性欲望则属于自然领域的东西，

---

① 《朱子语类》卷七八。
② 《朱子语类》卷一一八。
③ 《朱子语类》卷一三。

受自然必然性的制约。当人按照理性行动时，他是一个自由的有理性的存在者；当人顺从其私欲行动时，他是一个受他物支配的自然存在者。不过，在黑格尔看来，理性和感性又不是绝对对立的，理性、思维乃是贯穿于一切感性活动中的普遍的东西。感性虽然在时间上先于理性，但理性在逻辑上却是真正在先的。因此，任何感性的东西最终者皆为理性所主宰。

朱熹将天理与人欲绝对对立起来，认为"人之一心，天理存，则人欲亡；人欲胜，则天理灭。未有天理人欲夹杂者"。①天理是绝对的善，人欲则是绝对的恶。因此，哲学的任务就在于教人"革尽人欲，复尽天理"。②在朱熹的伦理学当中，情理决然对立，合情则不合理，合理则不合情，两者不可兼得。朱熹提出的"明天理，灭人欲"的口号给他自己生动地勾画出了一幅封建道学先生的画像。我们看到，黑格尔虽然也竭力扬理抑情，但他仍然要给感性欲望以一定的地位，主张通情达理。在黑格尔看来，人欲是灭不得的，因为情欲是理念借以实现自己的手段和工具。人们总是从自己的私欲出发，带着个人的特殊目的去从事历史活动，可是，人们行动的结果却实现了他们自己没有意识到的、隐藏在他们行动之中的客观普遍目的即绝对理念。理念驱使人们的私欲去相互倾轧，自己却在那里坐山观虎斗，享受渔人之利，借人们之间的私欲的争斗来实现自己。黑格尔把这叫作"理性的狡计"。在黑格尔看来，伟大的历史人物之所以伟大就在于他们的特殊目的和普遍目的相关联，他们的行动符合于理念发展的要求。黑格尔说："我们简直可以断然声称，假如没有热情（按：指私利），世界上一切伟大的事业都不会成功。"③按照黑格尔，善与恶都不

---

①《朱子语类》卷一三。
②《朱子语类》卷一三。
③ 黑格尔：《历史哲学》，三联书店 1956 年版，第 57 页。

是抽象的永恒不变的概念，既不可用理性和情欲加以区分，也不可用一国一时的法律和风格加以规定，只有符合理念一定阶段上的发展要求的东西才称得上为善，反之便是恶。在黑格尔看来，如果把人们对现存陈旧事物的叛逆和私欲看作恶的话，那就得承认，恶乃是历史发展即理念实现自己的杠杆。恩格斯写道："在黑格尔那里，恶是历史发展的动力借以表现出来的形式。这里有双重的意思，一方面，每一种新的进步都必然表现为对某一种神圣事物的亵渎，表现为对陈旧的、日渐衰亡的、但为习惯所崇奉的秩序的叛逆，另一方面，自从阶级对立产生以来，正是人的恶劣的情欲——贪欲和权势欲成了历史发展的杠杆，关于这方面，例如封建制度的和资产阶级的历史就是独一无二的持续不断的证明。"①黑格尔的这种唯心主义的情理统一观深刻地反映了新兴资产阶级的要求。

"理"与"变"

朱熹和黑格尔的客观唯心主义理学中均包含着丰富的辩证法思想。朱熹继承了中国古代易学以来的辩证法传统，发挥了许多深刻的朴素辩证法的见解，黑格尔则在批判17—18世纪的形而上学的过程中，把古希腊的直观辩证法提高到自觉的阶段，形成了一个自觉辩证法的体系。

首先值得我们注意的是朱熹和黑格尔的矛盾学说。朱熹提出了一个关于矛盾的普遍性的命题："天地万物之理，无独必有对。"②朱熹的这个思想和黑格尔关于"一切现实之物都包含有

---

① 恩格斯：《路德维希·费尔巴哈和德国古典哲学的终结》，《马克思恩格斯选集》第4卷，人民出版社1972年版，第233页。
② 朱熹：《答胡广仲》，《朱文公文集》卷四二。

相反的规定于自身"①的思想是十分相近的。两位哲学家也都常常列举诸如上下、东西、动静、生死等具体事例来论证矛盾的无所不在。在这两位哲学家看来，矛盾不是双方的外在的拼合，而是相互包含、相互依存的两个方面的统一体。朱熹说，"天之生物不能独阴必有阳，不能独阳必有阴，皆是对"，"阴以阳为质，阳以阴为质"。因此，他很赞同张载的意见，"阴阳之精，互藏其宅"。②把这个意思翻译成黑格尔的语言那就是："每一方面都映现在它的对方内，只由于对方存在，它自己才存在。"③我们知道，黑格尔曾提出一个著名的命题："矛盾是推动整个世界的原则。"④他还说："同一与矛盾相比，不过是单纯直接物，僵死之有的规定，而矛盾则是一切运动和生命力的根源；事物只因为自身具有矛盾，它才会运动，才具有动力和活动。"⑤我们看到，朱熹哲学也表露了类似的思想，说"凡天下之事，一不能化，惟两而后能化。比如一阴一阳始能化生万物，虽是两个，要之亦是推行乎此一尔"。⑥可是，尽管朱熹看到"惟两而能化"，但又认为矛盾双方不能互相转化，说什么"君臣父子，定位不易，事之常也"。⑦这就陷入了形而上学的僵死的观点。和朱熹不同，黑格尔则认为，矛盾双方是相互转化的，"有限事物，本来以他物为其自身，由于内在的矛盾而被迫超出当下的存在，因而转化到它的反面"。⑧再者，朱熹所讲的矛盾主要是指由理派生的气的阴和阳的矛盾，万物的矛盾皆根源于气的阴和阳的矛盾，"一阴一阳始能化生万物"。在朱熹看来，

① 黑格尔：《小逻辑》，商务印书馆 1980 年版，第 133 页。
② 《朱子语类》卷九五。
③ 黑格尔：《小逻辑》，商务印书馆 1980 年版，第 254 页。
④ 黑格尔：《小逻辑》，商务印书馆 1980 年版，第 258 页。
⑤ 黑格尔：《逻辑学》下卷，商务印书馆 1976 年版，第 66 页。
⑥ 《朱子语类》卷九八。
⑦ 朱熹：《甲寅行宫便殿奏劄一》，《朱文公文集》卷十四。
⑧ 黑格尔：《小逻辑》，商务印书馆 1980 年版，第 179 页。

万物的矛盾皆是理必当如此，但"唯道为无对"。[①]尽管太极与气是形而上者与形而上者的相对，但太极本身是无对的，没有矛盾的。与此不同，黑格尔认为不仅世界万物是矛盾的，理念本身也包含矛盾，而且万物的矛盾皆源于理念自身的矛盾。黑格尔说："认识到思维自身的本性即是辩证法，认识到思维作为理智必陷于矛盾，必自己否定其自身这一根本见解，构成逻辑学上一个主要课题。"[②]在黑格尔看来，理念自身包含着矛盾，同时又有能力克服这种矛盾。

我们知道，黑格尔辩证法的基本精神就是认为世界不是静止的事物的集合体，而是一个过程。黑格尔哲学具有雄伟的历史感，它把一切事物都放在发展过程中去加以考察，把自然界、社会和人类认识都看作一个不断地由低级到高级的发展过程。朱熹的理学也包含了某些发展的观点。朱熹力图用气的阴阳对立说明天地、日月星辰、山川原野的形成、演变，解释风雨云雷的变化。他从高山上存有螺蚌壳化石和群山起伏之状现象，推测地壳曾有变动，不过，朱熹的发展观具有循环论的倾向。在《小逻辑》中，黑格尔指出，事物的"量之增减也有其限度，一超出其限度，就会引起质的改变"。[③]他认为量的增减表现为渐进的；质的改变则表现渐进过程的中断、飞跃。黑格尔所揭示的这条辩证法的规律，朱熹也已有朦胧的意识。朱熹认为，"变、化二者不同"，"化是渐化"，"变是顿断有可见处"，"化而载之存乎变，只有那化中裁截取便是变"。[④]这就是说"化"是渐进行，"变"则是渐进过程的中断。在朱熹看来，万物变化的根源乃是理。他说："气之所以能动静者，理为之宰也。"（《太

---

① 朱熹：《答胡广仲》，《朱文公文集》卷四二。
② 黑格尔：《小逻辑》，商务印书馆 1980 年版，第 51 页。
③ 黑格尔：《小逻辑》，商务印书馆 1980 年版，第 236 页。
④ 《朱子语类》卷九八。

极图说章句》）但是，作为万物动静的最高主宰的太极虽然含有
动静之理，但其本身却是无动静的。朱熹的这个太极无动静论
同上述"唯道为无对"的思想是一致的。从这方面说，朱熹的
太极相似于亚里士多德的那个"形式的形式"，不动的推动者，
而不同于黑格尔的绝对理念。在黑格尔那里，绝对理念这个精
神实体本身就是一个能动的主体，它能动地树立对立面，同时
又能动地消解对立面而复归于自己。不过，在黑格尔看来，当
绝对理念回复到自身的时候，一切矛盾都消解了。可见，黑格
尔辩证法也是不彻底的。

"知" 与 "行"

朱熹和黑格尔的认识论是他们的客观唯心主义理学的一个
重要组成部分。在他们看来，人类认识的任务就在于求理，而
求理的过程则是知与行的统一。不过，两位哲学家对知与行及
其相互关系的理解也各有特色。

朱熹和黑格尔都认为知是一过程，即通过对具体事物的体
察进到对理的把握。用朱熹的话说就是"格物穷理"或"即物
穷理"。在朱熹看来，格物只是认识的初步阶段，在这个阶段上，
认识还是表面的、片面的。认识的进一步的发展便会出现一个
"顿悟""豁然贯通"，达到"知至""穷理"。他说："知至，谓
天下事物之理，知无不到之谓。若知一而不知二，知大而不知
细，知高远而不知幽深，皆非知之至也。"[①]这就是说，认识由
格物到顿悟的过程是一个由浅入深、由片面到全面的过程。朱
熹反对佛学的神秘的认识论，说"知有个真与不真分别，如说
有一项不可言幽知，便是释氏之误。"在黑格尔看来，知是一个

---

① 《朱子语类》卷十五。

由感性到知性，由知性到理性的过程。认识开始于感觉经验，知性对感性具体对象的各个方面分别进行规定，理性则将为知性所分开了各个方面复归于联合，在思维中再现具体事物，全面地把握对象的各个方面的内在联系的理念。

在中国哲学史上，知行问题往往是围绕着道德伦理问题的探讨而展开的。朱熹讲的"格物穷理"虽然也包括格一草一木一昆虫等自然事物，穷这些自然事物之理，但是，总的说来"格物穷理"还是一个道德修养的方法。朱熹讲的行，也主要是指道德践履。在欧洲哲学史上，情形亦如此。西方哲学史上的所谓"实践哲学"（如康德的《实践理性批判》），讲的就是道德伦理问题。黑格尔便把行叫作"意志"或"善"。不过，在黑格尔那里，行（"实践"）这个范畴似乎在某种程度上超出了道德践履的意义，包含了人们改造世界的活动的内容。比如，黑格尔说："善（按：即实践理念）趋向于决定当前的世界，使其符合于自己的目的。"[①]

在知与行的关系上，朱熹和黑格尔都倾向于知先行后。朱熹说："知行常相须，如目无足不行，足无目不见。论先后，知为先。"[②]在朱熹看来，只有先有知即明义理，然后才能行合乎义理之事，"义理不明，如何践履"。[③]在《小逻辑》中，黑格尔把"认识"（知）理念置于"意志"（行）理念之前。黑格尔指出："理智的工作仅在于认识这世界是如此，反之，意志的努力即在于使得这世界成为应如此。"[④]

我们看到，两位哲学家还都倾向于重行轻知。朱熹说："论

---

① 黑格尔：《小逻辑》，商务印书馆 1980 年版，第 419 页。
② 《朱子语类》卷九。
③ 《朱子语类》卷九。
④ 黑格尔：《小逻辑》，商务印书馆 1980 年版，第 420 页。

先后，知为先，论轻重，行为重。"①他反对坐而论道，闭门求
知。在朱熹看来，只知不行非圣贤。他说："自古无不晓事底圣
贤，事无不通变底圣贤，亦无关门独坐底圣贤。"②黑格尔则是
更为明确地强调行高于知，行优于知。他说，实践理念"比以
前考察过的认识的理念更高，因为它不仅具有普遍的资格，而
且具有绝对现实的资格"。③在这里，黑格尔主要是从实践具有
改造现实世界、检验认识的真理性的意义上强调行高于知的。
朱熹和黑格尔的这些观点包含了各自的特定的社会内容，但从
认识发展史上看还是具有积极意义的。

　　通过对朱熹和黑格尔理学的同异的浅析，可以看出：

　　一，处于不同国度、不同时代两位哲学家对"理"这一范
畴的理解表现出许多相似之处。这说明，"理"这一哲学范畴是
人类认识史上的一个重要的环节。

　　二，两位哲学家对"理"这个范畴的理解也存在着许多明
显的差别。这说明国度、时代、阶级、传统等对哲学思想的发
展有极大的影响。

　　三，总的说来，黑格尔理学高于朱熹理学。但是，如果我
们把中国封建社会的朱熹理学和欧洲奴隶占有制社会古希腊哲
学家柏拉图相比较，那么柏拉图的理学便相形见绌了。

（原载《中国哲学》，第 13 辑）

---

① 《朱子语类》卷九。
② 《朱子语类》卷一一七。
③ 黑格尔：《逻辑学》下卷，商务印书馆 1976 年版，第 523 页。

关于西方哲学范畴发展史研究的
几个方法论问题

近年来，哲学史界开始注重哲学范畴发展史的研究。随着哲学范畴史研究的逐步深入，关于哲学范畴史研究的一些理论问题或方法论问题提出来了，引起了人们的关注。本文想就西方哲学范畴史研究中的若干方法论问题谈谈个人的看法，供研究者参考。

关于哲学范畴史的规定

要明确哲学范畴史的规定，首先必须弄清楚什么是哲学范畴？

什么是哲学范畴呢？目前通行的提法是："哲学范畴是反映整个客观世界的一些最普遍的本质的概念。"我认为，关于哲学范畴的这个规定至少对西方哲学范畴史研究来说似乎是过窄了，有调整的必要。

我们看到，西方哲学史上的哲学范畴名目繁杂，数量众多，但可以大致地或相对地分为三个类别。（一）主要是用以把握客体的哲学范畴，如时间与空间、运动与静止、原因与结果、必然和偶然，等等。（二）主要是用以把握主体的哲学范畴，如自我、理性、感性、直觉、意志，等等。（三）主要是用以把握主体和客体之间的关系的哲学范畴，如实践、异化和复归、必然与自由, 等等。

应当指出,这三类哲学范畴之间的界限并不是绝对分明的。可以说,西方哲学史上的所有哲学范畴都是在人们处理思维和存在、主体和客体之间的矛盾过程中形成和发展的,不存在纯粹的客体性范畴,也不存在纯粹的主体性范畴。拿第一类哲学范畴来说,哲学家们就不仅运用它们规定客体,而且也往往运用它们规定主体。比如,不少哲学家就用实体和属性范畴去理解心灵(自我)和理智、情绪等具体精神现象之间的关系,用质和量范畴理解理性和感性之间的关系。同样,第二类范畴也不能离开客体加以考察,相反,它们正是在人们的实践中,在人们认识和改造世界的过程中形成和发展的。所以说,哲学范畴的类别划分只是大致的、相对的。

但是,无论如何,第二类、第三类哲学范畴(如"直觉""实践"等)决不能说是"反映整个客观世界的一些最普遍的本质的概念",这是十分明显的。然而,我们也不能因此就说它们不是哲学范畴,不属于哲学范畴发展史的研究对象。事实上,这两类范畴都是西方哲学史中的基本范畴,对西方哲学的发展起过十分重要的作用。可以说,撇开这些范畴就是根本不可能理解西方哲学的发展。比如,不讲心灵、直观、异化等范畴,就无法理解笛卡尔、斯宾诺莎、黑格尔的哲学。当然,在西方哲学史上,"范畴"这个概念本身就有一个演变过程。亚里士多德最早发现了"范畴"这一思维形式,并提出了实体、性质、数量和关系等十个范畴。亚里士多德提出的这十个范畴确实是对客观存在形式的规定。康德在他的"知性"学说中,提出了因果性等十二种范畴,同样也是对客体(自然界)的规定。到了黑格尔,情况有了变化。他把逻辑学分为客观逻辑("存在论"和"本质论")和主观逻辑("概念论")两部分。客观逻辑主要是讨论关于客体的范畴，如质和量、同一和对立、形式和内容等，主观逻辑讨论的则主要是关于主体的范畴，如概念、判断、推理、分析、综合，等等。在黑格尔这里，"范畴"这个概念的外延明显扩大了。我们看到，在已经发表的西方哲学范畴史的论著中，尽管作者们坚持关于哲学范畴的上述规定，但在他们的实际研究中仍然对诸如感性和理性、必然和自由、实践等并非反映整个客观世界的最普遍的本质的概念，作为重要的哲学范畴进行了探讨。由此看来，关于哲学范畴的上述规定是有局限性的，哲学范畴的规定的外延应当宽一些。

我认为，即使对于第一类哲学范畴，上述关于哲学范畴的规定也还必须做必要的说明和补充。可以看出，上述关于哲学范畴的规定着重突出的是这两点：一是强调哲学范畴反映的是客体的最普遍的本质，以示其与科学范畴的区别；二是强调哲学范畴是对客观世界的反映，以示范畴观上的反映论和先验论的对立。毫无疑问，突出这两点是必要的、正确的。不过，我认为，从研究哲学范畴史角度看，还必须注意到这类哲学范畴的主观性、相对性和能动性等方面的特性。

首先，必须确认第一类哲学范畴也是主体把握客体的思维形式，尽管它们有客观根据，但并不是客体存在的形式本身。西方哲学史上传统的"形而上学"的一个基本缺点就是认为"思维的规定即是事物的基本规定，并且根据这个前提，坚持思想可以认识一切存在，因而凡是思维所想的，本身就是被认识的了"。①旧"形而上学"肯定思维和存在的同一，坚持可知论，但它忽略思维和存在的差别和矛盾，把哲学范畴本体化，最终还是陷入了主观主义和独断论。

其次，正因为哲学范畴是主体的思维形式，所以它就不仅

---

① 黑格尔：《小逻辑》，商务印书馆 1980 年版，第 95 页。

具有客观性方面，而且也具有主观性方面，因而它对客体的反映也就具有相对性。我们看到，在历史上，哲学范畴总是随着社会经济、政治、科学和文化的发展而不断更新自己的内容和形式的，或者是旧哲学范畴的消亡，新哲学范畴的推出；或者是原有哲学范畴的分化，范畴数目不断增多；或者是原有范畴的内容的不断丰富、深化和精确。拿"物质"这个范畴来说，在西方哲学史上就大致经历了"本原说""质料说"和"形体说"等几个发展阶段，反映了人们对物质的认识的逐步深化的过程。关于普遍性、必然性问题，西方哲学也先后经历了"一"与"多""一般"与"个别""演绎"与"归纳"等几个发展阶段，表现了人们探索普遍性、必然性问题的角度逐渐由本体论向认识论转化的趋向。可以看出，哲学范畴的内容和形式的不断更新，反映着人类对客体的认识不断由浅入深、由片面到更多的方面的过程，而一定时代的哲学范畴只是把握了它的对象某些方面或某一层次，具有相对性。

　　再次，哲学范畴是在实践的基础上产生的，是一定时代人类知识的最高层次的概括，但它一经产生便又作为一种最一般的思维模式或思维方式能动地指导、制约人的认识和实践活动。拿一个人来说，当"静止"范畴成为他的思维模式时，那么在他的眼中，万物是古今毕同的，过去如此，现在如此，将来也是如此。反之，如果"变"的范畴成为一个人的思维模式时，那么在他的眼中，万物包括日月星辰、生物世界、人类社会以至个人的思想，都是一条川流不息的江河。恩格斯指出："每一时代的理论思维，从而我们时代的理论思维，都是一种历史的产物，在不同的时代具有非常不同的形式，并因而具有非常不同的内容。"①文艺复兴时代思想家们的伟大功绩，主要在于他们在中世纪神学的废墟上重新发现了"自然"和"人"两个哲学范畴，并使之成为西方近代人的思维方式。人们的目光由面向上帝转到面向自然，歌颂自然，热爱自然，探索自然的奥秘。这样，近代实验自然科学诞生了，蓬勃发展了。对于人类社会，人们也不再用神的眼光而是用人的眼光去观察国家、法律、道德了，代替中世纪的唯神史观的，是崭新的人本主义历史观。当然，作为思维模式的哲学范畴对人类认识和实践的能动影响也是具有历史性的，既可能是积极的，也可能是消极的。在新旧时代更替的转折点上，当一个新的哲学范畴从旧的哲学范畴中脱颖而出的时候，对于人们往往起着思想解放的巨大作用，它为人们开辟了一个新的更为广阔的天地，使人们耳目一新，从而把人类的认识和实践活动推向一个新的阶段。这就会使新的哲学范畴逐渐成为支配人们认识和实践的一种普遍的思维方式，逐渐成为一种正统的思维模式。然而，随着时间的推移，当人类社会实践和知识发展到一个新的阶段的时候，它的先前的积极作用也会随之转向反面，成为束缚、阻碍人类认识和实践发展的精神牢笼。如前所述，欧洲15—16世纪掀起的人文主义思潮，在冲决中世纪封建神学网罗上曾经起了巨大的积极的历史作用，随后，人文主义的理论基础——抽象人性论便代替中世纪的唯神史观，逐渐成为欧洲近代人观察人、观察社会历史的传统思维方式。但是，随着欧洲社会历史的发展，特别是在19世纪上半叶无产阶级登上历史舞台，离开人的社会性、离开人的历史发展的抽象人性论的局限性便明显地暴露出来了。针对抽象的人性论，马克思提出了人的本质在其现实性上是一

---

① 恩格斯：《自然辩证法》，《马克思恩格斯全集》第20卷，人民出版社1971年版，第382页。

切社会关系的总和的著名论断，创立了唯物史观，为人们科学地认识人、认识人类社会历史开辟了新的道路。尽管如此，时至今日，作为欧洲近代人的传统思维方式的抽象人性论，在当代人们的思想中仍然有着很大的影响。我们看到，在西方社会历史和科学发展的每一革命转折关头，总是伴随着新旧哲学范畴的矛盾和斗争，旧的思维模式以其正统、权威的力量顽固地坚守自己的阵地，新的思维模式则顽强地争取自身的生存和发展，斗争往往是很激烈的，复杂的。

综上所述，我认为，哲学范畴是哲学学科的基本概念，是人们进行哲学思维的基本的思维形式。哲学范畴既可能是人们关于客体的规定，也可能是人们对主体自身、主体和客体相互关系的反思的规定；既是人们关于客体、主体以及主客体之间的关系的知识的最高层次的概括，也是人们把握客体、主体以及主客体之间的关系的最基本的思维形式。因此，哲学范畴发展史既是人类认识发展史，又是人类一般思维形式或思维方法的更新史。

关于西方哲学范畴史的范围

在西方哲学史上，历代哲学家们提出的哲学范畴名目繁多，数以千计，仅黑格尔的一部哲学全书所列举的范畴就不下数百。西方哲学范畴史是否要对这众多的哲学范畴一一加以研究呢？当然这是不可能的，也没有必要。那么，西方哲学范畴史的范畴应当如何规定呢？

西方哲学史上众多的哲学范畴大致可以分为三个层次。（一）贯穿历代哲学体系，对哲学发展起过重大影响的基本范围。如"人""自然""上帝""物质""意识""实体""真""善""美"，等等。（二）在哲学发展的不同阶段上，哲学家们对基本哲学范畴所做的特殊规定、表述。比如泰利士的"水"、赫拉克利特的"火"、恩培多克勒的"四根"、阿那克萨哥拉的"种子"、德谟克利特的"原子"、亚里士多德的"质料"以及霍布斯的"物体"等，都是西方哲学家们对"物质"这个基本范畴的探讨、是对"物质"范畴所做的特殊规定、表述，或者说是"物质"范畴发展的各个阶段。（三）哲学家们在构造自己的哲学体系时制定的一些特殊范畴，如黑格尔在他的自然哲学中提出的"比重""发育冲动""性别关系"，等等。

我认为，哲学范畴史主要是研究第一个层次的哲学范畴、即贯穿历代哲学体系、对哲学发展起过重大影响的基本范围及其相互关系的演进规律。但是，为了研究基本范畴及其相互关系的发展规律又必须深入地考察第二个层次的范畴。因为基本范畴的发展往往是通过这类特殊的规定表现出来的。至于第三个层次的范畴，研究它们对于深入研究某一个哲学体系有时往往是很有必要的，但对于哲学范畴史的研究来说，必要性就不是很大的了。

进一步的问题是，在西方哲学史上的众多范畴中究竟哪些是基本范畴？比如，"上帝"算不算西方哲学中的一个基本范畴？"规律"这个范畴是否是有别于"必然性"范畴的一个独立的基本范畴？这些问题还有待进一步的探讨。不过，问题的关键在于选择原则，原则不同，选定的范畴也就不同了。

从目前我国发表的有关论著来看，这些论著选择基本范畴的原则大体上是相同的，即从现行的马克思主义哲学原理教科书的范畴体系出发，把构成马克思主义哲学体系的基本范畴当作西方哲学范畴史研究的基本范畴。简言之，马克思主义哲学有哪些基本范畴，西方哲学范畴史就研究哪些范畴。当然，这个原则有其合理之处。其一，马克思主义哲学范畴是西方古典哲学范畴的继承和科学总结，因此，马克思主义哲学范畴从思想形式上说也必然是西方古典哲学的基本范畴。事实确实也是如此。比如，马克思主义哲学所研究的物质、意识、时间、空间、运动、静止等范畴，确实是西方古典哲学中的基本范畴。其二，研究这些范畴的历史发展，有助于人们更深入地理解马克思主义哲学。不过，这个原则的局限性似乎也是很明显的。首先，它忽略了那些曾在西方古典哲学发展中起过重要作用并对马克思主义哲学的创立发生过重大影响的一些范畴，如上帝、异化、自我意识，等等。忽略这些范畴的历史研究既影响人们对西方哲学范畴发展的特殊面貌的认识，也会影响人们对马克思主义哲学形成和发展的理解。另外，按照上述原则，也会忽略那些曾在西方古典哲学发展史中起过重要作用并在现代西方哲学中仍然有重要影响的范畴，如意志、直觉、实体、关系、异化，等等。显然，研究这些范畴的历史发展会有助于我们深入理解现代西方哲学，而正确分析研究现代西方哲学也是坚持和发展马克思主义哲学的一项重要任务。

我认为，确定西方哲学范畴史研究的基本哲学范畴可以采取古今结合的原则。一方面，从西方古典哲学范畴发展实际出发，从众多的范畴中筛选出贯穿历代哲学、在哲学发展中起过重大影响的范畴；另一方面，从当代哲学（马克思主义哲学和现代西方哲学）的高度观察西方古典哲学范畴的发展，抓住那些在当代哲学中仍有生命力的范畴。当然，即使原则一致了，在具体确定哪些范畴是基本范畴的时候还会有不同的看法，这方面不必强求统一。

此外，我认为，中国人研究西方哲学范畴发展史还可以包含中西古典哲学范畴比较研究的内容。西方古典哲学范畴的发展和中国古典哲学范畴的发展一样，都是人类思维方式发展的一个侧面，两者既有共性，又有各自的个性。我们看到，西方哲学中研究的大多数基本哲学范畴（如"上帝""直觉""实体"和"属性"等），中国古典哲学也都有相应的范畴（如"天""顿悟""体"和"用"等）。但是，由于社会经济、政治、科学、文化背景和传统不同，中西方哲学对这些范畴及其相互关系的理解又表现出各自的特色。通过中西古典哲学范畴的比较研究，既可以加深人们对人类一般思维方式发展规律的认识，也可以加强人们对中西方传统思维方式的各自的特点的了解。从这个方面说，开展中西古典哲学范畴比较研究，对于西方哲学范畴史的研究也是很有必要的。

关于西方哲学范畴发展的规律

这一点是明确的：作为一门学问，西方哲学范畴史是研究西方哲学范畴发展规律的。但是，西方哲学范畴的发展规律究竟是什么呢？

关于这方面，有关论著已经提出了种种看法。（一）哲学范畴之间的最基本的关系是对立统一的关系。（二）哲学范畴是在社会实践中产生并随着社会实践的发展而发展；同时哲学范畴又反作用于社会实践。（三）哲学范畴是在唯物主义和唯心主义、辩证法和形而上学的斗争中不断发展的。

应当肯定，哲学范畴的发展确实为这些规律所制约。但是，也应当指出，这些规律并不是哲学范畴中所要探讨的哲学范畴发展规律。我们看到，事物的发展规律是有不同层次的。对立统一规律是支配自然界、人类社会和人类思维发展的一般规律。在社会实践中产生又反作用于社会实践，是社会意识形态发展的一般规律。唯物主义和唯心主义的斗争、辩证法和形而上学的斗争，是哲学发展的一般规律。哲学范畴作为事物的一种、意识形态的一种、哲学思想形式的一种，当然要为这些一般规律所制约。但是，哲学范畴作为一种特殊事物、特殊的意识形态、特殊哲学思想形式，又必有其自身的特殊发展规律。应当指出，前面提到的一般规律早已被发现，其科学性也早已被证明，无须我们通过研究哲学范畴史去发现它们，也无须我们罗列哲学范畴史的材料去证明它们的正确性。哲学范畴史研究的任务只在于，在这些一般规律的指导下，深入探索哲学范畴自身特有的发展规律。实际上，如果我们真的把握了哲学范畴自身的发展规律，那么，它必然也会加深、丰富人们对事物发展一般规律的理解。

我觉得，明确这一点甚为重要。这是因为，在一个相当长的时期里，我们的学术研究方法囿于这样一种研究模式：当人们去研究一个新的事物的时候，不是专心致志地去探索新事物本身的规律性，而是在新事物面前重复早已被发现了的真理，或者是到新事物那里搜集一点材料来证明早已被发现并且早已被证明了的真理的正确性。这样一来，人们就只是在原有真理的圈子里打转转，躺在一般规律上过日子，而不是努力去发现新真理。结果是新真理没有发现，原有的真理也被僵化，缺乏生命力了。我认为，如果不突破这种陈旧的研究模式，西方哲学范畴史的研究也不能有所发现。

那么，西方哲学范围的发展规律究竟是什么呢？这个问题目前还不可能提供现成的答案，对我们来说还是未知的，有待探索的。如果说答案都已经很清楚明白了，那么就没有什么必要再花精力从事西方哲学范畴史的研究了。

当然，历史上不少哲学家曾对西方哲学范畴发展做过较为深入的研究，提出了不少有价值的深刻的见解。比如，黑格尔提出的关于哲学范畴发展由抽象到具体及历史和逻辑一致的原则，就是富有启发性的。对于这类成果，我们应当尊重，作为我们研究的参考和借鉴。但是，应当看到，黑格尔终究是一百多年前的历史人物了，他的这些思想势必具有理论的和历史的局限性。因此，我们今天的研究就不能停留在黑格尔的水平上，满足于重复黑格尔的某些思想，而应当力求超越黑格尔。话虽如此，但是要真正超越黑格尔，那是极其艰难的。这不仅仅是因为黑格尔本人思想的深邃，更主要的倒是因为我们这一代人受黑格尔思维模式的影响太深了。

探索哲学范畴的发展规律势必涉及哲学范畴发展的分期问题。这是因为，哲学范畴史是一门历史科学，哲学范畴的发展规律往往是通过它的发展的阶段性表现出来的。那么，哲学范畴发展的分期原则是什么呢？从目前发表的有关论著来看，有两种处理方法：一是沿用社会历史发展的分期原则；二是采取哲学形态分期原则。我认为这样做似乎都把特殊事物一般化了，忽略了哲学范畴发展的个性。应当看到，西方哲学史上每一范畴或每一组范畴的发展都经历了自己特殊的发展阶段，其中有的和社会历史发展阶段、哲学形态发展阶段相一致，有的则存在着很大的差别。如果忽略它们发展的各自的特殊性，硬把它们塞进某一个一般的分期原则模式，那么就不可能揭示它们各自的特殊发展规律。

试以质和量这对范畴为例，对三种分期原则做一比较：

按照社会历史分期原则	按照哲学形态分期原则	按照范畴自身发展原则
一、古希腊罗马奴隶制社会的质量观	一、古希腊罗马哲学的质量观	一、质和量的朴素直观的规定
二、西欧封建社会的质量观	二、中世纪经院哲学的质量观	二、唯质主义
三、17世纪早期资产阶级革命时期的质量观	三、唯理论和经验论的质量观	三、唯量主义
四、18世纪法国资产阶级革命准备时期的质量观	四、法国唯物论的质量观	四、质量统一观
五、18世纪末至19世纪初德国资产阶级革命准备时期的质量观	五、德国古典哲学的质量观	

通过上述三种分期原则的比较，我认为第一种分期原则过于一般化，第二种分期原则也有一般化的缺陷，第三种分期则有利于我们探索哲学范畴自身发展的规律性。当然，我这里着重探讨的是哲学范畴发展的分期原则，至于把西方哲学史上质和量这对范畴的发展，具体地划分为上述几个阶段，只是个人的初步的看法，还有待进一步的深入探讨。

施行第三种分期原则，着重探索哲学范畴自身发展的规律性，会不会削弱甚至否定社会历史背景的分析，把哲学范畴史搞成纯粹思想发展史呢？有可能。黑格尔在研究哲学发展的时候，就曾把哲学范畴的发展过程看成纯粹思想自我推演的过程。但是，只要我们坚持唯物史观，在强调哲学范畴发展的相对独立性的同时，肯定哲学范畴的发展对社会实践发展的依赖，就不会削弱或否定对哲学范畴发展的社会历史背景的分析。黑格尔曾经正确地指出了哲学范畴的发展为其自身的矛盾所推动，可惜的是他仅仅看到了这一点。他不懂得，哲学范畴自身矛盾的形成、发展和解决，归根结底是为社会实践发展中的矛盾所决定的。实际上，人们只有对哲学范畴形成和发展的经济、政治、科学和文化背景进行具体的深入的分析，才有可能科学地揭示哲学范畴的发展规律。

关于西方哲学范畴史研究的目的和意义

　　研究西方哲学范畴史的目的和意义是多方面的。首先，西方哲学范畴史研究是对西方古典哲学发展的一种微观研究，必定有助于加深对西方哲学发展的理解，丰富西方哲学史科学。其次，西方哲学范畴史研究实际上是对马克思主义哲学范畴的理论渊源做系统的考察，必定有助于人们加深对马克思主义哲学的理解。再次，西方哲学范畴史研究也是对现代西方哲学的理论前提所做的系统探索，必定有助于人们正确分析研究现代西方哲学。所有这些方面都表明，研究西方哲学范畴史是具有重要的理论学术意义的。不过，我认为更为重要的是这种研究的现实意义。

　　我们今天正处在一个伟大的改革的时代。随着改革实践的发展，人们愈来愈深切地意识到观念更新的重要性和紧迫性。但是，应当明确的是，不要把观念更新仅仅理解为各种具体观念的更新，而应当注重更高层次的、统率各种具体观念的观念——思维方式的更新。这是因为，思维方式的更新是最根本的观念更新，它带来的是一代人、一个时代的精神面貌的改变。20 世纪 70 年代，我国思想战线上开展的"实践标准"的讨论，就是一场思维方式更新的思想运动。通过这场新旧思维方式的交锋，人们的目光由面向本本，转到了面向实际，人们判别是非的标准不再求助某某语录，而是诉诸社会实践。这种实事求是的崭新的思维方式，一扫长期禁锢人们思想的教条主义迷雾，使整个社会的精神面貌焕然一新，为各种具体观念的更新开辟了广阔的道路，为改革和开放的路线奠定了巩固的思想基础。可见，思维方式的更新对于社会生活的影响是巨大的，应当唤起人们给予应有的关注。

　　怎样实现思维方式的更新呢？思维方式更新的根据，内在于现实的社会实际生活。因此，要更新思维方式就必须面向当代的社会实际生活，从社会实际生活中汲取营养，领悟新的时代精神。但现代人的思维方式终究是从历史上传统的思维方式演化而来的，因此，必然或多或少地包含了传统思维方式的成分、因素，受传统思维方式的影响。我们看到，在当今世界上，不同国家、不同民族在思维方式上存在着明显的差别，这固然和各个国家、各个民族的现实的社会实际生活相关，但各自的传统思维方式的影响，也是造成这种差别的重要因素。通过回顾历史上思维方式的发展，有助于深入了解当代人们的思维方式和传统思维方式的区别和联系，客观地分析评估当代人们的思维方式，同时，我们还应当认识到，当代人们的思维方式也是人类思维方式发展长河上的一个阶段、环节，它的更新也必然受到人类思维方式更新的一般规律的支配。因此，研究历史上思维方式更新规律，总结其经验教训，对于当代人们思维方式的更新就具有指导或借鉴意义。

　　如前所述，哲学范畴史本质上就是人类思维方式的更新史。我们研究西方哲学范畴史的根本目的和意义就在于，探索西方各民族思维方式更新的规律，以促进当代人们思维方式的更新。这样看来，研究西方哲学范畴史就不仅仅是学术研究深入发展的需要，而且也是时代的召唤。

（原载《南开学报》，1988 年第 1 期；
转载《新华文摘》，1988 年第 6 期）

一定的道德原则是道德评价的唯一根据

一

在伦理学中，道德评价问题恐怕是历代哲学家们、伦理学家们争论最多、分歧最大、斗争最激烈的一个问题，可见问题之重要和复杂。

在道德评价问题上，伦理学家们有一个共同的研究角度：在道德活动的动机、行为和效果三个环节中，着重研究对行为的评价，并把动机或效果看作评价行为的根据。他们之间的分歧主要在于评价行为的根据是动机，还是效果，还是动机和效果的统一？动机论者断言，动机是评价行为的唯一根据。反之，效果论者则认定，效果是评价行为的唯一根据。与上述两派观点不同，目前我国伦理学界一般都认为，评价行为既要看动机，也要看效果，评价行为的根据应是动机和效果的统一。

显然，动机论和效果论各执一端，都是很片面的，但它们在理论上倒很明确、干脆。按照动机论，不论效果如何，动机好，行为就是好的；反之，动机坏，行为就是坏的。按照效果论，不论动机如何，效果好，行为就是好的；反之，效果坏，行为就是坏的。动机-效果统一论力图克服上面两派的片面性，力求全面评价行为，但在理论上似乎难以一以贯之。统一论者一方面认为评价行为的一个根据是动机，另一方面又认为评价动机的根据是"行为及其效果"①，这样，在动机和行为的关系问题上，统一论就陷入了循环论证：动机是评价行为的一个根据，而行为又是评价动机的一个根据。再就效果说，作为评价动机的一个根据的效果，它本身要不要评价呢？既然效果本身也有好坏之别，那就表明效果本身也是要进行评价的。那么，评价效果本身好坏的根据是什么呢？如果评价效果的根据是动机和行为，那又陷入了另一个更大的循环论证：行为→动机→效果→行为。如果评价效果的根据不是动机和行为，那又是什么呢？统一论理论上的困难还表现在对具体道德现象评价上提出了多元评价标准。一个是动机标准。比如，统一论者认为："当一个人看到另一个人失足落水时，他努力去援救他（他的动机是要救出那个人），但是，如果他确已尽了他力所能及的最大努力，仍未能将落水人救出，从道德评价来说，他的行为仍然是道德的。"②另一个是行为、效果标准："离开一个人的行为及其效果，是不可能判断一个人的动机是否善良的。"③还有一条标准就是动机和效果的一致。不难看出，人们既可以用第一个标准否定第二个标准，也可以用第二个标准否定第一个标准；既可以用第三个标准否定第一个和第二个标准，也可以用第一个和第二个标准否定第三个标准，对同一个对象采取多元评价标准，看起来显得很具体、很灵活、很辩证、很全面，但实际运用起来就势必会相互打架，带来各取所需的主观随意性。就拿上述救溺水人未成的例子来说，一个人可以按第一个标准做肯定的道德评价；另一个人可以按第二个和第三个标准做否定

① 罗国杰：《马克思主义伦理学》，人民出版社 1982 年版，第 498 页。
② 罗国杰：《马克思主义伦理学》，人民出版社 1982 年版，第 499 页。
③ 罗国杰：《马克思主义伦理学》，人民出版社 1982 年版，第 502 页。

的道德评价，谁是谁非？莫衷一是。

由此看来，不论是动机论、效果论，还是动机-效果统一论，在理论上都表现出一定的片面性或不彻底性。问题在哪里呢？我认为，问题主要出在观察道德评价问题的角度上。即把道德评价仅仅归结为对行为的评价。把评价行为的根据归结为动机和效果。本文试图从另一个角度观察道德评价问题。这个角度就是不把行为看作唯一的评价对象，也不把动机或效果看作评价行为的根据。而是把道德活动的三个环节（动机、行为和效果），都看作有待进行道德评价的对象，把一定时代、一定国家、一定民族、一定阶级或集团的道德原则和规范看作评价动机、行为和效果的唯一根据。人们既可以运用一定的道德原则和规范对动机、行为和效果分析进行独立的道德评价（低层次的道德评价），也可以在对三者分别独立评价的基础上，进而对动机、行为和效果进行综合的整体的道德评价（最高层次的道德评价）。

二

能否离开动机和效果对行为本身做独立的道德评价呢？试设几个事例：

甲奋不顾身地跃入水中营救溺水者。

A 给溺水者当头一棒。

乙冒死投入火海抢救国家资财。

B 看到仓库起火，仓皇逃避。

丙医生为抢救危急病人当场献血。

C 医生拒绝为传染病患者治病。

对于这类未知其动机和效果的行为能否做善恶的道德评价

呢？康德（动机论者）会说，无法评价。因为不知道这类行为的动机如何，而动机是评价行为的唯一根据。穆勒（效果论者）也会拒绝评价，因为效果是评价行为的唯一根据，而这类行为可能引起什么效果尚属未知。面对这类行为，动机-效果统一论者也会到困惑，既无动机，又无效果，如何能做出动机和效果辩证统一的评价？然而，在日常生活中，那些非伦理学家的普通人，则不会囿于某种伦理学的观点而对上述行为做出明确的道德评价：甲乙丙的行为善；ABC 的行为为恶。显然，普通人评价这类行为不是根据动机，也不是根据效果，而是根据社会主义道德原则和规范。

我认为，普通人的这种道德评价方法是合理的。尽管行为与动机、效果密切关联，但它终究是道德活动中的一个相对独立的环节，因而，对行为本身做相对独立的道德评价是完全可能的。其次，从道德本性看，道德既是一种意识形态，又是一种标准，即行为的原则和规范。因此，把一定的道德和规范作为评价行为的根据，以此判别行为善恶，这是正确的。还应当看到，行为教育是道德教育的一个重要方面。对行为本身做独立的道德评价，明确行为的善恶标准，不仅有助于个人对自己的行为选择，而且有助于形成良好的社会道德风尚，因而是十分必要的。综上所述，可以这样说，凡是符合一定的道德原则和规范的行为，就是道德的（善）行为，凡是违背一定的道德原则和规范的行为，就是不道德的（恶）行为。我认为，这是评价行为本身的唯一标准或唯一根据。

人们往往感到困惑的是，如何评价由坏动机引发的好行为和造成坏效果的好行为。我认为，这个问题实际上包含了两层意思：一层是如何评价这类行为本身；另一层是如何对动机、行为和效果进行综合评价。从第一层意思看，提问题的人实际上已经对这类行为做出了明确的评价：好行为。可以看出，提问题的人把这类行为判定为好行为，显然不是根据动机，也不是根据效果。而是不自觉地以一定的道德原则和规范为根据的。如果提问题的人不是根据一定的道德原则和规范把这类行为判定为好行为，而是根据动机或效果把这类行为判定为坏行为。那就不存在好行为与坏动机、坏效果的矛盾了，就是说提问题的人所提的问题本身也就不存在了。我认为如果动机、行为和效果之间确实存在矛盾，那我们就应当承认矛盾，而没有必要通过某种方法把他们解释成没有矛盾。人们可以在承认动机，行为和结果之间的矛盾的基础上，对它们进行综合评价，按照一定的道德原则和规范，提出更高层次的要求：应当力求做到动机、行为和效果的统一。从这个方面看，我们可以说，上面所说的行为虽然本身是善的行为，但还不是完善的行为，因为它的动机和效果是不好的。

三

　　接着我们要讨论的是离开行为和效果能否对动机做独立的道德评价，以及评价动机的根据是什么？

　　动机-效果统一论者否定对动机进行独立评价的可能性，认为"离开一个人的行为及其效果是不可能判断一个人的动机是否善良的"，理由是行为和效果是检验动机的标准。

　　行为及其效果是检验动机的标准这个论断，是马克思主义认识论关于实践及其结果是检验认识真理性的标准的原理在伦理学中的具体运用，无疑是正确的。问题在于怎样理解这个论断的本意。我们能否从实践及其结果是检验认识是非的标准，直接推出行为及其效果也是评价动机善恶的标准？这个问题是值得研究的。

我们看到，在我们的伦理学的研究中，人们往往忽略道德和认识的区别，忽略"动机""行为"和"效果"三个伦理学范畴及其相互关系同"认识""实践"和"结果"三个认识论范畴及其相互关系的区别，从而也就模糊了道德现象的特殊性。应当看到，尽管人们的道德活动总是和人们的认识活动结合在一起的，人们的道德价值实现的过程也是人们认识世界、改造世界的过程。但是，两者之间仍然存在着性质上的区别。首先应当明确的是，认识讲是非，道德讲善恶。在认识活动中，在"认识""实践"和"结果"三个环节之上，不存在一个凌驾于三者之上并能够判别其是非的认识原则和规范。认识正确与否只能靠实践及其结果来验证，而不是靠什么认识原则和规范来判别。比如，"水是由氢和氧两种气体化合而成的"这个认识是否正确，只能靠科学实验及其结果来判定。与此不同，在道德活动中，在"动机""行为"和"效果"三者之上存在着一个能够评价三者善恶的道德原则和规范。动机本身善恶如何就看它是否符合一定的道德原则和规范，而无须以行为或效果如何为根据。比如，人们可以按照无产阶级道德原则判定为人民大众的动机为善，为个人或小集团的动机为恶。

其次，还应当看到，"认识"对"结果"的影响和"动机"对"效果"的影响是不同的。在社会生活中，人不仅仅是一个认识主体，而且还是一个道德主体。因此，指导人们从事社会活动的就不仅仅是"认识"，而且还有"动机"。所谓"动机"是指道德主体实现道德价值要求的意向，有善恶之分。所谓"认识"是指认识主体关于客体的知识，为实现一定的道德价值意向提供的理论或蓝图，有是非之别。动机和认识可能是一致的，比如，动机善良，认识亦正确，也可能是不一致的，比如，动机善良，但认识不正确。一般说来，不论动机如何，正确的认识会引来实践上的成功结果，错误的认识会招致实践上的失败结果。和认识不同，动机对效果并没有这种决定性的影响，这是因为动机对效果的影响必须以认识为中介。即使动机极为善良，如果认识不正确，也不可能带来实践上的成功，得到好的效果。一位医生尽管真心诚意地想把患者的病治好，但是，如果他对患者的病情诊断有误，那疗效肯定是不会好的。同样的，一位革命家尽管一心想把革命事业推向前进，但是，如果他对形势估计有误，路线不正确，那么革命事业必然会遭受挫折。人们往往感到苦恼和困惑的是，为什么往往事与愿违，好心得不到好效果呢？许多悲壮的历史悲剧的造成，一个重要原因，就在于此。这就告诉我们，要做成一件好事，不能光凭主观动机善良，而且要靠正确的认识作为指导。正因为如此，人们可以用"结果"反过来检验"认识"的真理性，一般说来，成功的结果可以证明认识是正确的，失败的结果可以证明认识是错误的。但是，人们却不可以以"效果"的好坏反过来判别"动机"的善恶，不能说效果好，动机就好，效果坏，动机就坏。事实上，造成医疗事故的医生，很可能是一位动机极为善良的医生，犯了路线错误给革命事业造成了重大损失的人，很可能是动机纯正、革命情操极为高尚的好同志。由此看来，道德现象有其特殊性，不能从实践及其结果是检验认识是否正确的标准这个认识论原理，直接推出行为及其效果是检验动机是否善良的标准。

我们看到，并不是任何动机评价都与行为、效果相关。一般说来，动机评价有自我评价（主观评价）和社会评价（客观评价）两种方法。其中自我评价方法就可以不涉及行为和效果。所谓自我评价就是道德主体以自己心中的良心为根据，对自己的行为动机直接进行善恶评价，符合良心的动机为善，违背良心的动机为恶。良心并不神秘，它不过是社会道德原则和规范内化于个体意识中的一种稳定、自觉的道德意识。因此，自我评价实质上还是以一定的道德原则和规范为根据的。自我评价既可以在行为之后，也可以在行为之前，以便道德主体作为抉择，在道德生活中，对动机的自我评价起着非常重要的作用。但它终究是一种主观的评价方法，带有主观性，因而有可能导致自以为是的主观主义。

　　和自我评价不同，对动机进行社会评价和行为、效果就有密切的关系了。这是因为动机问题较之行为更为复杂，不仅有善恶问题，即所谓好心坏心问题，还有真假问题，即所谓真心假心问题。要对一个人的内心动机做出客观的善恶评价，首先碰到的就是动机的真假问题，即所谓真心假心问题。所谓真心即真实动机，就是一个人心里实际上是怎样想的。如果口头动机和真实动机一致，"口是心是"也是真心，反之，如果口头动机与真实动机不致，"口是心非"则是假心。动机评价的对象当然只能是真实动机，而不能是口头上的假心假意。可是，人的真实动机是人的内心活动，无法直接把握，因而只能通过它的表现——行为及其效果来检验。不过，应当明确的是，行为及其效果所检验的只是真心还是假心，而不是判别真心本身的善恶，即好心还是坏心。比如，一个人偷了一种一般人用钱也买不到的贵重新药被人发现了，他说他偷药是为了给病母治病，人们通过对他偷药的行为过程分析，证实了他口头上说的动机是他的真实动机。但是，真实动机并不一定是好动机。为给病母治病而偷一般人用钱也买不到的贵重新药这个真实动机本身是善还是恶，仍然是一个悬而未决、有待评价的问题。如果人们用孔子的以孝为中心的道德原则进行评价，那么为病母偷药的动机就是善良的动机。反之，如果按照康德的"绝对命令"的道德原则进行评价则就是不善良的动机。至于用无产阶级道德原则如何评价这种动机，恐怕还是有待讨论的一个问题。这表明，行为及其效果虽然具有检验动机真假的作用，但并不能提供评价动机善恶的根据。

当然，人们评价动机的时候并不都是先通过行为及其效果检验真心假心，而后再以一定的道德原则和规范评价真心是好心还是坏心；更多的倒是先按一定的道德原则和规范对人们的口头动机做出善恶评价，而后通过行为及其效果检验口头动机是真心还是假心。比如，一位作家声明他的创作动机是为人民大众的。首先人们会自觉或不自觉地按照无产阶级的道德原则对作家的口头动机做出善恶评价，判定为人民大众而创作的动机是善良的，是好心。接着的问题是，这位作家口头动机是否就是他的创作的真实动机呢？换句话说，是真好心，还是假心好？这个问题当然只能靠通过分析作家的创作行为过程及其作品的实际社会效果来检验。可是，由于人们往往认为为人民大众而创作的动机是显而易见的、无须评价的好动机，便把通过行为检验真好心和假好心的作用，误认为是评价好心和坏心的根据。为人民大众而创作的动机的确是显而易见的好动机，但不能说它没有经过评价，相反的，它实际上只是一种评价的结果，否则怎么会说它是好动机而不是坏动机呢？

当然，真好心是好心，假好心实际上不是好心，从这个意义上说，用行为及其效果检验真好心和假好心的过程。也是检验好心和坏心的过程。但是，应当明确的是，这种检验是在人们按照一定的道德原则对动机已经做了明确的评价的前提下的检验。因此，尽管它在这种情况下具有检验动机是否善良的作用，但它终究不是评价好心坏心的根据。这就像体温计可以检验人体的温度，但不是评价体温是否正常的标准和根据。如果在另外一种情况下，即当人们对一个人的口头动机尚未做出明确的善恶评价的时候（如上面提到的为给病母治病而偷药的动机的例子），那么，通过行为及其效果检验的就不是真好心和假好心，而只是真心和假心，因而也就不具有检验动机是否善良的作用了。由此看来，从根本上说，行为及其效果只能检验动机的真假，而不能评价动机的好坏，评价动机善恶的唯一根据也是一定的道德原则和规范。

如此说来，能否认为人们可以只讲动机，不问效果呢？康德确是这样主张的。在他看来，涉及效果的任何动机都不可能是善良的。康德的动机论是以超功利主义的道德观为基础的。在他看来，道德和功利是对立的，讲道德就不应计功利，因此，一个善良的道德动机就不得掺杂丝毫功利效果成分。和康德相反，我们主张道德和功利的统一。尽管道德具有超功利的特质，但一定的道德原则总是一定的功利关系的升华，并且总是为实现一定的功利价值服务的。因此，在我们看来，为一定的道德原则和规范判定是好的动机，理所当然地要顾及效果，指向好效果。否则就不能算作好动机。但是，又应当看到，顾及效果，指向好效果和行为的实际效果终究不是一回事。两者很可能是不一致的。一定的实际效果并不是动机直接派生出来的，而是认识、行为、客观条件以及各种偶然因素相互作用的产物，因而不能作为评价动机善恶的根据。

毛泽东同志在《延安文艺座谈会上的讲话》中写道："一个人做事只凭动机，不问效果，等于一个医生只顾开药方，病人吃死了多少他是不管的。又如一个党，只顾发宣言，实行不实行是不管的。试问这种立场也是正确的吗？这样的心也是好的吗？事前顾及事后的效果，当然可能发生错误。但是已经有了事实证明效果坏，还是照老样子做，这样的心也是好的吗？我们判断一个党、一个医生，要看实践、要看效果；判断一个作家，也是这样。真正的好心，必须顾及效果、总结经验，研究方法。在创作上就叫作表现的手法。真正的好心，必须对于自己工作的缺点错误有完全诚意的自我批评，决心改正这些缺点错误。"①我们看到，人们往往引用毛泽东同志的这些论述以论证"实践的过程能够检验动机是否善良"。②其实这是误解。首先应当注意的是，和一般伦理学着重讨论评价行为的根据问题不同，毛泽东同志在《讲话》中着重论述的是怎样检验动机问题。这是因为毛泽东同志当时面对是这样的一种情况：一些写了产生了不好效果的作品的作家，反复声明他们的动机是好的，是为人民大众的。其次应当注意的是，毛泽东同志并不否认"为人民大众"的动机是好动机，是好心，并不认为"为人民大众"这个动机是好的还是坏的，还要进行什么检验，这是因为，为人民大众这个动机之符合无产阶级的道德原则，是显而易见的。他所要解决的是另外一个问题：作家们口头声明的好动机是否就是他们创作的真实动机？换句话说，是"真正的好心"，还是假好心？在毛泽东同志看来，"真正的好心"不能靠口头声明来保证，只能靠实践及其效果来验证。如果撇开某些具体文字表达问题，那么，可以看出，毛泽东同志的思路是清楚的，思想也是正确的。如上所述，在动机评价中存在着好心、坏心、真心、假心错综交织的复杂情况。一些人由于不能正确理解这类复杂情况，便把毛泽东同志关于实践及其效果是检验真好心和假好心的思想，理解为实践及其效果是评价好心和坏心的标准

---

① 毛泽东：《在延安文艺座谈会上的讲话》，《毛泽东选集》合订本，人民出版社1969 年版，第 830 页。

② 罗国杰：《马克思主义伦理学》，人民出版社 1982 年版，第 503 页。

和根据，这就失之毫厘，谬之千里了。

总之，我认为，对动机本身善恶也可以做独立的评价。人们可以通过行为及其效果检验动机的真假、认识的对错，但不能判定动机本身的善恶。评价动机本身善恶的根据，也是一定的道德原则和规范

四

和动机、行为一样，效果也有好坏之分。既然效果有好坏之分，那么也就存在着一个评价效果好坏的根据问题。

能否把行为的好坏作为评价效果好坏的根据呢？毫无疑问，效果是由行为引起的，是行为的产物。但是，这并不意味着好行为必然产生好效果，不好的行为必然产生不好的效果。事实上，在复杂的道德活动中，良好的行为往往带来不好的效果，不好的行为也可能产生好的效果。一个良好的行为能否产生好的效果，决定于这个行为是否符合客观实际以及各种客观条件。一个行为本身尽管十分善良，但是，如果它不符合客观实际情况，或者为客观条件所局限，那就不可能带来好的效果。比如，一个人奋不顾身地跳入水中拯救溺水者，这无疑是一项善举。但是，如果他没有救溺水人的知识和方法，或者溺水者溺水时间已经很长，那么，他就不可能救活溺水者。在这种情况下，我们既不能因为她没有救活溺水者就否定他的行为的善良，也不能因为他的行为善良就判定它取得了好的效果。可见，我们不能以行为的好坏作为评价效果好坏的根据。

那么，能不能把动机的好坏作为评价效果好坏的根据呢？应当明确的是，伦理学中的"效果"范畴不同于认识论中的"结果"范畴。首先，伦理学中的"效果"没有对错、成败的问题，

只有好坏之分；认识论中的"结果"没有好坏问题，只有成败之别。其次，在认识论中，认识的对错和结果的成败，一般说来是相互对应的。认识的对错依结果的成败来检验，一般说来，成功的结果证明认识的正确，失败的结果证明认识的错误。反过来也是一样，结果的成败依其是否符合认识来判定。与此不同，在伦理学中，动机和效果之间不存在这种相互对应关系。第一，我们不能说符合动机的效果是好效果，不符合动机的效果是坏效果。这是因为动机本身也有好坏之分，符合坏动机的效果就不可能是好效果。第二，如前所述，我们也不能说动机如何，效果就必定如何；效果如何，动机就必定如何。这就是说，在认识论中，"结果"的成败看其是否符合"认识"而定；在伦理学中，"效果"的好坏则不能依"动机"如何来判定。

再次，"结果"是一个认识论范畴，"效果"是一个价值范畴。在实际社会生活中，"结果"和"效果"一般是一致的，成功的结果也是好的效果，失败的结果也是不好的效果。但两者也常常不一致，成功的结果并非都是好的效果，失败的结果也并非都是不好的效果。比如，广岛原子弹的爆炸从科学（认识）上说是一次巨大的成功，但是，就它造成了成千上万无辜群众死亡来说，其效果就不能说是好的。这时因为，效果是一个价值范畴，它的好坏视其对人们的道德价值意义如何来评定。不同时代、不同国度、不同民族、不同阶级或集团的人们具有不同的价值观念，不同的道德原则，因而对同一"结果"（不论其是成功的失败的）就可能做出不同的"效果"价值评价。革命事业成功了，革命派认为这种成功结果得到的效果是好得很；反之，反动派则会认为是糟得很。革命事业失败了，革命派认为这种失败结果的道德效果是糟得很；反之，反动派则会认为是好得很。

由此看来，和动机、行为一样，人们也可以效果本身做出独立的道德评价。效果评价的根据不在于动机，也不在与行为，而是一定的道德原则和规范。

五

如果我们对动机、行为和效果分别做出独立的道德评价，那就会出现面下八种情况：

	动机	行为	效果
1	好	好	坏
2	好	坏	坏
3	好	坏	好
4	坏	坏	好
5	坏	好	好
6	坏	好	坏
7	坏	坏	坏
8	好	好	好

这里不是搞排列组合的数学游戏，而是现实的复杂的道德现象在道德评价上的反映。我们看到，在道德生活中。动机、行为和效果不一致的现象是大量存在的。我们不应当用一种理论来消除现实中存在的矛盾，把它们解释成是一致的，比如，硬把不良动机引发的好行为解释成是坏行为，以求动机和行为的一致；而应当如实地揭露矛盾，以便更好地解决它。揭露矛盾的方法，就是用一定的道德原则对动机、行为和效果分别做独立的评价。

然而，从人的道德价值要求来看，人们不会满足于动机、行为和效果的矛盾，而是力求实现三者的一致，善良的动机应当引发出良好的行为。良好的行为应当导致最佳的效果。因此，在道德评价上，也就不能仅仅停留在对动机、行为和效果三者分别的独立评价上，而要求在这种低层次评价基础上进行高层次的评价——对动机、行为和效果进行综合统一的评价。

我们还记得，在康德伦理学中，在善良意志之上还有一个"至善"范畴。在康德那里，善良意志即好动机是和功利、幸福对立的，讲善良意志就不计功利、幸福。但是，最高的道德理想又应当是道德和幸福的统一，讲道德的人应当又能享受到幸福。康德把道德和幸福的统一叫作"至善"。但是，他又认为，"至善"仅仅是一个"应当"，是应当实现而又不可能完全实现的道德理想。

我们还看到，在文学艺术作品中往往存在着形式和内容，也即艺术性和思想性的矛盾。有的作品艺术性较好，但思想性较差；有的作品艺术性较差，但思想性较好。人们对一件艺术作品的评价往往分为两步：第一步是对艺术作品的艺术性和思想性分别评价；第二步是提出一个"完美"范畴对艺术性和思想性做综合统一的评价，要求一个"完美"的文学艺术作品应当是高度的艺术性和高度的思想性的有机统一体。

由此，我们想到，在道德评价上，能否引入一个道德评价的最高范畴："完善"。所谓"完善"是指善良的动机引发出良好的行为并导致了最佳效果。奋不顾身的拯救溺水者的行为，不论其动机或效果如何，应当评定其为善良的行为，但是，如果这个行为是不良动机引发的，或者没有带来好的效果，那么我们可以评定其为不完善的行为，如果这种行为是由善良动机引发的，同时还取得了良好的效果，那么我们就评定其为完善的行为。"完善"是道德评价的最高范畴，也是人们道德实践应当努力实现并且能够实现的道德目标。

本文确认一定的道德原则和规范是道德评价的唯一根据。至于一定的道德原则和规范形成、发展的根源和规律，以及如何评价各种道德原则和规范，则不是本文应当讨论的范围了。

（原载《社会科学战线》，1988 年第 3 期）

对哲学史比较学和比较哲学史的一点看法

同志们：

讨论中提出了一个正名问题：是要哲学史比较学还是要比较哲学史？

我认为，这是两门既有联系又有区别的学科。为了搞好哲学史的比较研究工作，这两门学问都需要。

哲学史比较学是一门解决如何科学地进行哲学史比较研究的学问，可以叫作哲学史比较方法学或哲学史比较方法论。它的对象主要是哲学史比较研究过程中的立场、观点、方法。会上有些同志提出了许多具体的比较方法，也属于这门科学的研究范围。这门学问很重要。如果没有一个科学的比较研究方法，比较研究工作就不会有成效，甚至还可能陷入歧路。

比较哲学史则是一门哲学史科学。它的主要任务是通过对不同历史文化类型的哲学思想的比较研究揭示人类认识发展的一般规律。

和国别、民族、地区哲学史相对应，比较哲学史可以叫作"一般哲学史"。我们知道，哲学史是人类认识史。人类认识的发展有它的一般规律，又有它的特殊规律。地区、国别、民族哲学史主要是研究人类认识的特殊发展规律的，或者说是着重研究人类认识发展的一般规律在特定地区、国家、民族中特殊表现的。与此不同，比较哲学史则着重探求人类认识的一般发展规律。当然，比较哲学史不是抽象地研究人类认识的一般发展规律，而是通过具体地比较地区、国别、民族哲学史来进行的。因此，比较哲学史所揭示的人类认识的一般发展规律就是包含了地区、国别、民族哲学史的丰富的特殊内容的一般发展规律。从这个意义上说，比较哲学史是最高的哲学史科学，是哲学史科学的皇冠。

　　建立这样一个概念有助于我们消除哲学史研究中长期存在的所谓"欧洲标准论"的影响。我们搞欧洲哲学史的同志通常有一个毛病，就是把欧洲哲学史和人类认识发展的一般规律等同起来，似乎欧洲哲学史没有自己的特殊性、局限性。因此，就自觉地或不自觉地把欧洲哲学史当作衡量其他地区、国家、民族的哲学的长短高低的标准。这种倾向大概在一部分中国哲学史研究工作者也是存在的。应当承认，欧洲哲学发展比较成熟，对人类认识的发展起了巨大的历史作用。但是，不论如何，它也只是人类认识发展一般规律的特殊表现，因而也必然带有局限性。另一方面，中国哲学史也是人类认识之树的一枝美丽的花朵，它有自己的特殊性、局限性，但对人类认识的发展也有伟大的贡献。所以，用某种特殊的哲学史作为衡量其他哲学史的长短高低，是不适当的。

（原载《全国中外哲学史比较学讨论会
文件和资料汇编》，1981 年 12 月）

列宁关于战胜强大敌人的原则
是怎样提出来的

英明领袖华主席在党的第十一大上做的政治报告中，在全面地深刻地阐述伟大领袖和导师毛主席关于三个世界划分的伟大理论的时候，引用了列宁一段话："要战胜更强大的敌人，只有尽最大的力量，同时必须极仔细、极留心、极谨慎、极巧妙地一方面利用敌人之间的一切'裂痕'，哪怕是最小的'裂痕'，利用各国资产阶级之间以及各个国家内资产阶级各集团或各派别之间的一切利益对立，另一方面要利用一切机会，哪怕是极小的机会，来获得大量的同盟者，尽管这些同盟者是暂时的、动摇的、不稳定的、靠不住的、有条件的。谁不懂得这一点，谁就是丝毫不懂得马克思主义，丝毫不懂得一般的现代科学社会主义。"列宁这一指示是战胜强大敌人的马克思主义原则。列宁是在什么情况下提出这一原则的呢？

1920年，无产阶级革命导师列宁在《共产主义运动中的"左派"幼稚病》一书中，概括了俄国布尔什维克党的历史经验，针对当时英、德、意、荷等国共产主义运动中的"左派"共产党人的错误的策略思想，提出了这个战胜强大敌人的策略原则。这个策略原则，对于无产阶级革命具有普遍的指导意义。

伟大导师列宁于1919年创立了共产国际即第三国际，领导各国马克思列宁主义政党继续开展批判第二国际修正主义的斗争，给了第二国际修正主义以沉重的打击。但是，一种倾向掩盖着另一种倾向。当共产国际全力进行反对第二国际修正主义的斗争的时候，国际共产主义运动中又出现了一种"左"倾思潮。

这种"左派"共产主义思潮，是一种小资产阶级思潮。十月革命的胜利促进了世界各地革命运动的高涨，一批小资产阶级分子涌进了革命队伍，其中大多数是没有真正领会马克思主义、缺乏革命实际锻炼的年轻人。这些人自封为共产主义"左派"，激烈抨击第二国际修正主义。但是，他们从反对第二国际的右倾机会主义出发走向了另一个极端，犯了"左派"幼稚病。在斗争策略问题上，这些人提出了所谓"不做任何妥协"的错误口号，一概拒绝参加议会斗争，一概拒绝在黄色工会中做工人群众的工作，一概拒绝同其他政党做任何妥协。在"左派"共产党人看来，敌人的营垒是铁板一块，中间势力是没有的，革命的力量应该纯粹又纯粹，革命的道路是笔直又笔直的。显然，"左派"共产党人所采取的这种关门主义策略，只能使自己脱离群众，把自己置于孤立无援的境地，不利于无产阶级革命事业的发展，会使共产主义运动受到最严重的危害，而且共产主义运动部分地已经受到或正在受到这种危害。

在《共产主义运动中的"左派"幼稚病》一书，列宁严肃地全面地批判了"左派"共产党人的错误观点。在斗争策略问题上，列宁尖锐地指出，"左派"共产党人提出的"不做任何妥协"的口号是"很荒谬的"。列宁指出，必须严格区分两种性质根本不同的妥协。一种是叛徒的妥协，奴颜婢膝地跪倒在敌人的脚下，叛卖无产阶级革命事业。第二国际修正主义者同各国资产阶级所做的妥协就是这种叛徒的妥协。无产阶级革命派坚决反对这种妥协。另一种妥协则是无产阶级政党在坚持根本原则的前提下，在一定条件下为了对付强大的敌人，利用敌对营垒中的矛盾而采取的灵活的斗争策略。列宁通过具体介绍布尔什维克的历史经验，说明共产党人在一定条件下，需要采取机动、通融、妥协的策略。由此可见，那种把妥协和机会主义等同起来，反对任何妥协的观点是完全错误的。列宁对"左派"共产党人的批判，端正了共产主义运动的航向。

（原载《天津日报》，1977 年 10 月 13 日）

凝聚力·豪迈感·忧患感

凝聚力是群体的灵魂和生命。它把众多成员引向一个共同的目标，使群体成为一个目的性的系统，内能自组织、自调节，外能应付环境的挑战，充满活力。任何一个求生存、求发展的群体总是力图巩固和增强自身的凝聚力。

激发成员的豪迈感，能够巩固和增强一个群体的凝聚力。方法通常是对成员灌输群体的悠久、光辉、优良的历史传统，宣扬群体的胜利、突出的业绩，展示群体的光明的未来。群体豪迈感是一种超越个人功利的高层次的精神情操。具有群体豪迈感的人，不仅会以作为群体的一员而自豪，而且对群体事业会有一种自发的奉献要求。

群体成员对群体生存和发展的忧患感，是群体凝聚力的另一个精神支柱。任何一个群体，大致都会有自己的"内忧外患"。假如人们对群体面临的"内忧外患"毫无意识，这种群体豪迈感就可能流于自满自足，盲目乐观，从而瓦解群体的凝聚力。居安思危，激起群体的忧患感，也是巩固和增强群体的凝聚力必不可少的。

忧患意识往往能产生奇特的效应。韩信在敌众我寡的形势下，摆出"背水阵"，将军队置于前临大敌，后无退路的绝境，从而激起了全军将士的誓死拼搏的斗志，取得了奇迹般的胜利。尽管豪迈感和忧患感在内容和形式上各有不同，但对于巩固群体的凝聚力来说，却都是不可缺少的，并且是互补的。《黄河大合唱》里的《黄河颂》洋溢着雄伟的民族豪迈感，《黄河怨》蕴含着深沉的悲怆的民族忧患感。两者的情调虽不相同，但却又那么和谐协调，共同构建中华民族的精神长城——民族凝聚力。

在一个群体中，往往有人侧重于宣扬群体的光明面，以建设群体的豪迈感为己任，也有人侧重于揭露群体的阴暗面，以建设群体的忧患感为己任。有人称前者为"喇叭派"，后者为"警钟派"。从群体角度看，喇叭要吹，警钟也要敲。吹喇叭和敲警钟的争执也不是坏事，通过争论两者可以相互补充，还可以彼此制约。但在实际生活中，"喇叭派"照例会得到赞赏，而"警钟派"则往往会受到非难。这恐怕只能归结到人的一个致命的弱点：爱听喜，不爱听忧。可是，对于群体事业的健康发展来说，只报喜，不报忧，不论是下面对上面，还是上面对下面，都是有害而无益的。

（原载《天津日报》，1988 年 12 月 28 日）

功利学初探

1986 年，我在拙文《关于价值判断的特质》(《天津社会科学》1986 年第 4 期）中曾建议创立一门新学问："功利学"。

我认为，创立马克思主义的功利学不仅具有重要的学术意义，填补价值学的一个空白；而且具有重要的现实意义，有助于个人和社会合理地激发和调节功利价值需要，推进四化建设，全面实现人的价值要求。

一　关于功利学的规定

功利学是价值学的一个分支，或者说是一门部门价值学。

什么是价值？众说纷纭。一种意见认为，"真""善""美"是人的三种基本价值要求。另一种意见认为，人的基本价值要求是"善"和"美"，"真"（科学认识）不属于价值范畴。我们基本上倾向于后一种意见，但要补充一点：人的基本价值要求不仅仅是"善"和"美"，而且还包括"利"，相对于"善"和"美"，"利"是人的最基本的价值要求。

价值不同于知识。人是一个认识主体，通过实践把握关于客体的知识。知识有真理和谬误之分，认知活动的直接目标是求"真"。同时，人又是一个价值主体，通过实践改造客体以满足自身的需要，价值有好坏之分（利和害、善和恶、美和丑），价值活动追求的直接目标是求"好"（利、善、美）。

对于人来说，价值是目的，知识只是实现价值需要的手段。人为什么要求知？答曰：为了实现人的价值要求。人只是为了实现自身的价值需要才去认识和改造世界的，或者说，人认识和改造世界的目的只是为了实现自己的价值要求。人为什么要追求利、求善、求美？答曰：此问不通。因为利、善、美价值就是人的目的本身。人们不是为知识而知识，但却是为价值而价值。

对于价值来说，知识是非常重要的，其重要意义就在于它是实现人的价值的不可缺少的手段，是人合理的实现价值需要的科学基础。无知、谬误会把人们推向害、恶、丑；真理则把人们引向利、善、美，知识本身虽然不是价值，但却是有价值的，具有工具性的价值。

以价值为研究对象的价值学，属于知识范畴，是价值实现的手段，人们研究价值学的目的只是为了更好地实现自身的价值要求。

传统的价值学着重探讨了人的道德价值（伦理学）和审美价值（美学）。伦理学和美学虽然也论及功利问题，但着重研究的是道德与功利，审美和功利的关系，对功利价值本身则没有进行相对独立的深入考察。即使是十分重视功利的功利主义学说探讨的也主要是功利的积极的道德意义，属于伦理学的一个派别。

传统的价值学之所以忽略功利价值的相对独立性，一个重要的原因就是误认为功利价值需要是动物性的需要，唯有伦理价值、审美价值才称得上是真正的人的价值需要。

我们认为，人确实具有生物性的方面，人的某些功利需要（如温饱、性欲）确实也为生理规律所支配。因此，研究生理学、心理学对于指导人的功利活动具有重要的意义。但是，把人的功利价值需要同动物的本能需要混为一谈，从而否认功利需要是人的价值要求，则是不对的。首先，人的功利需要和满足依赖于实践。和动物不同，人的功利要求的满足不是被动地接受自然界的赐予，而是通过实践改造客体以满足自己的功利要求。不仅如此，人的实践还不断创造出新的功利需要。其次，作为功利主体的人，具有社会性。功利主体不仅是处于一定社会关系中的个体，而且是人与人结成的各种群体（企业、集团、阶层、阶级、民族、国家以至人类）。作为功利对象的也不仅仅是自然界，而且包括人所创造的社会生活。这就是说，人不仅通过改造自然界，而且要通过改造社会，变革人与人之间的关系来满足自身的功利需要。我们看到，人的某些功利要求，如名望和权力等社会地位的要求，则完全是超生理的、社会性的功利需要。因此，人的功利需要和满足同生物的本能需要和满足在性质上是不同的。

功利需要和满足不仅是人的价值要求，而且是人的最基本的价值的要求，人类历史的第一个前提就是有生命的个人的存在，一个明显的事实是人为了维持生存首先必须解决吃穿住，即所谓温饱问题。不论道学家们怎样标榜"存天理、灭人欲"，他们早晨醒来的第一个要求必定是穿衣、吃饭，功利的满足不是达到某种目的的手段，它本身就是人追求的目的之一。人们所向往的美好幸福的生活，首先就包含了功利需要的合理的充分的满足。如果温饱都不能解决，何能谈得上美好和幸福。从人类社会历史角度看，解决人和自然的矛盾的生产实践是人类社会的最基本的实践活动。人类改造自然界，首先和根本的问题就是要使自然界满足人的功利需要。在社会生活中，人和人之间的矛盾具有多样的形式，如政治的、军事的、宗教的、道德的、艺术的等，这些斗争形式各有其特点，其中有些甚至具有超功利的特质，但就其实质来说，归根结底是人们之间的功利矛盾的反映和升华。在社会主义建设中，物质文明建设主要是为了满足人们的功利价值的需求，精神文明建设主要是为了满足人的道德价值和审美价值的需要。只有两个文明建设的同步发展才能全面满足人的价值需要。但是，物质文明建设乃是精神文明建设的基础。由此看来，功利价值是人的最基本的价值要求。是道德价值和审美价值的基础，是人类发展生产，发展科学技术的直接动力。伦理学和美学中的超功利主义看到人具有超功利的价值要求（伦理的和美学的）。但是，他们根本否定人的功利价值要求的积极意义和地位，则是错误的。

但是，又应当看到，功利价值要求只是人的最低层次的价值要求。人作为价值主体，不仅是功利价值主体，而且是道德价值主体、审美价值主体，就价值层次说。作为人的最基本的价值要求的功利价值，是低层次的价值需要，较高层次的是道德价值，最高层次的是审美价值。伦理价值、审美价值基于功利，又具有超功利的特质，更能显示人的自主、独立的本质。就功利价值而言，温饱是人的最基本的价值要求，但在一定的条件下，人为了实现自己的伦理价值或审美价值要求能够约束或摒弃功利要求，甚至牺牲自己的生命。同时，伦理价值和审美价值在激发和调节人的功利需要和实现方式上也具有重大的能动作用。伦理学和美学中的功利主义看到了功利价值在人的价值要求中的基本地位，但他们把低层次的价值形态功利价值同高层次的价值形态伦理价值、审美价值混为一谈，抹杀伦理价值和审美价值的超功利的特质，鼓吹什么利即善、利即美，这显然是错误的。

人的功利需求和满足具有主观性，同时也存在着不依人们的主观意志为转移的特性和规律。处于饥寒交迫状态下的人，其最优先的功利需要必然是温饱问题。在一个民族处于存亡危急的关头，民族内的阶级之间、集团之间的矛盾必然趋于缓解，这是不依个人意志为转移的，因而是可以预测的。

二 关于功利价值的特质

功利价值作为一种相对独立的价值形态具有自己的特殊本质。

首先，功利需要和满足具有趋利性。和伦理价值、审美价值不同，功利价值的中心问题是利和害，其价值取向是趋利避害。用通俗语言讲就是，在功利范围内，凡事大利大干，小利小干，无利不干。

西方近代启蒙思想家们大多认为趋利避害是人的本性。这个观点是针对否定人的功利价值追求的中世纪的禁欲主义提出来的，着重突出强调了功利价值的意义，从这方面说，有其积极的历史意义和合理成分。因为功利价值是人的最基本的价值要求，从功利价值角度看，人的价值取向确实是趋利避害。资本主义追求剩余价值，社会主义为人民造福，农民希望好收成，工人希望高工资和高奖金。知识分子盼望成名成家，政治家要求不断扩张权力……人们的这些功利价值要求是不依人们的意志为转移的，可以调节或控制，但不可以消灭和扼杀。但是，把人的本性归结为趋利避害则是片面的，因为人不仅有功利价值需要，而且还有伦理价值和审美价值的需要，就是说人不仅趋利避害，而且还趋善避恶，趋美避丑。

应当看到，利和害是对立的，同时又是相互依存，相互转化的。不存在绝对有利的东西，水能载舟，亦能覆舟。在人类的功利活动中，异化现象是普遍的。人们在创造有利的东西的同时往往也带来灾害。化学工业给人类带来了巨大的福利，同时它也造成了危及人类生存的环境污染。在一定条件下，有利的东西可能转化为有害的东西；反之亦然。因此，所谓趋利避害实际上不过是权衡利弊，择利大弊小者行事。

利和害的相对性还表现在利害功利判断受功利主体的功利价值观念的影响。人们之间由于社会地位、传统习惯、科学素养的差异会形成不同的功利价值观念。对同一类功利对象，具有不同功利价值观念的人就可能做出不同的，甚至是对立的功利价值判断。甲认为是利，乙则认为是害。

其次，功利价值具有需要的无限性和满足的相对性。一般说来，动物的生理需要是有限的，可以绝对满足。牛羊永远满足于吃青草，熊猫永远满足于吃嫩竹。和动物不同，人的功利需要和满足尺度是随着社会实践的发展而不断变化的，需要是无限的，满足是相对的。一个饥寒交迫的人能够饱餐一顿窝窝头，穿上一件破棉袄就会感到心满意足了。可是，这种需要和满足是暂时的，相对的。温饱问题一旦解决，新的功利需要又会提出，并要求给予新的满足。个人如此，一个群体也是如此。

在功利问题上，人们更多地着眼于需要的满足，似乎功利的满足是人的积极性唯一根据。其实，和满足相比，对满足的追求，或者说不满足，更能调动人的积极性。在功利价值范围内，人的积极性主要来自对某种功利需要的满足的追求，某种功利需要一旦满足，追求满足的积极性也就随之消失。只有当新功利需要的提出，才会激起追求新的功利需要的满足的积极性。"功成名就"是满足，是好事，但往往也助长了不求进取的惰性。从这个意义上看，不满足，或者说对满足的追求，是不断进取的积极性的重要源泉。当然，这不是说，满足全都是消极的。如若急需满足的并且可能满足的功利需要老是不能得到满足，那必然会挫伤人们追求满足的积极性，而这种功利需要一旦得到满足不仅为人们提出新的功利需要提供了条件，而且会增强满足新的功利需要的信念，更加激发人们追求新的功利需要的满足积极性。

功利需要和满足的无限性、相对性，不是超时空的。而是和社会历史的发展密切相关，功利需要和满足的无限性、相对性，是社会历史不断进步、发展的价值根源。人类提出什么样的功利需要，社会能够满足人类什么样的功利需要，是衡量社会进步的一个基本尺度。一种健康的社会制度的一个重要标志，就在于它能够不断地创造人的新的功利需要，并且给予充分的满足。

功利需要和满足的无限性和相对性也具有自己的局限性。如果缺乏科学、伦理、法律等的调节和控制。功利需要和满足的无限性、相对性就可能把人们的功利活动引向邪路，比如不择手段地追名逐利，超前消费，等等。

再次，功利需要和满足具有利己性。在功利价值范畴内，个人、群体首先关心的是个人或群体自身的功利，功利活动的直接目标首先是争取和维护自身的利益。一个劳动者首先关心的是劳动收入的高低。一个企业首先关心的是利润的大小，一个国家首先关心的是本国的富强。尽管人们可以运用政治的、法律、宗教、道德等手段抑制或激励这种利己性。但是，功利价值要求的利己性则是不可扼杀的。

然而，这并不意味着人就是利己主义者。在伦理学中，历来存在着所谓利己主义和利他主义之争。利己主义学说认为，利己是人的本性；反之，利他主义学说则主张，利他才是人之为人的特质。从理论上说，利己主义学说合理之处在于，它看出了功利价值要求的利己性的特质，失误之处在于，它把人仅仅局限于功利范围之内；利他主义学说的合理之处在于，它强调了伦理价值的利他性的特质，失误之处在于忽略了具有利己性的功利价值要求是人的最基本的价值要求。我们认为，人既不是天生的利己主义者，也不是天生的利他主义者，但是就人的价值要求说，人既有利己性的功利价值要求，也具有利他性的伦理价值要求。正是人的价值要求中所包含的这种矛盾推动着人去全面实现自己的价值要求。

个体或群体对自身功利的关心和追求，是人类从事社会活动的积极性的基本动因之一，不仅有利于个体或群体的发展，而且有利于社会的进步。但是，如果个体或群体把功利价值作为唯一的价值取向，功利价值的利己性就势必导致利己主义、小团体主义、本位主义、地方主义和狭隘的民族主义。

功利需要和满足还具有直感性。在功利范围内，人们所追求的主要是能够直接感受到的东西，并且也只有能够直接感受到的东西才能满足人们的功利需要。用通俗的语言说就是饭吃到嘴上才算数，房子住进去才算数，钱拿到手才算数。功利需要和满足的直感性能使人们在功利活动中趋向于个人收益重于群体收益，小群体的利益重于大群体的利益，眼前利益重于长远利益，明补收益重于暗补收益，等等。

功利需要和满足的直感性要求社会认真关心人们目前利益、个人和小群体的利益。只有这样，才能使人们感到他的功利需要得到了满足，才能激发起人们的积极性。另一方面，还应当看到，功利需要和满足的直感性在一定的条件下可能导致急功近利的短期行为。因此，对于人们的功利活动通过经济、法律、道德等手段进行调节和控制，是完全必要的。

三　关于功利价值形态的结构

关于功利需要，人们有各种说法，有的把它归结为对物质利益的追求，如金钱和财物；有的把它概括为生理性的需要，如生命、健康、性欲和温饱等；有的则着重强调名、权等社会性的需要。应当说，上述这些看法都各有其合理之处。

看来，人的功利需要是多种多样的，生命、健康、性欲、食、衣、住、行、休息、娱乐、金钱、财物、名望、权利和权力，等等。可以看出，上述功利需要既有物质性的，也有精神性的，既有生理性的，也有社会性的。

我们认为，可以把上述多种多样的功利需要归纳为四个主要的或基本的方面：生（生命）、利（钱财）、名（名望）和权（权利和权力）。

这四个基本功利需要各有其相对的独立意义，但又彼此关联，具有层次性。从功利需要的层次上说，求生是最基本的、低层次的功利需要。生命对于人只有一次，因而是最为宝贵的东西。只有有生命的人才会对利、名、权的追求；一旦丧失生命，利、名、权也就毫无意义了。因此，求生是人的最基本的、最强烈的愿望。为了维护生命，人可以牺牲其他一切功利要求，发挥全部潜能，进行殊死的斗争。维护生命不仅是个人的私事，而且是一种最基本的、最重要的社会行为。社会的主体是有生命的个人，只有有生命的个人才能从事生产活动和社会活动，推动社会进步。除了奴隶占有制社会，几乎所有文明社会的法律都有维护人身安全的明确规定，并把侵犯人身安全不仅看作对个人，而且看作对整个社会的侵犯，所有文明的道德都倡导关心人的生命和健康，谴责草菅人命和损害人的健康的行为。

可以说，重视和关心人的生命与健康的程度是衡量社会文明发展水平的一个重要尺度。

然而，这绝不是说人天生就是保命主义者。活着就是一切。作为功利价值主体的人。总是企望求生的；但作为伦理价值主体的人在一定的条件下就可能"杀身成仁""舍生取义"。"生命诚可贵，爱情价更高，若为自由故，两者皆可抛。"应当说，这是最健康的生死价值观。不过，人们把"杀身成仁""舍生取义"看作最伟大、最高尚的情操这个事实本身，也表明生命对个人、对社会的最重要意义。

推而广之，求生不仅是指维护个人的自然生命，而且也指维护群体的生存。不论是一个企业，还是一个阶级，不论是一个国家，还是整个人类，谋求生存始终是一个最基本的功利要求。

从功利价值角度看，求生是最基本的功利需要，同时也是最低层次的功利需要。如果说，只有活着人才会有利、名、权的追求，那么，我们还可以说，人决不会仅仅满足于活着，人只要活着就必然要追求利、名、权等高层次的功利价值。

有生命的个体最直接的功利需要首先是维持和不断提高物质和文化生活水平，就是求利。广义的"利"是指包括生命、钱财、名望、权力等在内的一切功利需要，狭义的"利"主要是指为维持和提高物质生活水平所需的物品。在商品货币社会中，作为一般等价物的货币可以兑换到人们养家糊口或过优裕舒适生活所需要的一切。因此，求利活动便集中表现为对金钱的追求。

在商品货币社会中，金钱不仅可以维持和提高物质和文化生活水平，而且还可以为获取名、权开辟道路。有了钱可出版著作，做广告搞社会资助，以扩大知名度，在一定的条件下，借助于金钱可以扩大权利，获取权力。用日本语言来说，即所谓"金权政治"。

一般地否定赚钱不符合人的价值要求。在商品货币社会中，没有钱，国家办不了事，企业经营活动无法运行，个人的基本的物质生活也难以维持。只算政治账、伦理账，不算经济账是片面的。个人要确立致富观念，企业要确立利润观念，国家也要确立经济观念。

但是，应当明确的是，求利不是人的唯一的价值要求，金钱也不是万能。人不仅追求金钱，追求物质生活的优裕，更追求高尚的情操和情趣。百万富翁并不都是幸福的。优裕的物质生活和精神空虚、颓废相伴随，绝不是理想的人生。金钱可以雇用仆役，换得性欲的满足，但绝对买不到真正的友谊和爱情。如果一个人或一个群体把求利、赚钱作为唯一的价值取向，那么，它们就必然会陷入"见利忘义""一切向钱看""金钱万能"的拜金主义。

求名是一种高于求利的功利价值要求。任何个人任何群体总是趋向于不断扩大自身的知名度，提高自身的声望，首先是追求微观环境内名望。但是，人们不会满足于本乡本土的名望、专业内的名望和暂时的声名大噪，而总是尽力追求超地区、超专业的名望，力争扬名天下，留名青史。

一般地抑制和否定人的求名欲望不符合人的价值要求，也不利于社会的发展，求名不仅仅是个人的私欲，个人积极进取精神的一个重要泉源，而且具有重要的社会意义。一个群体出现一个名人必然为该群体增添光彩，一个国家产生几个世界名人，不仅是国家的荣誉，而且是对人类的贡献。因此，社会的任务不应当是一般地抑制人的求名的功利需要，而是应该努力创造条件使名人一批批地脱颖而出。但是一个人或一个群体如果把求名作为唯一的价值取向，不择手段地沽名钓誉，倒头来势必会陷于身败名裂的境地。

求权乃是人的最高的功利价值要求。一个人、一个集体、一个阶级、一个民族都会为不断扩大自身的权利或权力而斗争。这是因为，权利，特别是权力是人的所有功利价值要求的集中表现。从功利价值角度看，有了权确实就有了一切，失去权也就失去了一切。因此，人们之间的功利矛盾往往集中表现为权力斗争，这种斗争较之一般的争名争利往往要激烈得多，残酷得多。

所谓求权并不是人人都想当官，都想扮演政治舞台上的一个角色。对于多数人来说，求权的功利需要主要是要求不断扩大经济、政治权利，或求得某种权力的保护。

一般地否定权力斗争既不符合人的价值要求，也不符合社会发展的要求。人们的功利要求，必然集中地表现为求取权力。因此，任何一个群体（阶级或阶层）都必定要为自身的权力而斗争。如此看来，求权的功利需要和人们之间的权力斗争是不可避免的，不依人们的意志为转移的。

尽管求权是最高的功利需要。但终究不是人的唯一的价值要求，把求权作为唯一的价值取向。就必然导致不择手段攫取权力，玩弄权术，滥用权力。

由上述可见。求生、求利、求名和求权是人的基本的功利价值需要。合理地满足这些需要不仅有助于激发个人和群体的积极进取精神，而且有助于社会的进步。把生、利、名、权看成所谓"身外之物"赞赏"正其谊而不谋其利，明其道而不计其功"，鼓吹超脱无为，并不是科学的价值观和健康的人生态度。即使从伦理价值角度看，要责难的也不该是求生、求利、求名和求权本身，而应当是把求生、求利、求名、求权作为唯一的价值取向，从而导致的保命主义、名利主义、权力至上主义。

功利价值形态尽管受经济、政治、科学、宗教、道德等发展和变化的影响，但它本身也是一个具有自我调节的机制、能够对环境作用做出反馈功能的系统。

优势律：人的多样的功利需要是不平衡的。在一定条件下，总有一种需要是主要的，占优势地位的。所谓功利需要的满足，并不是说对所有功利需要的全面满足，而主要是指对优势功利需要的满足。对于生命垂危的人来说，求生是优势需要。利、名、权的需求都降到次要地位。一旦能起死回生，这个人的功利需要就算是满足了。一个高明的企业家懂得，尽管办企业的目的是求利，但是，在一个企业刚刚成立的时候，优势需要不应是急于求利，而应是求名，只有保证产品的质量，信守合同，不断提高产品和企业的信誉，扩张知名度，企业才能站得住脚。因此，对于个人和群体来说。为了满足自身的功利需要，首先就必须明确自身的优势功利需要所在。眉毛胡子一把抓，势必是捡了芝麻丢了西瓜。对于社会来说，必须经常关心社会不同集团、不同阶层的"热门话题"。分析研究它们的各自独特优势需要，并对各种优势需要的变化做出科学的预测，以便制定控制和调节的对策。

曲线律：人们的功利需要不是能够直线地得到满足的。往往是有所失才能有所得。一个人要想取得事业上的成功就必定要付出艰辛的劳动。一个企业要想扩大产品的销路，就得不惜重金做广告或进行社会资助，以扩大企业和产品的知名度。为了民族的富强，国家就必须痛下决心进行智力投资，以提高全民族的素质。反之，如果只想得，不想失，那么结果不是得小失大，就是得而复失。

互代律：人们的多种多样的功利需要是不同质的。一般地说，不同质的需要要求不同质的满足。比如，求利的需要，要求钱财的满足，求名的需要，要求扩大知名度来满足。但是，在一定条件下，除了生命之外，其他的功利需要和满足相互之间是可以互代的。比如，当名利不可兼得时，名的损失可以通过利的收益得到弥补，利的损失可以通过名的获得而得到满足。同样的，当权力和名利不可兼得时，名利的损失可以通过权力的获得而得到弥补，反过来也是一样，权力的削弱或丢失可以通过名利的获得而得到满足。

正是因为功利价值形态本身具有自我调节的机制，所以它和环境的关系就不是消极的刺激—反应的关系。而是一种能动的反馈关系。

（原载《天津师大学报》，1988 年第 6 期）

功利学初探（续）

四　关于功利关系

人的功利需要和满足虽然首先依赖于社会生产力，特别是科学技术的发展，并为生产关系的变更所制约，但它是直接地通过人和人之间的各种功利关系实现的。因此，所谓功利问题实际上就是一个功利关系问题。

人们可以从不同角度考察人和人之间的功利关系。比如，可以从人群关系角度，考察个体与群体之间以及低层群体与高层群体之间的功利关系。也可以分别考察人们之间利、名、权等方面各种具体的功利关系。功利学则应当有自己的特殊角度：考察人们之间的最一般的功利关系，即支配人们的功利活动和各种具体功利关系的关系。

共利关系：对于处于社会联系中的功利主体来说，只有极少数的功利需要可以通过自身的活动得到自我满足，它的大多数功利需要必须表现为一定群体的共同需要，并通过一定的群体的共同功利活动才能得到满足。比如，一个人想坐飞机的需要只有在坐飞机的需要成为人们的共同需要的条件下才能得到满足。假设世界上只有他一个人想坐飞机，那么这种功利需要是不可能得到满足的。人与人之间功利上的这种共利关系是实现人的功利需要的最基本的功利关系，也是人类社会各种社会群体得以形成的功利基础。

共利关系是一种普遍的功利关系。在当前世界上，不论各国的社会制度如何的不同，和平、发展、维护生态平衡以及消除环境污染等，乃是人类的共同利益。一个国家，不论其阶级构成如何。维护国家主权、领土完整，坚持经济、政治的独立，乃是整个民族的共同利益。一个单位不论其内部矛盾如何，维护本单位的生存和发展，乃是本单位全体成员的共同利益。

"众人拾柴火焰高"。共利关系可以引出超越个体的群体力量，从而更好地满足人们的功利需要。高明的战略家总是善于采取"求同存异"的策略，力争与更多的人结成共利群体，以达到自身的功利目的。

一个功利主体往往具有多方面的共利关系。拿一个人来说，作为一个厂长，他与其他企业的经营者之间存在着共利关系；作为一个消费者。他和其他消费者之间存在着共利关系，作为无产阶级的一分子，他和其他无产者之间存在着共利关系；作为工程师，他和其他工程师之间，存在着共利关系，如此等等。可以说，一个功利主体就是多样的共利关系的总和或统一。

正因为一个功利主体具有多样的共利关系，功利主体本身就不时发生自我功利矛盾。一个人，作为企业的经营者力主高调物价，作为消费者又厌恶物价上涨。晚上回到家里咒骂的，正是他自己白天在企业里所坚持的。

在阶级社会里，特别是在阶级斗争尖锐激烈的时候，阶级的共利关系具有根本的意义。因为阶级的政治权力是阶级功利的集中表现。但是，如果把人与人之间的多样的共利关系全部归结为阶级的共利关系，显然是不适当的。

互利关系：人的功利需要是多方面的，只有靠功利主体间的互通有无才能满足人的多方面的需要。农民用电靠工人，工人吃粮食靠农民。社会分工、商品交换、信息交流等，就是人们之间的互利关系的具体表现形式。

互利关系不同于共利关系。互利关系是指互利关系双方以不同的劳动成果满足双方的不同的需要，共利关系则是指共利群体以共同创造的劳动成果满足群体成员的共同需要。

随着社会的发展，人们的功利需要愈来愈多样，社会分工愈来愈精细。人们之间功利上这种互利关系也愈来愈紧密。人类社会发展到今天，自给自足的自然经济的樊篱已被彻底冲决，经济关系的地区界限、国家界限也逐渐被突破，人们之间的互利的功利关系愈来愈具有国际性。因此，建立和发展范围广泛的、多方面的相对稳定的互利的功利关系，对于多方面满足人的功利需要具有重要的意义。

争利关系：任何一个功利主体都力图最大限度地满足自身的功利需求。可是，在人类社会发展的一定阶段上，功利对象，包括自然资源和社会资源，总是有限的。这样，功利主体之间就不仅存在着共利关系和互利关系。还存在着相互间的争利关系。国家之间的领土、资源的争执，阶级之间的政治权力的争斗，企业之间原料和市场的争夺，个人之间的名利纠纷，等等。都是争利关系的具体表现。"物以稀为贵"。一般说来，对人们有利的东西，数量越少或者质量越高，人们之间的争夺就越加激烈。

争利关系也是人与人之间的一种普遍的功利关系，有人认为，争权夺利是私有制社会的产物，在社会主义社会里只有共利关系和互利关系。不存在争利关系。其实，社会主义公有制的建立，只是改变了私有制社会里争利关系的对抗性质。而没有消除争利关系本身。我们看到，在社会主义社会里，个人与个人之间、个人、集团与国家之间除了共利关系和互利关系之外，始终存在着争利关系。这种争利关系有时还是显得较为紧张、激烈的。随着我国经济体制和政治体制改革的深入发展，争利关系的地位将越来越突出。有人说，过去厂长们开会总是俯首帖耳地接受上级的指令计划。现在的厂长会议则是昂首挺胸地争权夺利的会议。事实上，一个企业，如果争不得经营自主权，没有明确的职、权、利，在商品经济条件下，是无法生存和发展的。

应当明确的是，争利关系是一种客观存在的功利关系，它本身无所谓积极意义和消极意义，问题全在于人们如何调节和控制。调节和控制得当，争利关系不仅不会影响共利关系和互利关系，而且会使整个社会的功利活动充满活力，促进社会生产力和共利关系、互利关系的发展。

是否存在一种"让利"的功利关系呢？让利现象是存在的，不外两类情况：一类是伦理行为，比如农村中有的富裕的专业户，思想境界高，拿出钱来修桥补路；另一类是功利行为，有所失是为了有所得。前者是超越了功利范畴的伦理关系，而不是功利关系；后者不过是互利关系或争利关系的特殊表现。也算不上是一种独立的功利关系。功利价值形态的利己性决定了在功利范畴内不存在让利关系。

利害对立关系：利害对立关系是这样一种功利关系：甲得利，乙受害，甚至以牺牲乙的利益为前提；反之亦然。这种利害对立关系在经济上的剥削者和被剥削之间、政治上的压迫者和被压迫者之间、军事上的敌对双方之间，表现最为突出，并具有对抗性质。在社会主义社会、人民内部，虽然共利关系是根本的功利关系，但利害对立关系也并不少见。为了维护全局的或长远的利益。在一定条件下不得不牺牲某个局部或目前利益；或者在某种情况下，为了维护某个局部或目前利益而不得不牺牲部分全局的或长远的利益。兜售劣货、假货，哄抬物价，销售者得利，消费者受害。市场竞争，优胜劣汰。

利害对立关系也是一种客观存在的功利关系，其社会效果可能是消极的，也可能是积极的。兜售假货、劣货、偷窃抢劫。其社会效果显然是消极的。在市场竞争中，出现优胜劣汰，有的企业繁荣昌盛，有的企业破产倒闭。其社会效果则是积极的。一般地否定利害对立关系。一味地同情弱者、同情受害者的弱者道德，并不是健康的道德观念。

上述四种关系是人和人之间的最基本的功利关系，在人们的实际功利活动中，这四种关系相互交织，彼此矛盾又彼此制约。人们正是在这四种关系的矛盾发展中实现自己的功利要求的。

在分析一种功利活动中的各种功利关系之间相互关系的时候，首先要区别根本的功利关系和非根本的功利关系，以便确定功利活动的性质。比如，在资本主义条件下，资本家和工人之间往往是四种功利关系并存的。行业的兴衰，企业的存亡，不仅涉及资本家的利益，而且涉及工人的利益，这是两者之间的共利关系。资本家为了赚钱而办企业，同时也为工人提供了就业机会。这是两者之间的互利关系。资本家尽力压低工资，工人为提高工资进行各种形式的斗争，这是两者之间的争利关系。资本家是剥削者，工人是被剥削者，这是两者之间的利害对立关系。应当明确是，在这四种关系中，利害对立关系是资本家和工人之间的根本的功利关系。正是这一点决定了资本家和工人之间的功利关系的对抗性质。这是不能含糊的。但是，也不能因此就否定了资本家和工人之间存在着的其他非根本的功利关系，否则就很难理解在一定条件下出现的劳资妥协、甚至劳资协作的现象。

在社会主义条件下，共利关系、互利关系是人们之间的根本的功利关系，但也同时存在着争利关系和利害对立关系。在社会主义社会里，人的功利需要分裂为两个方面：特殊的、局部物、眼前的需要和共同的、全局的、长远的需要。与此相应的形成了两个功利主体：直接关心个体的特殊的、局部的、眼前的需要的个体功利主体和直接关心人们共同的、全局的、长远需要的集体功利主体。当然，集体功利主体只是个体功利的派生物，不过是实体化了个体的共同的、全局的、长远的功利需要，最终还是为了个体功利需要的满足。国家的昌盛，企业的繁荣，最后必然落实于社会成员的幸福。但是，作为相对独立的实体的集团功利主体，就具有自己的相对独立的功利追求，直接关注人们的共同的、全局的和长远的功利需要的满足。这样，在集体功利主体和个体功利主体之间就不仅存在着共利关系、互利关系，而且存在着争利关系和利害对立关系。

其次，在分析功利活动中的各种功利关系之间的相互关系的时候，还应抓住在一定条件下表现尖锐、突出的主要功利关系，以便制定应变对策。一般说来，当某一群体在群体功利上发生重大危机的时候，该群体的成员之间，成员和群体之间的争利关系（不论对抗性的，还是非对抗性的）必定会降到次要地位，趋于缓解，而共利关系便上升为主要的地位。群体危机一旦消失，共利关系便又降为次要地位，争利关系就逐渐尖锐、突出。在人们的功利活动中，这种"危机效应"是普遍的。在急风暴雨的革命时期，革命阵营内部的共利关系高于争利关系，同舟共济，一切为了革命；革命一旦成功。革命阵营内部的权益分配的矛盾便随之突出，争利关系便取代共利关系成为主要的功利关系了。合作编书，在编写过程中，合作者之间的共利关系高于争利关系，同心同德编好书；一旦书稿告成，合作者之间的名利分配矛盾随之突出，争利关系取代共利关系而成为主要的功利关系。我们看到，历史上不少政治家很善于利用这种"危机效应"，人为地制造群体危机（如发动对外战争），借以缓解内部的矛盾和斗争。当然，人为地制造危机是不可取的，但是，"危机效应"在功利关系地位的转换中的重大作用却是不可忽视的。比如，要想巩固群体的向心力、凝聚力，讲形势大好固然能增强人们对群体事业的信念，但使人们心中始终保持一定的群体危机意识，就更能激发人们的奋发图强的积极进取的精神。

对于上述四种功利关系，人们从来褒贬不一，从抽象的道德观点看，"共利""互利"是善；"争利""利害对立"则是恶。按照斗争哲学，唯有"你死我活"才是辩证法，讲"共利""互利"则是矛盾调和论、阶级调和论。其实，争利关系、利害对立关系并不因为人们的道德谴责而绝迹，共利关系、互利关系也不因斗争哲学的否定而消失。不论人们如何褒贬，这四种关系实际上一直支配着人们的功利活动，人们的功利需要也一直是通过这四种关系的矛盾发展而实现的。

五　关于功利活动的评价

评价是人类激发、调节、控制自身功利价值要求的重要机制，肯定性的评价具有激励作用，否定性的评价具有抑制功能。

对同一种功利活动，人们可能做出不同的、甚至是截然相反的评价。其原因主要有二。其一，评价角度不同。比如，对一种功利活动从法律观点看来可以做肯定性的评价：合法；但从伦理观点来看，则可能要做出否定性的评价：恶行。其二，价值观念的差异。即使从同一角度，如伦理角度，评价一种功利活动，但由于人们之间的伦理价值观念的差异，评价结果也会有所不同。

一般说来，对功利活动可以从四个角度、按四种原则进行评价：功利的、法学的、伦理的和科学的。

功利评价： 对功利活动首先必须进行功利评价。功利评价的原则是趋利避害，肯定的形式为满足，否定的形式为负满足。

对功利活动做满足和不满足的评价，首先决定于功利评价主体的利害观。比如，有的人认烟酒为利，有的人认烟酒为害；有的人认革命为利，有的人认革命为害。社会生产力特别是科学技术的发展，政治法律制度的变化、宗教、伦理、艺术的熏陶以及个人生理和心理因素，如此等等，对人的利害观念的形成都有重要的影响。

功利评价一般说来有四种主要方法。（一）质的评价：有利为满足；有害为负满足。（二）量的评价：小利为不够满足；中利为基本满足；大利为充分满足。（三）纵向评价：与过去相比，提高为满足；降低为负满足。（四）横向评价：一个人或一个群体与同类个人或同类群体的平均收益相比较，低于为负满足，相等为基本满足，高于为充分满足。

上述四种评价方法的结果往往是不一致的，质的评价为满足的，量的评价可能为不够满足；纵向评价为满足的，横向评价则可能为不满足。

人们在功利评价上之所以常常发生分歧，除了人们的利害观的不同，还在于人们对评价方法的选择不同。比如，在评价方法上，一般说来，老年人似乎更多地着眼于质的评价方法和纵向评价方法，而青年人则更多地着眼于量的评价方法和横向评价方法。这是因为数十年的生活经历使老年人习惯于进行今昔对比。在老年人看来，区别利和害是首要的，只要今天比昨天好一点就心满意足了。青年人则不一样，对于他们来说，没有过去，只有现在和未来。因此，不满足往往甚于满足。合理的办法似乎应该是把四种评价方法结合起来，揭示满足的相对性、既要看到满足，又要看到不满足，从而激发人们的进取精神。

法学评价：从法学角度评价功利活动，主要是以法律为准绳评价功利行为，即功利需要的满足方式，肯定的形式为合法，否定的形式为非法。

法学评价不同于功利评价。按照功利评价原则被判定为满足的东西，从法学评价角度看，其满足方式可能是合法的，也可能是非法的，功利评价主要是功利主体（个人或群体）对自身功利活动的结果所做的自我评价。对自身的功利需要具有激发和调节作用。法学评价则是社会对个人或群体的功利行为进行强制性的控制和调节的机制。

法学评价本身也具有相对性。在不同时代、不同国家和不同社会制度条件下，法律制度是不同的，即使在同一国家或同一社会制度下，法律也会随着条件的变化而不断修改。因此，对于同一类功利行为，在此国被判定为合法的，到了彼国就可能被认为是非法的，昨天被判定为非法的，今天又可能变成合法的了。

伦理评价：伦理评价的特点是以一定的道德原则和规范为标准对功利活动的动机、行为和效果做善或恶的评价，符合道德原则为善，反之为恶。

超功利主义或禁欲主义伦理学把道德和功利，"天理"和"人欲"绝对对立起来，把一切功利需要和满足都看作是不道德的，判定为恶。其实，在人类社会生活中，道德生活总是以功利生活为基础的。从人的价值要求角度看，伦理价值高于功利价值，并具有激发和调节功利价值需要和满足的功能。但是，应当看到，道德本身无所谓善或恶，道德上的善和恶主要表现在对人的各种功利活动的评价上，换句话说，离开了对功利活动的评价，实际上就不存在什么善和恶的问题。

伦理评价不同于功利评价。功利主义伦理学把道德和功利混为一谈，视利为善，视害为恶。显然，这也是片面的。在否定超功利主义伦理学观点的同时，又必须肯定道德的超功利的特质。如前所述，功利价值需要具有利己性，伦理价值需要则具有利他性。在道德上被判定为善的行为必定是具有牺牲精神、献身精神的行为。其次，并不是任何功利追求都具有伦理性质，都可以做善恶评价。一般说来，不涉及利他或损人的功利追求乃是非道德的功利追求，比如，"自给自足""自食其力""自得其乐"等，都属于这类既非善，亦非恶的非道德的功利活动。只有那些利他的（有利于他人或群体的）或损人的（损害他人或群体的）功利活动才具有道德属性，可以做善或恶的评价。由此看来，道德评价虽然离不开利害。但是，善恶又不等于利害。

伦理评价又不同于法学评价。法学评价讲法与不法。伦理评价讲善与恶。合法的行为可能是恶行。非法的行为也可能是善举。法学评价是对功利活动进行强制性的控制和调节手段，不论功利主体是否赞同，均须接受；伦理评价则是借助于个体良心或社会舆论对功利活动进行自我的或社会的控制和调节的手段，对于社会的伦理评价功利主体可以接受，亦可以置若罔闻。

伦理评价本身也具有相对性。对同一类功利活动，具有不同伦理价值观念的伦理主体会做出不同的伦理评价。不合理的道德原则和规范往往极力抑制和扼杀人的正常的基本的功利需要，而合理的道德原则和规范不仅能调节而且能激发合理的功利需要。

科学评价：科学评价的特点是以客观事物的本质和规律为尺度对功利活动所做的合理与不合理的评价，遵循客观事物的本质和规律的功利活动为合理的功利活动；反之，为不合理的功利活动。

如前所述，功利价值的需要和满足不同于科学认知活动。认识判断是对客观事物的本质和规律的反映，中心问题是求真去假；功利价值判断是就客体的属性对主体的功利意义所做的功利价值判断，中心问题是趋利避害。尽管利和害不是客观事物本身固有的属性，功利价值判断不是对客观事物的本质和规律的反映。但是，人的趋利避害的功利价值要求必须遵循客观事物的本质和规律。判定吃水果有利，吸烟为害是以科学认识为基础的。离开科学指导，单纯以感官的快适与否决定功利上的取舍，其结果必然走向反面。

所谓遵循客观事物的本质和规律，不仅是指遵循包括生理规律在内的自然规律，而且是指要遵循包括经济发展规律、政治发展规律等在内的社会发展规律。一般说来，符合社会规律发展要求的功利价值需要是合理的；反之是不合理的。如果说，社会生产力是社会历史发展中的最根本的要素的话，那么又可以说，符合社会生产力发展要求的功利需要是合理的功利需要；反之是不合理的功利需要。

可以看出，科学评价同功利评价、法学评价以及伦理评价的角度不同、原则不同，因而评价的结果也不可能完全相同。从伦理角度应当做肯定评价的功利对象，在科学评价时则可能做否定性的评价，从伦理学角度应当做否定性的评价的功利对

象，在科学评价时也可能做出肯定性的评价。在西欧 15—16
世纪资本主义关系形成时期，早期空想社会主义者就从道德角
度控诉私有制给劳动群体带来的灾难，把资本的原始积累比喻
为"羊吃人"。但是，从科学的观点看，在西方近代，资本主义
私有制的产生和发展是符合社会生产力发展要求的，是人类历
史的进步，因此，新兴资产阶级的发展私有制的功利要求是合
理的。我们看到，随着我国经济体制改革的深化，在功利要求
和满足的评价问题上，道德标准和生产力标准的矛盾日益突出
和尖锐了。

事实上，只要人们对功利活动进行多角度的评价，那么，
各种评价之间就必然存在着矛盾。这种矛盾是客观的，不依人
们的意志为转移的。没有必要掩盖这些矛盾，也没有必要编造
一种理论把这些实际存在的矛盾硬说成是没有矛盾的，更没有
必要通过肯定一种原则、标准，否定其他原则、标准的办法来
消除矛盾。应当看到，对功利活动进行多角度的评价，使各种
评价原则之间相互制约，在客观上能更好地激发和调节人的功
利要求，有助于社会进步，有助于人的价值要求的全面实现。
还应当看到，这些矛盾不是凝固不变的。随着社会实践的发展
和人们的价值观念的变化，现有的种种矛盾会逐步趋向解决。
当然，旧的矛盾解决了，新的矛盾又会随之发生。

不过，应当明确的是，在上述各种评价原则中，科学评价
原则是最根本的评价原则。功利评价所依据的一定的利害观、
法学评价所依据的一定的法律制度和伦理评价所依据的一定的
道德原则和规范都具有相对性、历史性，它们本身都存在一个
合理和不合理的问题，也即是否符合客观事物的本质和规律的
问题。人们的利害观念、道德原则和法律制度不仅随着生产关
系的变革而变化，而且也随着科学技术的发展而不断更新。由

此看来，科学的认知活动不仅是实现人的价值的重要工具，而且也是调节人的价值活动的基本手段。

以上就个人近年来关于功利价值所思考的几个主要问题做了简要的阐述，还有一些问题，如功利价值活动和社会心理、功利价值观念形成和变化的根据等，有待进一步的研究。

目前，问题的关键还不在于本文的某些具体论断、论述是否严谨，细节是否详尽，方法是否妥当，而在于功利学作为一门学问能否成立？如果对这个基本问题的回答是否定的，那么本文作者所做的一切探索都是毫无意义的。如果这个基本问题能够得到肯定的回答，那么，建立这样一门新学问亦绝非是个人力所能及的事情，本文最多也只能起到一个抛砖引玉的引发作用罢了。

（原载《天津师大学报》，1989 年第 1 期）

实践与修养

　　"文化大革命"中，林彪、"四人帮"一伙在蓄意对刘少奇同志进行政治陷害和人身迫害的同时，对少奇同志的《论共产党员的修养》一书进行了肆意诋毁。他们给这本书强加的"罪名"之一，就是硬说它让人们"闭门修养"，"越养越修"，似乎讲修养就是不要实践，就是搞唯心论，这完全是捏造。

　　修养和实践是什么关系？共产党员要不要进行修养？少奇同志又是怎样阐述这些问题的？读一读这本书就清楚了。

　　共产党人肩负着带领广大劳动群众建设社会主义、共产主义的历史使命。为了完成这个伟大的历史使命，共产党人就必须具备多方面的修养：要有马克思列宁主义理论的修养；要有运用马克思列宁主义的立场、观点和方法去研究和处理各种问题的修养；要有无产阶级的思想意识和道德品质的修养；要有坚持党内团结、进行批评和自我批评、遵守纪律的修养；以及掌握各种科学文化知识的修养，等等。就是说，共产党员必须具有高尚的共产主义的道德品质，既懂政治又懂业务，又红又专。

　　那么，共产党人应当怎样进行修养呢，通过什么方法才能不断提高自己的革命品质和工作能力呢？

　　历史上一些剥削阶级的代表人物，在他们提出的某些修养方法中，有时也包含着某些合理成分。比如，曾子说"吾日三省吾身",说的就是人们应该经常检讨自己的思想和行为。但是,古代许多人的修养方法不可避免地带有他们时代和阶级的局限性。少奇同志对此明确指出:"古代许多人的所谓修养,大都是唯心的、形式的、抽象的、脱离社会实践的东西。他们片面夸大主观的作用,以为只要保持他们抽象的'善良之心',就可以改变现实,改变社会和改变自己。这当然是虚妄的。"

　　共产党人的修养必须建立在马克思主义辩证唯物论的认识论的理论基础之上。马克思主义哲学认为,社会实践是认识的基础,人们通过实践认识世界,又通过实践而改造世界。人的正确思想只能从社会实践中来,错误思想也只有靠实践来鉴别和克服。人们在社会实践中改造着客观世界,同时也改造着人本身,不断提高人们的认识能力。按照马克思主义的认识论,作为一种精神生活的人们的自我修养,也必须以社会实践为基础。革命者只有亲身参加革命和建设的实践,才能得到改造和提高。从未有根本不参加革命和建设实践的人而能具有进行革命和建设的真才实学和高尚的革命品质的。少奇同志深刻指出:"对于我们最重要的,是无论怎样都不能脱离当前的人民群众的革命斗争,而是必须结合这种斗争去总结、学习和运用历史上的革命经验。这就是说,要在革命的实践中修养和锻炼,而这种修养和锻炼的唯一目的又是为了人民,为了革命的实践。"他还说:"我们是革命的唯物主义者,我们的修养不能脱离人民群众的革命实践。"这里,少奇同志坚持的正是毛泽东同志在《实践论》中所阐发的关于实践第一的认识论的唯物论的观点。

　　那么,能不能说只要参加了革命和建设的实践,人们的思想品质和工作能力就能自然得到提高呢?不能。正像认识必须以实践为基础,但实践不能代替认识一样,人们的修养虽然必须和社会实践相结合,但实践并不能代替人们自觉的自我修养。

常常有这样的情形，几个人一起去参加某种革命或建设的实践，客观的环境和条件大体相同，但是，这种社会实践对人们所产生的影响则可能很不相同。有的人进步快，有的人则进步不快，甚至掉队。产生这种现象的原因可能是多方面的，其中主观是否努力，是一个重要因素。少奇同志指出："革命者要改造和提高自己，必须参加革命的实践，绝不能离开革命的实践；同时，也离不开自己在实践中的主观努力，离不开在实践中的自我修养和学习。如果没有这后一方面，革命者要求得自己的进步，仍然是不可能的。"少奇同志这段话说明了我们在实践的基础上还要发挥主观能动性的道理，强调了修养的自觉性，这当然不是什么唯心论，而是马克思主义的辩证唯物论。

在林彪、"四人帮"横行的年代，所谓"越修越养，越养越修"的流言四起，"修养"竟成了"修正主义"的代名词。这种根本否定共产党员进行自我修养的反动思潮，造成了资产阶级个人主义、无政府主义、自由主义的泛滥，严重地腐蚀了共产党员和广大群众的思想，败坏了党的优良作风。因此，我们必须揭露林彪、"四人帮"的种种诽谤，肃清其流毒影响，以正视听。

今天，我们党正在领导全国人民进行四化建设的新长征。在这个时候，重新学习少奇同志的《论共产党员的修养》，这对于加强党的思想建设，发扬党的优良作风，加速四化建设的进程，是有着十分重要的现实意义的。

（原载《天津日报》，1980 年 4 月 8 日）

关于价值判断的特质

——兼评关于"价值真理"的讨论

随着现代社会生活的变化，价值成为一个突出的问题而引起了哲学家们的关注。

在历史上，哲学家们都力求建立一个包括真、善、美在内的完备的哲学体系。随着伦理学、美学逐渐离开哲学形成独立的科学部门，哲学便成了关于认识（"真"）的科学。这样，哲学所要解决的主体和客体的关系问题似乎就仅仅是认识问题了。现在，人们意识到，要解决主体和客体的统一问题不单纯是一个认识问题，还有一个价值问题。因此，价值问题被突出出来了，而价值问题的研究首先要解决的便是价值和认识的关系。

怎样理解价值和认识的关系呢？多年来，人们不断重复着这样一个论断：真、善、美是统一的。这个论断在原则上无疑是正确的。但是，为什么在人们肯定三者统一的时候，价值问题却被忽略了，以致现在还必须把它作为一个突出的问题加以研究呢？看来，这种统一观是有问题的。我认为，真正的统一不应当是无差别的混合，而应当是有差别的东西的辩证联系。当人们还没有对真、善、美的各自特质做出明确的规定的时候，就急于讲它们的统一，这样的统一就必然是含糊、混沌、甚至是片面的。我们看到，实用主义者也是主张价值和认识统一的：有用即真理。实用主义者的这个论断基本点就是把认识归结于价值，用价值判断代替认识判断，实际上是只讲价值不讲认识。在批判实用主义的时候，出现了另一种价值和认识统一观，这就是把价值问题消解于认识问题，归结为认识问题，似乎认识就包容了一切。这样一来，价值问题被忽略了。这觉得，在相当长的一个时期内，在我们处理价值和认识的关系问题上，后一种倾向是主要的。

应当指出的是，这种倾向在目前关于价值问题的讨论中仍然有所表现。最近，《哲学研究》上展开了"价值真理"是不是一个科学概念的讨论。肯定派认为，价值判断是对客观现实的反映、认识，存在着真理和谬误的对立。不过，和"事实真理"不同，"价值真理"有自己的特点：对于同一客观事物，不同的人、不同的社会集团可以形成不同的、甚至是对立的"价值真理"。否定派主张，价值判断是一种评价性的认识，也是对客观事物的反映，正确的价值判断属于真理范畴，但是，真理是客观的，只能有一个，不存在什么多元的"价值真理"。两派的观点旗帜鲜明，针锋相对，似乎是势不两立，不可调和的。不过，我们看到，对立的双方却有一个共同的出发点：价值问题是一个认识问题，价值判断也是真理和谬误之分。正是在这一点上，我和争论双方都有分歧。因此，我认为应当把论题转换一下，问题不在于"价值真理"是否是一个科学概念，首先要解决的倒是价值自身的特质是什么，价值是否属于认识，真理的范畴，应当如何理解价值和认识的区别和联系？

毫无疑问，在人们实际处理主体和客体的关系的过程中，价值判断和认识判断是相互联结，彼此交织的，不存在纯粹的价值判断，也不存在纯粹的认识判断。然而，在科学研究中，对这种混沌的现象进行理论抽象以揭示价值和认识的各自的特质，却是必要的。只有这样，人们才能科学地理解它们之间的联系和统一。

对于同一个对象，人们可以从不同的角度做出不同的判断：

①这座建筑物符合（不符合）建筑学的规律；

②这座建筑物适合（不适合）于做博物馆用；

③这座建筑物显得（不显得）庄严肃穆；

④这座建筑物是美（不美）的。

不难看出，上述四种判断在性质上是有区别的。

第一种判断可以称之为"认识判断"，表达的是主体对客体的属性、本质和规律的把握，其主要矛盾是真理（"是"）和谬误（"非"）的对立。

第二种判断可以称之为"功利判断"，表达的是客体对主体的功利价值，体现着主体的功利价值观念，其主要矛盾是利和害的对立。

第三种判断可以称之为"道德判断"，表达的是客体对主体的伦理价值，体现着主体的伦理价值观念，其主要矛盾是善和恶的对立。

第四种判断可以称之为"审美判断"，表达的是客体对主体的审美价值，体现着主体的审美价值观念，其主要矛盾是美和丑的对立。

可以看出，上述四种判断都各有其特质。但是，相对于认识判断来说，功利判断、道德判断和审美判断又有共同的地方。这三种判断讲的都是主体对客体的价值态度，体现着主体的价值观念。因此，可以把这三种判断统称为"价值判断"。

价值判断在性质上不同于"认识判断"。首先，认识判断是从客体到主体，是关于客体的知识；价值判断是从主体到客体，是关于主体对客体所做的价值评价。作为认识主体的人，其任务是从客体出发，反映客体，解决客体"是什么"的问题。作为价值主体的人，则是从主体自身的价值观念出发，要求客体符合自己的价值观念，即要求客体"应当是什么"。其次，认识判断的内容是客观的，价值判断的内容则是主观的。应当承认，认识判断也有其主观性，由于知识水平、知识结构等主观因素的不同，对于同一个客观对象，不同的认识主体可能会做出不同的认识判断。但是，认识判断总是关于对象的知识，其内容是客观的，不依人们的主观意志为转移的。价值判断虽然也和客体相关，乍一看似乎也是对客体所做的某种规定，但稍加分析就可以看出，价值判断所标示的乃是主体自身的价值观念，客体对于主体具有什么样的价值决定于主体自身的价值观念。再次，认识判断讲是非，价值判断讲利害、善恶和美丑。判别认识判断是非的是社会实践，权衡利害、善恶美丑价值的是主体自身的价值观念。

功利价值是人维持自存和发展的最基本的价值要求。功利价值判断决定于主体自身的功利价值观念。由于人们所处的经济、政治以及社会地位的不同，不同个人、不同社会集团具有不同的功利价值观念。这样，对于同一客观事物，不同个人、不同社会集团就可能做出不同的、甚至是对立的功利价值判断，甲认为是有害的，乙认为是有利的。因此，切不可把功利上的利害同认识上的是非混为一谈。事实上，在一定的条件下，人们认为是有利的东西，可能符合客观真理，但也可能是违背客观事物发展规律的。因此，"有用即真理"这个命题是错误的。同样的，在一定的条件下，真理可能是对人们有利的，但也可能对某些人或某些社会集团是不利的，否则历史上就不会出现歪曲、扼杀真理的现象了，布鲁诺也不会被烧死在罗马鲜花广场上了。因此，说真理除了客观性外还有有用性的提法，是不适当的。

正是在这个问题上，我们同关于"价值真理"讨论中的两派的观点发生了分歧。主张"价值真理"是一个科学概念的同志认为："一个社会事物，同多少种价值主体相联系，就构成多少种价值关系；有多少种价值关系，也就有多少种价值真理。"（《哲学研究》1985年第9期27页）以第一次国内革命战争时期的湖南农民运动为例，地主阶级认为"糟得很"，农民群众认为"好得很"，这两个价值判断虽然截然相反，但两者都是事实，农民运动对于地主阶级确实是"糟"，对于农民群众确实是"好"，因而两者都是"价值真理"。这种观点显然是不恰当的。按照这种观点。除了价值主体做出的违心的价值判断之外，所有的价值判断都是真理或"价值真理"。如果所有的价值判断皆是真理，没有谬误，那么，"价值真理"这个概念的科学意义何在呢？这在逻辑上也是说不通的。不过，这种观点倒是从一个角度揭示了这样一个事实：价值判断本身，本来就没有真理和谬误的问题。

否定"价值真理"是一个科学概念的同志认为，根本不存在什么多元的"价值真理"，真理是客观的，只能有一个，以湖南农民运动为例，"对农民运动的价值判断，只有'好得很'才是真理"。（《哲学研究》1986年第2期62页）我非常赞赏这一派的同志否定"价值真理"这个概念，但是，把价值归结为认识，认为价值判断也有真理和谬误之分，则是我不敢苟同的了。

我认为，对于湖南农民运动，人们可以做出下面两种性质不同的判断：

①湖南农民运动推动了中国社会历史的进步，符合中国社会历史发展的要求。

②湖南农民运动好得很。

前一个判断是"认识判断"，正确反映了湖南农民运动的本质和规律，因而是真理。后一个判断是"价值判断"，它只是表达了农民群众从自身的功利价值观念出发对农民运动所采取的态度，并不包含对农民运动的本质和规律的认识，因此无所谓真理，亦无所谓谬误。

当然，"好得很"和"糟得很"这两个价值判断是根本不同的。不过，我这里所说的根本不同，不是指一个说"好"，一个说"糟"，也不是指一个是真理，一个是谬误，而是说一个是合理的，即符合真理的功利价值判断，一个是不合理的，即违背事物发展规律的功利价值判断。某个价值判断是否合乎真理和某个价值判断本身是否是真理，这是两回事，可是人们往往把两者混为一谈。在我看来，价值判断有合理和不合理之分，但它本身并无真理和谬误的问题。

功利价值并非人的唯一的价值要求。人的更高层次的价值要求便是道德价值。人们的道德价值观念并非凭空产生，而是人们现实的功利关系和功利价值观念的升华。正因为如此，对于同一客观对象，不同个人，不同社会集团就可能从各自不同的道德价值观念出发做出不同的道德价值判断，你认为善的东西，我却判定为恶。因此，伦理学史上的超功利主义是错误的。不过，也应当看到，道德价值判断虽然基于功利却又具有超功利的特质。功利上的利害不等于道德上的善恶，为了实现自己的道德价值，人们能够约束、甚至放弃功利价值要求。

道德方面的价值判断也不同于认识判断，道德上的善和恶，不能等同于认识上的真理和谬误。人们在道德上判定为善的东西，可能符合客观真理，但也可能不符合事物发展的规律。比如，在欧洲资本主义关系形成时期，早期空想社会主义者出于对广大劳动人民的同情，尖锐揭露私有制的罪恶，提出了消灭包括资本主义所有制在内的一切私有制的要求。这在道德上无疑是善良的。但是，空想社会主义者提出这个要求并不是建立在对私有制产生、发展和灭亡的客观条件的科学分析的基础之上的，因而，它仅仅是一个善良的道德价值判断，而不是真理。在当时的历史条件下，空想社会主义坚持消灭私有制，不仅不符合真理，而且违背了社会发展的客观规律。同样的，也不能把道德上的恶等同于认识上的谬误。道德上被认为是恶的东西，可能是违背真理的，但也可能符合事物发展的客观规律。从道义角度上看，奴隶占有制度是极其残暴的，但从人类社会发展角度看，奴隶占有制度取代原始公社制度是历史的必然，历史的进步。可见，道德价值判断不同于认识判断，有其自身的特质。

审美价值可以说是人的最高的价值要求。

在实际生活中，纯粹的审美判断是少有的，审美判断总是和认识判断、功利价值判断以及道德价值判断交织在一起。比如，一个完美的作品总是有助于人们正确认识现实，有助于人们培养合理的功利价值观念和高尚的道德情操。但是，不应当由此就把审美价值判断上的美丑同认识上是非、功利方面的利害以及道德上的善恶等同起来。一个被判定为美的东西可能是符合真理的东西、有利的和善良的东西。然而，一个东西之所以被判定为美的东西主要不是因为它符合真理、有利和善良，而是因为它符合审美主体的审美价值观念，给主体带来审美愉快。

历史经验告诉我们，把审美价值判断的特质绝对化，割裂美同真、利、善的联系，会陷入唯美主义。反之，抹杀审美价值判断的特质，把美消融于真、利、善之中，则不利于艺术的发展和人们的审美价值观念的实现。

在西方哲学中，康德以及后来的新康德主义对价值和认识的关系做了较为深入的研究。他们对价值和认识各自特质的分析，包含了某些合理成分，是我们应当加以批判地汲取的。不难看出，本文作者试图在这方面做点工作。但愿工作的成果是批判地汲取，而不是康德主义的翻版。不过，我认为康德主义关于价值和认识的学说在总体上是错误的。其错误就在于他们把价值和认识的各自特质绝对化，以致把价值和认识看成两个水火不相容的各自独立的王国。和康德主义相反，我们揭示价值和认识的各自的特质，只是为了科学地解决两者的联系和统一，以便我们正确地处理主体和客体的关系。

关于价值和认识的关系，可以简要地概括为两句话：价值高于认识，价值的实现又必须以认识为基础。

所谓价值高于认识就是说人只是为了实现自己的价值才去认识世界和改造世界的，而人们认识和改造世界也只是为了实现自身的价值。人们通常说，认识世界的目的是为了改造世界。可是，我们不禁要问，改造世界又是为了什么？这个问题似乎很少引起过人们的注意。这种哲学上的模糊观念似乎和我们实践中一些奇怪现象相呼应。比如，我们搞了三十年的社会主义建设，可是对社会主义生产的目的还不清楚，以致在三十年后还得把这个问题当作一个重大理论问题提出来加以讨论。改造世界的目的是什么呢？我们的回答：只是为了实现人的价值。从这个方面说，价值是目的，认识只是手段，只是实现价值这个目的的手段。

但是，应当指出，价值的实现又必须以认识为基础。人的价值观念是随着社会历史的变化而不断变化的，处于不同经济、政治和社会的人就会有不同的价值观念。人都是力图实现自己的价值的，但是，事实证明，并不是任何一个价值观念都是能够实现的，只有那些符合真理，即符合客观事物发展规律的价值观念才能得到实现。

我们通常所说的无产阶级的党派性和科学性的一致，也就是这个意思。

世界历史发展到今天，现代无产阶级充当着推动世界历史前进的火车头，无产阶级的价值观念是和客观历史发展相吻合的，因而是一定能够实现的。当然，这绝不是说无产阶级政党可以任凭主观意志办事，无须正确认识世界，相反，无产阶级政党只有坚持实事求是，不断认识和发展真理，按客观规律办事，才能真正实现无产阶级的价值要求。

应当看到，价值实现的过程和认识发展的过程是统一的。人们通常把认识过程分为两个阶段：从感性认识到理性认识和从理性认识到实践。如果单纯从认识角度看，这两个阶段中的两个理性认识的内容是一样的。可是，事实上，从感性认识发展来的理性认识和付诸实践的理性认识在内容上是大不一样的。前一个理性认识的内容主要是对客观事物的本质和规律的反映，是认识判断，可以叫作"理论理性"；后一个理性认识则是认识判断和价值判断的统一，就是说它不仅包含人们对于客观事物的本质和规律的认识，而且包含主体的功利、道德和审美等方面价值要求，可以把它叫作"实践理性"。如果说把一本建筑学的教科书叫作"理论理性"的话，那么，一张建筑蓝图就可以说是"实践理性"。建筑蓝图不仅包含了建筑学的一般规律，而且包含了人对未来的建筑物的价值要求。一方面，"实践理性"只有建立在"理论理性"即科学认识的基础之上才能实现自己；另一方面，"理论理性"也只有在人们的强烈的价值要求的推动下才能付诸实践。实践较之认识更为伟大就在于它不仅能够检验认识和发展认识，更重要的是因为它能够把客体改造得符合主体的价值要求，实现人的价值。

由此看来，为了正确处理主体和客体的关系，我们既要重视认识，也要重视价值，既要研究两者的区别，又要探讨两者的联系。

目前哲学上有一种提法，把价值范畴引进马克思主义认识论。这个提法在原则上是应当加以肯定的。问题在于如何理解"引进"？我认为，把价值范畴引进认识论不应当是把价值问题消融于认识，也不是在认识论中研究有关价值的具体问题（这些具体问题应由美学、伦理学、功利学等具体价值科学研究），而是着重于探讨价值和认识两者之间的关系。

建议建立一门研究功利价值结构及其发展规律的科学——"功利学"。

（原载《天津社会科学》，1986 年第 4 期）

黑格尔辩证法思想研究的新成果

——评张澄清《黑格尔的唯心辩证法》

在我国西方哲学史的研究中，对于黑格尔的辩证法思想历来比较重视，论著颇多。但是，比较全面地系统地阐发黑格尔辩证法思想的专著并不多见。张澄清同志的专著《黑格尔的唯心辩证法》①在这方面做了很好的工作，这是十分可喜的。

全书由七章构成。第一章着重论述了黑格尔辩证法思想产生的社会历史、自然科学和哲学的背景及其历史必然性。第二章全面地简要地阐发了黑格尔的客观唯心主义哲学体系。第三章到第六章是该书的中心内容，分别论述了黑格尔在辩证法思想发展史上的四个方面的杰出贡献。这就是：黑格尔具体地、深刻地论述了辩证法的诸范畴和规律；黑格尔论述了本体论（辩证法）、认识论和逻辑学三者一致的思想；黑格尔把社会历史看作一个有规律的客观过程；黑格尔把辩证法提到客观真理和普遍规律的高度并把辩证法予以系统化。最后一章即第七章着重阐述了黑格尔的辩证法思想在哲学史上的地位。全书结构严谨，材料翔实，论述深入浅出，语言朴实明快，表现了作者的严谨的治学态度和富于探索的精神。

该书力图全面地系统地阐述黑格尔的辩证法思想。但是，作者不是孤立地静止地去描述黑格尔辩证法思想的体系、结构，

---

① 张澄清：《黑格尔的唯心辩证法》，福建人民出版社 1984 年版；以下本文引证该书只注明页码。

而是把黑格尔的辩证法思想放在欧洲辩证法思想发展的长河中，即把黑格尔的辩证法思想作为欧洲哲学史中的一个重要环节加以论述。因此，作者在阐述黑格尔的每一个重要辩证法思想的时候，总是要花很大的气力去追溯它的深远的思想渊源，概括两千多年来欧洲哲学发展的经验教训。这样，尽管作者力图系统地阐述黑格尔的辩证法思想，但并不想给它构造一个体系，而是着重阐发黑格尔在辩证法发展史上的贡献。我认为这个方法是可取的，有利于科学地规定黑格尔辩证法思想的历史地位，揭示它的历史局限性。

该书不仅努力概括了我国近年来学术界关于黑格尔研究方面的最新成果，而且敏锐地反映了学术界关于黑格尔研究上的各种争论。尽管采取的是正面论述的方式，但仍然可以明显地看到作者对这些分歧所持的基本立场以及为此所做的充分的论证。比如，在欧洲哲学史的研究中，有一种观点认为，在欧洲古代哲学中不存在形而上学思维方式这个概念，在17—18世纪也不存在辩证法和形而上学两种思维方式的斗争，因此，不能说辩证法和形而上学的矛盾和斗争是贯穿哲学发展的全过程的。作者通过对古希腊哲学和近代哲学的考察明确指出："不论在古希腊，还是16—18世纪的哲学思想中，都是贯穿辩证法和形而上学的对立统一的。"（第264页）我认为，作者的这个观点以及为此所做的充分的论述，是有一定道理的。

关于贯穿黑格尔整个辩证法思想的基本原则是什么，也是黑格尔辩证法研究中的一个有争议的问题。有一种观点认为，对立统一（矛盾）思想只是黑格尔（逻辑学）中"本质论里的一个环节"，贯穿黑格尔整个辩证法思想的基本原则乃是否定之否定的思想。和上述观点不同，该书作者认为黑格尔所讲的"事物的内在否定性，也即事物的内在矛盾"（第248页），"黑格尔把对立统一的原则贯穿在他的整个辩证法思想之中，以至贯穿在他的整个体系的各个方面"，"从而使他的哲学体系具有内在的系统性"（第249页）。我认为，争论双方的观点都是有一定的道理。不过，在我看来，黑格尔本人并没有把他的辩证法明确地规定为对立统一、质量互变、否定之否定这三条有区别的规律。在他那里，"内在的否定性""对立统一""矛盾""否定之否定"等概念的意义是相近的，它们之间的界限与其说是清楚的，不如说是含糊的。因此，硬要指出其中哪一个是最基本的，不仅不会把问题搞得更清楚，反而会带来更多的混乱。

近年来，在黑格尔研究中，关于黑格尔的辩证法思想同他的唯心主义体系的关系问题，也有不同的看法。有一种观点认为，黑格尔的唯心主义是辩证的，黑格尔的辩证法是唯心的，因而两者是一致的，并无矛盾。该书作者不同意上述观点，认为在黑格尔本人看来"客观唯心主义的哲学体系和辩证方法是并不矛盾的，相反地，是一致的，是紧密联系、不能分开的"。但是，"马克思主义则认为，黑格尔的唯心主义哲学体系是与辩证法相矛盾的。他的辩证法是不彻底的"（第270页）。该书作者正是从这个基本立场出发剖析黑格尔的辩证法思想的，力求从黑格尔的唯心辩证法中吸取其"合理内核"。应当说，作者做这样的处理在很多方面是相当成功的。不过，在我看来，对于黑格尔哲学的唯心主义和辩证法的关系的理解也应当遵循对立统一规律，就是说应当把两者理解为既是对立的，又是统一的。不论黑格尔本人的看法如何，他的辩证法是唯心的，他的唯心论又是辩证的，就是说两者是统一的；同时，又应当看到黑格尔的唯心主义和辩证法又是矛盾的，他的辩证法的革命精神往往被他的唯心主义所窒息。我认为，只有看到两者的同一方面；才能深入理解黑格尔的辩证法思想；同时，也只有看到两者的矛盾方面，才能科学地揭示黑格尔唯心主义辩证法中的"合理内核"。

如上所述，作者着重论述了黑格尔在欧洲辩证法思想发展史上的四大贡献。应当说，这确实抓住了黑格尔辩证法思想的几个主要的方面。作者对这些问题的论述也是很具体的、深入的、富于启发性的，其中对黑格尔本体论（辩证法）、认识论、逻辑学一致思想的阐发，更显出了作者的独到之处。不过，我觉得作者对黑格尔的某些重要的辩证法思想未能做出应有的发挥。比如，在该书的第二章中，作者全面地简要地阐述了黑格尔的客观唯心主义体系，不过，作者写这一章的指导思想似乎只是为下面论述黑格尔的辩证法思想铺路，而没有着力发掘蕴含于黑格尔哲学体系中的一个重要的辩证法思想：普遍发展观念。毫无疑问，黑格尔的哲学体系是唯心主义的，他宣布这个体系有一个终结点，这也是形而上学的。但是，也应当看到，黑格尔的哲学体系也体现了一种深刻的辩证发展观点，即把自然界、人类社会和人类认识看作一个合理的发展过程的历史观点。应当说，这在欧洲17—18世纪形而上学绝对静止的思维方式占据统治地位的条件下，还是别开生面的。正如恩格斯所说，"黑格尔第一次——这是他的巨大功绩——把整个自然的、历史的和精神的世界描写为一个过程，即把它描写为处在不断的运动变化、转变和发展中，并企图揭示这种运动和发展的内在联系。"①另外，对于黑格尔处理主体和客体之间的辩证关系的异化和复归的思想，作者虽有所提及，但没有充分地展开。我认为，对于黑格尔的这些重要辩证法思想作者还是大有发挥余地的。当然，如何全面地系统地理解和表述黑格尔的辩证法思想，

---

① 恩格斯：《反杜林论》，《马克思恩格斯选集》第3卷，人民出版社1972年版，第63页。

是一个可以进一步研究的问题，但是，应当说本书作者所做的工作已为这种进一步的研究提供了良好的基础。

　　几个月来，我三读张澄清同志的专著《黑格尔的唯心辩证法》，受益不浅，加深了我对黑格尔辩证法思想的理解。本文就是我读这部著作的散记。文中提出的一些想法，很不成熟，仅供作者参考。

（原载《厦门大学学报》，1985年第4期）

马克思的《〈黑格尔法哲学批判〉导言》

马克思《〈黑格尔法哲学批判〉导言》（以下简称《导言》）写于1843年底至1844年1月,1844年2月发表在《德法年鉴》上。①

《黑格尔法哲学批判》②是马克思没有最后完成的一部著作。

这里说的"黑格尔法哲学",是指黑格尔于1821年发表的《法哲学原理》③一书。该著作由"抽象法""道德法"和"伦理法"三个部分组成,其中"伦理法"部分又包括"家庭""市民主义"和"国家"三个部分,它论述的是"绝对理念"发展的最后一个阶段,"精神哲学"的第二个环节"客观精神"的发展情况。按照黑格尔的观点,"法"乃是潜蕴于人类社会历史生活中的"客观精神",即人类社会经济,政治和历史发展的客观规律。"法哲学"就是关于人类社会历史发展规律的学问。《法哲学原理》是黑格尔著作中政治上最为保守的一部。在这部著作中,黑格尔竭力通过迂腐晦涩的词句隐藏着革命,另一方面公开粉饰普鲁士的专制制度,同时又力图概括英法资产阶级革命的经验,表达德国资产阶级的政治理想。正如恩格斯指出的,当黑格尔在他的《法哲学原理》中宣称君主立宪制是最高的、

---

① 中译本见《马克思恩格斯选集》第1卷,人民出版社1972年版。
② 中译本见《马克思恩格斯全集》第1卷,人民出版社1956年版。
③ 黑格尔:《法哲学原理》,商务印书馆1979年版。

最完善的政体时，他就是"宣布了德国资产阶级取得政权的时刻将到来了"[1]。

《导言》是马克思青年时代思想发展过程中的一个重要的里程碑。马克思在《导言》中所阐发的基本思想表明，他此时已经完成从唯心主义到唯物主义、从革命民主主义到共产主义的转变。

一 《导言》的背景

19世纪40年代初，欧洲各国的政治经济发展不平衡。英国和法国早已完成了资产阶级革命，确立了资本主义制度，无产阶级和资产阶级的矛盾已经上升为社会的主要矛盾。和英法不同，德国此时还是一个封建统治的国家。

19世纪40年代初，德国思想战线上发生了一个重大的转折，完成了对封建神学的批判。长期以来，基督教是德国专制制度的精神支柱，康德、黑格尔等德国古典唯心主义者都先后进行过批判封建神学的斗争，但他们在批判神学的同时照例总要为神学保留地盘。1841年，费尔巴哈发表了《基督教的本质》一书，突破了黑格尔的唯心主义体系，确立了唯物主义的权威，做出了神是人的本质的异化，即人创造了神的无神论的结论，从而完成了近代德国资产阶级对封建神学的批判。费尔巴哈的唯物论和无神论的创立，给了马克思的思想发展以重大的影响。在《莱茵报》工作期间（1842年10月到1843年3月），马克思直接接触到了德国现实社会生活中的许多矛盾，使他更看清楚了普鲁士专制制度的反动本质，从而产生了对黑格尔的国家

---

[1] 恩格斯：《德国的革命与反革命》，《马克思恩格斯全集》第8卷，人民出版社1961年版，第16页。

学说的"苦恼的疑问"，并着手撰写《黑格尔法哲学批判》（1843年3月到8月）。1843年10月，马克思迁居当时国际工人运动的中心——巴黎。在这里，马克思第一次直接接触工人，了解到工人的生活和劳动的情况，参加了工人的各种革命活动。这使他的生活展开了崭新的一页。在此期间，马克思还钻研了英国古典政治经济学，18世纪唯物主义者的著作以及圣西门、傅立叶和欧文等人的社会主义学说。马克思几年来在思想上、理论上所取得的许多新的收获在《导言》中得到了充分的反映。

二 《导言》的梗概

本文的中心思想是论述共产主义革命的必然性和无产阶级的历史使命。

首先要把对宗教的批判转变为对现实政治的批判。德国批判宗教的思想运动有着特别重要的意义，因为，宗教在德国是封建制度的精神支柱，反宗教的斗争也就是间接地反对现存制度的斗争。现在，对宗教的批判实际上已经结束。在揭露了上帝是人的本质的自我异化之后，就应当揭露现实社会中的人的自我异化，批判现存的社会制度。因此，新哲学的迫切任务在于把对神学的批判转变为对政治的批判。

其次，批判必须把握住时代矛盾的焦点，站在否定资本主义的共产主义的高度。为什么马克思在《黑格尔法哲学批判》中不是把批判的矛头直接指向德国的反动制度，而是针对黑格尔的法哲学呢？

毫无疑问，应该向德国制度开火，批判德国的反动制度可以给敌人以打击，促进人民的觉醒，对于已经确立了资本主义制度的国家克服封建残余也是有积极意义的。但是，和英国、法国不同，德国当时还是一个落后的封建国家。德国还在重复着英法等国的已经陈旧的历史。英法等国正在解决的问题，在德国，矛盾才刚刚被提出。因此，当欧洲已经进入资本主义时代的时候，如果把批判仅仅局限于德国的现状，那么，这种批判就不可能达到时代的高度。

然而，尽管德国的国家制度远远落在时代的后面，但是，德国的哲学却是具有时代水平的。以黑格尔为代表的德国哲学不仅是德国的产物，而且是对欧洲各国资产阶级革命的理论概括，反映了资产阶级的要求。这就是说，资本主义制度虽然在德国的现实中还没有存在，但却已经存在于德国哲学中了。因此，对黑格尔法哲学的批判就不仅可以揭露封建主义的过时和丑恶，而且可以揭露资本主义的历史局限性，引出共产主义革命的结论，使批判达到时代的高度。

最后，共产主义革命必须具备精神和物质两个方面的条件；无产阶级是共产主义革命的"心脏"。

在德国能不能实现一场不仅推翻封建主义，而且否定资本主义的共产主义（"人的高度"）革命，以求得人类的解放呢？

革命既需要理论条件，也需要物质基础。批判的武器当然不能代替武器的批判，物质力量只能用物质力量来摧毁；但是理论一经掌握群众，也会变成物质力量。

德国的理论是彻底的，因为它是从坚决彻底废除宗教出发的。对宗教的批判最后归结为"人是人的最高本质"这样一个学说，从而也就归结为这样一条绝对命令，必须推翻那些使人成为受屈辱、被奴役、被遗弃和被蔑视的东西的一切关系。

革命还必须有物质基础。理论在一个国家的实现程度，决定于理论满足这个国家的需要的程度。从这个方面说，由于德国太落后，彻底的德国革命看来还面临着一个重大的困难。

在德国实现"部分的纯政治的革命"即资产阶级革命，是乌托邦式的空想。这是因为，德国资产阶级太怯弱，并且出世太晚了。当德国资产阶级敢于同封建专制制度直接对峙的时候，无产阶级也就开始了反对资产阶级的斗争。因此，德国资产阶级不能充当革命领导者的角色。

相反的，对德国说来，彻底的革命、全人类的解放倒不是乌托邦式的空想，德国解放的实际可能性就在于无产阶级。

德国无产阶级是随着刚刚着手为自己开辟道路的工业发展而成长起来的；是由于社会的急剧解体，特别是由于中间等级解体而产生的群众；自发产生的贫民和原有农奴等级也在不断地充实无产阶级的队伍。无产阶级的社会地位决定了它是一个具有彻底的革命性的阶级，无产阶级要完成解放全人类的使命就必须和为其服务的新哲学相结合。哲学把无产阶级当作自己的物质武器，同样地，无产阶级也把哲学当作自己的精神武器。共产主义革命的"头脑"是哲学，它是"心脏"是无产阶级。

三 《导言》的基本精神

《导言》始终渗透着唯物主义精神和共产主义精神。

在《导言》中，马克思力图运用刚刚萌芽的历史唯物主义观点去处理宗教这种社会意识形态和社会经济政治的关系，深刻地揭露了宗教的社会根源，从而提出了必须把宗教的批判发展为对政治的批判。青年黑格尔派批判基督教的哲学基础是唯心主义，费尔巴哈的无神论的哲学基础则是人本学唯物主义。按照费尔巴哈的观点，上帝是人的本质的异化，是人的本质的虚幻的反映，因此，不是上帝创造了人，而是人创造了上帝。显然，这是鲜明的唯物主义和无神论的观点。那么，人们为什么要把自己的本质对象化为同自己相对立的上帝呢？人本主义者费尔巴哈只能用抽象、孤立的个人生理或心理活动（如"依赖感""利己主义""爱"等）加以解释。不难看出，费尔巴哈在这里实际上又离开了唯物主义。正因为如此，和青年黑格尔派相似，费尔巴哈也不切实际地过高估计批判宗教的斗争的意义，似乎批判宗教的斗争能够拯救一切，从而不能把批判宗教与批判现实的社会制度结合起来。马克思则力图从更为彻底的唯物主义观点出发，深入揭示宗教的社会根源。马克思深刻地指出："人并不是抽象的栖息在世界以外的东西。人就是人的世界，就是国家，社会。国家、社会产生了宗教即颠倒了的世界观，因为它们本身就是颠倒了的世界。"[1]这就是说，创造上帝的人并不是抽象的、孤立的个体，而是处于一定社会关系中的人。因此，所谓人创造了上帝，实际上不过是说国家、社会产生了宗教。国家、社会之所以产生了宗教这种"颠倒了的世界观"，就是因为国家、社会本身就是"颠倒了的世界"。可见，宗教是以一定的社会条件（"颠倒了的世界"）为基础。既然如此，批判就不能仅仅局限在揭露"颠倒了的世界观"即宗教上，而必须进到对产生这种"颠倒了的世界观"的现实的"颠倒了的世界"进行批判，即对现存的国家、社会制度的批判。马克思的这个观点显示了唯物史观彻底的革命精神。

在分析社会革命条件的时候，马克思唯物地和辩证地处理了精神和物质、理论和实践的关系。在马克思看来，社会革命需要精神和物质两个方面的条件，但物质条件是基础，是决定性的东西。他强调，"批判的武器"即理论、精神条件决不能代替"武器的批判"，物质的力量，必须用物质力量去摧毁。他还

---

[1] 马克思：《〈黑格尔法哲学批判〉导言》，《马克思恩格斯选集》第 1 卷，人民出版社 1972 年版，第 1 页。

指出，理论在一个国家的实现程度，决定于理论满足这个国家的需要的程度。同时，马克思也反对机械论，肯定精神能动的反作用，认为"批判的武器"虽然不能代替"武器的批判"，但是，理论一经掌握了群众，也会变成物质力量。在《导言》的结语中，马克思明确号召，必须把新哲学和无产阶级的革命实践结合起来。

《导言》的基本观点还表明，马克思此时在政治立场、政治观点方面已经完会转向共产主义。他鲜明地站在无产阶级立场上，不仅尖锐地批判封建主义，同时还深刻地揭露资本主义，并始终地把批判资本主义放在首位。在《导言》中，马克思第一次比较全面地论述无产阶级的性质及其历史使命。此时，马克思"已作为一个革命家出现，主张'对现存的一切进行无情的批判'，尤其是'武器的批判'；他诉诸群众，诉诸无产阶级"。[①]

尽管《导言》中所体现的马克思的唯物主义观点和共产主义学说还比较抽象，还带有一定的思辨性，个别的政治结论也有失误之处，但《导言》在马克思主义唯物论和科学社会主义学说中占有重要的地位，对无产阶级革命运动有着巨大的指导作用。

（原载《历史教学》，1983 年第 12 期）

---

① 列宁：《卡尔·马克思》，《列宁选集》第 2 卷，人民出版社 1972 年版，第 577页。

黑格尔哲学：一个沉重的精神负担

黑格尔哲学不仅是西方古典哲学的总汇、西方现代哲学的出发点，而且是马克思主义哲学的直接理论前提。认真发掘、继承这份历史遗产，是一项长期的重要任务。

但是，黑格尔哲学对马克思主义哲学有没有消极影响？对于当代马克思主义哲学的发展是否是一个沉重的精神负担？回答应当是肯定的。

当代马克思主义哲学的发展，从根本上说，就是要更新马克思主义哲学的现有的思维方式，以适应当代社会和现代科学技术的发展。从思想渊源而言，马克思主义哲学的现有思维方式来自黑格尔。当然，不能把发展马克思主义哲学统统归结为一个黑格尔问题，但是，从一定意义上说，不超越黑格尔，不清算黑格尔哲学的消极方面的影响，就不可能实现马克思主义哲学的思维方式的更新。

黑格尔的辩证法并不是包罗万象万世的神律，它毕竟只是辩证法发展史上的一个阶段，总的来说是已经陈旧了；为黑格尔的一整套思维方式死死捆住，是把遗产当包袱，不思进取；更重要的是，黑格尔哲学的不少非辩证思维方式侵入了马克思主义哲学，被人们当作辩证法思想加以信奉。

本文拟从当代马克思主义哲学发展这个角度，讨论黑格尔哲学中的整体主义、理性主义、认识主义和绝对主义等非辩证思维方式及其对马克思主义哲学的影响。

整体主义的思维方式

　　一元化、大一统的整体主义是黑格尔构造哲学体系的一个基本思维方式。绝对理念是万物的唯一本原，它创造一切、主宰一切、涵盖一切。黑格尔的整体主义思维方式最具体、最突出地表现在他的国家学说上。

　　黑格尔的国家学说处理整体和个体的关系有两点值得注意。一个观点是，具有现实性的国家必定是普遍性目的、利益和个人的特殊目的、利益的统一。按照黑格尔的理念论，国家是绝对理念在社会生活中的实现，是"地上的精神"，一种具有普遍性的精神实体；但是，普遍性并不排斥特殊性，相反必须同特殊性结合，并通过特殊性实现自己。卢梭的社会契约论把国家看成是由个人的特殊利益派生的，忽略了国家的普遍性原则。柏拉图的理想国只注重普遍性，"完全排除"了个体的特殊利益。因而，两者都是片面的。黑格尔反复强调，普遍目的、利益和个体的特殊目的利益的同一是国家的力量、稳定的基础。如果这个统一不存在，那就是一个没有现实性的国家。如果一切人都感到自己的特殊利益没有得到满足，那么这个国家就会站不住脚。可以看出，尽管黑格尔的上述思想具有唯心主义性质和抹杀国家的阶级性的局限，但它强调国家和个人、整体和个体的统一这点是应当肯定的。第二个值得注意的是，国家高于个人，个人是国家的一个环节。应当明确，黑格尔是站在国家的立场上探讨国家和个人之间的关系的。在黑格尔看来，国家是客观的精神实体，是凌驾于个人和社会之上的独立力量，因而，"国家是比个人更高的东西"，而个别的人对于国家这种高高在上的独立力量来说"只是些环节罢了"。国家不依赖于个人，而是个人存在的基础和前提；个人"只有成为国家成员才具有客观性、真理性和伦理性"。因此，黑格尔认为，社会契约论把国家看作个别人之间相互契约的产物，是对国家这个"绝对神物及其绝对权威和尊严"的亵渎。其次，尽管黑格尔反复强调具有现实性的国家必定是普遍性和特殊性的统一，但是，他也反复声称，决不能把国家的本质和使命归结为保证和维护个人的生命、财产和自由。在他看来，如果这样理解国家的本质和使命，"那么单个人本身的利益就成为这些人结合的最后目的。由此产生的结果是，成为国家成员是任意的事"。黑格尔坚持国家是个人特殊利益的"出发点和结果"，是达到个人特殊目的"唯一条件"，而个人"只有在国家中特殊利益才能成立"。再次，尽管黑格尔不排斥个体的特殊目的，但他竭力贬低人民群众在国家生活中的地位。他断言，"人民就是不知道自己需要什么的那一部分人"，因此，所谓一切人都应当参与和影响国家事务的观点是根本不合理的。黑格尔坚决否定人民有选择国家制度的自由，认为这样必然使理性陷于毁灭。黑格尔声称，"国家是神的意志"，号召"人们必须崇敬国家，把它当作地上的神物"。可以看出，黑格尔国家学说中这种整体主义、国家至上主义思想不仅是唯心主义的，也是反辩证法的。尽管黑格尔这种思想反映了当时处于封建割据状态中的德国资产阶级要求民族统一的愿望，但在理论上并不能认为是积极的。

马克思和恩格斯在肯定黑格尔国家学说的反封建意义的同时，着重批判了他的国家至上主义。马克思认为，黑格尔完全颠倒了国家和市民社会的关系，指出国家没有"市民社会的人为基础就不可能存在"。马克思十分厌恶黑格尔对国家的奉承献媚的态度，责难"黑格尔对国家精神、伦理精神、国家意识崇拜得五体投地"。

但是，自从马克思主义者取得了政权之后，黑格尔哲学中的辩证法和整体主义之间的界限、无产阶级专政的国家权威和黑格尔的国家至上主义之间的界限，在马克思主义者的心目中逐渐模糊不清了。黑格尔哲学中的整体主义和国家至上主义侵入了马克思主义，成了马克思主义者自觉或不自觉地处理无产阶级专政下国家和人民之间的关系的指导思维模式。国家高高在上，权力高度集中，人民群众的主动性受到压抑和损害。现在看来，社会主义国家改革中央集权主义的体制已经成为一股势不可当的潮流。显然，从哲学上彻底清算黑格尔式的整体主义思维方式，是进行体制改革的一个重要的思想前提。

认知主义的思维方式

主体和客体之间的关系包含着两个方面；一是认知关系，主体把握客体，求得关于客体的知识；二是价值关系，主体通过改造客体以满足主体自身的功利的、伦理的和审美的价值需要。人为主体，人不仅是一个认识主体，而且是一个价值主体。重认知，忽视或贬低人的价值需要的满足，在理论上势必陷入片面的认知主义。

黑格尔哲学本质上就是一个认知主义的体系。在黑格尔看来，哲学是关于绝对理念创造对象并最终意识到对象就是自己的自我认识的过程。当然，这不是说黑格尔根本不讲价值。应该说，黑格尔很注意价值问题的研究，他在功利、伦理和审美等价值问题上提出了不少见解。问题在于，黑格尔始终把价值消融于认识，把价值仅仅看作绝对理念自我实现的手段和工具，看作绝对理念自我认识过程中一个环节和阶段。这种重认识、轻价值的倾向，是黑格尔哲学的一个鲜明特点。

在历史哲学中，黑格尔极为明确地把人、人的功利价值需要（"热情"）看作绝对理念——"自由意识"实现自己、认识自己的手段和工具。在黑格尔看来，构成世界历史的有两个主要的因素，一是"理念"，二是"热情"，"两者交织成为世界历史的经纬线"。①理念即自由意识，是历史的主体和目的；热情即个体私欲，是理念实现自己、认识自己的工具和手段。理念玩弄"坐山观虎斗"的狡计，驱使人们为各自的私利而彼此斗争；理念不卷入这种争斗，却通过这种争斗把历史推向前进，达到不断提高自己对自己的认识的目的。在黑格尔看来，不仅普通人是理念的手段，英雄人物同样是理念的工具。当英雄人物符合理念发展要求的时候，他们叱咤风云，轰轰烈烈地干出惊天动地的事业；而一当完成了理念的目的，他们便凋谢零落，如同脱去了果核的空壳。可以看出，黑格尔的历史观表露了某种历史规律性的思想，对人的功利价值的需要和满足在历史活动中的作用也做了肯定。但是，贯穿于黑格尔历史观中的"人是工具"的观点则不能认为合理。应当说，唯有人才是历史的主体和目的，人对功利价值的需要和满足不仅是历史发展的原动力，而且也是历史发展的一个基本目的。和康德提出的"人是目的"的著名命题相比，黑格尔的"人是工具"的观点无疑是一个倒退。

黑格尔重视道德问题的研究，他对康德伦理学中的超功利主义、唯动机主义和理想主义的批评是积极的。然而，和康德不同，黑格尔没有建立一个独立的伦理学体系。在他看来，道德也只是绝对理念发展圆圈上的一个环节。康德强调道德价值的特质，主张善不同于真，甚至认为思维、认识会损害善良意

---

① 黑格尔：《历史哲学》，三联书店 1956 年版，第 64 页。

志。和康德相反，黑格尔坚持认识高于道德，认为人们只有借助于认识才能理解善；不合乎理性的东西绝不是善。这样一来，他实际上把道德价值归结为认知活动，把善归结为真，否定了道德价值的特质。值得注意的是，黑格尔反对以纯粹的道德观点、抽象的道德原则评价历史人物和历史事件，认为评价历史人物和历史事件的根本标准是看其是否合乎理念发展的要求。这个思想虽然深刻，但黑格尔由此却走向另一个极端，认为世界历史高于道德，甚至和道德毫不相干，在原则上可以全然不顾什么道德。在他看来，道德是个人的内心生活，完全是个人的私事，断不可借历史人物动机的恶劣来否定他所建立的丰功伟绩。毫无疑问，用纯粹的道德观点评断历史是片面的，但是，根本否定对历史进行道德评价同样也是一种片面。看来，说黑格尔的历史观带有非道德主义的倾向不是毫无根据的。

黑格尔深入地探讨过美学问题，他给美提出了一个著名的规定；美是理念的感性显现。尽管黑格尔一再强调艺术观照不同于科学理智的认识活动，但是，上述关于美的定义表明，他仍然把艺术、审美看作绝对理念把握自己的一种认识形式。黑格尔断言，哲学高于艺术。艺术是通过感性形象把握理念，可是理念本质上是理性的，因此艺术作为把握绝对理念的一种认识形式，不符合理念的本性，因而是不完善的、低级的。和艺术不同，哲学则是以概念把握绝对理念，是一种完全符合绝对理念本性的认识形式。绝对理念正是通过哲学最终绝对地认识了自己。从这种观点出发，黑格尔认为，随着理性思维和哲学的发展，艺术将趋向衰亡。正如克罗齐所说，黑格尔的倾向是理性的，"所以也是反艺术的"。①

应当看到黑格尔的认知主义对马克思主义哲学影响的印

---

① 克罗齐：《美学的历史》，中国社会科学出版社1984年版，第143页。

痕。多年来，我们把精力集中于认识论的研究，有的人竟把哲学仅仅归结为认识论，从而忽略了对价值哲学问题的研究。价值需要的实现必须以科学认识为基础，就是说只有按客观规律办事，人们才能实现自己的价值要求。但是，价值又高于认识，人们只是为了实现自己的价值需要才去认识世界和改造世界，人们认识世界和改造世界也只是为了实现自己的价值需要。从这个意义说，价值才是目的，认识只是实现价值这个目的的工具和手段。[①]可以看出，这个观点和上述黑格尔的认知主义观点正好相反。

理性主义的思维方式

理性主义是西方近代哲学的一个基本特征。近代理性主义者以自然科学方法为基础，高扬人类理性，猛烈抨击中世纪的神学非理性主义——信仰主义。理性成了至高无上的权威，包括宗教、法律在内的一切事物都必须放到理性法庭面前接受审判。理性主义把人类认识推向了一个崭新的阶段。

如果说培根和笛卡尔开近代理性主义之先河，那么黑格尔哲学则是这股强大的哲学思潮的高峰。在黑格尔之前，理性主义哲学家们在突出强调理性地位的同时，对某些非理性的意识形式，如直觉、情感、意志等，也做过较为深入的研究。笛卡尔、斯宾诺莎和洛克等理性主义者坚信直觉是把握哲学、科学的第一原理的认识形式。谢林和耶柯比则认为理性只能把握有限的对象，唯有直觉才能把握无限对象，取得绝对知识。在近代理性主义哲学家中，唯有黑格尔称得上是一位纯粹的、彻底的理性主义者。在黑格尔看来，作为宇宙的本原的绝对理念本

①　参看冒从虎：《关于价值判断的特质》，《天津社会科学》，1986 年第 4 期。

身是理性的，并且是一个自我实现、自我认识的过程。因此它绝不可能靠非理性的直觉把握。当然，黑格尔并不否认情绪、直觉、欲望、意志等意识形式的存在，但是，他竭力把这类非理性的意识形式消融于或归结为理性思维形式。黑格尔把这类意识形式叫作"表象"。在他看来，这些表象并不是独立不依的，其中必定浸透着思维、概念，并为思维、概念所主宰，实际上不过是思维、概念的外衣与比喻。哲学的任务正是通过反思这类表象揭示其中蕴含着的思维、概念，从而把表象提升为思维、概念，使思维成为自觉的思维。[①]这样，在黑格尔哲学中，理性成了唯一的、根本的、绝对的东西，直觉、意志、情感等非理性的意识形式只不过是理性的外壳、理性发展的环节。从这种彻底的理性主义观点出发，黑格尔构造了自己的庞大的彻底的理性主义哲学体系。

费尔巴哈十分厌恶黑格尔的冷冰冰的理性主义，声称人首先是一个"感性的存在者"。人不仅有思想，而且有欲望、有情感，是一个"在思想、在希望和在爱的实体"。叔本华对黑格尔的理性主义的批评就更为激烈。在叔本华看来，宇宙和人的本原根本不是什么理性，而是非理性的意志。意志派生一切，主宰一切，高于一切。理性只是意志的产物，实现意志的工具。叔本华的意志主义是黑格尔理性主义的对立物，开现代西方人学非理性主义思潮之先河。

怎么样看待理性主义和非理性主义这两股对立的哲学思潮？应当看到，尽管理性主义和非理性主义两者在理论上是对立的，但从人类认识自我这个高度上看，两者又是互补的。理性主义重视主体结构中的理性成分的研究，强调理性的主导地位和能动的作用，但它把理性抬高到绝对至上的地位，贬低甚

---

① 黑格尔：《小逻辑》，商务印书馆 1980 年版，第 1—3 节。

至否定非理性成分的地位和作用；和理性主义不同，非理性主义重视主体结构中的非理性成分的研究，着重揭示非理性成分的能动作用，但把非理性成分的地位和作用绝对化，贬低甚至否定理性成分的主导地位和能动的作用。因此我们只能从人类认识自我的高度权衡两派的是非利弊，而不应当站在非理性主义立场上全盘否定理性主义，也不应当站在理性主义立场上全盘否定非理性主义。

西方哲学由背离黑格尔的理性主义转向人学非理性主义，如果从人类认识发展史角度看，我们认为这种转向确实有局部的倒退之处，但总的来说是一种巨大的进步。不论现代人学非理性主义哲学在理论上有多大的缺陷，它终究是西方现代社会生活和现代科技发展的反映，加深了人们对主体结构中的非理性成分的认识，是人类认识自我的一个新阶段。相反，如果我们站在黑格尔的理性主义立场上观察现代人学非理性主义，势必会得出完全否定的结论。不过，西方哲学研究中长久以来盛行的这种崇古非今的研究模式，在今天并不可取。

黑格尔的理性主义对马克思主义哲学的影响是深远的。长期以来，人们囿于理性主义的框子，全盘否定非理性主义，并且误认为研究非理性成分就是搞非理性主义，谁也不想闯这"禁区"。其实，人既是一个理性存在者，又是一个非理性的存在者，是一个以理性为主导的理性和非理性的统一体。撇开非理性成分的研究，人们就不可能正确处理主体和客体的关系。近年来，我国不少学者适应当代社会生活的变化和人们新的精神追求，冲破理性主义的樊篱，对非理性成分进行了多方面的深入的探索，取得了丰富的成果。

在过去一个相当长的时期内，黑格尔哲学被看作为宗教神学做论证的"理性神学"，这显然是不正确的。事实上，黑格尔哲学渗透着人本主义的精神，其要旨是竭力抬高人的地位，突出人的主体性。不过，黑格尔的人本主义却是通过非人的理论形式表现出来的。黑格尔的绝对理念就其实质而言讲就是人、人的理性，他把绝对理念抬高到至高无上的地位实质上就是对人的肯定，对人的主体性的高扬。不过，黑格尔却把绝对理念和现实的人分开，把现实的人看作只是绝对理念这种"潜伏的非现实的人"的"谓词和符号"。[①]因此，尽管黑格尔十分重视人，全力突出人的主体性，但他的人学具有严重缺陷：重整体主体，轻个体主体；重认知主体，轻价值主体；重理性主体，轻非理性主体。

绝对主义的体系化的思维方式

黑格尔认为，哲学以万物的本原——绝对理念为对象。绝对理念潜蕴于自然界、人类社会生活和精神生活之中，是一个从自己出发最后回复到自己的过程，一个多方面的有机的统一体。因此，要把握绝对理念，哲学就必须是一个完整、严密、囊括一切的体系。黑格尔反复强调："关于理念或绝对的科学，本质是一个体系"，"哲学若没有体系，就不能成为科学。"[②]在黑格尔看来，他的哲学体系就是对绝对理念的绝对把握。

应当肯定，黑格尔哲学体系就其内容来说确实渗透着一种宏伟的历史感，自然界、人类社会生活以及人类认识都处于不断变化发展的过程之中，世界不是现存事物的总和，而是一个发展过程。这种辩证的发展观点无疑是深刻的。但是，黑格尔

---

① 马克思：《黑格尔辩证法和哲学一般的批判》，人民出版社 1955 年版，第 28 页。

② 黑格尔：《小逻辑》，商务印书馆 1980 年版，第 56 页。

的体系化的思维方式却有它的明显的缺陷。

首先，体系化的思维方式把哲学变成了"科学的科学"。哲学凌驾于科学之上，不以科学为基础，反倒成了一切科学的前提，甚至成了科学中的是非的裁决者。为了体系的需要，黑格尔在他的《自然哲学》中就公然否定当时生物学中正在兴起的生物进化论。

其次，体系化的思维方式使黑格尔不得不在许多细节上矫揉造作，浪费精力。按照黑格尔的体系框架，哲学范畴都遵照"三一律"圆圈式地向前推演，不少地方以一些晦涩的言词敷衍搪塞。恩格斯说，黑格尔"在体系上所花费的'艰苦的思想工作'，的确比他在方法上所花费的要多得多"①。哲学家把自己的天才花费在体系的细节上的杜撰编造上，实在是一种巨大的浪费。

黑格尔的体系化的思维方式最根本的缺陷乃是绝对主义。黑格尔哲学体系以绝对理念最终回复到自己、认识了自己而结束。既然绝对理念已经通过黑格尔哲学最终绝对地认识了自己，那么人们还有什么事可干呢？有人说黑格尔从来没有把自己的哲学明确宣布为绝对真理。这是事实。但是，在理论形态上，黑格尔哲学确实就是绝对真理的体系，这也是不能否认的。

马克思和恩格斯十分厌恶黑格尔的体系化的思维方法。马克思反复声称，他的任务不是给人们颁布某种绝对真理的体系，而是在批判旧世界中发现新世界。恩格斯认为，黑格尔之所以不能把辩证法贯彻到底，"原因很简单，因为他不得不建立一个体系"。②马克思和恩格斯在哲学史上所实现的伟大变革之一，

① 恩格斯：《路德维希·费尔巴哈和德国古典哲学的终结》，《马克思恩格斯选集》第 4 卷，人民出版社 1972 年版，第 216 页。
② 恩格斯：《路德维希·费尔巴哈和德国古典哲学的终结》，《马克思恩格斯选集》第 4 卷，人民出版社 1972 年版，第 213 页。

就在于他们终止了人类对一切绝对真理体系的追求，并且强烈谴责任何构造这种体系的倾向和企图。恩格斯通过对杜林的哲学体系的批判，"比较连贯地"阐述了马克思主义哲学的基本观点，为了避免创造体系的误解，他明确声明，"这书的目的并不是以另一个体系去同杜林先生的'体系'相对立"。[①]

可是，大概从 20 世纪 30 年起，马克思主义哲学发展的状况发生了重大的变化。黑格尔的体系化的思维方式侵入了马克思主义哲学，马克思主义哲学进入了一个体系化的时代。适应斯大林的中央集权主义的政治需要，一个统一的、标准的、具有政治权威性的哲学原理体系逐渐形成了。经典作家们在不同时代，针对不同问题阐发的哲学命题和观点，按照某种框架被超时空地编排起来。体系构造者的任务就是填补各条语录之间的逻辑联系，消除其中可能存在的矛盾，使整个体系显得首尾一贯，能自圆其说。发展马克思主义哲学的道路似乎不再是像马克思、恩格斯和列宁那样去全力分析和解决时代所面临的重大问题，而是对现有体系的修修补补。这样一来，马克思主义哲学就不再是指导人们认识和改造世界的科学，而变成了为中央集权制度的现行方针、政策做辩护的工具，成了统一人们思想和行为的信条。由于苏联和斯大林的特殊的历史地位，斯大林时代构造的哲学原理体系，对于包括中国在内的世界马克思主义哲学运动产生了巨大的影响。直到今天，我们还在啃着这个历史的苦果。

我们曾提出一种设想：代替旧体系的是无体系，就是说从此不再搞任何体系，特别是不要再搞那种统一的、权威性的体系。令人遗憾的是，我们的非议者们提出的一个基本论据不是

---

① 恩格斯：《反杜林论》，《马克思恩格斯选集》第 3 卷，人民出版社 1972 年版，第 46 页。

别的，正是一百多年前黑格尔所说、而为马克思和恩格斯所批评过的一句话："哲学若没有体系，就不能成为科学。"

黑格尔逝世一百多年了。但这位大师的思想仍然活在当代哲学中，深深地影响着当代人们的精神生活。应当看到，他提出的某些深刻的哲学原则，如"主体性""否定性""异化"和"反思"等，和现代社会生活相结合，仍然具有强大的生命力；他的另一些思想已经陈旧，并被人们僵化了；而他的思想中某些不合理的东西在当代则有广泛的消极影响。

一百多年前，马克思和恩格斯超越黑格尔，创立了马克思主义哲学。今天，对黑格尔的再超越，全面研究和清算黑格尔哲学在当代的影响，对于马克思主义哲学发展的重要意义，已是十分紧迫、不容延误的了。

（与郜庭台合作；

原载《学术月刊》，1989 年第 5 期）

近代英国经验论
关于普遍命题学说的演变

关于普遍命题的起源、确实性及其在认识中的作用的问题，是近代英国经验论哲学的一个中心课题。

近代英国经验论关于普遍命题的学说，是在概括和总结当时自然科学和社会科学的成果的基础上，在批判经院哲学和与大陆唯理论的斗争中形成和发展的。英国经验论的始祖培根首先向经院哲学的先验论发起了进攻，提出了认识开始于经验这个经验论的基本原则，并在此基础上制定了科学归纳法，描述了普遍命题的形成过程。继之，霍布斯和洛克在批判经院哲学和唯理论者的天赋观念论的斗争中，进一步论证了培根关于认识开始于经验的原则，并在此基础上研究各种不同的普遍命题的形成过程及其确实性的问题。尔后，贝克莱和休谟从洛克出发，把英国经验论从唯物主义转向唯心主义，并在唯心主义经验论的基础上进一步探讨了普遍命题的确实性问题，最后在休谟那里导致怀疑论。

17—18 世纪英国经验论关于普遍命题的学说是欧洲认识论发展史上的一个重要环节，对后来欧洲哲学的发展有很大的影响。

一

　　培根的知识论的中心问题就是关于普遍命题的起源和形成道路的问题。他给人类理智提供的"新工具"，实际上就是要给人们提出一套在经验主义的基础上获得可靠的普遍命题的方法。

　　唯物主义者培根认为，作为我们的认识对象的自然界，是客观实在的，具有统一性和规律性（"形式"）。人们关于某个个别的、特殊事物的原因的知识，是"不完全的"知识，从这种"不完全的"知识中获得的支配自然界的力量，也是"不完全的"力量。科学的任务就在于把握事物内在的"形式"，形成反映事物一般规律的普遍命题。

　　人们通过什么道路去寻求这种反映事物的规律性的普遍命题呢？培根指出：

　　　　寻求和发现真理的道路只有两条，也只能有两条。一条是从感觉和特殊事物飞到最普遍的公理，把这些原理看成固定和不变的真理，然后从这些原理出发，来进行判断和发现中间的公理。这条道路是现在流行的。另一条道路是从感觉与特殊事物把公理引申出来，然后不断地逐渐上升，最后才达到最普遍的公理。这是真正的道路，但是还没有试过。①

　　可以看出，培根这里所说的第一条道路就是经院哲学的方法论，第二条道路就是他自己制定的以经验主义为基础的科学归纳法。

---

　　① 弗兰西斯·培根：《新工具》第 1 卷，《十六—十八世纪西欧各国哲学》，商务印书馆 1975 年版，第 10 页。

从根本上说，经院哲学坚持的是一条从主观到客观、从理性到感性、从普遍到特殊的先验主义的思想路线。这样经院哲学在方法论上便表现为把演绎法（三段论）推崇为唯一的科学方法。经院哲学家们惯于在头脑中编织世界之网，臆造种种范畴去构造世界，或者从少数特殊事物一下子跳到最普遍的原则，并把这些原则看作永恒不变的真理和一切知识的泉源和基础。培根指出，普遍命题是由概念组成的，如果组成普遍命题的概念本身含糊不清，那么普遍命题就不可能是可靠的。事实上，经院哲学的许多概念如实体、形式、质料、性质等，就没有一个是清晰明确的。显然，经院哲学的这种根本没有坚实基础的最普遍的公理都只不过是空中楼阁，由它们演绎出来的所谓知识，当然也是完全不可靠的。培根尖锐地指出：

> 那种按照先把最普遍的原理建立起来，然后再用它们来考验和证明中间公理的发现方法和证明方法，乃是产生错误的根源和一切科学的祸患。①

在培根看来，普遍命题的基础是经验。培根认识论的基本原则就是认识开始于经验。他认为，"一切自然的知识都应当求助于感官"，"应当从感官原始知觉开始"。值得注意的是，培根的经验概念不仅指的是感官上的感觉，而且还包括例证和实验。在他看来，尽管一切知识都从感官的感觉开始，但感觉也有其局限性：不能把握事物内部的细微运动，有时甚至会发生错觉。因此，要取得真实的经验还必须依靠适当的例证和实验。同时，培根又认为，人们的认识开始于经验，但不能停留在经验阶段上。这是因为，经验只是关于个别、特殊事物的认识。要获得反映事物内在的一般规律的普遍命题就必须用理性方法对经验

---

① 弗兰西斯·培根：《新工具》第 1 卷，《十六—十八世纪西欧各国哲学》，商务印书馆 1975 年版，第 27 页。

材料进行科学的归纳、整理。

培根所谓的理性方法就是他所制定的归纳法。培根不仅用他的归纳法否定、代替三段论，而且也把他的归纳法同简单枚举法对立起来。在他看来，根据简单枚举法所得到的普遍命题只具有或然性，很不可靠。他说：

> 根据简单列举来进行的归纳是很幼稚的；它的结论是不稳固的，只要碰到一个与之相矛盾的例证便会发生危险；它一般地只是根据少数的、并且只是根据那些手边的事实来做决定。[①]

因此，为了保证归纳所得到的结论——普遍命题的稳固性，培根提出了自己的新的归纳法。新的归纳法要求在经验的基础上稳步地引出普遍命题，大致分三步进行。第一步：广泛地搜集自然史的例证和科学实验的材料。这是一切归纳的基础。第二步：用理性的方法整理材料，可通过三表进行。（1）同表：登记一切正面的材料；（2）异表：登记一切反面的材料；（3）程度表：登记以不同程度出现的例证。第三步就是归纳。归纳过程中最重要的一点是拒绝或排斥，即从否定的东西出发，穷尽一切排斥之后，达到肯定的知识。培根认为，只有经过这样的科学的归纳，人们所得到的普遍命题才是稳固可靠的。

值得注意是是，在培根看来，用这样的归纳法确立的普遍命题其稳固性、可靠性也不能认为是绝对的，还有待于进一步的考察和试验。培根写道：

> 在用这种归纳法把公理确立起来之后，我们还必须考察和试验一下，这样确立起来的公理，是否只是按照那些由之把它引申出来的特殊事例的尺度形成的，抑或它比这

---

① 弗兰西斯·培根：《新工具》第 1 卷，《十六—十八世纪西欧各国哲学》，商务印书馆 1975 年版，第 44 页。

些事例的范围还要更大和更广一些。如果它是更大和更广一些，我们就必须注意，在它给我们指出新的特殊事例时，它是否能够以同等安全的程度证实这种较广和较大的情形；这样我们便可以既不至于紧紧地固着在已知的事物上面，也可以不至于只是松懈地抓住影子和抽象的形式……只有在这个过程实现了之后，我们才能够最后看到一种坚实希望的曙光。"①

这表明，培根看到了由归纳法确立的普遍命题的普遍性范围是不确定的，它有可能超出它由之引申出来的特殊事例的范围。在培根看来，普遍命题只是在它由之引申出来的特殊事例的范围内才具有稳固性、可靠性；超出了这个范围就缺乏稳固性、可靠性。这就是说，普遍命题的普遍性范围的不确定性带来了普遍命题的不可靠性。因此，人们必须用新的特殊例证加以验证。培根提出的这个问题引起了后来的经验主义者深入研究的兴趣。

概括说来，培根关于普遍命题的学说主要有如下几点：第一，普遍命题源自经验，是对事物的内在规律的反映。第二，所谓"中间公理"也即一般自然科学中的普遍命题（如"热的本质是运动"）是人们通过对经验材料进行分析、比较、归纳和实验而确立的，而不是从某种一成不变的"最普遍的公理"演绎出来的。反之，最普遍的公理倒是由中间公理一步步地引申出来的。第三，通过新归纳法确立的普遍命题是稳固可靠的，但是它可能超出它由之引申出来的特殊例证的范围，因此，必须用新的特殊例证检验其可靠性的范围。可以看出，培根的这些思想对于经院哲学的先验主义、独断主义的普遍命题学说是

---

① 弗兰西斯·培根：《新工具》第 1 卷，《十六—十八世纪西欧各国哲学》，商务印书馆 1975 年版，第 45 页。

一个巨大的冲击，发挥了积极的历史作用。不过，在培根强调归纳法的积极作用的同时却明显地忽略了演绎法在认识中的意义。

培根的上述思想为英国经验论关于普遍命题的学说奠定了基础。

二

在培根之后，法国哲学家笛卡尔在批判经院哲学的过程中创立了唯理论。如果说，培根的经验论是以经验科学的方法论为依据，认为一切普遍命题都是通过归纳经验而形成的，最高的普遍命题是由较低的普遍命题引申而来的话，那么，笛卡尔的唯理论则是以数学，特别是几何学为蓝本，认为不证自明的最高普遍命题是认识的基础和出发点，一切科学的普遍命题都是从中演绎出来的。笛卡尔的唯理论的基本点就是只承认理性的实在性，否认感性的实在性。在他看来，可靠的普遍命题绝不会来自主观的、相对的、有限的感觉经验，而只能来自理性，来自理性天赋的最高的普遍原则。笛卡尔断言，神学、数学、道德学以及逻辑学的基本原则都是天赋的，是一切知识的泉源和基础。

显然，笛卡尔关于普遍命题的学说是以唯心主义的天赋观念论为基础的，是片面的。但是，它也向经验论者提出了一些需要进一步深入研究的问题，比如，演绎法在认识中有无意义？怎样理解数学知识的普遍可靠性？能否从经验中形成确实的普遍命题？霍布斯和洛克全力批判了笛卡尔的天赋观念论，进一步论证了培根关于知识起源于经验的原则，对笛卡尔提出的问题做出了经验主义的解答，从而使经验论关于普遍命题学说的研究深入了一步。

　　霍布斯首先同笛卡尔的天赋观念论交锋。霍布斯指出，如果像笛卡尔所说人心中存在着什么天赋观念，那么不论有无外物的作用，这些观念应当永远存在于心中，并且人人确信无疑。可是，实际上，人们在熟睡无梦时，心中并无任何观念。同时，对笛卡尔所说的那些天赋观念如"上帝"，也并非人人确信无疑，相反，倒是争论最多的。霍布斯的结论是，根本不存在什么天赋观念，"我们所有的一切知识都是从感觉获得的"。[①]在霍布斯看来，虽然知识开始于感觉，但感觉只能告诉我们事物"是什么"，唯有理性才能告诉我们事物的"为什么"。这就是说，真正的知识应当是揭露事物的原因的知识，而这种知识只能靠理性来提供。霍布斯显然接受了他的批判对象笛卡尔的影响，重视理性推理的作用。他极力推崇几何学，认为几何学是一切科学的典范和基础。不过，霍布斯对理性推理的理解是和笛卡尔大不相同的。在霍布斯看来，理性活动的程序是首先从经验中形成概念，然后进行推理，最后得出结论。霍布斯认为，所谓概念只不过是代表一组感觉观念的名字或记号，所谓推理也只是这些名字或记号的加减运算，而结论的真理性就在于名字或记号之间的无矛盾的正确排列。不难看出，霍布斯的理性学说具有明显的唯名论、机械论和经验论的性质，其中还交织着经验论和唯理论的矛盾。这表明，在笛卡尔的唯理论的冲击下，霍布斯力图首先同笛卡尔的天赋观念论划清界限，但还没有来得及深入思考和明确回答笛卡尔的唯理论所提出的问题。

　　继霍布斯之后，洛克更系统地批判了笛卡尔和英国剑桥柏拉图派的天赋观念论，进一步论证了培根关于认识开始于经验

---

　　① 霍布斯：《论物体》，《十六—十八世纪西欧各国哲学》，商务印书馆1975年版，第90页。

的原则，并在此基础上深入发挥了他的经验主义的普遍命题学说。

和培根不同，洛克把普遍命题分为三类：直觉的、解证的和关于实际事情方面的。在洛克看来，这三类命题全都源自经验，但在形成过程、确实性以及在认识中的作用等方面，它们又各不相同。

所谓直觉的普遍命题就是人心不借别的观念为媒介就能直接看到两个观念之间的契合或相违的直觉知识。如"白非黑""三比二多""方非圆"，等等。这类命题是不证自明的，最确定的。

我们知道，唯理论者特别重视所谓不证自明的命题。唯理论者认为，公理也即最高的普遍命题都是不证自明的，因而是天赋的，并且是其他一切知识的基础。洛克首先指出，自明性并不是公理所独有的性质。比如，不仅"全体大于部分"的公理是自明的，而且像"三大于二"这类特殊命题也是自明的。如果说，自明的就等于天赋的，那么就不仅是公理是天赋的，而且许多特殊命题也都是天赋的了。洛克认为，一切不证自明的知识全都来自经验。所谓自明的知识不过是一种直觉的知识。其次，洛克还指出，和唯理论相反，公理，即最高的普遍命题，也不是其他一切知识的原则和基础，甚至无助于人们推进科学，发现未知的真理。在洛克看来，人们确信"三大于二"这个命题并非依靠于"全体大于部分"这个公理。事实上，许多儿童甚至一些成年人根本不知道数学上的公理（如"全体等于分子之和"等），却也能确知数学上的一些特殊命题（如"一加二等于三"等）。相反地，人们对公理的认知倒是依赖于人们对许多特殊的自明命题的认识。人们总是先认识一些特殊的命题，然后才能从这些特殊命题中引申出某种公理。因此，在洛克看来，公理、原则不是其他一切知识的基础，不是人们认识的出发点，无助于人们发现新的真理。洛克写道：

> 它们（按：指公理）并不能帮助人们来推进科学，或新发现未知的真理。就如牛顿先生虽然在其永垂不朽的著作中，解证了各种命题，而且那些命题又都是世人从不知晓的许多新的真理，又都是数学中高深的真理；但是他所以能发现出这些真理来，并不是得力于'凡存在者存在'或'全体大于部分'等等公理。他所以能发现出那些命题之为正为确，并不是以这些公理为线索。他所以得知那些解证，亦并非由于这些公理；乃是由于他找寻出了中介的观念，把他所解证的命题中所表示的观念底契合或想违指示出来。①

不难看出，洛克对牛顿的科学方法论所做的这个唯物主义经验论的概括，对于克服经院哲学和唯理论的先验主义方法对自然科学研究的影响，是有积极意义的。

在洛克看来，人们之所以把公理误认为是其他一切知识的泉源的一个重要原因，就在于他们把传授知识的方法和发现知识的方法混为一谈了。人们在传授一门科学时把公理置于系统之前，这是合理的，有利于学生更好地理解和把握知识。但是，如果由此就认为这就是发现真理的方法，认为知识就是从公理来的，那就错了。

我们看到，洛克从唯物主义经验论出发，正确地批判了经院哲学和唯理论者关于公理天赋和公理是知识的泉源的理论。但是，洛克完全否认公理化方法、演绎方法在发现和证明真理方面的功能，这就表现了他的经验主义的片面性。

在洛克看来，直觉的知识的一个最显著的特点就是具有最

---

① 洛克：《人类理解论》，商务印书馆 1959 年版，第 593 页。

高的确定性，我们一切知识的确定性、明白性完全依靠于它，"离了直觉，我们就不能达到知识的确定性"。[①]同时，洛克指出，直觉知识也有它的局限性，不能遍行于一切观念的关系。

洛克认为，除了直觉知识外，还存在一种所谓解证的知识，即借助于别的观念为媒介来考察两个观念之间的契合和相违而形成的普遍命题。比如，人心不能直觉到"三角形的内角之和"和"两直角"这两个抽象观念是否相契合，于是就借助于同这两个抽象观念相关的另一个观念为中介来推论出"三角形的内角之和等于两直角"这个普遍命题。在洛克看来，这类解证的普遍命题不如直觉的命题（如"白不是黑"）那样明白、确定。因此，为了保证这类普遍命题的确定性，在推理的每一步都必须伴有直觉的知识以考察此一观念与中介观念是否相契合。否则，解证的普遍命题就是不确定的。

洛克断言，和直觉知识相结合、依靠解证确立的普遍命题不仅是确定的，而且是实在的。知识的确定性是指观念间的不矛盾的契合，知识的实在性则是指观念和事物的符合。洛克反复强调，解证知识只涉及抽象观念之间的关系，而不涉及事物本身。不过，他又指出，尽管如此，我们决不能把解证知识看作主观的幻想，而应当看到它们是和事物相符合的。既然这类知识只涉及观念自身，那么又何以证明它们是和事物相符合的呢？洛克承认，这里确有一层困难。不过，他声明，他相信两者是符合的。比如，事物中实际存在的只是各种特殊的三角形，数学家考察的三角形则是他们心中的抽象的三角形观念，这种抽象的三角形观念是既非等腰的又非直角的，既非等边又非不等边的。然而，数学家关于"三角形的内角之和等于两直角"的普遍命题则在任何实际存在的各种特殊的三角形中都是真实

① 洛克：《人类理解论》，商务印书馆 1959 年版，第 521 页。

的。又比如，纵然从来没有一个人完全遵照西塞罗所确立的道德原则去生活，但是西塞罗所规定的道德原则仍然是人们评价道德行为的规范，因而仍然是确实的。洛克认为，这是因为，抽象观念虽然不是事物的摹本，但却是对事物的本质的把握，因而事物不能不与它相符合。

洛克明确断言，通过解证获得的关于抽象观念方面的普遍命题是确定的、实在的，甚至是永恒的真理。洛克说：

> 关于任何抽象观念的命题，只要有一次是真的，则它们必然会成了永恒的真理。①

可以看出，和霍布斯一样，洛克也明显地受到了他的批判对象笛卡尔的影响。如果说，培根强调由归纳法得来的普遍命题的确实性的话，那么，洛克更重视的是通过解证推理而获得的普遍命题的确实性。不过，洛克和笛卡尔对推理的理解是很不相同的。笛卡尔的推理学说是以天赋观念论为基础的，并且特别推崇三段论法。洛克则把他的解证推理学说建立在唯物主义经验论的基础之上，并且认为推理的关键在于发现出能联系两个观念的中介观念，而三段论法则不是理性的最大工具。可是，洛克又声明："我很愿意承认，一切正确的推论都可以化为三段论法底形式。"②

洛克比较深入地探讨了关于实际事物也即所谓实体方面的普遍命题的确实性问题。在洛克看来，在实体方面，我们一般不能形成确实性的普遍命题。

我们知道，实体问题是经院哲学的一个基本问题。按照经院哲学，每一类事物中都各有一种和事物的其他方面没有关系的特殊的"实质"或"实体的形式"。事物之间的差异就在于各

---

① 洛克：《人类理解论》，商务印书馆 1959 年版，第 636 页。
② 洛克：《人类理解论》，商务印书馆 1959 年版，第 669 页。

自的"实体的形式"的不同。一个事物变化为另一种事物，就
是一种"实体的形式"取代了另一种"实体的形式"。在经院哲
学家们看来，鸦片之所以能使人入睡，是因为它具有"使人入
睡"的"实体的形式"，一个物体之所以能从空中落地，是因为
它具有"重"这个"实体的形式"，一个物体之所以能在空中上
升，是因为它具有"轻"的"实体的形式"，如此等等。这样，
经院哲学家们就用许多这类同语反复的"实体的形式"或"隐
蔽的质"去轻而易举地解释一切现象。不难看出，这种表面上
看上去能够洞察一切的可知论，实际上是堵塞人们探求真理的
道路的蒙昧主义、独断主义。唯理论者笛卡尔在批判经院哲学
的实体学说的同时，提出了自己的实体学说。笛卡尔认为，存
在三种实体：绝对的实体"上帝"和两种相对的实体"心灵"
与"物体"。在笛卡尔看来，人们关于三种实体的观念是天赋的、
清楚明白。经验论者洛克在批判经院哲学和唯理性论者的实体
学说的过程中确立了经验主义的实体学说，并在此基础上阐发
了关于实体方面的普遍命题的概然性的思想。

　　洛克认为，人们关于实体的观念是在经验中开始形成的，
是一种由简单观念组合而成的复杂观念。当人们看到一些简单
观念经常出现在一块儿时，人们便以为这些简单观念是专属于
一个事物的，于是便把这些简单观念集合在一起形成一个复杂
的观念，并用一个名称称呼它。但是，人们不能存想这些简单
观念能够各自独立存在或相互依托，因此就设想这些简单观念
之所以能够经常集合在一起，是因为它们之中有一个东西为它
们所依托。这个被设想为支托着各种简单观念的东西便是所谓
实体。关于实体观念，洛克明确指出：

　　　　我们所有的各种实体观念，只是一些简单观念底集合
　　体；同时，我们还假设有一种东西是这些观念所依属、所

寄托的。不过对于这种假设的东西，我们是不能有明白而清晰的观念的。[①]

因此，在洛克看来，我们只能知道实体的名义本质，而不能把握实体的实在本质。比如，我们所知道的黄金实体，只是"黄金"一词所表示的黄色、可展、可熔和沉重的一种物体的复杂观念，至于黄金的内在的实际物质组织结构则是我们所不能把握的。由此出发，洛克主张把经院哲学所臆想的种种所谓的"隐蔽的质""实体的形式"统统"铲除净尽"。洛克认为，对于笛卡尔所说的三种实体，我们也没有清楚明白的观念。拿"上帝"来说，对于我们它也只是一个复杂观念，是一个由无限性和我们自己的存在、知识、能力等观念组成的观念集合体，至于"上帝"的实在本质则是我们所不知道的，正像我们不知道一块石头、一只苍蝇的实在本质一样。不过，洛克反复声明，他并不因此而否认上帝的存在，据说借助于解证推理是能够确知一位上帝的存在的。

从这种经验主义的实体学说出发，洛克断言，在实体方面，人们一般不能建立像解证知识那样的确实性的普遍命题，或者说，在实体方面的普遍命题缺乏确实性。洛克在这方面的论述较多，看来其理由主要有如下两点。

第一，由于人们不能把握事物的实在本质，也就不可能知道组成复杂的实体观念的各个简单观念之间，也即一个事物的各种性质之间，有什么必然的联系，因之，我们也不可能形成确实可靠的普遍命题。在洛克看来，普遍命题的确实性取决于组成命题的观念间的必然联系。比如，如果我们肯定"一切黄金都是固定的"这个普遍命题是确实的话，那么我们必须首先确认"黄金"和"固定性"之间存在着必然的联系。可是，我

---

① 洛克：《人类理解论》，商务印书馆1959年版，第289页。

们虽然看到组成复杂的实体观念的各种简单观念是经常在一块儿的，甚至常常看到有的观念和另一些观念恒常地、有规则地联系着，一定的原因经常地产生一定的结果，但是，我们始终看不到这些观念之间究竟有什么必然的联系。比如，我们所看到的"黄金"，就是黄色、重量、可展性、可熔性和固定性等可感性质的集合体，但是却看不出这些观念之间彼此有明显的依属和必然的联系，因此，我们就不能确知，这些观念中如果有四个存在，第五个也就必然存在。洛克指出：

> 如固定性和复杂的金子观念中的颜色、重量，或别的简单观念（或全部的集合体），并没有可以发现出的必然的联系，因此，我们就不能确实知道一切黄金都是固定的这个命题一定是真的。[①]

在洛克看来，我们看到的观念之间的恒常的有规则的会合，是以其实在本质即物体的不可感的物质微粒的特殊组织和运动为基础的。假如我们真能把握到这些物质微粒的组织和运动，则便能确知各种可感性质之间的必然的联系，可是，这却是不可能的。洛克的结论是：

> 我们底实体观既然没有含着它们底实在组织，因此，我们在它们方面便不能形成概括的确定的命题。[②]

可以看出，洛克的这一番道理显然是针对经院哲学和唯理论者的独断主义的实体学说而发的。不过，洛克的这些思想也明显地反映了他深受当时自然科学的发展水平的局限，以致表现出了某种相对主义、不可知主义的倾向。从认识发展史上看，洛克这些思想的积极意义就在于他在培根之后比较深入地探讨了人的认识的主观性、相对性的方面。应当承认，人们关于反

---

① 洛克：《人类理解论》，商务印书馆 1959 年版，第 576 页。
② 洛克：《人类理解论》，商务印书馆 1959 年版，第 583 页。

映事物的规律性的任何一个普遍命题在任何时候都不能说是绝对客观、绝对确实的，它总是随着人们对事物的内部规律的认识的不断深化而逐步走向完善的。

第二，洛克还认为，任何一个事物都处于同宇宙万物的普遍联系和相互影响之中的，因此，要想对一个事物的性质形成一个普遍命题就必须把握这种联系和影响，但这也是人们所办不到的。洛克指出，人们在考察事物时，往往是把它们当作各各自存的，认为它们的一切性质全部依赖于它们自身，和其他事物毫不相干。殊不知事情恰恰相反，宇宙万物都是紧密联系、相互影响的。如果一个事物真的离开了其他事物，它就要发生变化，甚至要毁灭。比如，一块磁铁如果离开了南极和北极，它的磁性就会发生变化。假如使一块黄金脱开一切其他事物而独立自存，那它将面目全非。非生物尚且如此，植物和动物就更不用说了。如果地球和太阳的距离稍有改变，地球上的生命就可能立刻消灭。洛克写道：

> 据我看来，在宇宙底这个大结构中，各种大的部分和机轮底影响和作用可能是互相联系，互相依属的，因此，距离极远的一些大星宿和物体倘或消灭了，或停止了运动，则我们这个居屋中所有的一切事物会换上另一个十分差异的面孔，不再是现在的样子。我们确乎知道，各种事物本身虽似乎是绝对的、完整的，可是它们所以有我们所见的各种明显的性质，只是因为它们是自然中别的部分底恩从。……要想完全了解一个物体底性质，我们底思想并不能限于那个物体底表层，而当远远往前看。[①]

人们从形而上学唯物主义者洛克的这一极为耀目的辩证法的闪光中可以得到极其深刻的启发：独断主义是错误的，事物

---

① 洛克：《人类理解论》，商务印书馆1959年版，第581页。

总是有条件的,因而人们关于事物的普遍命题的确实性也是有条件的。可是,遗憾的是,洛克从这一思想出发,在反对独断主义的同时又跳到了另一个极端,根本否认普遍命题的确实性,趋向于相对主义。

总之,洛克认为,在实体方面的普遍命题没有确实性,只有概然性。比如,像"一切黄金都是固定的""一切人都要隔着相当时间睡觉""一切人都可以为毒草所毙命"等命题虽然都有很高的概然性,"不过最高的概然性亦不等于确定性"。①

我们看到,生活在"是就是是,不是就是不是"的思维方式占据统治地位的时代的洛克,处理普遍命题的准则也只能是"要么是确实的,要么是不确实的"。他不懂得,真理唯在于这两者的统一。

由上述可见,洛克对普遍命题所做的分析,丰富和发展了培根开创的经验主义的普遍命题学说。同时,随着问题探讨的深入,经验主义的片面性也在洛克身上开始明显地暴露了出来。

洛克关于普遍命题的学说深受笛卡尔的唯理论的影响,同时也给唯理论的发展以新的推动。德国唯理论者莱布尼茨针对洛克的《人类理解论》写了一本《人类理解新论》,对洛克对天赋观念论的批判进行了反批判。在莱布尼茨看来,人心并不像洛克所说的是一块白板,一切知识都来自经验,也不像笛卡尔年说的人心中存在着清楚明白的天赋观念。他认为,人心中只存在某种自然的潜在能力,它借感觉为"机缘"而显现出来,知识就是天赋的认识能力和感觉经验的结合。莱布尼茨把真理分为推理的真理和事实的真理两种。推理的真理依靠理性,是通过推理获得的,具有必然性,遵循矛盾律。事实的真理依赖于感觉经验,是通过归纳一类事物的性质而获得的,没有普遍

---

① 洛克:《人类理解论》,商务印书馆1959年版,第537页。

必然性，靠充足理由律来支持。不难看出，洛克的批判者莱布尼茨的两种真理说，明显地带着洛克关于解证的普遍命题和实体方面的普遍命题的学说的烙印。到这里，经验论者和唯理论者虽然在知识的起源问题上还有根本的分歧，但在普遍命题的学说上似乎已经流露出某种合流的趋势了。

三

在洛克之后，贝克莱主教把英国经验论从唯物主义转向唯心主义。贝克莱实行这种转变的关键之点就是批判洛克关于抽象观念的学说。我们知道，洛克认为，人们首先获得的是各种特殊观念，然后在此基础上形成抽象观念，并以一个名词来标示它。和洛克相反，贝克莱则认为，人心中只有各种特殊的观念，根本不可能形成抽象观念。所谓的抽象观念实际上不过是附在某一个名词上的特殊观念，而这个名词便赋予这个特殊观念以一种比较广泛的意义，使它代表着和它相似的其他特殊观念，这就是所谓概念的普遍性。贝克莱写道：

> 就我所能了解的来说，所谓普遍性，并不在于任何事物的绝对的、积极的本性，或任何事物的概念，而在于它与它所表示的或代表的特殊事物之间的关系；借着这种关系，事物、名称或概念就其本性说虽是特殊的，也可以变成普遍的。①

我们知道，洛克原则上并不懂得理性的科学抽象的意义，他的抽象观念的学说本来就具有经验主义的性质。贝克莱现在竟然只承认特殊观念而不承认抽象观念，这就把经验主义推向

---

① 贝克莱：《人类知识原理》，《十六—十八世纪西欧各国哲学》，商务印书馆1975年版，第531页。

了极端。

从英国经验论的发展过程来看，直到洛克，英国经验论者都主张唯名论，反对实在论，其矛头主要是针对唯心主义的。与此相反，贝克莱则借助唯名论全力攻击唯物论。贝克莱认为，唯物论是无神论的基石，其理论基础就是所谓抽象观念的学说。在贝克莱看来，事物、存在只不过是各种感觉观念的复合，唯物论所说的独立于人们感觉观念的那个物质实体仅是一个抽象观念，实际上是不存在的。不过，贝克莱否认抽象观念并不彻底，在他否认物质实体存在的同时，又千方百计地维护精神实体"自我"和"上帝"的存在。

休谟的哲学就是直接从贝克莱的否认抽象观念的学说出发的。休谟认为，贝克莱否认抽象观念的存在是"近年来学术界中最伟大、最有价值的发现之一"。[①]在休谟看来，人心中的观念都是特殊的，只是由于习惯附在一个名词上，一个特殊观念才有了一般的意义，好像具有普遍性似的。休谟的这个思想是和他的普遍命题学说密切联系着的。

到了18世纪，天赋观念学说"已经被驳倒了"，"在学术界几乎已被普遍地排斥了"。[②]不过，经院哲学和"形而上学"（即唯理论）的先验主义和独断主义的影响还是很深的。休谟力图把经验论贯彻到底，反复强调他的经验论的基本原则：认识开始于经验（印象和观念），而且不超出经验，并在此基础上建立起他的普遍命题的学说。

和洛克、莱布尼茨相似，休谟也把普遍命题分为两类。他说：

> 一切推论都可以分为两类，一种推论是解证的，是涉

---

① 休谟：《人性论》，商务印书馆1980年版，第29页。
② 休谟：《人性论》，商务印书馆1980年版，第181页。

及于各观念的关系的，另一种推论是或然的，是涉及于实际的事实或存在的。[①]

在休谟看来，由解证的推论所得的普遍命题只涉及观念间的关系，只凭思想作用就可以把它们发现出来，而且永久保持其确实性和明白性。自然中虽然没有三角形，而"直角三角形之弦的平方等于两边的平方之和"这个几何学命题也是确实无疑的。与此不同，关于实际事物的普遍命题则具有或然性，各种事实的反面总是可能的。比如，"太阳明天要出来"和"太阳明天不出来"这两个断言，是事实问题，在理论上是一样可以理解的，一样不矛盾的，我们决不能借任何解证或抽象的推论先验地肯定一个，否定另一个。

休谟着重探讨了关于实际事情方面的普遍命题的概然性问题。在休谟看来，一切有关实际事情方面的推论都是建立在因果联系的基础之上的，因此，关于实际事情方面的普遍命题是否具有确实性问题的研究，就必然集中围绕着因果之间的联系是否具有必然性这个问题的研究而展开。

休谟认为，我们关于事物的因果联系的观念，是从对象之间的关系得来的。我们说两个对象之间有因果联系，首先是因为我们看到这两个对象之间存在着接近关系，其次就是一个对象在先，一个对象在后的接续关系。接近关系和接续关系是我们形成关于两个对象有因果联系的必要条件，但是，这两种关系显然还不能提供一个完善的因果联系的观念。因为，事实上，尽管我们看到一个对象和另一个对象接近，并在时间上先于另一个对象，我们仍然不能因此就断言它是另一个对象的原因，另一个对象就是它的结果。一般说来，一个完善的因果联系的观念似乎主要是指对象之间存在着必然联系。现在的问题是，

① 休谟：《人类理解研究》，商务印书馆1957年版，第26页。

我们有什么理由断定对象之间存在着必然的联系？

　　哲学上人们常常提出一条一般原理："一切开始存在的东西必然有一个存在的原因。"休谟指出，对于这个一般原理，人们提不出任何证明，也不要求任何证明，似乎这是理所当然的。休谟认为，其实这个一般原理既没有像"白不是黑"这类命题的直观的确实性，也没有像"三乘五等于三十之半"这类命题的解证的确实性。因果之间是否具有必然的联系，是一个事实问题，只能由经验去解决。

　　休谟指出，经验也丝毫没有向我们报道因果之间有什么必然的联系。在经验中，我们只看到原因和结果是两个不同的对象，结果随着原因之后出现，但是，我们找不到两者之间有什么必然的联系。我吃了这块面包，身体得到了滋养。但是，我看不到这块面包中究竟是什么东西必然地滋养了我的身体，也不知道我在吃了别的面包之后，我的身体也必然地会得到同样的滋养。休谟写道：

　　　　当我们在周围观察外物时，当我们考究原因的作用时，我们从不能只在单一例证中，发现出任何能力或必然联系，从不能发现出有任何性质可以把结果系于原因上，可以使结果必然跟原因而来。[①]

　　在休谟看来，实际上构成因果关系的主要性质的是对象的恒常会合。一般说来，人们是不能从单一的例证中获得关于两个对象之间的因果联系的观念的。人们总是在观察到对象之间恒常地会合，一种现象总是经常照例地跟着另一种现象出现之后，才引出了因果概念，断言一为原因，一为结果。休谟强调指出，因果推断的基础不是对象中的必然联系，也并非借助于理解，而是依赖于对象之间的恒常会合给人心造成的一种习惯。

　　————————
　　① 休谟：《人类理解研究》，商务印书馆1957年版，第50页。

休谟说：

> 我们如果在许多例证下见某两种物象——如焰与热，雪与冷——恒常会合在一块；则火焰或雪重新呈现于感官时，我们的心便被习惯所推移来期待热或冷，而且相信，那样一种性质确是存在的，以为只要我们靠近一点，它就可以表现出来。①

因此，在休谟看来，所谓因果的必然联系并不存在于对象之中，而只存在于人的心中，实际上就是对象的恒常会合在人心中造成的一种习惯。休谟明确指出：

> 整个说来，必然性是存在于心中，而不是存在于对象中的一种东西。②

> 构成物理必然性的是对象的恒常结合，以及心灵的倾向。③

显然，休谟的因果论是彻底的主观唯心主义的因果论。

休谟看到了他的"习惯说"同科学实验的矛盾。他确认，在科学实验中人们无须观察到现象的恒常会合，只要根据一次实验即可确定对象之间的因果联系。不过，他辩解说，我们之所以确信这一点，只是因为千万次的实验使我们形成了一个习惯：相信相似的对象在处于相似的环境下时，永远会产生相似的结果。显然，休谟的这个辩解是无力的。

我们看到，休谟还通过具体分析因果关系方面的许多复杂情况以论证关于事实方面的普遍命题的概然性。在休谟看来，事物是极其复杂的，一个事物的产生往往是由许多原因造成的复合的结果，这些原因中有的是正面的，有的是反面的，有些

---

① 休谟：《人类理解研究》，商务印书馆 1957 年版，第 36 页。
② 休谟：《人性论》，商务印书馆 1980 年版，第 190 页。
③ 休谟：《人性论》，商务印书馆 1980 年版，第 196—197 页。

是本质的，对于产生结果是绝对必需的，有些是多余的，只是偶然地结合起来的。所有这些都给因果推论带来了概然性。

休谟在他的主观唯心主义的因果论的基础上提出了不可知论。在休谟看来，我们只有各种特殊的知觉，所谓世界对我们来说不过是一束知觉之流，至于这些知觉的原因是什么，是物质实体，还是精神实体，则是不可知的。当时，流行的设计论借助于因果律和类比法论证上帝的存在。休谟认为，这是行不通的。在他看来，我们在经验中若要由果推因，就必须依据我们在事先对同类事物的许多例证的恒常会合。比如，由于我们经常看到桌子是木匠做的，这才会在我们心中形成一种因果观念（即习惯和信念），一当看到桌子便推论出木匠的存在。可是，当我们企图从自然界推论出一个自然界的创造者的时候，情况就大不一样了，这里是要求从独一的结果推论出独一的原因，而这在经验中是根本不可能的。休谟的不可知论实际上是一种"非宗教的哲学思想的形式"。①

总的说来，休谟关于普遍命题的学说是以主观唯心主义为基础的，在关于事实方面的普遍命题的学说上具有相对主义的性质。这是英国经验论发展的必然结果，表明经验主义不可能最终正确解决普遍命题的问题。不过，也应当看到，在洛克之后，休谟更深入地探讨了人类认识的主观性和相对性的方面，这对于克服经院哲学和17世纪"形而上学"的先验主义和独断主义还是有一定的积极意义的。

17—18世纪英国经验论者针对经院哲学、大陆唯理论的先验主义和独断主义，深入地论证了普遍命题起源于经验的基本原则，着重揭示了普遍命题的主观性方面和相对性方面，这在

---

① 恩格斯：《英国状况 十八世纪》，《马克思恩格斯全集》第1卷，人民出版社1956年版，第660页。

当时的历史条件下，对于批判经院哲学，克服理论的片面性，推动科学和人类认识的发展，都具有积极的历史意义。不过，随着经验论的发展，随着哲学家们对普遍命题的分析和深化，哲学家们也把普遍命题的主观性方面和相对性方面越来越绝对化，以至最后导致怀疑论。这表明作为一种形而上学的思维方式的经验论，有着自己不可克服的片面性和局限性。然而，英国近代经验论关于普遍命题的学说仍不失为人类认识发展史上的一个重要发展阶段，对于欧洲后来哲学的发展有很大的影响。

（原载《外国哲学史研究集刊》，第 5 辑）

霍布斯

托马斯·霍布斯（Thomas Hobbes，1588—1679）是英国 17 世纪伟大的哲学家和政治思想家。他的机械唯物主义世界观、认识论、无神论和社会政治学说，概括了当时自然科学发展的最新成果，体现了文艺复兴以来新社会思潮中的人本主义精神，反映了英国资产阶级和新贵族反封建的进步要求，在反对封建主义和宗教神学的斗争中起了积极的历史作用，对后来英国和欧洲的哲学和社会政治学说的发展有很大的影响。

一、霍布斯的生平和著述活动

霍布斯于 1588 年 4 月 5 日出生于英国南部维特夏的维斯堡镇。他的母亲是一个普通的自耕农家庭的女儿。父亲是当地的乡村牧师，性格暴躁而又愚蠢无知。霍布斯早年的抚养和教育都是由他的叔父资助的，4 岁时被送到当地的教会小学读书，后又转到私立学校上学。

1603 年，不满 15 岁的霍布斯就以优异的成绩进入牛津大学麦克多伦学院学文科。当时的牛津大学给学生灌输的是经院哲学，学生们只能死记硬背三段论公式。霍布斯后来说，科学在牛津根本没有地位，数学被当作魔术而遭到禁止。他对学校讲授的课程不感兴趣，经常跑到附近书店去浏览地图和游记。

他觉得这比背诵枯燥的三段论公式要有趣得多。尽管霍布斯对学校中所教的东西感到厌恶，但是，他还是以优异的成绩修完了这些课程，并取得文学士学位毕业。

1608年，霍布斯大学毕业后，留校讲授了一年逻辑学。随后，他受聘为卡文迪什（William Cavendish）男爵的儿子当家庭教师。从此，霍布斯便和这个贵族家庭建立了终生的联系。不久，卡文迪什被封为德芬郡伯爵。霍布斯厕身于这个显贵家族，使他找到了可靠的保护人和事业上的赞助者。他有了更多的空闲时间来研究学问，有出入第一流图书馆的权利，有出国旅行考察的机会，并有接近社会名流和学者的便利条件。

1610年，霍布斯奉命陪同他的学生出游欧洲大陆，先后访问了法国、德国和意大利。这次大陆旅游，使霍布斯的眼界大为开阔。他第一次知道，在大陆上还存在一门以实验为基础的科学，这门科学和他在大学里所学的东西毫无共同之处。一年前开普勒发表的关于行星运动规律的学说，打破了自毕达哥拉斯以来一直支配着天文学的审美偏见，证明了行星运行的轨道不是正圆，而是椭圆。霍布斯还得知，伽利略刚刚通过他的望远镜观察了月亮的面貌，发现了木星的卫星。霍布斯惊异地注意到，由于开普勒和伽利略的最新发现，亚里士多德哲学在大陆上已经声名扫地了。在旅居大陆期间，霍布斯学会了法语和意大利语。大陆文化使他深受激励。他立志要成为一名精深的古典学者。

回国后，霍布斯成了自己的学生的秘书。少年卡文迪什不久继任为第二德芬郡伯爵。通过主人的关系，霍布斯结识了不少有名望的朋友，如著名的英国诗人和剧作家本·琼生（Ben Jonson），大诗人爱德华·赫伯特（Edward Herbert），大诗人罗伯特·埃顿（Robert Ayton）等。这些人都是当时英国文坛上的领袖人物。在此期间，通过阅读大量历史和文学作品，霍布斯掌握了拉丁文。

霍布斯结交的好友中还有著名的英国大哲学家培根。培根晚年受贬后退隐乡间，从事著述活动。大约 1621—1625 年期间，霍布斯给他当过秘书。他们两人经常在花园里一同散步。霍布斯总是拿着纸和笔，随时记录下培根不时迸发出来的新的思想火花。培根常说，他特别喜欢霍布斯记录他的思想，因为比起其他人来说，霍布斯更善于领会他思想，他也更能明白霍布斯所记录的东西。霍布斯还帮助培根把他的某些作品翻译成拉丁文。通过两人的交往，霍布斯受到了培根哲学思想的熏陶。

霍布斯研究文学和历史的第一个成果，就是 1628 年把古希腊历史学家修昔底德（Thucydides）的《伯罗奔尼撒战争史》译成英文。霍布斯认为，历史最重要的职责应该为统治阶级在政治策略方面提供有益的教训，修昔底德的杰作正是这方面的不可超越的典范。

霍布斯选择翻译修昔底德的作品，并非出于偶然。当时查理一世（Charles I）登基后，同国会发生了多次激烈的冲突。1628 年，国王为了筹措军费召集了第三届国会，新国会向国王提交了"权利请愿书"。由于国王的征税法引起了资产阶级的强烈反对，国王对天主教的庇护、怂恿又激起了广大清教徒的不满。王党派和国会派的矛盾日趋尖锐。霍布斯选择这时发表他的译作，显然是由于当时的动乱形势所引发的。霍布斯认为，从古代雅典的命运中可以看到这样一个有益的教训：应该反对民主政体。在他看来，一个单个的政治家要比一群人英明得多。霍布斯希望用历史上民主制的危害来告诫他的国民，如果坚持民主政体，将会招致内战的悲剧。霍布斯在这本译作的序言中，第一次表示出他对社会政治问题的兴趣。

1629 年，在德芬郡伯爵死后，霍布斯暂时离开卡文迪什家族，受聘于克林顿家族当家庭教师。同年霍布斯陪同他的新学生少年克林顿（Clinton）前往欧洲大陆访问。他们遍游了法国，还到过威尼斯。第二次大陆旅行成了霍布斯走向哲学家生涯的转折点，从此，他把自己的兴趣从文学转向了科学和哲学。

这种转变的发生很富于传奇色彩。据说有一次霍布斯到一位法国绅士家去做客，在他浏览主人的书房时，发现桌上放着一本欧几里得的《几何原本》，书页翻到第一卷，命题 47。在此之前，霍布斯从未注意过几何学。好奇心驱使他读了书中对该命题的全部论证，结果使他不得不为几何学逻辑证明的严密和精确性大加赞叹。此后，霍布斯开始钻研几何学，热衷于几何学方法。

霍布斯通过阅读修昔底德和马基雅弗利（Machiavelli）等人的著作，观察当时政治生活的发展，自信已看透了人的本性。他设想，要是把自己关于人的本性的见解当作几何学上的公理那样作为推论的出发点，那么关于国家状态以及社会生活的一系列原理就都可以按照几何学的方法准确无误地、令人信服地推演出来。几何学的发现，使霍布斯大为振奋。这时，在他的头脑里已经有了建立哲学方法论的设想了。

1631 年，霍布斯又回到卡文迪什家族，为继任的第三德芬郡伯爵当家庭教师。大约在这一时期又发生了一件对他的哲学觉醒很有影响的事情，从而决定了他的整个哲学思路。有一次，霍布斯和一些学者聚会，当有人提出"究竟什么是感觉"这个问题时，霍布斯惊奇地发现，在座的大学者们没有一个知道应该如何回答。此后，霍布斯的头脑里老是萦绕着一个问题，感觉的原因和性质到底是什么？他坚信，这个问题的解决，将会使他找到打开哲学大门的钥匙。此时，霍布斯已经 40 岁了，开始对哲学发生强烈的兴趣。他提出了一个大胆的设想：假如物体总是处于静止状态或匀速运动状态的话，任何事物也不会有差别了，我们对物体也就不可能产生任何感觉。因此，感觉的原因和本质必定是由于物体的运动所决定的。霍布斯得知伽利略新近出版了一本《关于运动的对话》，极力想搜寻一本，但由于该书发行量太少而未能如愿。实际上，霍布斯当时的设想比伽利略还要深远。在他看来，运动不仅在解释自然界时是最基本的概念，而且也是解释人和人类社会生活的最基本的概念。抱着这一想法，霍布斯写出了第一本哲学著作《论第一原理》。这本书的出现标志着作者从此走上了哲学家的道路。霍布斯在这本小册子里，根据运动原理，概略地叙述了他对感觉所做的新解释。他的论证方法完全是几何学式的，但在解释知觉和行为过程时，还带有经院哲学的痕迹。

1634—1637 年，霍布斯又陪同他的学生周游了欧洲大陆。这第三次大陆访问，给了他刚刚开始的哲学生涯以深刻的影响。在巴黎，霍布斯和法国学者梅桑纳（Marin Mersenne）成了知己。梅桑纳是当时学识渊博的数学家，并且是大陆学者团体的首领。笛卡尔和伽桑狄等人都是这个学术团体的重要成员。由于霍布斯和大陆新思潮的领袖人物有了交往，这就使他能进一步了解到大陆哲学和科学的最新发展。他和梅桑纳团体的成员们讨论了使他着迷的运动原理问题。在大陆上，霍布斯第一次读到伽利略的著作，并于 1636 年专程前往意大利拜访了伽利略，两人讨论了有关运动的各种问题。霍布斯认为，伽利略打开了"宇宙哲学的大门"。

欧几里得的几何学给霍布斯以方法，伽利略的机械运动原理又给他以指导思想。霍布斯这时踌躇满志，构筑一座哲学宏伟大厦的蓝图在他的心中逐渐形成了。未来的哲学体系将包括三部分：一是论物体，根据机械运动法则解释各种自然物体和现象；二是论人，从自然物体的运动原则出发，推演出对人的精神现象的解释以及人性的基本原则；三是论国家，从前两部分得出的结论出发，进一步推演出人们的社会组织的产生和存在的原则。

1637 年底，霍布斯怀着构筑体系的雄心返回英国。然而，英国国内动乱的政治形势，促使他再次把注意力首先集中于社会政治问题。这一年，英格兰爆发了声势浩大的人民起义，并且立即得到了英格兰人民的同情和支持。资产阶级和新贵族结成了反对国王的同盟。国王下令解散了短期国会，促使国内气氛达到了白热化，王党和国会派之间的内战已经是不可避免的了。

短期国会解散后不几天，霍布斯用英文写了一本表明他的政治理论概略的小册子《法律要旨》。霍布斯在这本书中力图证明，国家权力不可分割地属于统治者，国王应该有绝对的权力。这本书已经表现出霍布斯的政治学说的特色：人们只有同意把自己隶属于专制的国王，他们才能在和平环境中共同生活。该书写成后，并没有出版，但却以手抄本的形式广泛流传。霍布斯写这本书的目的显然是为了防止革命，捍卫现政权的。但是，他的论据却和王党思想家们通常所主张的论据（如"君权神授论"）迥然不同，而是从一个新的立场出发捍卫专制政体的。霍布斯的观点表达了大资产阶级和上层新贵族力图使君主政体成为自己手中的工具的一种愿望。因此，他的学说遭到了当时处于敌对状态的王党和国会派两方面的反对。他的社会契约说激怒了王党中君权神授论的信徒，而国会派则迁怒于他对君主专制的辩护。

1640 年，长期国会召开后，国会派和王党之间的斗争更加激烈，内战已迫在眉睫。霍布斯极为惊恐，他预感到由于他那本鼓吹君主专制的小册子很可能会给自己带来生命的危险。于是，在内战爆发前夕，霍布斯随同卡文迪什家族逃到法国避难。霍布斯来到巴黎后，再次受到梅桑纳团体的热烈欢迎。法国这时政局平稳，巴黎成了欧洲著名学者的云集之处。霍布斯很快和一些大学者、包括从英国逃亡来的知名人士建立了联系，从此开始了他一生中最富有成果的哲学创作时期。

霍布斯来到巴黎不久，便投入了和笛卡尔的论战。笛卡尔当时定居于荷兰。他把刚刚完稿的《哲学沉思录》寄到梅桑纳团体，广泛征求学者们的意见。霍布斯看到了这本书的手抄本，随即写了一篇批评性的文章，由梅桑纳转寄给笛卡尔。笛卡尔在该书出版时，将霍布斯的诘难连同自己对霍布斯的诘难的答辩一起作为附录付印。这两位学者的哲学观点完全不同。笛卡尔在哲学上是一位二元论者。他认为，上帝作为绝对实体而存在；心灵和物体是两个相互独立的相对实体；人脑中存在着所谓天赋的观念。霍布斯站在唯物主义立场上反驳说，我们不能把思维与思维着的物质分开，思想只是某种有形体的东西的活动和能力，而不能作为独立于物体的实体而存在。霍布斯坚持英国经验论的传统，断言根本不存在什么天赋观念，一切观念都是来自感觉经验，人们关于上帝的观念也只是人们抽象思维的产物。在反驳笛卡尔的二元论和先验论的论战中，霍布斯和伽桑狄成了同盟者，并结为好友。

1642 年，霍布斯把《法律要旨》一书的后一部分"论公民"做了扩充，并增加了论宗教的章节，更详尽地论述了教会和国家之间的关系。他认为，教会和国家是同一躯体，而国王则是这个躯体的头脑。因此，国王有权解释《圣经》，解决宗教争端以及决定民众的礼拜仪式等。该书题名为《论公民》，用拉丁文写成，匿名发表于荷兰。这本书出版后大受欢迎，就连笛卡尔也对之赞赏不已，使作者立即声名鹊起。这本书把霍布斯的政治学说勾画出了轮廓清晰的大纲，他以后发表的政治论著都是对该书内容的详细展开。

1642—1646 年，霍布斯花了四年的功夫，从事于自然科学的研究，写作《论物体》。1644 年，他发表了《光学论文》，并撰写了《论机械运动与客观物体》。

1646 年，霍布斯受到推荐，为流亡在巴黎的查理二世王子当数学教师。他虽然受到王子的宠爱，但是宫廷的众僚们却由于厌恶他的非传统的政治见解，对他很嫌弃。大约一年后，霍布斯便因病离开了宫廷。

1647 年，霍布斯修订了《论公民》，并增加了一个前言，以"公民哲学要旨"为题，在荷兰出版。

为了使他在《论公民》一书中的见解能被更多的人所了解，霍布斯决定用英文写一本通俗读物，题为"利维坦；①或教会和公民国家的内容形式和权力"。《利维坦》全书分为四个部分。前两部分"论人"和"论国家"是根据《法律要旨》的两部分内容再行加工的；后两部分"论基督教国家"和"论黑暗王国"是根据《论公民》的后一部分扩充而写成的。作者在《利维坦》的后两部分中着手对《圣经》进行了讨论，并且激烈地攻击教会向王权挑战的企图。

自霍布斯离开英国后，国内的形势有了急剧的变化。国会派在克伦威尔领导下，经过两次内战，终于彻底打垮了保王党。1649 年，查理一世国王被送上了断头台，英国废除君主制，建立了共和国。英国政治形势的发展，为《利维坦》的写作提供

---

①"利维坦"原是《圣经》里提到的一种威力巨大无比的海兽，类似于鲸鱼，霍布斯以此象征国家。

了更为充实的材料。比起霍布斯的前两本政治论著来,《利维坦》的内容更为丰富,论证更为详尽,语气也更为激烈。霍布斯作为政治思想家的名望主要来自这部杰作。查理一世被处死后,保王党人的事业看来是毫无希望了。因此,霍布斯在《利维坦》的第二部分"论国家"中,在坚持王权绝对的观点的同时又试图表明,当君主已无法再履行保护臣民安全的职责时,臣民就可以解除对他的任何义务,并转向服从于一个新的君主。这个论点使流亡巴黎的宫廷大为愤怒。他们断言,霍布斯这样做是为了讨好英国的新政权,以便为自己回国提供方便。由于得罪了宫廷,再加上他的保护人梅桑纳已逝世,卡文迪什也已返回英国,霍布斯在巴黎日益感到孤独。他对教会的激烈态度,不仅惹恼了英国大多数流亡者,同时也触怒了法国政府。霍布斯愈发感到留在法国的危险。1651 年底,经过 11 年的流亡生活之后,霍布斯回到了克伦威尔统治下的英国。

霍布斯的政治主张恰逢其时,他的名著《利维坦》很快便在伦敦出版了。这是他第一次公开在英国发表的著作,一般人得知霍布斯的大名就是通过这本书。《利维坦》一书,一方面反对以僧侣为代表的封建势力,另一方面又反对平民的革命民主倾向,这就为革命中的暴发户扼杀下层人民的革命运动,确立大资产阶级和上层新贵族的专政做了理论上的辩护。霍布斯在《利维坦》的第二部分"论国家"的末尾表示,他希望某个当权者读到这本书后,采纳他的救世药方,以保障国家安宁昌盛。果然,在《利维坦》发表两年后,克伦威尔便以"护国主"的身份登上了专制统治的宝座。这表明霍布斯的专制主义理论并不是纯粹主观的幻想,而是当时英国大资产阶级和上层新贵族的政治要求在理论上的表现。

在新政权的庇护下,霍布斯在伦敦平静地从事他未完成的哲学体系的著述。1654 年，多年思索的成果《论物体》终于完稿，第二年在伦敦出版。这本书着重论述了逻辑学、数学和物理学的基本原理。霍布斯把《论物体》看作他的体系的第一部分，认为该书中新阐述的基本原理是他的整个哲学体系的基础。在《论物体》中，霍布斯系统地阐明了自己的机械唯物主义的自然观，物体是唯一的存在，广延性是物体的根本特性，机械运动是物体的唯一运动形式。《论物体》发表后，霍布斯开始研究他的体系的第二部分——论人。1658 年，《论人》一书正式出版。这本书只有不多的几章，谈到他的视觉理论和心理学的一些问题。至此，霍布斯总算大体完成了他构想了三十多年的整个哲学体系。此后，霍布斯作为哲学家和政治思想家，再没有写出更重要的作品。他已经讲了自己想讲的一切，他的体系已经由他自己构筑起来了。霍布斯以后发表言论的目的主要是反击来自各方面的批评和攻击，捍卫自己的学说。

值得注意的是，霍布斯在完成自己的哲学体系期间，曾和布朗霍尔（Bramhall）主教进行过一场关于自由与必然的关系问题的激烈论战。早在巴黎流亡时，霍布斯就和布朗霍尔讨论过关于自由意志的问题，以后两人还通信交换过意见。1655 年，霍布斯的一名追随者以《论自由与必然》为题发表了霍布斯关于这个问题的来往书信的抄件，引起了布朗霍尔的恼怒。主教随即公布了全部来往信件，挑起了论战。1656 年，霍布斯出版了《关于自由、必然和偶然》一书作为答复，书中的观点表明作者是一位严格的决定论者。在霍布斯看来，一切事物都是必然的，人的意志也受必然性的制约，不可能是自由的。3 年后，主教撰文全面攻击了霍布斯的国家学说和无神论观点。这本书还有一个有名的附录，主教特地用了一个讽刺性的标题：《捕捉利维坦这条大鲸鱼》。霍布斯对这番嘲弄当时没做答复，因为他正忙于《论人》的写作。主教死后,霍布斯写了一篇文章,驳斥主教对他的攻击。

在和布朗霍尔主教辩论的同时,霍布斯又卷入了一场同牛津大学教授们关于数学问题的长期而又激烈的论战。霍布斯在《利维坦》中对大学进行过猛烈的攻击,引起了牛津大学教授们对他的愤恨。他们撰文为大学辩护,并对霍布斯的哲学观点进行攻击。霍布斯在《论物体》中宣称,他已解决了古希腊流传下来的许多著名的数学难题。牛津大学的数学教授们尖刻地嘲笑了霍布斯的数学知识和才能,并且时常转为对他的人身攻击。这场数学论战延续二十多年,霍布斯多次进行激烈的反击,至死也没有认输。

霍布斯所处的时代不仅是政治上风云变幻的时代,也是科学技术获得突飞猛进的时期。霍布斯是一位热心于自然科学的哲学家。如前所述,早在 17 世纪三四十年代,他就和欧洲大陆上的第一流的科学家有过密切交往。回国后,由于完成体系的需要,以后更多是由于论战的需要,霍布斯专门研究了物理学、光学、数学和生理学。他和发现血液循环的哈维关系甚密,关于生理学、心理学方面的知识,他从哈维那里获益匪浅。霍布斯还就物理学和空气的本质等问题同当时著名的科学家波义耳进行过辩论。

1658 年,克伦威尔病死,护国政府寿终正寝。国内又出现了新的动乱征兆。伦敦大资产阶级为了巩固自己的既得利益,欢迎恢复斯图亚特王朝的政权。1660 年,查理二世即位,英国历史上开始了王政复辟时代。

查理二世登位后不几天,就想起了曾经在巴黎流亡期间给他教过数学的老师。他很喜欢霍布斯的机智、幽默和巧辩,准予他自由出入宫廷,并批准他每年一百镑的养老金。国王还在自己的寝室里挂起了霍布斯的画像。霍布斯也发表了效忠王室的声明。不过，宫廷大臣们对国王如此厚待一个无神论者感到十分愤懑，教会人士对他更是疾恶如仇。霍布斯和牛津大学教授们以及后来和英国皇家学会的论战，也使他树敌不少。霍布斯晚年遭到了来自各方面的攻击和迫害。

1665 年的大瘟疫和 1666 年的伦敦大火之后，教会人士宣称，大瘟疫是由于无神论思想的传播致使上帝发怒而降临的惩罚。国会也认为，伦敦骚乱引起大火是由于自由思想的泛滥所造成的。于是，国内掀起了一股政治迫害之风。下议院通过了一项查禁渎神作品的法案，并成立了专门的调查委员会。霍布斯的《利维坦》一书成了首当其冲的攻击目标。他为了给自己辩解，调查了惩治异端的法律根据，并撰写了三篇对话体短文和《异端惩罚史》一书。但是，国王剥夺了他发表言论的自由。

1668 年，《利维坦》在荷兰发行拉丁文版时，霍布斯曾做了较大的修改。他把自己对神学和教会的态度改变得相当缓和了，把一切有关为克伦威尔政策做辩护的内容完全删除。同时还加了一个附录，力图证明他的学说和基督教主义并不抵触。此后，霍布斯还写了一部论述英国内战史的著作《比希莫特》（*Behemoth*）[①]。但是，由于英国对他有出版禁令，该书只得在荷兰出版。

17 世纪 60 年代末，霍布斯还写了一篇未完成的著作《哲学家和英国习惯法学者的对话》。这一时期，他还用拉丁文悲歌体写了《宗教史》，揭露了教会侵犯世俗权力的行径。

霍布斯晚年的兴趣又回到了青年时代的文学爱好方面。1672 年，霍布斯用拉丁文悲歌体写了一部笔调活泼、幽默的《自传》。1675 年，霍布斯将荷马的《奥德赛》译成英文，并写了

---

① 比希莫特原是《圣经》中提到的类似河马的软弱无力的怪物。

一个生动的序言《荷马史诗的成就》。第二年又翻译了《伊利亚特》。这对一位年近九旬的老翁来说，真是一件很艰苦的工作。1678年，霍布斯发表了生平最后一部著作《生理学研究》。

霍布斯晚年的威望主要在国外。凡是访问英国的外国杰出学者总要去拜望这位老人，对他表示敬意。在当时还没有哪一个英国人能享有霍布斯这样高的国际威望。

霍布斯终生未婚，他一生的大部分时间是在卡文迪什家族里度过的。1679年冬，卡文迪什家迁居，霍布斯同行，经过这番颠簸，到家后就卧床不起了。他死后，被葬在附近教堂的简朴的墓地里。

二、霍布斯的哲学思想

霍布斯说："科学是关于推理的知识，也叫作哲学。"[①]和当时英国的许多科学家和哲学家一样，霍布斯也把哲学和科学看作一回事。这是因为，在17世纪，人们虽然已经开始对客观世界进行分门别类的研究，但各门科学还没有取得完全独立的地位。这个时期的哲学家往往也是自然科学家或社会科学家。这样，霍布斯就很自然地把哲学看作一切合理知识的总汇。

霍布斯把哲学和科学混在一起的这种做法，一方面有利于他去苦心钻研各门具体科学知识，丰富了他的哲学思想；另一方面，也往往使他把某门具体科学的原理轻易地提升为哲学上的普遍原则，陷入形而上学。

霍布斯强调哲学知识是人们通过推理获得的关于事物的因果性的知识。在他看来，人类的知识可以分为两类：一类是关于事实的知识，另一类是通过推理得到的知识。前一种知识不

---

① 霍布斯：《利维坦》，牛津1929年英文版，第65页。

过是感觉和记忆。比如，我们看到了某件事物，或者回忆起发生过的某件事情。这种知识是证据确凿、毋庸置疑的，可以说是绝对的知识。但是，这种知识并没有把握事物的因果联系。一个富有经验的人，虽然也能做到深谋远虑，预见未来，可是他的这种预见性不过是根据对过去经验的回忆而做的猜测而已。在霍布斯看来，经验知识虽然对哲学极为有用，但还不是哲学知识。只有第二种知识，即通过推理得到的知识，才是真正的哲学知识。因此，他认为："哲学排除历史，既排除政治的历史，也排除自然的历史，虽然历史对哲学最为有用（简直是必需的）；因为这种知识只是经验或权威，而不是推理。"①

霍布斯明确断言，"哲学排除神学"。②这是因为，哲学的任务乃是从物体的产生求知物体的特性，或者从物体的特性求知物体的产生。而神学则是关于永恒的、不能产生的、不可思议的神的学说。因此，哲学是同神学根本不相容的。这样，霍布斯便把神学从哲学中一笔勾销了，把他的哲学同经院哲学鲜明地对立起来。批判宗教神学和经院哲学是贯穿霍布斯整个哲学思想的基本线条。

霍布斯反对所谓为哲学而哲学的空论，明确主张："哲学的目的或目标，就在于我们可以利用先前认识的结果来为我们谋利益，或者可以通过把一些物体应用到另一些物体上，在物质、力量和工业所许可的限度之内，产生出类似我们心中所设想的那些结果，来为人生谋福利。"③知识意味着力量，全部思辨的目的乃是实行某种活动，使事情做成。在霍布斯看来，自然哲

---

① 霍布斯：《论物体》，《十六—十八世纪西欧各国哲学》，商务印书馆1975年版，第64页。

② 霍布斯：《论物体》，《十六—十八世纪西欧各国哲学》，商务印书馆1975年版，第64页。

③ 霍布斯：《论物体》，《十六—十八世纪西欧各国哲学》，商务印书馆1975年版，第63页。

学可以使人们直接得利，公民哲学对于人类生活则更为重要，它可以使人们避免一切灾难中的最大灾难——战争。

在哲学上，霍布斯创立了一个以"物体"范畴为核心的，由自然哲学、伦理学和政治学三部分组成的完整的体系。按照霍布斯的说法，哲学以物体为对象。物体主要有两类：一类是自然的物体；另一类是由人们的意志和契约创造的人工物体——国家。由此便产生出哲学的两个部分：自然哲学和公民哲学。不过，在上述两个物体中间还有"人"。人一方面属于自然物体，另一方面又是人造物体即国家的创造者和组成材料。为了认识国家这个人造物体的特性，就必须首先知道它的创造者和组成材料即人的气质、爱好和行为。这样，公民哲学又可分为两部分，一部分研究人们的气质和行为，称为伦理学，另一部分注重研究人们的公民责任，称为政治学。政治学亦可直接叫作公民哲学。

下面我们将从论自然物体、论人、论国家和论宗教等四个方面，对霍布斯哲学的基本观点做简要的述评。

（一）论自然物体

按照霍布斯的体系，自然哲学以自然物体为对象，其中包括几何学、力学和物理学。在《论物体》一书中，霍布斯系统地论述了他的自然哲学。物体、偶性、运动以及因果性等是自然哲学中的几个基本范畴。

1. 物体

17 世纪数学、力学所取得的辉煌成就，促使当时许多哲学家力图用数学、力学的观点去解释世界。霍布斯是这方面的典型代表。

霍布斯认为，哲学的对象是物体。物体是什么呢？他指出："物体的定义可以这样下：物体是不依赖于我们思想的东西，与空间的某个部分相合或具有同样的广袤。"①他还说："哲学的对象，或者哲学所处理的材料，乃是每一个这样的物体：这种物体我们可以设想它有产生，并且可以通过对它的思考，把它同别的物体加以比较，或者是，这种物体是可以加以组合和分解的，也就是说，它的道理或特性我们是能够认识的。"②我们看到，霍布斯对物体范畴所做的规定大致包含了三层意思。首先，物体是不依赖于人们的思想而"自己存在的东西"③。其次，物体的根本特性是广延性，因而是可以加以组合和分解的。第三，物体"可以感觉所知觉，并且为理性所了解"④。霍布斯提出的这个物体定义，概括了 17 世纪自然科学特别是数学、力学发展的最新成果，消除了古代唯物主义者以及培根的物质观的朴素性，是西方哲学史上的第一个明确的、完整的机械唯物主义的物质概念。

霍布斯不仅肯定了物体的客观实在性，而且提出了宇宙是物体的总和的思想。他说："世界（我说的不只是指地球……而是指宇宙，即一切存在物的整体）是有形体的，就是说是物体。它具有长、宽、高的度量。物体的每个部分，和物体一样，也具有同样的度量。因此，宇宙的每一部分，都是物体，不是物体的，就不是宇宙的一部分。因为宇宙是全体，不是宇宙的一部分的东西，就是虚无，因此就不存在。"⑤在这里，霍布斯从机械唯物主义物质观为武器，向神学和经院哲学挑战。在他看

① 霍布斯：《论物体》，《十六—十八世纪西欧各国哲学》，商务印书馆 1975 年版，第 83 页。
② 霍布斯：《论物体》，《十六—十八世纪西欧各国哲学》，商务印书馆 1975 年版，第 64 页。
③ 霍布斯：《论物体》，《十六—十八世纪西欧各国哲学》，商务印书馆 1975 年版，第 82 页。
④ 霍布斯：《论物体》，《十六—十八世纪西欧各国哲学》，商务印书馆 1975 年版，第 83 页。
⑤ 霍布斯：《利维坦》，牛津 1929 年英文版，第 524 页。

来，既然上帝是没有形体的，那就是不可知的。人们最多可以说上帝是个"在"，其他则什么也说不出来。实际上，根本不存在关于上帝存在的有效的论证。霍布斯根本否定经院哲学家们所说的无形体的"隐蔽的质""抽象的本质"等的存在。在他看来，所谓"无形体的实体"就如同"圆的方"一样，完会是自相矛盾的胡说。霍布斯从机械唯物主义出发，做出了无神论的结论，从而消除了培根哲学中的有神论的偏见。

霍布斯还批驳了笛卡尔关于"心灵"实体的唯心主义观点。按照笛卡尔的说法，心灵和物体是两个互不相干、彼此独立的两个实体。物体具有广延性。针对笛卡尔的二元论，霍布斯写道："不能想象没有思想者的思想。因此，看来从事于思想的东西是某种有形体的东西，因为一切活动的主体只能设想为某种有形体的或物质的东西……我们不能把思想同思想着的物质分开。"[①]马克思和恩格斯指出，在霍布斯看来，"无形体的实体也像无形体的物体一样，是一个矛盾。物体、存在、实体是同一种实在的观念。决不可以把思维同那思维着的物质分开。物质是一切变化的主体"。[②]早在 13 世纪，英国唯名论者司各脱就曾提出过"物质能不能思维？"的问题。为了使这种奇迹能够实现，他求助于上帝的万能，即迫使神学本身来宣扬唯物主义。现在，霍布斯大大地前进了，他不需要上帝的帮助，力图在机械唯物主义一元论的基础上说明物质和意识的统一关系。当然，他的机械论使他不可能科学地解决这个问题。

2. 偶性

霍布斯考察物体的特性的方式是独特的，这就是他所谓的

---

① 霍布斯：《对笛卡尔〈沉思集〉的诘难》，《笛卡尔哲学著作集》第 2 卷，牛津 1912 年英文版，第 62 页。

② 马克思和恩格斯：《神圣家族》，《马克思恩格斯全集》第 2 卷，人民出版社 1957 年版，第 164 页。

偶性的学说。

霍布斯认为，偶性是物体本身所具有的。比如，他说，"物体的偶性是存在于心灵之外的"①，"一个偶性就是某个物体借以在我们心里造成它自身的概念的那种能力"。②这就是说，偶性是独立于认识主体的，为物体本身所具有。在霍布斯看来，说偶性为物体所具有，或者说偶性在物体里面，这不应理解为偶性是作为一个东西，即作为物体的一个部分包含在物体里面的，否则偶性本身也就是物体了。换句话说，物体和偶性的关系并不是整体和部分的关系，而是主体和属性、特性的关系。这就和经院哲学家把物体的性质看作某种特殊实体的观点划清了界限。霍布斯把物体的偶性分为两类：一类是为一切物体所共有的；一类是只为某些物体所特有的。他说："有些偶性除非物体也消灭了，它们才消灭；因为没有广袤或形状，物体是不能设想的。其他一切不为一切物体所共有、只为某些物体所特有的偶性，像静、动、颜色、硬之类，则逐渐消灭，为别的偶性所代替。可是物体却永不消灭。"③不过，在霍布斯这里，所谓物体的偶性似乎主要是指像静、动、颜色、硬之类的现象。比如，他说："除了大小或广袤以外，其他一切偶性都是可以产生和消灭的，把一个白的东西弄成黑的，其中的白就消灭了，而过去不在其中的黑现在产生了。所以物体与物体借以有各样表现的那些偶性，有这样的分别：物体是东西，不是产生的；偶性是产生的，可是不是东西。"④显然，这里所说的能够产生

① 霍布斯：《论物体》，《十六—十八世纪西欧各国哲学》，商务印书馆1975年版，第85页。
② 霍布斯：《论物体》，《十六—十八世纪西欧各国哲学》，商务印书馆1975年版，第83页。
③ 霍布斯：《论物体》，《十六—十八世纪西欧各国哲学》，商务印书馆1975年版，第84页。
④ 霍布斯：《论物体》，《十六—十八世纪西欧各国哲学》，商务印书馆1975年版，第86页。

和消灭的偶性是不包括广延性在内的。

不过，霍布斯有时又从另一角度理解偶性。他说："我给偶性下的定义是：我们认识物体的方式。"[①]按照这种理解，偶性又是和认识主体相关的。他举例说："一个观看太阳的人有一个约一呎多大的照耀着的观念，他称之为太阳，虽然他知道太阳实际上要大好多。同样情形，同一件事物的影像有时由于远看显得是圆的，有时由于近点看显得是方的。因此就令人怀疑，那个影像究竟是物质或某种自然物体，还是仅仅是物体的某种偶性。"接着，霍布斯做出结论说："鉴于物质不能因我们的任何企图而被制造或消灭，被增加或减少，或者被推动得离开它的地位，而那个观念则随意出现、消失、被增加、被减少并且被推得来来去去地运动，我们就可以确定地断言它不是一个物体，只是一种偶性。"[②]可以看出，这里所说的偶性就不单纯是存在于心灵之外的，而是和认识主体、观察者本身密切相关的。因此，在霍布斯看来，除了存在于心灵之外的物体的偶性之外，还有所谓"心灵的"偶性，如想象空间等。另外霍布斯一方面肯定颜色是物体的偶性（如前所述），而在加一些地方他又说："光和颜色是感觉者的影像，所以不能是对象的偶性。"[③]由此看来，霍布斯关于偶性的观点并不是一贯的，清晰的。

霍布斯区分物体和偶性，目的在于克服经院哲学把事物的属性说成是脱离事物而独立存在的实体即所谓"隐蔽的质"的唯心主义的观点。但是，在霍布斯这里，物体和偶性的关系仍然是机械的、外在的，物体似乎成了和偶性的变化毫不相干、

---

① 霍布斯：《论物体》，《十六—十八世纪西欧各国哲学》，商务印书馆1975年版，第84页。

② 霍布斯：《论物体》，《十六—十八世纪西欧各国哲学》，商务印书馆1975年版，第72页。

③ 霍布斯：《论物体》，《十六—十八世纪西欧各国哲学》，商务印书馆1975年版，第91页。

自身永恒不变的空洞的躯壳。

3. 运动

霍布斯在研究偶性时讨论了运动和静止问题。在他看来，和广延性不同，运动和静止是不为一切物体所共有，而只为某些物体所特有的偶性。按照这种观点，物体在本质上既非静止的，亦非运动的。霍布斯把力学中的动者恒动、静者恒静的定律直接引入哲学，他说："任何一件静止的东西，若不是在它以外有别的物体以运动力图进入它的位置使它不再处于静止，即将永远静止。"① "同样情形，任何一件运动的东西，除非在它以外有别的物体使它静止，即将永远运动。"②如此说来，不论是运动还是静止都是外力造成的，物体本身没有运动的能力。

不过，尽管霍布斯否认运动是物体的根本属性，但他仍然把运动看作一切事物的最一般的原因，认为"一切变化都在于运动"。③霍布斯只知道运动的一种形式——机械位移。他说："'运动'是不断地放弃一个位置，又取得另一个位置。"④在他看来，世界上的一切事物和现象都受机械运动原理的支配，都可以用机械运动的原理来加以解释。几何学研究物体本身的简单的运动，力学研究从一物体加于另一物体的外部作用所获得的运动，物理学研究物体内部的不可见的运动，伦理学研究人体内的物质运动，政治学研究人们之间的相向和相背的运动。总之，一切运动皆可以归结为物体在空间的位置变动。不过，在霍布斯看来，机械运动也有简单的和组合的分别，认识事物

---

① 霍布斯：《论物体》，《十六—十八世纪西欧各国哲学》，商务印书馆1975年版，第85页。
② 霍布斯：《论物体》，《十六—十八世纪西欧各国哲学》，商务印书馆1975年版，第86页。
③ 霍布斯：《论物体》，《十六—十八世纪西欧各国哲学》，商务印书馆1975年版，第68页。
④ 霍布斯：《论物体》，《十六—十八世纪西欧各国哲学》，商务印书馆1975年版，第85页。

的运动就必须首先从认识简单的运动开始。"因此，研究自然哲学的人如果不从几何学开始，是白费气力的。"①

恩格斯指出："研究运动的性质，当然应当从这种运动的最低级、最简单的形式开始，先理解了这些最低级的最简单的形式，然后才能对更高级的和更复杂的形式所阐明。所以我们看到：在自然科学的历史发展中最先发展起来的是关于简单的位置移动的理论。"②恩格斯还说："一切运动都是和某种位置移动相联系的……所以首先必须研究位置移动。"③由此看来，在17 世纪，霍布斯突出机械运动形式是有其历史的理由的，他的机械论的运动观正是人类科学地认识运动形式的最初阶段在哲学上的表现。同时，霍布斯把一切运动归结为简单明了的机械运动，这对于破除经院哲学的神秘主义的运动观也是有积极意义的。但是，霍布斯看不到运动形式的多样性，把一切运动形式仅仅归结为机械运动形式，这势必会把复杂的问题简单化，从而陷入形而上学的片面性。

4. 因果性

霍布斯在研究物体的偶性时还探讨了因果性问题。在霍布斯看来，哲学就是研究物体的偶性之间的原因和结果的关系的科学。他把原因和结果理解为主动者和被动者的关系。比如，把手烤暖的火是主动者，烤暖了的手是被动者，火是原因，暖是结果。在霍布斯的心目中，结果单纯是由于外部作用造成的，并且只是一个消极被动的东西。这表明，霍布斯对因果关系的理解是机械论的，诸如"交互作用""内因"等范畴在他的头脑

---

① 霍布斯：《论物体》，《十六—十八世纪西欧各国哲学》，商务印书馆 1975 年版，第 71 页。

② 恩格斯：《自然辩证法》，《马克思恩格斯选集》第 3 卷，人民出版社 1972 年版，第 491 页。

③ 恩格斯：《自然辩证法》，《马克思恩格斯选集》第 3 卷，人民出版社 1972 年版，第 491—492 页。

中还没有出现。

在霍布斯看来，因果之间的联系是必然的，整个世界就是原因和结果必然联系的锁链。霍布斯据此批驳了唯心主义的自由意志论。在他看来，人们所做的任何抉择（"意志"）都是有原因的，都是人们权衡利害得失的结果。因此，根本不存在任何超脱因果必然性制约的所谓自由的意志。霍布斯并不否认自由，甚至认为自由可以同必然并存。他说："必然与自由是并存的。比如，水向下流，既有其向下的自由，也有其向下的必然。"①按照霍布斯的观点，没有摆脱必然的自由，自由不过是按照必然性而无阻碍的活动。

霍布斯还不懂得因果性和必然性区别，因而不能正确理解必然性和偶然性的关系。在他看来，既然世界上所有事物都是有原因的，所以一切都是必然的，没有什么偶然性的东西。那么，人们为什么把某些事物叫作偶然的呢？这是因为，还不知道其原因。他说，"人们通常把那些他们还不知道其必然的原因的东西叫作偶然的"②，事实上，"一切偶然的东西都有其必然的原因"。③这就是说，因果性就是必然性，因果性排斥偶然性，偶然性在客观世界中没有地位。毫无疑问，任何一件事情的发生都有一定原因，但这并不意味着任何事情的发生都是必然的。对于一个具体事物来说，导致它的发生的原因往往是多方面的，其中有的原因是必然的，另一些原因则是偶然的。这就是说，因果性并不排斥偶然性。只有正确理解必然性和偶然性的关系才能深入理解因果性范畴。霍布斯否认偶然性的客观性和作用，

---

① 霍布斯：《利维坦》，牛津1929年英文版，第162页。
② 霍布斯：《论物体》，《霍布斯的形而上学体系》，芝加哥1913年英文版，第79页。
③ 霍布斯：《论物体》，《霍布斯的形而上学体系》，芝加哥1913年英文版，第78页。

表明他的因果论是机械的决定论。

由上述可见，霍布斯建立的机械唯物主义自然观一方面使得带有朴素性的培根的唯物主义"变得片面了"，同时也"把培根的唯物主义系统化了"。①

（二）论人

按照霍布斯的体系，人是自然物体和人工物体——国家之间的中介物。

霍布斯力图运用他的机械唯物主义自然观来解释人。在他看来，人和自然物体并无本质的差别，"生命不过是由内部关键部件发动起来的机体运动"，"心脏不过是发条，神经不过是一些游丝，关节不过是一些齿轮"。②因此，人同样服从机械力学的一般原则。

霍布斯关于人的学说大致包括认识论和伦理学两个方面的内容。

1. 认识论

在认识论上，霍布斯是培根的唯物主义经验论路线的继承者。他开宗明义地指出："一切观念最初都来自事物本身的作用，观念就是事物的观念。当作用出现时，它所产生的观念也叫感觉，一个事物的作用产生了感觉，这个事物叫作感觉对象。"③他还说："我们所有的一切知识都是从感觉获得的。"④这就是说，感觉是外物作用于感官的结果，是关于外物的性质的观念，是一切知识的泉源。

---

① 马克思和恩格斯：《神圣家族》，《马克思恩格斯全集》第2卷，人民出版社 1957 年版，第 163—164 页。

② 霍布斯：《利维坦》，牛津 1929 年英文版，第 8 页。

③ 霍布斯：《论人性》，《十六—十八世纪西欧各国哲学》，商务印书馆 1975 年版，第 92 页。

④ 霍布斯：《论物体》，《十六—十八世纪西欧各国哲学》，商务印书馆 1975 年版，第 90 页。

　　在知识的起源问题上，霍布斯曾和笛卡尔进行过一次论战。唯理论者笛卡尔根本否定感觉经验的可靠性，否定认识开始于感觉的唯物主义认识论原则。在他看来，人心中存在着某些不是从感觉经验中获得的，而是与生俱来的"天赋观念"，如上帝、道德原则和几何学的公理，等等。显然，这是唯心主义的先验论。和笛卡尔相反，霍布斯认为，任何观念，包括上帝的观念在内，都是通过感觉来自外部对象。人们心中存在着的所谓全知全能的上帝的观念，实际上不过是人们根据自身的理智和能力通过推论获得的。如果观念真是天赋的，那么它对于任何人都应该是无可怀疑的。然而，事实上，笛卡尔所说的上帝这个天赋观念，却是人们争论最多的。霍布斯的态度是鲜明的："任何观念都不是天赋的。"①

　　继培根之后，霍布斯进一步研究了感觉和感觉对象之间的关系问题。我们知道，在培根那里，感觉是外物的反映，和外物一致，这似乎是不成问题的。然而，现在伽利略提出了一个新的问题。按照他的力学观点，客观物体只具有大小、形状、数量、运动等机械属性，并不具有如同我们在感官上所感觉到的色、声、香、味等属性。这就是说，感觉这种认识形式和客观事物的属性之间存在着差别。霍布斯接受了伽利略的这个看法。

　　霍布斯一方面肯定感觉是外物的影像，肯定感觉向我们报道了感觉对象的种种性质，从而使我们能够得到关于对象的本性的知识。他说："我们通过种种感官，对于对象的种种性质提到种种观念。通过视觉，我们得到由颜色与形状组成的观念或影像，这是对象通过眼睛给予我们的关于它的本性的全部通知

---

　　① 霍布斯：《对笛卡尔〈沉思集〉的诘难》，《笛卡尔哲学著作集》第 2 卷，牛津1912 年英文版，第 73 页。

与知识。通过听觉，我们得到所谓声音的观念，这是我们从耳朵得来的关于对象的性质的全部知识。而其余的感觉也是对于它们的对象的种种性质或本性的观念。"①这表明，霍布斯是唯物主义反映论者。另一方面，霍布斯又指出，当我们肯定这感觉获得了关于物体的种种性质的知识时，切切不要以为物体的性质就如同感觉所告诉我们的那样存在于物体里，而应当把我们的感觉（如色、声、香、味等）了解为我们认识物体的性质的方式。就拿颜色来说，尽管我们通过它得到了关于对象的性质的知识，但是，"颜色并不是对象固有的，而是对象的某种运动作用于感官的结果"。②同样，声音的感觉也是空气的运动作用于耳朵的结果，但空气本身并没有声音。其余的感觉，如嗅觉、味觉、冷热等，也是如此，霍布斯的结论是："我们的感觉使我们觉得存在于世界上的任何偶性或性质，都并不在世界上，而只是外貌与显现、真实存在于我们以外的世界上的东西，是引起这些外貌的那些运动。"③

在这里，霍布斯力图在坚持感觉是外物的本性的反映的唯物主义反映论的同时，揭示感觉的主观性方面，揭示感觉这种主观认识形式同客观事物的性质之间差别。这是一种企图克服那种把反映理解为主体的认识形式和客体的性质在原型上完全一样的朴素反映论的努力。从认识发展史角度看，应当说这是一个进步。

不过，霍布斯的上述观点是以忽略事物的质的多样性、运动的多样性的机械论为基础的。事实上，仅仅从量的方面考察

---

① 霍布斯：《论人性》，《十六—十八世纪西欧各国哲学》，商务印书馆1975年版，第92页。
② 霍布斯：《论物体》，《霍布斯的形而上学体系》，芝加哥1913年英文版，第161页。
③ 霍布斯：《论人性》，《十六—十八世纪西欧各国哲学》，商务印书馆1975年版，第93页。

事物之间的差别，把运动仅仅理解为机械运动，那就不可能科学地说明感觉性质的多样性，甚至可能导致过分强调感觉的主观性方面，背离反映论的立场。霍布斯在具体解释感觉观念的形成的时候，就明显地暴露了这方面的缺陷。他认为外物和感官之间的关系，犹如机械运动中的作用和反作用的关系。外物的运动给感官以"压力"，感官使之产生某种"抗力"，这就发生了感觉。以压力打击眼睛产生光的感觉，压力施于耳朵产生声音感觉，如此等等。按照这种理解，感觉就只是感官对外物所施加的压力所产生的抗力而引起的纯粹主观的心理状态。霍布斯甚至说："一切感觉不是别的，只是外物的运动作用于我们的耳目及其他感官的压力而产生的原始幻影（Fancy）。"①显然，霍布斯在这里明显地离开了反映论立场，陷入了主观主义。

霍布斯的上述观点对后来经验论的发展发生了深刻的影响。洛克把霍布斯的上述观点系统化为关于两种性质的观念的学说。他从机械唯物主义出发，认为广延、形相、运动等，是外物固有的性质，即所谓"第一性性质"。此外，由具有"第一性性质"的微小的、不可感的物质微粒的不同组合和变化而产生的某种能在我们感官上产生色、声、香、味等感觉的能力，叫作"第二性性质"。洛克是唯物主义反映论者，他从物体的性质或能力引出人们关于物体的性质的观念，并且认为我们关于物体的性质的一切观念都是和物体的性质或能力相符合、相对应、相契合的。不过，他指出，我们关于"第一性性质"的观念和外物的"第一性性质"的原型相似，而我们关于"第二性性质"的观念（如色、声、香、味等感觉）和外物的"第二性性质"（即产生色、声、香、味等感觉的能力）虽然是相对应、相契合的，但在原型上却不相似。这表明，洛克在"第一性性

---

① 霍布斯：《利维坦》，牛津1929年英文版，第12页。

质”和关于“第一性性质”的观念之间的关系上，坚持直观的反映论，而在“第二性性质”和关于“第二性性质”的观念之间的关系上，不仅一般地坚持了反映论的原则，而且看到了感觉的主观性、相对性的方面。不过，和霍布斯相似，由于机械论的影响，洛克在这个问题上也表现出某种过于强调感官观念的主观性、相对性的倾向。而后，贝克莱看到了并且紧紧抓住了洛克在关于“第一性性质”的观念上的直观反映论的缺点，竭力证明关于“第一性性质”的观念和关于“第二性性质”的观念一样，也具有主观性、相对性。但是，贝克莱却由此把感觉观念的主观性、相对性方面绝对化，陷入否定外物存在的主观唯心主义。由此看来，在坚持反映论原则的基础上深入揭示认识的主观性、相对性方面，对于克服朴素的直观的反映论是十分必要的；但是，如果把认识的主观性、相对性方面绝对化，那就势必导向唯心主义或不可知主义。

霍布斯是英国唯名论传统的继承者。马克思和恩格斯指出：“霍布斯根据培根的观点论断说，如果我们的感觉是我们的一切知识的泉源，那么观念、思想、意念等等，就不外乎是多少摆脱了感性形式的实体世界的幻影。科学只能给这些幻影冠以名称。同一名称可以适用于许多幻影。甚至还可以有名称的名称。”[①]霍布斯反对经院哲学中的唯实论，否认“一般”或“共相”的客观实在性，在他看来，在我们意识之外存在的只是个别事物，所谓概念只不过是一类个别事物的名称。他说：“世界上并没有共相，而只有名称，因为被命名的事物，每一个都是个别的和单独的。”[②]因此，霍布斯认为，名称并不反映寓于被

① 马克思和恩格斯：《神圣家族》，《马克思恩格斯全集》第 2 卷，人民出版社 1957 年版，第 164 页。
② 霍布斯：《利维坦》，牛津 1929 年英文版，第 26 页。

命名的个别事物中的一般，而只是帮助人们记忆的记号。在他看来，对于人类认识来说，有没有这样的记号是大不相同的。比如，一个人考察他面前的一个三角形，发现了它的三个角加在一起等于两直角。如果这个人没有由此形成一个"三角形内角之和等于二直角"的记号，那么当他遇到另一个不同的三角形时就不得不再重新从头思考。反之，如果这个人从对一个三角形的考察中得到了一个明确的记号，那就无须这样做了。这是因为"每一个普遍名称都指示着我们对于无限个别事物的了解"。①照理说，霍布斯从这个例子里本可以把这种普遍名词理解为反映客观事物的共同本质的概念，但是，由于他在否认"共相""一般"作为实体的存在时，也否认它们具有客观实在性，所以他从这里看到的就只是似乎不包含任何客观内容的记号、名词。

霍布斯有一个著名的命题：推理即计算。在他看来，知识发端于感觉和想象，但是，"认识它们为什么存在，或者根据什么原因而产生，却是推理的工作"。②什么是推理呢？霍布斯说："我所谓'推理'是指计算。计算或者是把要加到一起的许多东西聚成总数，或者是求知从一件事物中取去另一件事物还剩下什么。所以推理与加和减相同的。"③比如，一个人模糊地看到远处有某个东西，心中就形成一个"物体"观念。等到走近一些，看到那个东西会活动，于是就形成一个"活的物体"的观念。当走得更近时，听到这个东西能说话，那就形成了"理性的东西"的观念。在霍布斯看来，所谓"人"的观念就是由"物

---

① 霍布斯：《论物体》，《十六—十八世纪西欧各国哲学》，商务印书馆1975年版，第75页。

② 霍布斯：《论物体》，《十六—十八世纪西欧各国哲学》，商务印书馆1975年版，第66页。

③ 霍布斯：《论物体》，《十六—十八世纪西欧各国哲学》，商务印书馆1975年版，第61页。

体""活的"和"有理性的"三个观念相加、组合而成的。

霍布斯对人类理性思维活动所做的这种机械论的解释，在当时的历史条件下对于破除经院哲学关于人的理性活动的神秘主义观点，起了积极的作用。同时，霍布斯提出的这种观点也表明，他看到了人类理性思维活动中确实存在着的大量的机械性的活动。现代电子计算机学的发展表明，占据人类思维活动的相当数量的机械性的推理活动，完全可以为计算机的运算所代替。但是，霍布斯把人类的理性活动单纯归结为机械性的计算，这就抹杀了人类理性活动所特有的能动的创造性的本质。

17世纪，方法论问题已经引起哲学家们的普遍重视。这一方面是因为中世纪的经院哲学的方法论堵塞了人们认识真理的道路，因此，在方法论上亟待破旧立新；另一方面，自然科学和社会科学的迅速发展也迫切要求研究、概括一般的认识方法问题。培根的《新工具》和笛卡尔的《方法谈》应运而生，使人们耳目一新。它们从不同角度对科学方法论做了比较深入的探索，为人们认识真理开辟了广阔的道路。不过两者也表现了各自的片面性，前者强调经验归纳，后者重视理性演绎。

和培根、笛卡尔一样，霍布斯也十分重视方法论的研究。在《论物体》一书中，霍布斯着重研究了分析方法和综合方法。

霍布斯认为，和单纯的感觉和记忆的知识不同，哲学是由原因到结果和由结果到原因的推理所获得知识。与此相应的，哲学的方法有两种：一是由果溯因，叫作分析法；一是由因索果，叫作综合法。分析法是从当前的结果出发，寻求产生这个结果的各个部分的原因，即从对事物感觉经验进到普遍原则；综合法则反过来，是从各个部分的原因或普遍原则出发，把它们组合起来寻求结果的整体原因。霍布斯说："在寻找出原因的时候，一方面需要用分析方法，另一方面也需要用综合方法。

要了解周围各种东西如何各自对产生结果有所帮助，需要用分析方法；要把它们自身能够单独产生的东西放到一起加以组合，就需要用综合方法。"①这就是说，对于发现原因来说，分析法和综合法都是必需的，两者都是"发明的方法"②。

我们看到，霍布斯所讲的分析法和综合法与归纳法和演绎法并不完全相同。他所说的分析法似乎着重于把个别整体事物分解为它的各个部分的原因，综合法似乎着重于将各个部分的原因组合为个别事物的整体的原因。但是从他把分析法理解为由果溯因、由感觉经验到普遍原则，把综合法理解为由因索果、由普遍原则到个别事物这方面看，又与归纳法和演绎法有相似之处。因此，霍布斯把分析法和综合法看作发现原因，求得科学知识的两种必要的方法，这表明他已注意汲取唯理论的合理成分，力图克服培根重归纳、轻演绎的经验主义的片面性。

不过，霍布斯的方法论仍然是以经验论为基础的。在他看来，从认识程序上看，分析先于综合。认识开始于感觉经验。人们从感觉经验中最初获得的是关于一个事物的整个现象。这个整体现象只告诉这个事物"是什么"，没有告诉我们这个事物的原因（"为什么"）。如果我们要想把握这个事物的整体的原因，那就必须首先借助于分析的方法去认识这个事物所包含的各个部分的原因。这是因为，"整体的原因是由各个部分的原因所组成的"③。比如，要认识一个正方形的原因，就必须通过分析方法把它们分解为它的各个组成因素、如线、面、角等。如果我们能找出这些组成因素的原因，我们就可以把它组合起来成

---

① 霍布斯：《论物体》，《十六—十八世纪西欧各国哲学》，商务印书馆1975年版，第74—75页。

② 霍布斯：《论物体》，《十六—十八世纪西欧各国哲学》，商务印书馆1975年版，第75页。

③霍布斯：《论物体》，《十六—十八世纪西欧各国哲学》，商务印书馆1975年版，第66页。

为一个正方形的原因。他说："像这样，凭借继续分解，我们就可以认识到那些东西是什么；它们的原因最初个别地被认识，后来组合起来，就使我们得到关于个别事物的知识。"①这就是说，我们对个别事物的整体原因的认识是通过先分析、后综合而获得的。

然而，霍布斯似乎更为重视综合方法。在他看来，"一般的事物的原因是自明的……总共只有一个一般的原因，就是运动。一切形状的不同，都是由于千百万这些形状的运动不同"。②按照这种理解，分析任务已经完成，剩下的就是从运动这个一般原因出发进行由因索果的综合任务了。此外，霍布斯还认为，和"发明的方法"的不同，"证明的方法"可以略去由果溯因的分析法，而单纯运用由因索果的综合法。他说："整个证明方法是综合的，包含着从自明的基本命题或普遍的命题开始的那个语言次序，通过不断地把命题组合成三段论式而向前推进，一直到最后学习者理解了所要寻找的结论的真理性为止。"③可以看出，霍布斯已经觉察到科学上的研究方法和叙述方法的区别了。霍布斯说是运用综合法来表述他的整个哲学体系的，这就是从运动出发，通过几何学，到力学、物理学，再进到伦理学和政治学。这样一来，霍布斯的方法论又加上一层浓厚的唯理论的色彩。

2. 伦理学

霍布斯的伦理思想大致包括"自然权利"说和"自然法"理论两个方面的内容。前者讲的是所谓人的利己主义的本性，后者讲的是所谓理性规定的道德律令。

霍布斯力图运用机械运动原理解释人的生理和心理活动，解释人情感和欲望，认为人的本性就是趋利避害，无休止地追求个人利益，追求权力。他说："我认为人类的共同欲望就是无休止地追求权力，至死为止。"[①]这样，人与人之间必然会发生争执，而争执的原因主要有三：第一是竞争；第二是猜疑；第三是荣誉。"其一为求利，其二为求安全，其三为求名。"[②]霍布斯认为，保存自己并采取一切手段去占有一切，是人人具有的天赋的自然权利。

霍布斯把尚无公认的公共权力压服一切、人们完全按照自己的本性而生活的状态，叫作所谓"自然状态"。在这种状态中，每个人都要实现自己占有一切、包括占有他人人身的自然权利，彼此争权夺利不已，从而陷入"一切人反对一切人的战争状态"[③]之中。在这里，没有善良与邪恶，无所谓是非曲直，唯有欺诈和力量。在这种状态下，工农业无人经营，科学文化更无人过问，一切陷入混乱之中。霍布斯认为，所谓"自然状态"不仅是关于远古人类生活状况的历史假设，实际上，凡是没有国家权力或国家权力软弱无力的地方都可能出现这种状态。换句话说，所谓"自然状态"就是无政府的状态。

霍布斯在英国的历史中和当时的政治事件中，为自己的观点寻找到了证明。他在许多方面确实猜中了当时新兴的资本主义社会的特征：兽性般的竞争和敌对，人对人像狼一样。和同时代的许多有远见的人一样，霍布斯认识到国内战争主要是为了财产权而进行的斗争。马克思和恩格斯指出，霍布斯像后来

---

① 霍布斯：《利维坦》，牛津 1929 年英文版，第 75 页。
② 霍布斯：《利维坦》，牛津 1929 年英文版，第 96 页。
③ 霍布斯：《利维坦》，牛津 1929 年英文版，第 99 页。

的洛克一样,是把人的多样性的相互关系归结为唯一的功利关
系的始祖,并且深刻地指出:"把所有各式各样的人类的相互关
系都归结为唯一的功利关系,看起来是很愚蠢的。这种看起来
是形而上学的抽象之所以产生,是因为在现代资产阶级社会中,
一切关系实际上仅仅服从于一种抽象的金钱盘剥关系。"①

按照霍布斯的意见,人们必定企望摆脱这种人人自危的"自
然状态"。这是因为,在"自然状态"中,不论何人,不论其智
勇如何,都无以安其身,无以保其命。而对人的本性来说,要
求自我保存较之要求占有一切,更为根本。因此,要求自我保
存和对死亡的恐惧的本能必然使人产生摆脱普遍战争状态,追
求和平的意念。于是,理性便出来教导人们,只有接受那些大
家必须遵守的共同的生活规则也即所谓"自然法",才能避免战
争,确保和平。

霍布斯认为,"自然法"和"自然权利"是相互矛盾的。"自
然法是理性建立的箴言或一般规则"②,具有道德上的约束力;
"自然权利"则是要求自由地无限制地占有一切。但为了确保和
平和安全,人们就必须用"自然法"来约束那无限制的"自然
权利"。

理性给人颁布的第一条"自然法"就是:"寻求和平,信守
和平。"③从第一条中又引申出第二条:"如果别人也愿意这样
做时,一个人在为了和平与保卫自己的范围内,会想到有必要
自愿放弃这种对一切事物的权利;他应该满足于具有和别人一
样多的自由,这恰如他愿意允许给别人和自己一样多的自由。"④

---

① 马克思和恩格斯:《德意志意识形态》,《马克思恩格斯全集》第3卷,人民出版社1960年版,第479页。
② 霍布斯:《利维坦》,牛津1929年英文版,第99页。
③ 霍布斯:《利维坦》,牛津1929年英文版,第100页。
④ 霍布斯:《利维坦》,牛津1929年英文版,第100页。

这就是说，人们要想达到自我保存的目的，就必须自愿放弃占有一切的自然权利。霍布斯从"自然法"的第一条引申出十多条"自然法"，但他认为可以把所有的自然法归结为清晰明白的一条，这就是：己所不欲，勿施于人。

霍布斯认为，自然法的学说是"真正的和唯一的道德哲学"。[①]"自然法"是衡量善恶的永恒不变的标准。遵循"自然法"，有益于和平，便是善；否则便是恶。

不难看出，霍布斯在"自然权利"和"自然法"学说上已经远远地离开了唯物主义。企图从人的情欲和理性中寻找战争与和平的根源，从人的理性中寻求某种超历史、超社会的永恒不变的道德规律，这显然是错误的。不过，霍布斯冲决传统神学的樊篱，不是从神的角度，而是从自然的角度去考察人，这种立场、观点和方法在当时历史条件下可以说是很新颖的。

（三）论国家

国家学说是霍布斯哲学的中心问题。

霍布斯把人看作一部机器，进而又把国家看作一个人造的机器人。一国的主权，如灵魂；官吏，如骨骼；财富，如体力；赏罚，如神经；民和，如健康；民怨，如疾病；内乱，如死亡；等等。在他看来，国家这个机器人的组织和力量远远超过自然人，成为自然人的保护者。

在国家学说中，霍布斯一方面用人的眼光观察国家，反对君权神授的神学社会政治理论；另一方面又竭力论证君主专制主义的必要性、合理性。

1. 社会契约说

和当时许多先进思想家一样，霍布斯也用人造国家说否定君权神授论，主张国家是由人们相互订立契约而产生的。

---

① 霍布斯：《利维坦》，牛津 1929 年英文版，第 122 页。

　　按照霍布斯的说法，理性颁布的"自然法"只具有道德上的约束力。人性是偏私的。如果没有强力，没有一个强有力的公共权力，"自然法"就无以维护。他说："虽然有自然法，如果没有树立起权力来，或者权力之大不足以保护我们的安全，那么任何人就会并且可以合法地依仗自己的能力和技术警戒别的一切人。"①这样，人们仍然摆脱不了人人自危的境况，于是，人们为了达到自我保存的目的，相互间订立契约，把他们的自然权利转让、交付给一个人或由一些人组成的会议，把大家的意志变成为一个意志。霍布斯说："这种统一的形成是由于人与人之间所订立的契约，好像每一个人要对每一个人说：我放弃我管理自己的权利，把它授予这个人或这些人的会议，只要你也同样把你的权利授予他，并且认可他的一切行动。"②被人们赋予最高权力的这个人或这些人组成的会议就叫作"国家"。这个威力无比的国家就像《圣经》中所提到的巨大海兽"利维坦"。这样，国家就可凭借每个人转让给它的足够的权力和力量所引起的恐惧，按照"自然法"制定国家的法律，强迫人们遵行，以保证国内和平，抵御外敌。霍布斯给国家下了一个定义："他（按：指国家）是一个人格，一大群人通过相互约定使他们自己每一个都成为这个人格的一切行动的主人，为的是当他认为适当的时候，可以使用他们大家的力量和工具来谋求他们的和平和公共的防御。"③应当看到，霍布斯提出这样一个国家定义，也是有其一定的现实根据的。恩格斯指出："由于国家是从控制阶级对立的需要中产生的，同时又是在这些阶级的冲突中产生

---

　　① 霍布斯：《利维坦》，牛津 1929 年英文版，第 128 页。
　　② 霍布斯：《利维坦》，《十六—十八世纪西欧各国哲学》，商务印书馆 1975 年版，第 98 页。
　　③ 霍布斯：《利维坦》，《十六—十八世纪西欧各国哲学》，商务印书馆 1975 年版，第 98 页。

的，所以，它照例是最强大的、在经济上占统治地位的阶级的
国家，这个阶级借助于国家而在政治上也成为占统治地位的阶
级，因而获得了镇压和剥削被压迫阶级的新手段。"接着，恩格
斯又指出，"但也例外地有这样的时期，那时互相斗争的各阶级
达到了这样势均力敌的地步，以致国家权力作为表面上的调停
人而暂时得到了对于两个阶级的某种独立性。17 世纪和 18 世
纪的专制君主制，就是这样，它使贵族和市民等级彼此保持平
衡"。①霍布斯关于国家是普遍人格的学说，正是这个时期专制
君主作为"表面上的调停人"这种特殊情况在理论上的表现。
但是，他不懂得，专制君主制作为凌驾于敌对阶级之上的独立
力量，作为对立阶级之间的调停人，是"表面上的"，从本质上
看，它仍然是一定阶级的统治工具。斯图亚特王朝的专制主义
是封建的专制主义，克伦威尔的专制主义则是资产阶级的专制
主义。霍布斯当然不可能看到这一点。

可以看出，霍布斯的社会契约说是和君权神授论根本对立
的，在当时的历史条件下具有反封建的积极意义。但是，他把
国家看作人们的意志的产物，看作代表全民意志的普遍人格，
这就陷入了历史唯心主义。

2. 专制主义

和 17—18 世纪流行的一般社会契约说不同，霍布斯的学
说的特色在于他用社会契约论为专制主义的必要性、合理性做
论证。

霍布斯认为，统治者的权力一经契约建立，便不可转让。
这是因为，人们既已立约将自己的权利交给一个统治者，那就
不应该采取任何违约的举动。这就是说，人们一旦交出权利，

---

① 恩格斯：《家庭、私有制和国家的起源》，《马克思恩格斯选集》第 4 卷，人民
出版社 1972 年版，第 168 页。

便永远不得收回。所以，在君主国中，人民未得君主的同意就不得废止君主制，也不得将统治权转让给他人。如果图谋废除君主，那就是破坏契约，必受惩罚。

按照霍布斯的说法，统治者是决不会违背契约的。这是因为，契约是群众之间订立的，统治者并非缔约的一方，因此根本不存在什么违不违约的问题。在霍布斯看来，统治者不论做什么事情，都是正义的，他的臣民不能以任何借口来避免对他的服从。

霍布斯断言，统治者的权力不仅不可转让，而且是不可分割的。他反对分权说，主张立法、司法、行政、财权、军权等所有权力皆应集中于统治者的手里。如无财政权，那么军权就是一句空话；如无军权，那么司法权也无从实施；如若放弃管理言论、出版、集会之权，那么人民就会为异端邪说所鼓动而谋反，因此，所有权力不能分割其一，若放弃其一，其余权力虽然存在，也不能确保和平与安全。总之，权分则国分，国分则内乱必起。霍布斯引用当时英国内乱的事实以证明分权说之不可取。

霍布斯明确声称，统治权是"不能转让和不能分割的"。[①]这就是说，统治权是绝对的，统治者所作所为均为正义，臣民只有服从的义务，没有任何抱怨或反抗的权利。如若反抗，就是违约，就是不义，就必然被排斥于国家的保护之列，被别人杀害也是正当的。针对霍布斯的专制主义理论，恩格斯写道："当君主专制在整个欧洲处于全盛时代，并在英国开始和人民进行斗争的时候，他是专制制度的拥护者。"[②]恩格斯还指出，霍

---

① 霍布斯：《利维坦》，牛津 1929 年英文版，第 139 页。
② 恩格斯：《致康·施米特（1890 年 10 月 27 日）》，《马克思恩格斯选集》第 4 卷，人民出版社 1972 年版，第 485 页。

布斯"作为至高无上的王权的保卫者登上了舞台，并且号召君主专制制度镇压这个强壮而心怀恶意的小伙子，即人民"。①16—17 世纪欧洲各国盛行的君主专制主义在反对罗马教廷和克服国内封建割据方面起过一定的积极的历史作用，但同时也具有反人民的性质。17 世纪初，英国斯图亚特王朝的专制统治已经开始把矛头主要指向人民。在这种情况下，霍布斯起来保卫专制制度，虽然其中仍然包含了强烈的反对封建主义的成分，但其反人民的倾向就显得特别突出了。

其实，霍布斯是很难将他的统治权力不可转移论一以贯之的。这是因为，他受之庇护的克伦威尔新政权正是通过推翻斯图亚特王朝的专制统治而建立起来。为此，霍布斯不得不对他的绝对君权论做某些修正。他认为，统治者最基本的职责是保护臣民的安全。因此，符合逻辑的推论就是：一旦统治者不能尽到这一职责时，臣民就可以解除对原有统治者所负的义务，寻求新的保护。他说，"人民对统治者所负的义务，于统治者丧失保护他们的能力时，则不复存在"。②这就像灵魂一旦和躯体分离，躯体的各部分便不再受其指挥了。他还说："假如君主在战争中被俘并且投降于胜利者，那么他的臣民便解除了对他的义务。并服从胜利者。"③按照这种说法，克伦威尔推翻斯图亚特王朝并没有犯破坏契约罪。同样的，霍布斯抛弃斯图亚特王朝，归顺克伦威尔新政权，也是理所当然的。总之，统治权力不可转让或契约不可破坏，这都不是绝对的。不过，霍布斯再三叮嘱，假如人们臣服属于一个新的君主，那"就必须做一个

---

① 恩格斯：《社会主义从空想到科学的发展》，《马克思恩格斯选集》第 3 卷，人民出版社 1972 年版，第 394 页。
② 霍布斯：《利维坦》，牛津 1929 年英文版，第 170 页。
③ 霍布斯：《利维坦》，牛津 1929 年英文版，第 171 页。

真正的臣民，因为不能破坏正当订立的契约"。[1]其实这也不尽然，在克伦威尔专制统治垮台之后，霍布斯又发表声明，表示效忠复辟的斯图亚特王朝。

（四）论宗教

宗教问题并不构成霍布斯哲学体系的一个组成部分，但是，批判传统神学却是贯穿霍布斯整个哲学体系的一个基本精神。

如前所述，霍布斯用哲学排除神学，把神从自然界和人类社会生活中彻底排挤出去。他从机械唯物主义出发，根本否定了神的存在。但是，宗教又怎么会产生，并能得到如此广泛的传播的呢？霍布斯从多方面揭示了宗教产生和传播的原因。

第一，宗教产生的认识论根源在于人对自然界事物的终极原因的追求。他说："好奇心或对认识原因的探索，使人从考察结果到寻求原因；又使他寻求那个原因的原因，一直到最后必然达到这种思想，认为有某种原因是没有在先的原因的，是永恒的，人们称之为上帝。因此人们如果要对自然的原因进行深入研究，就不能不从而倾向于相信有一个唯一的、永恒的上帝；虽然他们心里并不能有任何与上帝本性相合的上帝观念。"[2]可见，宗教不是别的，就是对可见事物之外的不可知的原因的信仰、崇拜。

第二，宗教产生的心理根源在于人们对不可见的力量的恐惧。有一些人很少甚至根本不研究事物的原因，但他们总觉得存在着一个主宰祸福的客观力量，因而对它发生恐惧。这样，他们就倾向于假想并虚构出各种不可见的力量，并且对自己想象的东西发生敬畏，遇到苦难就向它祈求，在一件期望的事情成功的时候就向它表示感谢，把他们的幻想所创造的东西当作

---

① 霍布斯：《利维坦》，牛津 1929 年英文版，第 549 页。
② 霍布斯：《利维坦》，牛津 1929 年英文版，第 93 页。

神灵加以崇拜。这种对不可见的力量的畏惧，乃是人心中产生宗教的自然种子。

第三，宗教教育是信仰的原因。人的信仰不是由父母，就是由教会中的牧师从小启迪而生的。为什么在基督教国家中人们信仰上帝，而别的国家则不信呢？关键在于人们幼时所受的教育的不同。

此外，宗教之所以能够广泛传播更在于统治者利用人心中宗教的自然种子，制定法律，作为统治群众的工具。统治者为了使人民服从自己，自命为超人，并把自己的所作所为说成是实现神的使命。他们把人民的苦难归咎于人民的渎神，使人民安于统治，不犯上作乱。霍布斯写道："这个宗教的种子许多人已经觉察到了，在觉察到这一点的人中间，有一些人倾向于对它加以培育，加以装饰，并把它制定成法律，再加上他们捏造的关于未来事件的原因的种种意见；他们认为这样他们就足以统治别人，并且为了自己使用别人的力量到最大的程度。"①

霍布斯对宗教产生和传播的根源的分析，大大促进了欧洲无神论思想的发展。

霍布斯还尖锐地揭露了教会的种种骗人伎俩。教会说，《圣经》就是上帝的教谕。可是，根据霍布斯的考证，《圣经》乃是由不同时期的不同的人写的作品汇集而成的，这就很难说它记载的真是上帝的语言。教会又说，上帝通过先知传命于人。霍布斯揭露说，《圣经》上明明记载着先知中有真有假，先知们之间还相互欺骗，这样，人们就很难相信先知。教会还宣扬什么上帝可以直接启示于人。霍布斯反驳道，若说上帝在人们做梦时给人启示，这不足信，因为梦境不过是事前的思念的反映。若说上帝异象或异声启示于人，也不可信，因为异象或异声往

---

① 霍布斯：《利维坦》，牛津1929年英文版，第94页。

往是处于半睡半醒之中产生的感觉,有些人自称受到了上帝的直接启示,这就更不可信,因为人难免有错觉,而且有些人口出诳语。霍布斯谴责教会搞的"赎罪符"的欺骗买卖。他尖刻地指出,如果罪孽可以用金钱来补赎,那就等于说可以用金钱购买犯罪的自由。

霍布斯坚决反对教权至上主义,主张王权高于教权。他认为,政权和教权都应该集中在国王手中,只有国王才是上帝和信徒之间唯一合法的中间人,教会本身只有得到国家权力的批准才能成立。各国的基督教徒都必须服从本国的元首,信仰本国法律所允许的教义。

对于罗马教会侵犯世俗权力的行径,霍布斯是深恶痛绝的。他斥责教皇和僧侣们腐化堕落、贪得无厌、愚昧无知,说他们"是骗子的集团,为了操纵人间,用黑暗荒谬的教义来扑灭人们心中自然的和神赋的光明",[1] "教皇势力达到极盛,人间的黑暗也就达到了极点"。[2]霍布斯向世俗统治者大声疾呼,应当摆脱教会的统辖,必须使政权和教权归于一尊,使教权从属于王权,否则就会乱国亡国。霍布斯高度评价亨利八世和伊丽莎白女王使英国摆脱罗马教会之举。同时他又警告说,罗马教会现在已派遣它的使徒分赴中国、日本和印度,谁知道它不会卷土重来而为害更大呢?由此看来,霍布斯对宗教和教会的批判始终服从于他的国家学说的主旨——国家权力至高无上。

不过,霍布斯的无神论思想不是很彻底的。尽管他否认宗教的真理性,但又认为宗教根植于人性,"永远不能从人性中消除"。[3]因此,他认为,一种宗教衰落了,新的宗教又会随之兴

---

① 霍布斯:《利维坦》,牛津1929年英文版,第472页。
② 霍布斯:《利维坦》,牛津1929年英文版,第479页。
③ 霍布斯:《利维坦》,牛津1929年英文版,第90页。

起。

霍布斯并不想抛弃宗教。在他看来，应该把宗教当作统治人民的社会"马勒"，看作国家权力的一部分。统治者有责任建立公众一致信仰的宗教信条。臣民对统治者所规定的宗教信条，应当作为法律来服从，不得提出任何异议。统治者建立宗教的目的就是使人民不但在世俗事务上，而且在精神信仰上都能绝对服从统治。

然而，应当看到，霍布斯心目中的上帝和传统神学所讲的上帝是很不相同的。在他看来，上帝的命令或神的法不是别的，恰恰就是人的理性所建立的自然法，如他所说的，"上帝之法不外乎就是自然法"。①按照这种说法，上帝与其说是某种超自然的精神实体，毋宁说是与人的理性同一，存在于人心中的一种道德精神。同时，在霍布斯看来，统治者颁布的国法是依据自然法制定的，"国法和自然法不是两回事"②，而是"相互包含，范围相同的"③，因此，"国家的每一个臣民都有义务遵守国法，而遵守国法就是遵守自然法"。④不难看出，在霍布斯这里，神法、自然法和国法乃是三位一体，政治学、伦理学和神学三者合流了。国法是现实的，服从国法就是服从自然法和神法；反之，就是违背自然法和神法。显然，霍布斯搞的这一套道德神学或政治神学，对于传统神学来说，是具有叛逆性的。

总之，霍布斯是 17 世纪的一位批判封建神学的勇猛的斗士。他创建批判封建神学的方式是独特的，一方面，在理论上把理性和信仰对立起来，用哲学排斥神学，根本否定神学的真理性；另一方面，在实践上，即在道德或政治生活中，在肯定

① 霍布斯：《利维坦》，牛津 1929 年英文版，第 459 页。
② 霍布斯：《利维坦》，牛津 1929 年英文版，第 205 页。
③ 霍布斯：《利维坦》，牛津 1929 年英文版，第 205 页。
④ 霍布斯：《利维坦》，牛津 1929 年英文版，第 205 页。

神学的同时又修正传统神学，以适应新贵族、大资产阶级的政治需要。

三、霍布斯哲学的历史地位和影响

霍布斯是一位伟大的思想家。他以他的学说反映着他那个时代的时代精神。他所发挥的许多富有独创性的见解在欧洲思想史上具有划时代的意义。

恩格斯指出，"霍布斯是第一个近代唯物主义者（18 世纪意义上的）"。[①]霍布斯把当时数学、力学的最新成果引入哲学，把培根开创的英国唯物主义加以系统化，建立了一个完整的机械唯物主义哲学体系，把欧洲唯物主义思想的发展推进到一个新的阶段——机械的、形而上学唯物主义阶段。

霍布斯以机械唯物主义为基础，"消灭了培根唯物主义中的有神论的偏见"[②]，创立了欧洲近代的第一个无神论体系。他对传统神学和教会所做的尖锐、深刻而又机智的揭露和批判，为 17—18 世纪无神论思想的传播和发展开辟了道路。

霍布斯的认识论是英国经验主义发展过程中的一个重要阶段。他继承和发展了培根的唯物主义经验论的路线，同时也注意汲取大陆唯理论的某些成分，为后来洛克对唯物主义经验论做系统论证奠定了基础。

霍布斯是近代功利主义伦理学奠基人之一。

在社会政治学说上，霍布斯一反传统的神学史观，"已经用人的眼光来观察国家了"，他"从理性和经验中而不是从神

---

① 恩格斯：《致康·施米特（1890 年 10 月 27 日）》，《马克思恩格斯选集》第 4 卷，人民出版社 1972 年版，第 485 页。

② 马克思和恩格斯：《神圣家族》，《马克思恩格斯全集》第 2 卷，人民出版社 1957 年版，第 165 页。

学中引申出国家的自然规律"。①为霍布斯所系统化了的社会契约论，成了 17—18 世纪人们观察社会政治、历史现象的基本出发点。

不过，霍布斯的哲学也表现了它的明显的历史局限性。他的整个哲学体系的机械论的性质，他的思想方法的形而上学倾向以及他的唯心史观，都使他的许多正确、积极的思想不能贯彻到底。霍布斯的学说在当时的英国还是"一种贵族的、秘传的学说"。②在这位新贵族的思想家看来，他的唯物主义和无神论是"仅仅适合于世界上的学者和有教养的人们的哲学，而跟适合于包括资产阶级在内的没有受过教育的群众的宗教大大不同"。③霍布斯的专制主义理论集中地表现了他的学说具有蔑视群众、反人民的贵族性质。

霍布斯的学说在英国和欧洲产生了广泛的、深刻的影响。

在英国，洛克从霍布斯出发，详细论证了认识开始于经验的原则，深入地批驳了天赋观念说，把培根和霍布斯的唯物主义经验论系统化了。洛克批判地改造了霍布斯的社会政治学说，在社会契约论的基础上论证了君主立宪制和分权学说的合理性。

霍布斯的学说在欧洲大陆上也有很大的影响。德国哲学家莱布尼茨早期深受霍布斯唯物主义和方法论的影响，荷兰哲学家斯宾诺莎的政治学说的根据大多和霍布斯相同的。

霍布斯本人并不是一位革命家，但他的学说的基本方面是革命的。霍布斯学说的革命性在 18 世纪法国激进思想家们

① 马克思：《第 179 号〈科伦日报〉社论》，《马克思恩格斯全集》第 1 卷，人民出版社 1956 年版，第 128 页。

② 恩格斯：《社会主义从空想到科学的发展》，《马克思恩格斯选集》第 3 卷，人民出版社 1972 年版，第 394 页。

③ 恩格斯：《社会主义从空想到科学的发展》，《马克思恩格斯选集》第 3 卷，人民出版社 1972 年版，第 394 页。

那里得到了充分的表现。18 世纪法国唯物主义者对霍布斯十分推崇。霍尔巴赫把霍布斯的著作译成法文。狄德罗称霍布斯的著作为"逻辑和理智的杰作"。霍布斯的机械唯物主义、无神论、唯物主义经验论、功利主义道德观以及人造国家的社会契约论思想是 18 世纪法国启蒙思想运动的重要思想渊源之一。

（与刘向东合作；

原载《西方著名哲学家评传》第三卷，

山东人民出版社 1984 年）

评近年来关于非理性成分的研究

加强对非理性成分的研究是时代的召唤

近年来,在我国掀起的对主体结构中的非理性成分的研究,是中国当代哲学发展中的一个新现象,本质上是我们这个时代的召唤。

有人说,在生物中唯有人才有理性,因而人是一个理性的存在者。这话是有道理的。有人说,在生物中唯有人才有意志、信仰、情感、直觉、灵感,因而人是一个非理性的存在者。这话也不无道理。

看来,把人看作既是一个理性的存在者,又是一个非理性的存在者,是以理性为主导的理性和非理性的统一体,似乎就更有道理。如果说是劳动创造了人,那么劳动就不仅创造了人的理性思维能力,而且创造了直觉、情感、意志、信仰等非理性成分。显然,一个活生生的人就不仅是一个有理智、能思考的人,而且是一个有情感、有意志、有信仰,并能在一定条件下迸发出奇妙灵感的人。

既然如此,我们研究主体的结构就不应当仅仅局限于研究主体的理性成分,而且应当研究主体的非理性成分,研究非理性成分和理性成分之间的相互关系,研究各个非理性成分及其相互之间的关系,研究非理性成分在人们处理主体和客体的关系中的地位和作用。如果撇开非理性成分的研究，那么人们就不可能在理论上全面、正确地理解主体同客体的关系，也不可能在实践中全面、正确处理主体同客体的关系。

所谓全面、正确地理解和处理主体同客体的关系，似乎应当包含这两方面的含义：一是正确地认识和改造客体以满足主体的需要；二是在认识和改造客体的过程中主体自身的建设，即人的全面发展。在这两个方面，理性成分无疑占据着主导的地位，具有巨大的能动作用，但是，非理性成分的地位和作用也是不能低估的。人们的情绪、意志、信仰等非理性的因素对于人们认识和改造世界的重大影响，是不言而喻的。很难设想一个缺乏热情、意志薄弱、没有坚定信仰的人能积极地去追求真理，取得事业上的成功。

然而，在一个相当长的时期内，我们对主体的研究恰恰忽略了非理性成分这个方面。应当肯定，我们对主体结构中的理性成分的研究是很有成绩的，对于人们正确认识世界和改造世界无疑具有十分重要的意义。可是，在我们注重主体结构中的理性成分的研究的同时却忽略了对主体结构中的非理性成分的研究，这不能不说是一个欠缺。

产生这种情况的原因是多方面的，仅从认识方面说至少有这么一点，即把主体结构中的实际存在的非理性成分和作为哲学世界观的非理性主义哲学混为一谈。因此，人们在否定非理性主义哲学的同时也否定潜意识、直觉和信仰等非理性成分的存在，误认为非理性成分只是非理性主义哲学的事，与崇尚理性的马克思主义哲学无关。进一层，研究非理性成分就是搞非理性主义，而搞非理性主义当然就是反马克思主义，在这种模糊观念支配下，在一个相当长的时期内，主体结构中的非理性成分竟成了人们不能问津的禁区。

近年来，西方非理性主义哲学的传入在人们的思想上引起了某些混乱，但也促成了人们对主体结构中的非理性成分的关注。毫无疑问，西方非理性主义是一股唯心主义哲学思潮，从总体上看，非理性主义哲学的根本观点是错误的，有的甚至是很荒唐的，其社会效果也往往是消极的。某些非理性哲学如存在主义，在目前西方世界也并不是那么时髦了。但是，为什么这样一股哲学思潮却能在长期以马克思主义意识形态为指导的中国这块土地上引起了不少人的共鸣，给一部分青年人带来了很大的精神震动，以致先后出现了所谓"萨特热""弗洛伊德热"和"尼采热"等现象呢？这是很值得深思的。

近年接续出现的非理性主义热，根本原因既不是什么青年人的好奇心，也并不是非理性主义哲学本身的魅力，而在于近年来我国社会经济政治生活的变化引起的人们精神生活上新的追求。那种安于现状、因循守旧、优柔寡断、疲沓拖拉等平庸萎靡的精神状态，人们普遍地厌倦了。人们欣赏和追求的则是一种坚定、果断、奋进、升腾、超越、创造的奋发进取的精神风貌。人们的主体意识觉醒了，主体的能动的、创造的本质得到肯定。恰逢其时，西方非理性主义哲学传入了。人们的新的精神追求似乎在非理性主义哲学中得到了升华和满足。

非理性主义哲学之所以能赢得人们的共鸣，当然也有它的内在根据，即在于它对主体结构中的非理性成分的重视和研究。研究非理性主义哲学必须注意两点。首先，必须把非理性主义哲学同主体结构中的非理性成分区别开来，非理性成分是主体结构中同理性成分既有密切联系又有区别的一种成分。在主体结构中，理性成分占据主导地位，具有能动的和创造的功能；非理性成分处于从属地位，但较之理性成分更富于能动性和创造性。和非理性成分不同，非理性主义是关于非理性成分的一种哲学观点，其特点是贬抑或否定理性思维的作用，专注于主体结构中的非理性成分的研究，并把非理性成分绝对化、客观化甚至神化。其次，还必须把非理性主义哲学中非理性成分绝对化的错误观点同它们在非理性成分研究中包含的某些合理因素加以区别。非理性主义哲学尽管在总体上是错误的，但不能把非理性主义哲学简单地斥为一派胡言，事实上，非理性主义哲学在对非理性成分的具体研究中确实包含了某些合理的科学的因素。比如，弗洛伊德的潜意识学说的泛性主义是错误的，但是弗洛伊德对潜意识所做的某些具体的深入的分析已被现代心理学所肯定，并在精神病的治疗实践中被证明是正确的。因此，对非理性主义哲学采取简单化的态度是不行的。

近年来接续出现的"非理性主义热"，原因是多方面的，有外在的原因，也有内在的原因。我们认为，从理论方面说，一个内在的原因就是，在马克思主义哲学研究中长期存在着一个明显的缺陷：忽视主体结构中的非理性成分的研究。

认为非理性成分与马克思主义哲学无关的观点，应当说有其历史的理由。马克思主义哲学是西方近代哲学中的理性主义传统的继承者。自马克思主义哲学诞生之日起，它就受到西方非理性主义的挑战，直到今天斗争也没有停息。马克思主义者在批判非理性主义的时候，着重揭露了非理性主义贬抑或否定理性的谬误，以及非理性主义哲学的消极的和反动的社会效果。但是，在批判过程中，如何分析非理性主义哲学中的精华和糟粕。如何运用马克思主义观点正面研究非理性成分，就显得很不够了。

近年来，我国一批马克思主义哲学家、心理学家、教育学家以及文艺理论家勇敢地面对时代的挑战，力图运用马克思主义观点，利用现代科学成果，开垦非理性成分这块处女地。这对于满足当代人们的新的精神追求，从根本上克服非理性主义哲学，丰富马克思主义关于主体结构的学说，具有重大的理论意义和实践意义。

近年来我国学者关于非理性成分研究的几个特点

近年来，我国学者对非理性成分的研究，是富于时代气息和时代特色的。

首先，我们看到，在近年来的非理性成分的研究中，绝大多数学者能够比较自觉地坚持马克思主义指导这个正确的研究方向。

应当说，在非理性成分的研究中坚持马克思主义的指导是很不容易的。首先，非理性成分一直是非理性主义哲学的世袭领地，在非理性成分上始终笼罩着一层厚厚的神秘的迷雾，使非理性成分成了似乎不可捉摸，无法理解的东西。其次，对于马克思主义哲学来说，非理性成分还是一块尚未开垦的处女地，经典作家们对非理性成分的直接论述不多，没有留给我们关于非理性成分的系统的马克思主义原理。再次，在非理性成分问题上，多年来形成了不少教条主义的条条框框，严重地束缚了人们的头脑，在这种情况下，如果没有马克思主义的理论勇气、求实精神和深厚的坚实的基本理论的功底，就不可能揭破非理性主义的迷雾，也不可能对非理性成分的本质和规律做出科学的分析和研究。

在近年来的非理性成分研究中，人们着重突出了马克思主义的实践观点和辩证方法的指导作用，人们从实践观点出发，唯物地阐明了非理性成分的能动性和创造性，剥除了非理性主义涂在非理性成分上的种种神秘色彩。人们力图运用辩证的观点理解主体结构，把主体结构作为一个有机的动态系统加以考察，力求揭示各个非理性成分之间、非理性成分和理性成分之间的辩证关系，以克服非理性主义哲学把某一非理性成分片面化、绝对化的错误倾向。

近年来我国非理性成分研究的另一个显著的特点是多学科的协作。非理性成分研究涉及哲学、心理学，也和教育学、伦理学、科学方法论以及文艺理论等学科密切相关。从近年来发表的有关论著看来，既有哲学、心理学的论著，也有相当多数量的教育学、文艺理论以及科学方法论方面的论著。人们从不同学科、不同角度去探索非理性成分的不同侧面，不仅大大丰富了研究内容，开阔了思路，而且有助于全面地把握非理性成分的本质和规律，并使理论研究的成果更快地付诸实际运用。拿情感来说，心理学家着重研究情感的心理基础，文艺理论家着重探讨情感在文学艺术创作和欣赏中的地位和作用，教育学家着重探讨儿童和青少年情感教育的规律，哲学家则着重探讨情感在人们处理主体和客体关系中的意义。不过，在近年来非理性成分研究中出现的这种多学科的协作是自发地形成的，因而在一些问题的研究上，显得目标分散，力量不集中，泛泛议论较多。我们相信，随着研究的深入，自发地多学科协作会逐步过渡到围绕某些重大课题的有组织、有计划的多学科协作。

近年来我国非理性成分的研究还有一个明显的特色，那就是富于创新精神。人们一起奔赴"新大陆"，大家同时起步，谁也没有资格定调子，谁也没有资格做结论，解决问题的办法只能是艰苦的劳动和自由平等的讨论。在这里，重弹老调没有市场，靠引经据典过不了日子，出路只在于运用马克思主义的基本观点，吸取现代科学成果，去分析新现象、新材料，引出新结论。

近年来我国学者研究非理性成分的重要成果

近年来我国学者对非理性成分的研究是很有成绩的。据不完全统计，出版有关非理性成分研究的专著十多部，译著十多种，发表专题论文近二百篇，成果数量相当可观。在对非理性成分进行独立的马克思主义研究当中，我国学者在学术观点上也有不少突破和建树。

首先，近年来我国学者敢于破除种种教条主义框框，较为系统地论述了马克思主义哲学研究非理性成分的必要性和意义，为对非理性成分进行马克思主义的研究开辟了道路。大约在 1980 年前后，人们开始从心理学、教育学和文艺创作等不同角度对情感、意志、灵感等分别进行探讨。1983 年 2 月，《光明日报》发表了名为"应重视非智力因素的培养"的文章①。该文从心理学角度提出了"非智力因素"这个概念，指出在发展学生的智力因素的同时，应当重视情感、意志和性格等非智力因素的培养。1983 年 10 月，《南开学报》发表《应当注意对主体结构中的非理性成分的研究》一文②。文章作者从哲学角度把潜意识、情感、直觉、意志、信仰等进一步概括为"主体结构中的非理性成分"这一概念。文章指出，人们以往重视主体结构中的理性成分的研究是对的，但是忽略主体结构中的非理性成分的研究则是一个欠缺。不能因为反对非理性主义哲学就忽略对非理性成分的研究。只有注意对非理性成分进行马克

---

① 燕国才：《应重视非智力因素的培养》，《光明日报》1983 年 2 月 11 日。
② 冒从虎、常健：《应当注意对主体结构中的非理性成分的研究》，《南开学报》1983 年第 5 期。

思主义研究，用辩证唯物论占领非理性成分这块阵地，才有可能从根本上克服非理性主义，丰富马克思主义的主体学说。在最近一两年发表论著中，不少学者对马克思主义研究非理性成分的意义做了更为深入的理论阐述，从而进一步推动了非理性成分的研究。

其次，近年来我国学者对现代西方非理性主义哲学的研究取得了新的进展。我们知道，现代西方非理性主义哲学是在批判近代西方哲学的理性主义传统中形成和发展起来的。在我们的西方哲学研究中，在一个相当长的时期内，人们似乎也有一种颂古非今的偏好，崇尚近代西方哲学中理性主义，贬抑现代西方哲学中的非理性主义，甚至认为现代西方非理性主义哲学是对近代西方哲学中的理性主义传统的反叛，是西方哲学发展的倒退。现在看来，这种观点是值得研究的。应当看到，不论是理性主义，还是非理性主义，对主体结构的把握都是片面的，但两者又都是人类认识自我，把握主体结构的一个环节。从人类认识自我的发展看，现代非理性主义反叛古典的理性主义，与其说是倒退，倒不如说是西方哲学发展的一个重大进步。首先，现代西方非理性主义是和现代西方社会经济、政治、科学和文化的发展息息相关的，是西方现代社会生活的一面折射镜。非理性主义哲学对现代西方社会生活中的矛盾的揭露往往是很深的，尽管其结构和态度往往是消极的。其次，现代西方非理性主义对主体结构做了更为深入的分析，是人类认识世界、认识自我的一种特殊思想形式。它对主体结构中理性成分和非理性成分之间的矛盾做了深刻的揭露，对各种非理性成分所做的研究既有失也有得。现在看来，我们对西方非理性主义哲学进行马克思主义科学研究，不仅有助于我们深入了解西方社会和西方哲学的发展，而且有助于马克思主义哲学的丰富和发展。

近年来，我国学者对各个非理性成分的研究也有不少新的建树。从近年来发表的论著来看，人们的兴趣和注意主要集中在潜意识、情感和直觉三种非理性成分上。

"潜意识"这个词是和弗洛伊德这个名字分不开的。正是这位人类心灵奥秘的伟大探索者首先开发了人类精神的这个最隐蔽的角落——潜意识，同时也正是他把潜意识弄得神秘莫测，成了现代哲学、心理学长期争论不休的对象。

在人类精神生活中，除了自觉意识或显意识之外，是否还存在着一个潜意识领域？能否像弗洛伊德那样，把潜意识看作意识的基础、源泉和动力？能否像弗洛伊德那样把潜意识归结为性本能冲动？对于这类问题长期以来众说纷纭，莫衷一是。

在潜意识的研究中，我国学者在这一点上的看法是一致的，弗洛伊德的潜意识学说中的泛性主义是错误的，但潜意识本身乃是一种实际存在的精神现象，应当是科学研究的对象。人们从多方面论述了研究潜意识的意义，探讨了潜意识的本质、根据、潜意识和显意识的关系，以及潜意识的作用等问题。潜意识有其生理的和心理的根据，而社会实践则是它的重要根源。潜意识和显意识并不是两个各自独立的世界，而是可以相互转化的。人们还探索了潜意识的作用，指出潜意识是人们认识客观现实的一种不可缺少的形式，也是促使人们有效地进行学习、治疗疾病和创造性工作的一种能力。

在近年来的非理性成分的研究中，直觉、灵感恐怕算是最热门的话题了，人们着重探讨了直觉、灵感的本质、特征、作用以及直觉、灵感迸发的根据和条件。对于这些问题，学者们从不同角度，提出了各种不同的观点，进行了较为深入的理论探讨，富有启发性。在这些问题中，最令人感兴趣的恐怕是灵感迸发的根据和条件问题。灵感最根本的特征是创新，而人们都想创新，都希望灵感能降临到自己的头上。根据近年来的研究，要想灵感降临到自己的头上，至少必须满足下列几条：一定的直觉能力，丰富的感性经验的积累，深厚的、坚实的理论基础，长期的深入的理性思考，对问题的浓烈的兴趣，适宜的环境和情绪以及偶然事件触发，等等。可见，把灵感看作无规律可循的神秘莫测的东西是错误的，但是如果认为不经过艰苦的努力，灵感就能垂手而得也是不符合实际的。

情感问题也是近年来非理性成分研究的一个热点，有关论著甚多。除了对情感的本质、分类以及发展规律等问题进行了较为深入的理论探讨工作，学者们还着重研究了情感与认识文艺创作以及人生价值的关系。人的认识能够制约情感，而情感又能影响认识，对认识的发展具有激化、选择和内控作用。情感与文艺创作关系甚为密切，不少文艺理论家认为，情感是文学艺术的基本特征。不仅如此，情感还是人的生存价值的目标，是衡量人的全面发展的标准之一，一个全面发展的人必定是具有丰富的、高尚的情趣的人。

近年来非理性成分的研究成绩是很显著的。但也应当看到，对非理性成分的研究还刚刚起步。无论在广度上，抑或在深度上还是很不够的。首先，在研究方法上还很不成熟，多数人在研究中采取的还是一般的经验描述方法。其次，我们目前的研究大体上还处于搜集材料、分析材料，对非理性成分的各个方面进行分别考察的阶段。还不可能提出关于非理性成分的系统的学说，尚未形成具有系统理论观点的学术流派。再次，近几年的非理性成分研究显得不很平衡。关于情感、潜意识、直觉、灵感的论著发表较多，有关意志、信仰的论著则很少，至于习惯、兴趣、希望以及情欲等非理性成分则几乎没有论著论及。

此外，近年来，在我们的研究中在吸取现代西方哲学、科学成果方面，虽然做了不少努力，但还是显得不够。这些问题都会随着研究的深入逐步得到解决。

（与冒乃健合作；

原载《山西师大学报》1988 年第 4 期；

转载《文科学报文摘》1989 年第 1 期）

附录　欧洲哲学史教学提纲

导　言

　　和东方各国的哲学史一样，欧洲哲学史也是人类知识宝库中的一份珍贵的遗产。

一、欧洲哲学史科学的对象

　　欧洲哲学史是研究马克思主义哲学产生以前欧洲哲学思想发生、发展规律的科学。

　　欧洲哲学史反映了欧洲各民族对于思维和存在的关系、宇宙发展的一般规律的认识逐步深化的过程。曾经在哲学发展过程中发生过重大影响的哲学思潮，都是这种认识发展过程中的一个环节、阶段。

　　推动欧洲哲学发展的，主要是唯物主义和唯心主义两大哲学派别既斗争又统一的矛盾运动。

　　在欧洲哲学发展过程中，围绕着唯物主义和唯心主义的矛盾发展，交织着辩证法和形而上学两种发展观的矛盾发展。

二、哲学发展和人类社会实践的发展

　　哲学是人类社会实践的产物，是关于自然知识和社会知识的概括和总结。

　　哲学的发展依赖于人类的自然斗争的实践的发展。哲学家们都从不同角度概括和总结生产斗争的实践经验和自然科学的成果。唯物主义把自然科学当作自己的科学基础。它不断地总结科学技术发展成果，充实自己的内容，并随着科学技术的发展改变着自己的形态，同时，它又不断地以自己的正确的世界观去保卫、指导和推动自然科学的发展。唯心主义则往往歪曲地概括自然科学的成果，同宗教神秘主义结合，阻碍自然科学的发展。

研究哲学史必须同研究科学技术发展史结合起来。

哲学更依赖于人类的社会斗争的实践的发展。哲学是政治、经济的反映，随着政治、经济的发展而发生、发展。哲学对政治、经济的发展也起着促进或阻碍的反作用。

政治对哲学具有重大的影响。哲学是阶级社会的产物。在阶级社会中，所有的哲学学说都为隶属于一定阶级的人们所创造，概括和总结一定阶级的阶级斗争的经验，表现着一定阶级的需要，并且是为一定阶级的阶级斗争实践服务的。一般说来，唯心主义反映了反动、保守或软弱的阶级、集团的要求，唯物主义和辩证法则通常是革命阶级的宇宙观。

在哲学史的学习、研究中，应当贯彻马克思主义的阶级分析方法，具体地历史地揭示每一个哲学体系的阶级基础和它的社会作用，科学地阐明哲学斗争和阶级斗争的关系。对历史上各派哲学思潮进行阶级分析，应当防止和避免简单化。

评价历史上唯心主义哲学的历史地位，不应当从某种抽象的公式（如"唯心主义本身有好处"，或"唯心主义＝谬误＝反动"等）出发，而应当采取具体的历史的分析态度。

哲学和一定时代的政治、经济、法律、道德、宗教、文学艺术等方面的观念密切联系着。离开对其他社会意识形态的研究，也不可能科学地阐明一个哲学体系的实质。

三、哲学思想发展过程中的批判和继承

一个哲学体系的创立，按其本质说，是一定时代的政治、经济关系的反映，但在思想材料上，它又都是从历史上提供的思想材料出发的。不同历史时期的哲学，在思想材料上的这种延续和影响的关系，表现了哲学思想发展的相对独立性和继承性。

在哲学史上，曾经发生过重大影响的哲学思潮，都是人类认识史上的一个环节。研究哲学思想之间的继承关系有助于揭示哲学思想发展的规律性，了解人类认识史。

在历史上，哲学思想的继承过程同时也是一个批判的过程。哲学思想之间的继承关系是相对的，哲学受当时政治、经济关系的决定，则是绝对的。在历史上，任何阶级对历史文化的继承，总是按照自己的阶级要求确立对历史文化思想资料的取舍标准，通过对历史文化思想资料的批判、改造而达到的。

批判和继承的统一，反映了哲学思想继承上的强烈的党派性。

马克思主义者是历史主义者，十分珍惜古典哲学遗产，马克思主义者又是阶级论者，坚持对历史文化采取批判的态度。马克思主义者必须从无产阶级立场出发，以辩证唯物论和历史唯物论为武器，去整理分析哲学遗产，分清其中的精华和糟粕，吸取其精华，剔除其糟粕，反对无批判地兼收并蓄，反对文化虚无主义。所谓"吸取"并不是简单地拿来运用，所谓"剔除"也不是简单地撇开不管。不论是"吸取"还是"剔除"，都是一个具体分析的过程。

四、学习欧洲哲学史的目的、要求

1. 目的

通过欧洲哲学史的学习，有助于我们进一步理解马克思主义哲学在哲学史上所实现的伟大革命的所在及其意义，有助于我们更好地学习和掌握马列主义、毛泽东思想，树立和巩固辩证唯物主义世界观。

通过欧洲哲学史的学习，初步掌握哲学发生和发展的规律，锻炼理论思维能力，丰富哲学知识，从而有助于更好地理解并参加现实的哲学斗争。

通过欧洲哲学史的学习和研究，批判地吸取古典哲学的优秀遗产，以丰富和发展我国的社会主义文化。

2. 要求

通过欧洲哲学史的学习，要求对西方哲学史上的唯物主义和唯心主义、辩证法和形而上学发展的一般线索有较清晰的轮廓；对欧洲哲学史上的重要的哲学流派、重要的哲学家的思想及其历史影响有较系统的了解，掌握其主要观点和资料，并能对他们的学说进行初步的分析。

阅读书目：

恩格斯：《路德维希·费尔巴哈和德国古典哲学的终结》，第二节。

恩格斯：《致康·施米特（1890 年 10 月 27 日）》。

列宁：《唯物主义和经验批判主义》，第六章，第四节。

毛泽东：《新民主主义论》，第十一节和第十五节。

思考题：

1. 欧洲哲学史的研究对象。

2. 哲学发展同阶级斗争、自然科学发展的关系。

3. 马克思主义对待古典哲学遗产的基本态度。

第一章　古希腊、罗马哲学

古希腊罗马哲学是欧洲哲学的起源，孕育着后来欧洲哲学的胚芽。

作为关于世界观的系统化的学问的哲学，是奴隶占有制社会的产物。在原始社会发展的一定阶段上，出现了哲学思想的萌芽。奴隶占有制社会提供了哲学形成的基本条件：自然和社会知识的丰富，体力劳动和脑力劳动的分离，特别是阶级对立的出现。

古希腊、罗马的地理、历史、科学和文化概况。

古代哲学的基本特点：

古代哲学不同派别的斗争，反映了奴隶主阶级内部的先进集团和保守、反动集团的斗争。

古代哲学是一个无所不包的统一的知识部门。最早的哲学家也是自然科学家、社会科学家。

古代哲学家都是自发的辩证法家。

古代哲学主要讲的是本体论问题。

德谟克利特路线和柏拉图路线的对立，是古代哲学发展的基本线索。

第一节 古希腊早期的自然哲学思潮

古希腊的奴隶占有制形成于公元前8世纪至公元前6世纪。贵族奴隶主和以工商业奴隶主为代表的平民之间的矛盾是这个时期的主要的社会矛盾。

刚刚产生的哲学是当时的生产斗争知识和阶级斗争知识的综合。希腊神话为哲学的产生提供了思想素材。埃及、巴比伦、波斯以及印度等古代东方国家的文化对古希腊哲学的形成和发展有积极的影响,不少著名的哲学家曾到东方游历和求学。

古希腊早期自然哲学主要是在同原始宗教迷信的斗争中产生的。它提倡一种朴素的科学精神,鼓吹认识自然和改造自然。这个时期的哲学家侧重于对自然现象的观察和研究,被称为"自然哲学家"。

随着哲学的产生,早期希腊哲学中出现了唯物主义和唯心主义两种倾向的矛盾和斗争。

一、米利都学派

米利都学派是希腊的第一个唯物主义学派。其特点是从物质的具体形态中寻求世界统一性的物质根源。

米利都学派的创始人、希腊的第一个唯物主义哲学家泰利士(约公元前624—前547)是一位博学多才的自然科学家和政治活动家。他第一次对世界万物的根源做出哲学概括,认为水是万物的本原,万物来自水,又回到水。

阿那克西曼德(约公元前610—前546)认为,万物的始基是"无限",万物从"无限"来,又回到"无限"。"无限"产生出对立物——热和冷、干和湿等。对立物的相互作用促成世界的运动、变化。

阿那克西美尼（约公元前 585—前 525）认为，"气"是万物的本原。一切事物均由"气"的浓化和稀化的作用而产生。

米利都学派的唯物主义突破了传统的宗教神秘主义，在物质的具体的感性的形态中朴素地说明了世界的物质统一性和对立统一原则，为希腊后来的唯物主义和辩证法的发展开辟了道路。

米利都学派的代表人物关心生产的发展和科学的进步，对数学和天文学做过比较深入的探索。

二、毕达哥拉斯学派

毕达哥拉斯学派创立于南意大利的克洛同。

毕达哥拉斯（约公元前 580—前 500）是这一学派的创始人。

毕达哥拉斯学派哲学的基本概念是"数"与"和谐"。

毕达哥拉斯学派把事物的量的属性抽象出来单独地加以考察，这在认识史上是具有积极意义的。但是他们把事物的量的关系和空间关系绝对化、客观化、神秘化，认为"数"是万物的本原。这派哲学具有客观唯心主义的倾向。

毕达哥拉斯学派比较深入地研究了数的比例关系，同时又把这种比例关系神秘化，认为数和数之间存在着比例的和谐关系，因此由"数"创造出的世界，在本质上是和谐的。这种和谐论是为氏族贵族的统治秩序做辩护的。

毕达哥拉斯学派揭露了某些对立现象，如奇数和偶数、一和多，有限和无限、直线和曲线等，但是在他们那里，这些对立面是僵死的，不能相互转化的。

毕达哥拉斯学派还提出所谓"灵魂轮回"说，认为灵魂独立于肉体并且不朽，肉体死亡后，灵魂又可以转移到另一个肉体上。

毕达哥拉斯学派在数学上是有贡献的。这个学派的哲学表现了科学思维的萌芽同宗教、神话之类的幻想的一种联系。

三、爱非斯学派

爱非斯学派代表人物赫拉克利特（约公元前 530—前 470）认为，"火"是万物的本原。世界过去、现在和未来永远是一团按一定分寸燃烧和熄灭的活火。

赫拉克利特认为，万物都是根据"逻各斯"产生的。赫拉克利特的"逻各斯"的思想带有某种神秘主义的色彩，其中包含了对客观规律性的猜测。

赫拉克利特生动地表述了万物皆流的辩证发展观点：人不能两次进入同一条河流，万物"既存在又不存在"。

赫拉克利特反对毕达哥拉斯学派的和谐说，通过对自然界和人类社会生活中的许多具体事例的描述，猜测到了对立的普遍性、对立面的相互依存和相互转化以及发展是对立面的斗争。

列宁称赫拉克利特是辩证法的奠基人之一。

赫拉克利特的辩证法是自发的、直观的。

赫拉克利特开始从唯物主义立场考察人的认识过程，认为人应该倾听自然的话。他意识到了感性认识和理性认识的区别，指出了感觉在认识中的重要作用和局限性。

四、爱利亚学派

色诺芬尼（约公元前 565—前 473），爱利亚学派的先驱。他反对关于神的拟人论的宗教观念，认为神是唯一的、不动的。

巴曼尼德（约公元前 540—前 470），爱利亚学派的奠基人。

他把色诺芬尼的唯一、不动的神改造成为所谓"存在论"哲学。

巴曼尼德认为，运动变化着的现实世界是虚假的，是"非存在"；只有那唯一的、不动的"存在"才是真实的。他反对赫拉克利特"既存在又不存在"的辩证法思想，断言"存在"是唯一不动的，"存在"不能来自"非存在"，也不能变为"非存在"。

巴曼尼德认为，感觉所接触到的世界是"非存在"，因而感性认识只是"意见"，不能提供"真理"。唯一不动的"存在"只有靠思想才能把握，因而理性认识是通向"真理"的道路，思想和"存在"是同一的。

巴曼尼德在古希腊哲学史上第一次明确地提出了思维和存在、现象和本质、感性和理性的关系问题，对后来哲学的发展有重大的影响。不过，他对这些问题所持的观点则具有明显的唯心主义和形而上学的倾向。

芝诺（约公元前490—前430），巴曼尼德的学生，全力为巴曼尼德关于"存在"是唯一、不动的观点做辩护。

为了论证"存在"是唯一的，芝诺提出了反对"多"的论证。他不懂得"一"与"多"、有限和无限的辩证关系，认为承认"多"就必然陷入无限大和无限小的不可解决的矛盾之中。

为了论证"存在"是不动的，芝诺提出了反对运动的四个论题："飞矢不动""两段法""阿基里斯追不上乌龟""运动场"。芝诺的四个论题表明，他不懂时间、空间是间断性和连续性的统一，不懂得运动本身就是矛盾，从而否认了运动的可能性、真实性。

芝诺关于反对多、反对运动的论证，深刻地揭示了有限和无限、间断性和连续性的矛盾，对后来辩证法思想的发展有很大的启发意义。

五、恩培多克勒、阿那克萨哥拉的多元物质始基说

恩培多克勒（约公元前 495—前 435），古代原子论的先驱之一。

"四根说"——水、气、火和土是世界的四大物质根源。一切事物，包括神灵在内，都是四种元素的不同结合而成。

"爱恨说"——爱和恨是两种对立的力量。爱使不同元素结合，相同元素分离；恨使不同元素分离，相同元素结合。爱和恨的相互作用促成世界的运动、变化和个别事物的生灭。

"流射说"——事物不断发出"流射"，事物本身又有无数"孔道"。"流射"与"孔道"相应，事物间发生作用。外物的"流射"和我们感觉的"孔道"相应时便产生正确思想，否则就产生错误。这被称为"同类相知说"。

恩培多克勒已经倾向于探索个别事物的物质结构及其运动变化的问题，开始注意人类认识和对象之间的关系问题。

阿那克萨哥拉（约公元前 500—前 428），伯里克利的好友，雅典民主政治的支持者。

"种子说"——物质的基本单位是"种子"。"种子"的种类无限多样，如头发种子，骨头种子等。某些事物乃由不同种子混合而成，如食物包含了血、肉、骨头等"种子"。

阿那克萨哥拉开始用量的增减或分离和组合来说明事物的变化。事物的性质为占优势地位的"种子"所决定。占优势地位的"种子"的量的减少就会引起了事物的变化。事物没有什么产生和消灭，只有"种子"的组合和分离。这种思想具有机械论的倾向。

阿那克萨哥拉把世界的最终运动源泉归结为所谓"奴斯"（"心灵"）。这种外因论常常为唯心主义者所歪曲和利用。

"异类相知说"——感觉起源于相反东西的对比和刺激。由冷知道热，由热知道冷。

恩培多克勒和阿那克萨哥拉开始通过研究个别事物的内部物质结构问题，进一步论证世界的物质统一性，从而为德谟克利特创立原子唯物论做了准备。

六、德谟克利特的原子论

德谟克利特（约公元前 460—前 370）是原子论的先驱留基伯的学生，阿布德拉人，奴隶主民主政治的拥护者。

1. 原子和虚空是万物的本原

原子是不可分的物质微粒，数量无限。原子之间没有性质区别，但有形状、次序和位置的不同。具体事物的千差万别，正是由于组成的原子的形状、次序和位置的不同。灵魂亦为最精致的原子所组成。

虚空是原子存在、运动的场所。

德谟克利特肯定了爱利亚学派的"无不能生有，有也不能变无"的原则，但是，他认为，虚空这种"非存在"和原子这种"存在"一样，也是存在的，即客观实在的。

德谟克利特的原子论具有唯物主义的性质，是和爱利亚学派的存在论、柏拉图的理念论相对立的。

2. 原子自动和必然性思想

宇宙是一个过程，万物处于永恒的变化之中。物质运动的泉源在于原子内部的永恒的"颤动"。这种物质自动的思想，具有自发的辩证法的性质。

事物的运动变化完全按照其自身的必然性进行。一切都是必然的，偶然性不过是无知的代名词。

德谟克利特关于必然性的思想，是对苏格拉底、柏拉图的目的论的否定，在当时历史条件下具有积极意义。但是，这种把必然性绝对化的倾向，可能导致宿命论。

德谟克利特哲学强调个体及其能动性的思想，反映了奴隶主民主政治的精神。

3. 影像说

德谟克利特把唯物主义认识论向前推进了一步。

首先，他提出了朴素的反映论思想，认为感觉和思想是客观对象流射出来的、和它原型相似的"影像"透入我们的认识器官所引起的。

其次，初步探索了感性认识和理性认识的区别及其相互关系。感觉是暧昧粗糙的知识。精细的知识（如原子）只能求助于理性。当感觉在微小的领域内不能再看、再听的时候，理性就参加进来了。

德谟克利特的认识论是极其朴素的。但它和柏拉图的回忆说则是对立的。

4. 社会、伦理和无神论思想

德谟克利特认为，人类社会和自然界一样，也是不断变化发展的。远古人过着群居生活。"双手、智慧和机灵"把人们引向文明。

在伦理学上，他激烈抨击贵族奴隶主的禁欲主义说教和实际生活中的贪得无厌，主张物质生活方面的知足、适度，心灵上求得淡泊、宁静。

德谟克利特否认有所谓不死的神的存在。神的观念来自人们对奇异自然现象的无知。人们按照自己的风俗创立自己的神，并以法律迫使人承认神的存在。

德谟克利特的社会、伦理和无神论思想在当时历史条件下具有进步意义。

第二节　雅典哲学的繁荣

公元前 5 世纪至公元前 4 世纪，希腊奴隶占有制得到进一步的巩固和发展。奴隶主阶级和奴隶阶级的矛盾成为社会的主要矛盾。奴隶主阶级内部的先进集团同反动、保守集团也进行着激烈的斗争。

希波战争（公元前 500—前 449）后，以雅典为首的奴隶主民主派得势，在许多城邦建立了奴隶主民主政治制度。在伯里克利统治时期（公元前 443—前 429），雅典和希腊其他一些城邦的城邦奴隶制达到了高度繁荣。随后，奴隶主民主派和贵族派的斗争激化。伯罗奔尼撒战争（公元前 431—前 404）以雅典失败告终，奴隶主民主政治和希腊城邦奴隶制陷入危机。北方马其顿兴起，并于公元前 338 年征服了希腊。

这个时期，雅典成为希腊的政治、经济和文化中心。公元前 5 世纪中叶，阿那克萨哥拉和巴曼尼德分别把伊奥尼亚哲学和南意大利哲学引入雅典。在东西文化的交锋中，雅典的哲学趋向繁荣。

和早期自然哲学家不同，这个时期的哲学家较多地注意对社会现象的观察和研究。

一、智者派

随着奴隶主民主政治的繁荣，社会上出现了一批以传播各种知识，特别是以教授演说术和修辞学为职业的文人。因其专门从事传播知识，故被称为"智者"。

智者派并不是一个统一的学派。在政治上，大多数智者倾向于奴隶主民主政治，也有一部分人是贵族派思想家，个别激进的智者甚至谴责奴隶占有制。在学术上，智者们也没有统一的观点。

在那些倾向于奴隶主民主政治的智者中间，学术上大都具有相对主义的倾向。他们常常对抗传统，把一些社会现象，如宗教、法律和道德等都看成人们约定的产物，可以因时因地而变化。

普罗泰戈拉（约公元前481—前411）是支持奴隶主民主政治的最有声望的智者。他出生于阿布德拉，活跃于雅典，是伯里克利的好友。

普罗泰戈拉承认物质世界的客观实在性，对神是否存在持怀疑态度。

普罗泰戈拉哲学的基本命题："人是万物的尺度。"在当时历史条件下，这一命题具有强调个人能力，否定传统道德和法律秩序的积极意义。但这一命题在理论上具有否定客观真理的相对主义性质。

高尔吉亚（约公元前483—前375）出生于西西里岛雷昂提利城，政治活动家。

高尔吉亚针对爱利亚学派的存在论，提出三个命题：①无物存在；②即使有物存在，也不是能被人所认识的；③即使人可以认识它，但也不能把它说出来告诉别人。

高尔吉亚的这些论证在反对爱利亚学派的唯心论的斗争中，起了一定的积极作用，但具有浓厚的虚无主义的气息。

总的说来，大多数智者具有忽视事物的相对稳定性和概念的确定性的相对主义倾向。后来，随着奴隶主民主政治的衰落，不少智者陷入相对主义和不可知主义，不顾事实，玩弄诡辩。因此，"智者"一词便转义为"诡辩者"。

德谟克利特的原子论和早期智者派的哲学是奴隶主民主政治的精神的哲学概括。随着希腊奴隶主民主政治的衰落，这种强调"特殊"和"个别"的地位的哲学思潮便为突出"普遍"和"共相"的苏格拉底、柏拉图哲学所代替。

二、苏格拉底的目的论

苏格拉底（公元前469—前399）反对阿那克萨哥拉的自然哲学，宣传目的论。他认为，神有目的地创造了万物，万物也因追求一定的目的而存在。

苏格拉底认为，人生的目的就是追求道德上的"至善"。所谓"至善"也即神。人要达到"至善"就必须放弃物质欲望。

苏格拉底开始研究唯心主义的认识论和方法论。他反对智者派强调个人能力、个人信心的思想，主张人们应当"自知其无知"。他反对唯物主义的反映论路线，认为道德观念是内在的，认识就是"认识自己"。

苏格拉底的方法论即所谓"助产术"，主张通过揭露对立意见中的矛盾，以求得真理。这就是古代意义上的"辩证法"。寻求道德观念的道路是从个别上升到一般，譬如，通过个别的美德行为寻求"美德一般"。

苏格拉底强调概念的确定性，在认识论上具有一定的合理成分。但是，他的概念学说已经具有把概念或"一般"加以绝对化的倾向。

苏格拉底的神秘主义、唯心主义在他的学生柏拉图那里得到了系统的发挥。

三、柏拉图的理念论

柏拉图（公元前427—前347）继承了毕达哥拉斯、巴曼尼德和苏格拉底的唯心主义路线，在反对智者派的相对主义和德谟克利特的唯物主义的斗争中，建立了一个客观唯心主义的"理念论"体系。

1. 理念论

"理念"是柏拉图哲学的基本范畴。

柏拉图认为，存在着两个世界。一个是理念世界，这个世界是永恒的、静止的和真实的。一个是感性实物世界，这个世界是易逝的、变易的和虚假的。理念世界是实物世界的原因、范型；感性实物世界是理念世界的模本或影子。

理念世界是由无数"理念"所组成的。感性实物世界中的一切事物都有与自己相应的"理念"。"理念"是脱离具体事物而独立存在的东西，并且是产生个别事物的原因、范型。个别事物的形成，在于它"分有"了"理念"。个别事物是有生有灭的、虚假的；"理念"则是永恒的、真实的。

理念世界中各种理念之间存在着严格的永恒的等级。关于具体事物的理念是最低级的理念。较高级的是关于数学、几何的理念。更高级的理念是艺术、道德理念。至高无上的理念就是创世主——"善"。柏拉图的理念论是毕达哥拉斯的"数"、巴曼尼德的"存在"以及苏格拉底的"善"等唯心主义哲学思想的系统化。

柏拉图的理念论是反辩证法的客观唯心主义哲学。它的认识根源在于，割裂了一般和个别、感性和理性之间的辩证关系，把一般、概念加以绝对化、客观化和神秘化。

在柏拉图的晚期著作中也包含着某些辩证法的成分。他研究了理念的相互关系，提出了所谓"通种论"。在他看来，不仅相反的性质可以在一个具体事物中相互结合，而且相反的理念，如"存在"和"非存在"、"同"和"异"也能相互结合。

2. 回忆说

理念论和神秘主义的灵魂轮回转世说，是柏拉图的先验主义认识论——"回忆说"的基础。

柏拉图反对把客观物质世界当作认识对象，认为真理性的认识的对象是"理念世界"。

柏拉图极力贬低感觉，认为感觉的对象是变幻不定的感性实物世界，只能产生想象、信念和意见。唯有理性才能把握真理，即关于"理念"的知识。

柏拉图反对反映论，认为认识乃是回忆。他接受了毕达哥拉斯的灵魂轮回转世学说，认为灵魂在生前原居住在理念世界中，对"理念"十分熟悉。灵魂进入肉体乃是灵魂的堕落，因而忘记了"理念"。在他看来，所谓认识也就是灵魂借助于感觉的媒介去回忆它早先熟悉的"理念"。比如，人们通过对个别美的事物的感觉引起了对美的"理念"的回忆。

柏拉图的回忆说是先验主义的，是和德谟克利特的朴素的反映论根本对立的。

3. 理想国

在《理想国》一书中，柏拉图系统地表述了自己的社会政治观点。

柏拉图认为，一个理想的国家必须具备智慧、勇敢、节制和正义四种品德。因此，理想国中应有三个永恒的、各具一定品德的等级：①少数统治者——"智慧"；②武士——"勇敢"；③生产劳动者——"节制"。如果三个等级都各具其德，能各守其位、各尽其职，那么国家必然处于和谐状态。这样，这个国家也就具备了"正义"的品德。

柏拉图主张，在理想国中实行财产公有。他所谓的财产公有，实际上是财产为奴隶主贵族集团共有，其目的是为了避免统治集团内部的争权夺利，加强对被统治阶级的剥削和统治。

柏拉图认为，理想国中的等级秩序是永恒的，一个人天生就决定了从属于哪一个等级。他用宗教神话论证等级秩序的永恒性。

柏拉图的"理想国"不过是埃及世袭等级制度在雅典的理想化。

四、亚里士多德哲学

亚里士多德（公元前384—前322）是柏拉图的学生，马其顿国王亚力山大的老师。

在政治上，亚里士多德是亲马其顿派，既反对贵族政治，也反对奴隶主民主政治，要求建立一个以中等奴隶主阶层为基础的政治制度。

亚里士多德是一位百科全书式的思想家。他对当时知识的各个领域都进行了新的探索。亚里士多德从当时统一的、尚未详细分类的科学中划分出了一系列科学部门，如哲学、逻辑学、无机界的学说、有机界的学说、伦理学和政治学，等等。他认为，地上的一切事物都是由土、水、气和火四种可以相互转化的元素的不同比例，以及四元素具有的两组对立的性质——冷、热和干、湿的相互作用形成的。但他认为，天体和地上的事物不同，天体是由第五种元素——神圣的"以太"构成的。亚里士多德认为，地球是宇宙的中心。他和他的学生记述了近五百种动物，并做过一些动物的解剖。他关于植物灵魂、动物灵魂和理性灵魂的思想，是一种把生物分为植物、动物和人的尝试。亚里士多德在经济学、政治学、伦理学和美学方面也提供了某些有价值的思想。

亚里士多德对先前的希腊哲学做了总结，建立了一个新的体系。其基本特点是，动摇于唯物主义和唯心主义之间。

1. 实体论

亚里士多德第一次把哲学和各门具体科学区别开来，认为哲学所研究的不是各种具体的"存在"（"有"），而是"作为存在的存在"，即"存在"本身或根本的"存在"，也即"实体"（"本体"）。

然而，亚里士多德对实体的理解，并不是一贯的。

（1）个别事物实体说

亚里士多德反对柏拉图热衷于抽象和蔑视个别事物的倾向，认为没有什么东西比现实的个别事物更值得为人们所关心的了。他把个别事物和种属概念之间的关系概括为"第一实体"和"第二实体"两个哲学范畴之间的关系，认为唯有"第一实体"即个别事物是独立存在的，"第二实体"即种属概念依赖于"第一实体"，没有"第一实体"就不能有"第二实体"，后者不能独立存在。

基于这种唯物主义的观点，亚里士多德批判了柏拉图的理念论：理念论无法说明，不运动的理念怎样成为运动着的个别事物的原因；理念论无法说明，个别事物是如何"分有"理念的；理念论到个别事物之外寻找个别事物的原因，不仅没有解决问题，反而增加了解决问题的困难。亚里士多德对柏拉图的批判的中心问题是，责难柏拉图否定个别事物的实在性，把一般、概念看作存在于个别事物之外并且派生个别事物的独立存在物。亚里士多德的这个批判是对一般唯心主义的批判。

但在一般和个别的关系问题上，亚里士多德也经常陷入混乱。在某些地方，他认为，一般既不能独立于个别而存在，但也不存在于个别之中。

亚里士多德的"第一实体"的学说具有显著的唯物主义倾

向。

（2）形式实体说

为了说明个别事物的形成和变化，亚里士多德提出了"四因"论，认为任何个别事物的形成和变化都有四种原因：质料因、动力因、形式因和目的因。"四因"论实际上是先前唯物主义者和唯心主义者关于世界本原的种种观点的调和性的综合，具有折中主义的性质。

亚里士多德进而认为，动力因、形式因和目的因往往是同一的，因而四因可以归为形式和质料两因。个别事物就是形式和质料的统一。但他赋予形式以精神性的品格，认为质料的惰性的，形式是能动的。从这个方面说，形式就是实体。个别事物的形成就是质料追求形式，达到质料和形式的统一。亚里士多德的形式与质料的学说带有二元论的色彩，基本倾向是唯心主义的。

（3）神实体说

亚里士多德还认为，形式与质料的区分是相对的。砖对于土是形式，对于房屋来说则是质料。世界就是一条质料不断追求形式的漫长的系列。这系列必有始终。系列的一头是"纯质料"，它是绝对被动的，它追求一切，而不为一切所追求。系列的另一头是"纯形式"，它是绝对能动的，它为一切所追求，而不追求一切。纯形式是世界的第一推动力，也即神。从这方面说，神就是实体。亚里士多德在这里最终地陷入了唯心主义和神秘主义。

亚里士多德的形式和质料的学说包含了某些自发的辩证法因素。他认为，质料是"潜能"，形式是"现实"。从质料向形式的演化也就是潜能向现实的过渡。而潜能向现实的过渡必然以运动为环节。但在纯质料和纯形式的问题上，他又把潜能和现实彻底割裂了。

2. 运动观

亚里士多德的运动观具有辩证法倾向。他认为，在个别事物中，物质和运动不可分离。他把运动分为四种：生灭、质变、量变和位移。但是，他又承认所谓第一推动力的思想。为了适应目的论，他又提出所谓"自然归宿"的学说，认为重的东西自然向下，轻的东西自然向上。

3. 认识论

亚里士多德对于认识的客观性没有怀疑，对理性的力量有质朴的信念。

亚里士多德把人心比作"蜡块"，认为感觉是外物印在蜡块上的痕迹。但是，他又认为，感觉只接受被感觉的事物的感性形式，而不感受到事物本身。

亚里士多德把感觉当作认识的起点。感觉和记忆的积累，形成经验。经验进而发展为技术或理论。从经验向技术或理论的过渡也就是认识从个别向一般的过渡。

但亚里士多德过分抬高了理论知识，认为理论知识最为高尚，不着实际，只是为知识而知识。他还认为，存在着所谓不死的理性灵魂，思想的最高境界不是认识自然，而是对神的沉思冥想。在这里，他又陷入了神秘主义。

4. 逻辑思想

亚里士多德是西方形式逻辑的奠基人。他把前人的形式逻辑思想归纳为一个体系。亚里士多德形式逻辑思想的特点是，他把思维的形式和规律看作客观事物之间的联系和规律的反映。他主要研究了演绎法，同时也注意到对归纳法的研究。

亚里士多德列举了十个范畴：实体、性质、数量、关系、时间、地点、状态、主动、被动和具有。范畴是命题中的最基本的谓词，任何一个命题中的谓词都可归纳入这些范畴。他在这里实际上提出了范畴是最基本的思维形式的思想。

亚里士多德认为，和其他九个范畴不同，"实体"范畴在命题中只能做主词，不能做谓词。实体有两层意义：第一实体是指独立存在的个别事物，第二实体是关于个别事物的种属概念。第一实体是独立自存的，第二实体依赖于第一实体，没有第一实体就没有第二实体。

亚里士多德认为，性质、数量和关系等其他九个范畴在命题中只能做表述主词（实体）的谓词。这九个范畴依赖于实体，没有实体就没有性质、数量、关系等九个范畴。亚里士多德据此批判了毕达哥拉斯关于"数"的唯心主义观点。

亚里士多德还探索了范畴的发展序列问题，认为实体在先，性质第二，数量第三，然后是关系，等等。

总的说来，亚里士多德的十范畴学说的基本倾向是唯物主义的，多少表露了本体论、认识论和逻辑学一致的特点，具有辩证的性质。但是，这个范畴学说还是直观的、朴素的。

5. 社会伦理思想

亚里士多德认为，奴隶占有制是正当的，奴隶是会说话的工具。一个稳定的社会应当由中等奴隶主来统治。在伦理学上，亚里士多德主张"中庸、适度"。

第三节　晚期希腊哲学

公元前 338 年，马其顿人统一希腊，并向东方远征，建立了跨欧、亚、非三洲的亚历山大帝国。希腊城邦奴隶占有制衰落，为更大范围的奴隶占有制所代替。公元前 146 年，罗马人征服马其顿，希腊本土成为罗马帝国的一部分。希腊化时期，是希腊外部繁荣的时代。

一、早期斯多葛派

主要代表人物：塞浦路斯岛的芝诺（约公元前 336—前264）。

早期斯多葛派在哲学上利用赫拉克利特哲学搞折中主义，宣传以宿命论为主导思想的伦理思想。

这一派人把赫拉克利特的"火"解释为超自然的、能思想的、安排世界的力量——"普纽玛"，把赫拉克利特的"逻各斯"说成神的思想，是神所按排的必然的命运。

这一派人宣扬宿命论，认为一切都是预先安排好了的，人所能做到的就是服从命运。人是无所作为的，美德就是服从命运，顺应"自然"。

二、怀疑主义

主要代表人物：皮浪（约公元前 360—前 270）。

皮浪否认感觉的可靠性，宣扬不可知论，认为最高的善就是不做任何判断。

三、伊壁鸠鲁的原子唯物主义

伊壁鸠鲁（约公元前 341—前 270）在反对斯多葛派的宿命论的斗争中，进一步发展了德谟克利特的原子唯物论、无神论，论证了幸福主义的伦理学。

1. 原子自动偏斜思想

伊壁鸠鲁继承了德谟克利特原子论的基本观点。他对原子论所做的补充主要有如下两点。

①原子具有重量的特性。重量是原子下降运动的内在原因。这一思想是对近代科学中原子量的思想的猜测。

②原子由于重量在虚空中做等速平行的下降运动，而原子的直线运动是和原子自动地脱离直线的偏斜运动结合在一起的。伊璧鸠鲁的这个原子自动偏斜运动的思想就使原子论的体系中容许偶然性的存在，改正了德谟克利特否认偶然性的缺点。伊璧鸠鲁并没有正确解决偶然和必然的关系。

原子自动偏斜思想是伊璧鸠鲁哲学的核心，是他论证个人自由、反对宿命论的理论基石。

2. 感觉主义认识论

伊璧鸠鲁继承了德谟克利特的反映论路线。他特别强调感觉在认识中的作用，认为感觉中所有的形象和性质都是和事物的形状和性质一致的，感觉是绝对真实的，是真理的标准。

伊璧鸠鲁不懂得感性和理性之间的质的区别，把概念说成是感觉的总计。

感觉主义是伊璧鸠鲁重视现实生活的伦理学的认识论基础。

3. 无神论思想

伊璧鸠鲁否认超自然的、主宰一切的神。他认为神只不过是为精细的原子构成的东西，它居住在各个世界之间而不管世事。因此，对神的恐惧是不必要的。

他认为，没有不死的灵魂。灵魂是由精细的原子所组成，必须依附于肉体才能存在，肉体死亡，灵魂原子也随之消散。因此，对死后生活的恐惧是不必要的。

伊璧鸠鲁认为，对神和死亡的恐惧是人们不幸和痛苦的根源。他号召人们探求知识，摆脱对神和死亡的恐惧，追求现实生活的幸福。

伊璧鸠鲁的朴素的无神论思想，是他的幸福主义伦理学的基础。

4. 社会伦理思想

伊璧鸠鲁提出了社会契约论的萌芽思想，认为国家和法律制度不是神造的，也不是永恒不变的，而是人们相互约定产生的。同样，道德标准也是人们相互约定的产物，因而是因时因地变化的。

伊璧鸠鲁的伦理学是以感觉主义的认识论和无神论为基础的。其中心思想是同禁欲主义、宿命论相对立的幸福主义。他认为，快乐是幸福生活的开始和目的，是道德上的善。快乐就是身体的健康和心灵上的宁静。他认为要获得快乐就必须认识自然，摆脱对神和死亡的恐惧，坚信个人的能力和自由。

伊璧鸠鲁的伦理学在和宿命论、禁欲主义和神秘主义的斗争中起了积极作用。

第四节　古罗马哲学

公元前 510 年，意大利半岛上的罗马城邦建立了奴隶主共和国。公元前 3 世纪，罗马日益强大，不断取得对外战争的胜利。公元前 2 世纪中叶，希腊被并入罗马帝国的版图。公元前 30 年，古罗马以帝制代替了共和制。

古罗马社会里的奴隶和奴隶主、穷人和富人的斗争十分尖锐激烈。公元前 2 世纪至公元前 1 世纪，不断爆发大规模的奴隶起义。斯巴达克所领导的奴隶起义（公元前 74—前 71 年），沉重地打击了奴隶占有制度，表明古代奴隶占有制社会开始走向衰落。大约从公元 2 世纪起，罗马奴隶占有制陷入危机。公元 476 年，西罗马帝国灭亡，古代奴隶占有制社会的历史至此终结。

古罗马的哲学斗争是希腊德谟克利特路线和柏拉图路线斗争的继续和发展。

一、古罗马的伊璧鸠鲁主义

（一）卢克莱茨的原子唯物主义

卢克莱茨（约公元前 99—前 55）是罗马伊璧鸠鲁主义的杰出代表。

在《物性论》一书中，卢克莱茨系统地总结了并进一步发展了原子唯物主义学说。

无神论是卢克莱茨哲学的中心问题。

卢克莱茨从"无不能变有，有不能变无"的命题出发，论证了物质的永恒性和无限性，驳斥了神从无中创造了世界的谬论。同时，他还通过丰富的、生动的事例论证了原子和虚空的实在性。他还把原子论和感觉主义结合起来，提出了原子的可触性问题，以论证原子存在的真实性。

卢克莱茨阐明了原子运动的规律性，着重论述了原子自动偏斜思想，驳斥了宿命论。

卢克莱茨论述了灵魂的本性，认为灵魂是由精细原子组成的。生命是灵魂原子和肉体的结合，死亡是灵魂原子和肉体的分离。灵魂原子离开肉体便立即消散。驳斥了灵魂不死论。

卢克莱茨阐述了唯物主义感觉主义的认识论，驳斥了怀疑主义。

卢克莱茨描述了宇宙、生物和人类社会的形成和发展过程。

卢克莱茨用原子唯物主义观点解释了某些自然现象。

卢克莱茨在当时历史条件下，勇敢地把自己的观点同形形色色的唯心主义、神秘主义对立起来，表现了唯物主义、无神论的战斗精神，具有重大的历史意义。《物性论》一书，对原子论在近代传播和发展起了巨大作用。

由于历史条件的限制，卢克莱茨的原子学说仍是十分朴素的。

（二）琉善的无神论

琉善（约公元 120—200）是伊璧鸠鲁主义的信奉者。他坚持无神论，以犀利的笔锋对包括基督教在内的一切宗教迷信进行了讽刺和批判。

二、唯心主义流派

（一）折中主义

以西塞罗（公元前 106—前 43）为代表的折中主义表面上主张以公正的态度对待希腊各派哲学，综合各家之说，实际上，是把希腊各种唯心主义，主要是柏拉图学派、斯多葛学派以及怀疑主义的某些成分拼凑起来，以反对唯物主义。折中主义者西塞罗宣扬宿命论，天赋观念论、怀疑论和禁欲主义。

（二）新皮浪主义

以埃奈西德穆（约公元前 1 世纪末至公元 1 世纪初）和塞克斯都·恩披里柯（约公元 2 世纪）为代表的新皮浪主义，认为对一切事物都应持怀疑态度，感觉和思维都不能提供真理性的知识，主张放弃任何力图求得真理的判断，放弃任何信念、理想和原则，以求得精神上的安宁。

（三）新斯多葛主义

古罗马时期，新斯多葛主义盛行。以塞涅卡（约公元前 4—公元 65）、爱比克泰德（约公元 50—138）和马可·奥勒留（公元 121—180）等为代表的新斯多葛主义着重于宗教伦理思想的研究，宣扬宿命论，禁欲主义，散布悲观主义情绪。

（四）神秘主义

以斐洛（约公元前 25—公元 40）为代表的犹太-亚历山大里亚学派，力图把犹太教的教义和柏拉图哲学结合起来，认为柏拉图的理念和犹太教的天使是一个东西，是上帝和人之间的中介。人们必须摆脱肉体的羁绊，抛弃感性的存在，才能直觉到上帝。

（五）新柏拉图主义

以普罗提诺（公元 205—270）为代表的新柏拉图主义认为，世界的本原是"太一"，也即神。万物都是从"太一"中流溢出来的。人的灵魂只有超脱肉体的束缚，进入一种出神的状态，才能与神相交，不可思议地与神合而为一。

所有这些唯心主义思潮都从不同方面反映了罗马奴隶占有制和奴隶主阶级的腐朽和没落，其中某些派别，如新斯多葛主义和新柏拉图主义，成为后来基督教神学的重要思想渊源。

三、古罗马时期基督教的产生和演变，教父学

基督教产生于公元 1 世纪。早期基督教是奴隶和其他受压迫者的宗教。

公元 2 世纪下半叶，统治阶级开始利用基督教的弱点，逐渐打入教会，从而改变了基督教的性质。基督教逐渐成为罗马统治者欺骗和麻痹群众的武器。

随着教会组织的不断完善，基督教积极从事制定教条，构造理论的活动。这时期的基督教的理论家称为"教父"，他们的理论叫作"教父学"。

教父德尔图良（约公元 160—240）鼓吹蒙昧主义，禁欲主义。

最著名的教父奥古斯丁（公元 354—430）宣称信仰高于理性。他利用新柏拉图主义对基督教的基本教条，如"三位一体"说、"创世"说、"天国报应"说以及"原罪"说等做了系统的阐述。奥古斯丁鼓吹神学历史观，坚持教会权力高于世俗权力的教权至上的观点。

"教父学"是中世纪经院哲学的序幕。

本章阅读书目：

恩格斯：《自然辩证法》，"古代人的自然观"。

列宁：《黑格尔〈哲学史讲演录〉一书摘要》。

列宁：《拉萨尔〈爱非斯的晦涩哲人赫拉克利特的哲学〉一书摘要》。

列宁：《亚里士多德〈形而上学〉一书摘要》。

　※　　　　　　※　　　　　　※

《西方哲学原著选读》上卷，北京大学哲学系外国哲学史教研室编译，商务印书馆 1981 年版，第 15—224 页。

《古希腊罗马哲学》，北京大学哲学系外国哲学史教研室编译。

　※　　　　　　※　　　　　　※

叶秀山：《前苏格拉底哲学研究》。

范明生：《柏拉图哲学思想评述》。

汪子嵩：《亚里士多德关于本体的学说》。

本章思考题：

1. 赫拉克利特的自发辩证法思想。

2. 芝诺关于否定运动的实在性的论证。

3. 柏拉图的理念论的认识论根源。

4. 亚里士多德对柏拉图理念论的批判及其理论意义。

5. 亚里士多德关于形式和质料的学说。

6. 亚里士多德的十范畴学说。

7. 古希腊、罗马原子唯物主义学说的形成和发展。

8. 教父学的基本思想。

第二章 欧洲中世纪的经院哲学

公元 5 世纪，欧洲开始进入封建社会。

在欧洲封建社会中，自然经济占统治地位，存在着严格的等级秩序。占据统治地位的封建阶级，由教会封建主和世俗封建主两部分组成。罗马教会是欧洲最大的封建主，也是政治上的最高统治者，以及精神生活中的绝对权威。

农民生活在社会的最低层，遭受着残酷的封建压迫和剥削。

随着工商业的恢复和发展，出现了以经营工商业为生的市民等级。市民等级往往和世俗国王联盟，反对罗马教会。

在欧洲封建社会里，不断出现农民和市民等级的反封建起义。

欧洲封建社会里，文化上的显著特点是基督教精神渗透一切。基督教被奉为一尊。自然知识遭到蔑视，哲学成了神学的婢女，甚至一切反封建的思潮也不得不披上宗教外衣。

经院哲学即基督教哲学的根本任务，是用唯心主义和烦琐的逻辑方法为宗教信条做论证。它以彻底的唯心主义、盲目崇拜权威、极端禁欲主义、蔑视自然、运用死板的三段论式进行争辩为特色。

在经院哲学内部，唯实论和唯名论的斗争具有一定的理论意义和社会意义。

在欧洲封建社会中，除唯名论外，还有阿威罗伊主义、经验科学萌芽思想和农民、市民的异教等反正统、反封建的思想派别。

　　大约从 15 世纪起,随着欧洲资本主义生产关系的形成和人文主义、自然科学、唯物主义思潮的兴起,经院哲学便趋于没落、瓦解。

第一节　经院哲学的先声

一、波爱修

　　波爱修(480—524)是罗马著名的政治家、诗人、科学家和哲学家。主要著作有:《哲学的安慰》和为波菲利《亚里士多德〈范畴篇〉引论》所做的注解。

　　波爱修的哲学思想的总的倾向是唯心主义的,并且是为神学做论证的,但其中包含了某些积极的成分。

　　波爱修肯定上帝是万物的根源和创造者。但是,和基督教的正统观点不同,他又认为,宇宙和上帝一样,在时间上是永恒的,没有起点,也没有终点。

　　波爱修认为,上帝赋予宇宙以确定不移的规律,设定了自然法则以统驭宇宙。由此,他指出,一切事物都处于因果连锁之中,没有原因的东西是没有的,超自然的"奇迹"是不存在的。

　　波爱修的思想带有人本主义的色彩,极力抬高人的地位。和鄙视人的基督教的正统观念不同,波爱修认为,人类皆为上帝所创造,无高贵和低下之分。人得着神性,就可以成为神。

　　波爱修认为,万物都处于不断的生灭变化之中。相反相成是一条永恒的铁的规律。在他看来，对立面的统一（"爱""联合"）高于对立面的斗争。

波爱修是中世纪最早探讨一般和个别的关系的问题的哲学家。公元 3 世纪，菲尼基学者波菲利在《亚里士多德〈范畴篇〉引论》中曾就一般（种、属）和个别事物的关系提出过三个问题：①种和属是真实存在的呢，还是纯粹理智的产物？②如果它们是真实存在的，那么它们是有形的呢，还是无形的？③它们是存在于感性事物之外呢，还是存在于感性事物之内？波爱修在为《引论》所做的注解中，就这些问题提出了自己的观点。他倾向于亚里士多德认为只有个别事物才是独立自存的实体，一般（即种和属）乃是许多个别事物所共有的性质，是无形体的，只是人心中的概念，自身不能独立存在。波菲利在《引论》中提出的三个问题以及波爱修对这些问题的解决，便成为后来经院哲学中唯名论和唯实论斗争的引线。波爱修是中世纪唯名论的先驱。

二、爱留根纳

爱留根纳（约 800—877）是爱尔兰人，著名哲学家，担任过查理二世（827—877）的宫廷学校的首席教授。主要著作有《论神的预定》和《论自然的区分》。

爱留根纳认为，启示（信仰）和理性都是真理的来源，哲学与宗教具有同等的权威。但他又指出，理性高于信仰和权威，权威来自理性，而理性不是来自权威，未经理性确证的权威是软弱的。

爱留根纳的神学唯心主义具有泛神论的色彩。他运用新柏拉图主义来论证上帝是万物的创造主，认为万物从上帝流溢出来，又复归于上帝。但上帝的创造活动并无时间上的开端，上帝和万物都是永恒的。上帝是万物的本质，万物是上帝的显现，上帝与万物是同一的。

爱留根纳否定"原罪"说，认为人作为上帝的创造物，其本性必然是善的，作恶的人只是由于他们的意志违反了人的本性。

爱留根纳把所谓"自然"区分为四种形式：①创造者而非被创造者，实即上帝；②被创造者同时又是创造者，亦即理念；③被创造者而非创造者，即宇宙万物；④既非创造者又非被创造者，指万物的终极目的，即上帝。爱留根纳的这种把个别事物看作理念的实在化的观点，是后来经院哲学中唯实论派的先声。

爱留根纳的神学观点受到基督教正统派的激烈攻击。

第二节　经院哲学的形成，唯名论和唯实论交锋（11—12世纪）

欧洲封建制度形成过程较为缓慢。大约到11世纪，封建化过程基本结束。

随着封建制度的形成，社会矛盾逐渐尖锐起来。农民开始用起义的方式反对封建剥削与压迫。10世纪，随着工商业的发展和城市的兴起，市民也展开了反对教会、反对领主的斗争。教会封建主和世俗封建主之间，以及教会内部也进行着复杂的斗争。

为了巩固教会统治，经院哲学逐渐形成。同时，经院哲学内部也展开了唯名论和唯实论的斗争。到了11世纪，波菲利和波爱修讨论的一般和个别的关系的问题重新引起了经院哲学家们的兴趣，围绕着这个问题形成了唯实论和唯名论两大哲学派别。一般说来，唯实论者认为，"一般""共相"是先于"个别"并且独立于"个别"的客观实在；与此相反，唯名论者则主张，真实存在的只有"个别"，而"一般""共相"仅是名词或概念。

经院哲学中的唯实论和唯名论的争论，涉及哲学本体论和认识论中的一些根本问题，是哲学史上唯心主义和唯物主义两条哲学路线的斗争在中世纪条件下的特殊表现。从本质上说，这两派哲学都是唯心主义的，但唯名论则带有唯物主义的倾向。

唯名论和唯实论的争论，涉及中世纪社会生活中的一些根本问题，如罗马教会的地位、天主教基本教条的解释等，深刻地反映了教会封建主同世俗封建主、市民等级之间的矛盾。一般说来，唯实论反映了教会封建主的要求；唯名论则往往为世俗封建主或市民等级所拥护。

极端唯名论者洛色林（约 1050—1112）断言，只有个别事物是客观真实存在的，共相不过是记号、语词或语言中的声音。从唯名论出发，他攻击"三位一体"说，认为上帝这个实体不可能既是圣父，又是圣子，又是圣灵，只能有三个个别的实体或三个神，因此所谓"三位一体"的神是不存在的。洛色林的"三神论"被教会斥为异端。

极端唯实论者安瑟伦（1033—1109）是洛色林的唯名论的激烈反对者。他认为共相是先于并脱离个别事物的独立存在物，个别事物是虚假的。从唯实论出发，他提出了著名的关于上帝存在的"本体论证明"：上帝是最完美的共相，完美的共相必然包含着存在性，因此上帝是存在的。

温和唯名论者阿伯拉尔（1079—1142）是洛色林的学生。他进一步发展了唯名论学说。他认为，客观独立存在的只是个别事物，共相是事物之间的相似点的概括，只存在于词的意义之中。阿伯拉尔的唯名论在历史上也叫作"概念论"。从唯名论出发，阿伯拉尔否定"原罪"说，认为罪恶只能是个别人的罪恶，无所谓人类的罪恶，上帝不会因为一个人的父母犯罪而惩罚他。阿伯拉尔的唯名论同样受到教会的谴责。

第三节　经院哲学的系统化，经院哲学中正统派和非正统派的斗争

13 世纪，欧洲封建主义社会进入鼎盛时期。

城市工商业迅速发展，城市和乡村更加分离了。

随着工商业的发展，教会财富迅速增加。在和世俗封建主的斗争中，教会占据了绝对优势地位。天主教会的权力达到了顶点。

与此同时，市民力量也日益增强起来。13 世纪市民等级已作为独立政治力量参加世俗政权活动，或者举行反对教会的武装起义。

城市文化也得到了较快的发展。手工业和技术的发展产生了自然科学思想的萌芽。十字军东征带来的阿拉伯文化得到了广泛的传播。亚里士多德的原著、阿拉伯人的先进的哲学和科学思想给欧洲文化增添了新的血液，改换了欧洲文化的面貌。

在思想领域，13 世纪是神学反动时期。教会除了对异教运动进行暴力镇压和迫害，还大力从事经院哲学系统化的工作。托马斯·阿奎那利用亚里士多德的哲学建立了一个庞大的经院哲学体系。

经院哲学内部的先进分子接受了阿拉伯进步哲学家伊本·路士德的哲学，形成了西方阿威罗伊主义。另一部分人又

在进行唯名论的恢复工作。这两派先后和托马斯主义进行了激烈的斗争。

13 世纪出现的自然科学萌芽，是对正统派神学的有力挑战。

民间群众性的异教运动也猛烈地冲击着教会统治。

一、经院哲学的系统化者托马斯·阿奎那

托马斯·阿奎那（1225—1274）是封建等级秩序和教会绝对权力的坚决维护者。主要著作：《神学大全》。

托马斯反对阿威罗伊主义的二重真理学说。他认为，理性真理和启示真理只是认识上帝的不同道路，二者之间不容许存在矛盾。他主张，信仰高于理性，理性服从信仰。

托马斯哲学的特点是，发展亚里士多德哲学的唯心主义方面，使之适应基督教的需要。

托马斯哲学的基本出发点是抬高形式，贬低质料。他认为，形式是能动的、积极的，质料是消极的、被动的。只有形式才能够使质料成为真实存在。存在着一种无质料的纯形式，即上帝以及为上帝所创造的天使、人的灵魂。

托马斯反对安瑟伦关于上帝存在的本体论证明，因为人并没有天赋的上帝观念，所以也就不能从上帝的观念中推出上帝的存在。但他认为，人们可以从上帝的创造物即世界万物的存在推出上帝的存在。论证有五：（一）从世界万物的运动变化推出"第一推动力"即上帝的存在；（二）从世界万物的因果关系推出"世界第一因"即上帝的存在；（三）从个别事物的存在只是偶然的和可能的，推出一个"必然的存在者"即上帝的存在；（四）从世界事物的不完善性推出一个"绝对完善物"即上帝的存在；（五）从一切事物都具有目的性推出一个最终的"目的因"

即上帝的存在。托马斯断言，上帝从无中创造了世界，并且时时刻刻关心着万事万物。

从抬高形式出发，托马斯宣扬灵魂不朽论。肉体是质料，灵魂是上帝创造的实体形式，具有单一性、不可分性。肉体可以消灭，而作为纯形式的灵魂则是永存的。

从抬高形式出发，托马斯对自然现象进行了神秘主义的歪曲，认为整个世界就像封建等级制度一样，是由一系列等级构成的，整个系列又都倾向于上帝。

在认识论方面，托马斯肯定认识开始于感觉。感觉以个别事物为对象，理智则以共相为对象。感性认识先于理智认识，个体的知识先于共相的知识。但是，他又认为从个别的东西抽象出普遍性的知识的"能动的理智"乃是上帝在人们灵魂中创造的"理智之光"。

托马斯夸大形式的倾向，在他对共相的态度中也得到了明显的表现。他认为，共相作为创造世界的原型（"理念"）存在于上帝的理性中，同时作为个别事物的本质（"隐蔽的质"）存在于事物之中，并且作为概念存在于人们的思想之中。这种较为精制的实在论被称为"温和实在论"。由此出发，他认为，事物中存在一种和物体不同的、独立的"隐藏的质""实体的形式"，决定着事物的特性。比如，金属之具有压延性，是因为其中隐藏着"压延性"这种"实体形式"。

托马斯的唯心主义是他的社会政治观点的基础。他认为，封建等级秩序是神创造的、永恒的。罗马教皇是基督的全权代表。君主的权力是神授的。教会高于世俗政权。对一切异教应毫不留情地惩治。

托马斯哲学是一个唯心主义和宗教神学体系。

二、阿威罗伊主义——西格尔

12世纪末到13世纪初，阿拉伯哲学对西欧中世纪的哲学斗争的发展，有很大的影响。其中影响最大的是阿拉伯-西班牙哲学家伊本·路士德（1126—1198），他的拉丁化名字为阿威罗伊。伊本·路士德更多地发挥了亚里士多德哲学中的唯物主义成分。他的著作传入欧洲之后，一方面遭到经院哲学正统派如托马斯的攻击，另一方面也受到一批经院哲学家的拥护，形成了所谓阿威罗伊主义思潮。

阿威罗伊主义者一般是世俗国王的拥护者。

阿威罗伊主义在13世纪盛行于巴黎，其著名代表是巴黎大学哲学教授西格尔（约1235—1282）。

阿威罗伊主义者坚持二重真理学说。哲学和神学的目的虽然一致，但道路不同，两者之间就可以容许原则性的对立。神学可以主张灵魂不死，哲学则可以肯定灵魂有死。在当时历史条件下，二重真理学说实质上是争取科学独立的思想。

阿威罗伊主义谴责托马斯歪曲亚里士多德哲学，进一步发展了伊本·路士德的唯物主义和无神论倾向，肯定物质的永恒性，认为形式和质料不可分，都是永恒的。上帝不是从无中创造了世界，上帝只是作为世界的作用因使质料的潜在形式得以实现。阿威罗伊主义者否定灵魂不死和死后报应。

阿威罗伊主义者没有跳出经院哲学的圈子。但是，他们极力缩小上帝权力、否定死后报应和争取科学独立的斗争，对托马斯主义是沉重的打击。

西格尔的学说受到教会的谴责，他本人被传到宗教法庭受审，并被革除了教籍。

三、经验科学的萌芽思潮——罗吉尔·培根

当巴黎的阿威罗伊主义和托马斯主义进行激烈斗争的时候，英国出现了一个新的思潮——自然科学。这一思潮的杰出代表人物是罗吉尔·培根（约1214—1294）。

罗吉尔·培根是当时封建制度的激烈抨击者，不断遭到教会的迫害。

罗吉尔·培根思想的基本倾向是面向自然，提倡经验科学。

为了认识自然，罗吉尔·培根研究了认识论问题。

罗吉尔·培根批判了经院哲学中流行的认识方法，深刻地揭露了经院哲学的盲目崇拜权威、主观主义和矫揉造作的陈腐学风。

罗吉尔·培根认为，认识开始于经验，并靠经验来证实。有三种认识方法：权威、推理和经验。权威不能给我们以知识；推理只能产生结论，但不能证明真伪；只有经验才给予新知识，并确定知识的真伪。罗吉尔·培根把经验理解为个人亲身直接的观察和科学实验，但他有时把神秘的直觉也叫作经验。

罗吉尔·培根重视自然和经验的倾向，是和他肯定个体事物的实在性的思想密切相关的。罗吉尔·培根否认唯实论的观点，肯定个别事物的实在性。但他和传统的唯名论也存在着差别，即认为共相存在于个别事物之中，它使一类事物和另一类事物相区别。

在中世纪，罗吉尔·培根的面向自然，重视经验的倾向给人们开辟了一个新的思想方向。

四、卡塔尔派和神秘主义思潮的传播

卡塔尔运动和神秘主义的传播是在广大市民阶层和农民中

兴起的群众性的反封建的思想运动和社会运动。

卡塔尔派（阿尔比派）出现于 11 世纪、13 世纪，在法国西南部得到了迅速的发展。卡塔尔派的基本战斗力量是市民，特别是纺织工人。

卡塔尔派不承认天主教会，拒绝参加教会。

卡塔尔派的教义具有二元论性质。世界有两个本原：上帝（"善"）和魔鬼（"恶"）。他们认为，尘世生活充满了罪恶，教会、政府都来自恶魔。

13—14 世纪，以神秘主义形式出现的农民异教运动得到了广泛传播。农民异教要求原始基督教的平等关系，实现农民和贵族平等，取消财富差别。主要代表人物：艾克哈特（1260—1327）。

神秘主义者具有泛神论的倾向，他们否定教会和僧侣的作用，认为人们可以通过个人的神秘直觉直接和上帝打交道。

第四节　经院哲学的解体，
英国唯名论的兴盛

一、邓斯·司各脱

邓斯·司各脱（约 1270—1308）的唯名论带有新的倾向：自然科学的兴趣、经验主义和个人主义的倾向。

司各脱认为哲学和神学根本不同，哲学不能采取神学的原则，神学也不能采取哲学的原则。宗教信仰是无法用理性力量加以证明的。

司各脱坚持形式和质料的统一，认为质料是形式、精神现象的基础。他甚至提出过"物质能不能思想?"这个问题,企图求助于万能的上帝,迫使神学本身宣扬唯物主义。

司各脱肯定个别事物的实在性,认为共相在理智之外并不存在。但他又认为,在同一类的个别事物之间存在着一种共同性,共性和个性的区别并不是实在的区别,并不是两个各自独立自存的实体,而只是"形式上的区别"。

司各脱从肯定个别事物实在性出发,在认识论中表现出感觉主义倾向。他认为,一切知识都是从感觉产生的,认识过程是从个别到一般。

司各脱宣传意志自由。他认为,人不是某种消极惰性的东西,人要按照自己的意志,并通过自己的活动获得个人的幸福。上帝的帮助是必要的,但主要的是人的内在的能动性。这种意志自由思想是唯心主义的。在当时条件下,它表现了个人主义的倾向。

司各脱的唯名论在 14 世纪的奥卡姆的唯名论中得到进一步的发展。

二、威廉·奥卡姆

14 世纪是封建主义自然经济开始解体和货币经济繁荣的时代。

频繁的市民起义大大地动摇了封建主义基础。

14 世纪,罗马教会的权力开始削弱。曾被罗马教会用来影响群众的乞食僧团中出现了强大的反对派。

唯名论者威廉·奥卡姆(约 1300—1350)是反对派中的重要成员。

奥卡姆的思想反映了市民阶级的要求。他认为,世俗政权不仅要摆脱教会控制,而且应该管理僧侣。同时,他要求世俗国王关心市民的福利。

奥卡姆提出了"自然法"和"社会契约论"的初步思想。他认为，人们最初处于"自然状态"下，没有私有财产，没有政权。国家是人们相互契约产生的。国家的职能是维护人民的"共同福利"。国王一旦不关心人民福利，人民有权推翻他。

奥卡姆的这种观点是和当时封建的君权神授论的社会政治观点尖锐对立的，在当时历史条件下具有进步意义。

奥卡姆的唯名论具有彻底的性质，认为客观存在的就是个别事物。他提出了所谓思维"节约"或"经济"原则，要求彻底清除托马斯虚构的所谓"隐藏的质""形式"等赘物。这就是历史上有名的"奥卡姆的剃刀"。

奥卡姆阐述了"共相"在主观上形成的过程和它在主观中存在的各种形式。认识开始于对个别事物的感觉，感觉是一切知识的源泉。由感觉产生记忆，由记忆产生感受，而感受的重复则产生"共相"。共相在客观上是不存在的。但个别事物存在着类的相似性，这是主观上的"共相"的客观基础。主观上的"共相"是个别事物之间相似点的记号。这种记号具有自然的形式和约定的形式。前者是心理方面的，后者是语词方面的。他把后者叫作"术语"。记号在理解中就是概念。

奥卡姆仍然没有正确解决一般和个别的关系问题。这种彻底的唯名论有力地打击了唯实论，并为后来唯物主义、经验主义的发展开辟了道路。

本章阅读书目：

恩格斯：《德国农民战争》，第一、二章。

※　　　　　　※　　　　　　　※

《西方哲学原著选读》上卷，北京大学哲学系外国哲学史教研室编译，商务印书馆 1981 年版，第 225—296 页。

　　　　※　　　　　　※　　　　　　※

车铭洲：《西欧中世纪哲学概论》，第一、二章。

特拉赫坦贝尔：《西欧中世纪哲学史纲》。

本章思考题：

　　1. 唯名论和唯实论斗争的社会意义和理论意义。

　　2. 托马斯对经院哲学的系统化。

　　3. 晚期唯名论的思想倾向。

第三章 "文艺复兴"时期人文主义和自然哲学思潮的兴起

15—16 世纪是西欧封建主义衰落和资本主义关系形成的时代。

这一时期，社会生产力得到了迅速的发展。随着手工业和商业的兴盛，资本主义生产关系逐渐形成起来。资本的原始积累过程开始了，工场手工业也逐渐冲破封建行会的束缚向前发展。

阶级关系有了新的变化和组合。市民等级逐渐形成市民-资产阶级。反封建的斗争有了资产阶级性质。在当时的历史条件下，市民-资产阶级主要依靠世俗专制王权对抗罗马教会，反对国内的封建贵族割据，要求建立统一的民族国家，以便开辟国内市场和扩展海外殖民地，发展资本主义。意大利的尼可罗·马基雅弗利（1469—1527）和法国的让·波丹（1530—1596）所宣扬的君主专制理论，反映了这个时期市民-资产阶级的要求。

在这一时期，广大农民、无产者和城市贫民是反封建的主力军。英国的托马斯·莫尔（1478—1535）和意大利的托马斯·康帕内拉（1568—1639）所阐发的空想社会主义学说，反映了这个时期贫苦的劳动群众的社会要求。

在这一时期，在思想战线上出现了两股反封建的思潮——宗教改革和人文主义。实验自然科学和唯物主义哲学开始出现，和封建神学进行了坚决的斗争。

在资产阶级文化的形成过程中，古代文化遗产被广泛地利用，故人们称这个时期为"文艺复兴时代"。其实，新文化不是古代文化的简单的重复，而是新的资本主义关系发展的产物。

第一节　人文主义思潮和宗教改革 运动中的神学–哲学理论

一、人文主义思潮

人文主义思潮是一种冲破封建宗教文化网罗的资产阶级的世俗文化运动。

人文主义的中心思想是以"人"同"神"相对立，赞美"人性"，否定"神性"；要求"人权"，反对"神权"；鼓吹个性解放，反对宗教桎梏；重视知识，反对宗教蒙蔽主义；强调追求个人现世生活的幸福，反对禁欲主义。人文主义的口号是："我是人，人的一切特性我无所不有。"总之，人文主义要求要从"一切为了神"转到"一切为了人"。

人文主义的理论基础是以资产阶级个人主义为核心的抽象人性论。人文主义者把资产阶级的利己主义看作人类的永恒、普遍的人性。资产阶级的抽象人性论在当时历史条件下，具有反封建的积极意义。

在 15—16 世纪，人文主义是遍及全欧的思潮。人文主义的精神渗透进当时文化的各个领域，从绘画、文学、历史、语言到哲学。

（一）意大利的人文主义

当时工商业较为发达、市民-资产阶级较为活跃的意大利是人文主义的发祥地。

早在 14 世纪，意大利出现了著名的人文主义者彼特拉克（1304—1374）和薄伽丘（1313—1375）。他们攻击经院哲学的蒙昧主义和禁欲主义，歌颂现实生活，宣扬个人尊严。

15—16 世纪，意大利出现了一批著名人文主义者，如马尔西利奥·费其诺（1433—1499），列奥纳多·达·芬奇（1452—1519）和皮埃特洛·彭波那齐（1462—1525）等。

彭波那齐恢复了亚里士多德哲学的唯物主义因素，驳斥了灵魂不死的宗教信条。他极力强调对现实生活幸福的追求。

（二）尼德兰的人文主义

尼德兰最杰出的人文主义者是讽刺作家伊拉斯谟（1466—1536）。他在"愚神颂"中尖刻地讽刺了封建社会的罪恶。在他看来，社会的一切罪恶都是非理性的产物，都是在愚蠢女神的庇护下出现的。他对教皇、经院哲学家和君主进行了尖锐的抨击。

（三）法国的人文主义

法国人文主义的最大代表是米谢尔·德·蒙田（1533—1592）。

蒙田反对封建神学的手段是怀疑论。针对经院哲学的盲目崇拜权威和独断主义，蒙田指出，感觉是不可靠的，理性是软弱无力的，绝对权威是没有的。

蒙田不否认自然界的可知性。他坚信人类知识会不断增进、完善，人类不仅能认识个别事物，而且能认识一切事物。

蒙田反对禁欲主义，坚持个人主义、享乐主义。他认为，追求享乐是人的本性、人生的最高目的。这在当时历史条件下具有反封建的积极意义。

二、宗教改革运动中的新神学-哲学理论

15—16 世纪，在西欧到处出现群众性的宗教改革运动。

宗教改革运动基本上是市民阶级的反封建运动，要求把封建教会改造为适合资产阶级需要的教会。

宗教改革的神学-哲学理论的基本精神是，打倒天主教教会的权威，树立个人信仰的权威。

（一）胡斯的神学-哲学理论

捷克的宗教改革运动是和民族解放运动结合在一起的。这一运动的著名领袖是布拉格大学的教授扬·胡斯（1369—1415）。

胡斯反对天主教教会的权威，否认教皇是上帝在地上的代理人，主张个人自由和思想自由，主张用捷克语做礼拜，建议世俗政权没收教会财产，掌握教会。1415 年，胡斯被天主教会逮捕烧死。胡斯死后，爆发了群众性的胡斯运动，同教皇军队进行了长期的斗争。

（二）路德的宗教个人主义

德国维腾贝格大学神学教授马丁·路德（1482—1546）是德国市民-资产阶级的代言人。他所发动的宗教改革运动的政治目标就是摆脱罗马教会的统治，建立一个在世俗政权领导下的适合市民-资产阶级要求的"廉价的教会"。

路德反对教会对个人信仰的干预，把个人的信仰抬高到第一位，认为每个信徒通过研读《圣经》，领会教义，不需要以教会和僧侣为中介就可以同上帝直接打交道，得到上帝的宽恕。

路德的宗教改革在德国唤起了一场反封建的农民起义。但是，德国农民的这次起义，由于市民-资产阶级的动摇和背叛而失败了。

（三）加尔文的"先定论"

让·加尔文（1509—1564），原籍法国，后移居日内瓦，创立新教。

加尔文主张废除教皇和主教制，规定神职人员由选举产生，使教会共和化和民主化。

"先定论"是加尔文主义的理论基础。神在创造世界之前就预先决定了每个人的命运。个人必须积极从事社会活动。个人事业的成功，正是上帝预先决定解救某个人的神意的现实证明。"先定论"否定天主教的救赎理论，反映了资产阶级的竞争精神。

加尔文否认教会的权威，抬高个人信仰的地位，认为人人都可以通过阅读《圣经》和神相通，不需要教会或神职人员作为人和神的中介人。加尔文的这些思想反映了资产阶级对个人自由的要求，在当时历史条件下，具有反封建的进步意义。

加尔文教在瑞士、荷兰，特别是在英国获得了很大的成功，成为英国资产阶级革命的旗帜。

第二节　自然哲学中的唯物主义思潮

15—16世纪，数学、力学、天文、地理等自然知识都得到了进一步的丰富。实验自然科学萌芽。1543年发表的哥白尼的"日心说"实现了自然科学史上的一次伟大革命：自然科学宣布脱离神学，走自己独立发展的道路。

这个时期的唯物主义哲学，本质上是市民-资产阶级形成和发展的产物。新兴的市民-资产阶级迫切要求用强有力的唯物主义思想武器向封建神学进攻，用唯物主义哲学总结自然科学的成果，指导自然科学的发展。

这一时期的唯物主义仍然带有朴素的性质，并具有自发辩证法思想。

刚刚成长起来的唯物主义，没有彻底摆脱神学的影响，体系也还不够严整。

15—16世纪，唯物主义的主要阵地在意大利。

一、库萨的尼古拉

库萨的尼古拉（1401—1464）是"文艺复兴"较早时期的一位自然哲学家。

尼古拉从新柏拉图主义出发过渡到了泛神论，认为"上帝创造万物"和"上帝是万物"是一回事。尼古拉的泛神论具有唯物主义的倾向。

尼古拉的哲学思想具有辩证法因素。他提出了"对立面一致"的命题，认为极大和极小、直线和曲线是对立的统一。

尼古拉把认识过程分为几个阶段：一，感性提供混乱的映象；二，知性根据矛盾律把对立物区别开来；三，理性发现对立面的一致；四、神秘的直觉使灵魂和上帝联结起来，一切对立物在无限的统一中调解，主体和客体的区别也归于消失。

二、列奥纳多·达·芬奇

芬奇（1452—1519）是意大利的著名的人文主义者和唯物主义者，他对封建暴君、教会和经院哲学进行了尖锐的批评。

芬奇基本上是一位唯物主义者。他肯定自然界和因果必然性的客观实在性。

芬奇认为，认识的对象是客观自然。一切知识不仅产生于经验，而且为经验所检验。芬奇重视理性认识的作用。

芬奇的所说的"经验"，不仅指的是感官经验，而且包括科学实验。他认为，理论和实践的关系是：理论是指挥官，实践是兵士。

三、贝尔纳迪诺·特勒肖

特勒肖（1509—1588）主要是在反对中世纪的亚里士多德主义的斗争中提出他的唯物主义学说的。他认为，物质不是消极的质料，而是具有能动性的东西。特勒肖的唯物论具有物活论的倾向，认为万物均有生命和意识。

四、乔尔丹诺·布鲁诺

16 世纪，意大利出现了政治上封建反动的局面。哥白尼的学说遭到教会禁锢。

先进思想家布鲁诺（1548—1600）挺身而出，坚决捍卫哥白尼学说，并以此为依据，提出了唯物主义和无神论学说，把15—16 世纪的唯物主义推向了最高点。

泛神论是布鲁诺的唯物主义的特色。布鲁诺否认超自然的神的存在，认为自然界本身就是神，神是万物之中的神圣的力量。一切变易的具体事物不过是不生不灭的神的表现。布鲁诺进一步发展了哥白尼的"日心说"，认为宇宙是无限的，宇宙中存在着无限个类似太阳系的世界。

在布鲁诺的哲学中，存在着丰富的自发辩证法思想。物质自身是能动的。物质中存在着的"普遍形式"是物质的能动力量。他把这种力量又称为"普遍灵魂"，这表明他还没有彻底摆脱宗教神秘主义的影响。布鲁诺还十分强调"对立面一致"的原则，认为任何科学离开了"对立面的一致"，便无法研究。在他看来，极大和极小、爱和恨等对立面具有一致性。

本章阅读书目：

恩格斯：《自然辩证法》，"导言"。

恩格斯：《德国农民战争》。

※　　　　　※　　　　　※

《西方哲学原著选读》上卷，北京大学哲学系外国哲学史教研室编译，商务印书馆 1981 年版，第 299—336 页。

※　　　　　※　　　　　※

车铭洲：《西欧中世纪哲学概论》，第三章。

本章思考题：

1. 人文主义的基本精神。

2. 路德和加尔文的神学-哲学理论。

3. 布鲁诺的泛神论。

第四章 17—18世纪西欧各国的唯理论和经验论

英国资产阶级革命标志着欧洲近代史的开始。

这一时期，社会主要矛盾是资本主义和封建主义的矛盾。

农民和城市无产者是反封建斗争的主力军，资产阶级是这一斗争的领导者。但是，这个新兴的剥削阶级害怕群众，在反封建的斗争中具有妥协性、不彻底性。

欧洲各国资本主义发展是不平衡的。荷兰和英国是资本主义发展最早达到成熟的国家。

社会生产的迅速发展提出了改进工具和生产技术的要求，从而推动了自然科学的发展。16世纪末，实验自然科学诞生了。对自然界分门别类的研究，促进了科学的分类，许多独立的科学部门出现了。天文学、数学、力学、电磁学、光学、化学以及生物学各个科学部门都有许多重要的发现，积累了许多新的资料。继开普勒、伽利略之后，牛顿把力学系统化。牛顿（1643—1727）、惠更斯（1629—1695）、笛卡尔（1596—1650）以及莱布尼茨（1946—1716）等对数学、力学和光学等做出了重大的贡献。

自然科学开始进入一个新的发展阶段。它的特点是，数学、力学的突出发展和对自然现象进行分门别类的分析研究。这种特点决定了这个时期的自然科学的方法论：机械主义以及孤立、静止和片面的分析方法。

欧洲唯物主义哲学进入发展的第二阶段——形而上学唯物主义阶段。

形而上学唯物主义哲学反对经院哲学的斗争是这个时期哲学斗争的中心。

这一时期，资产阶级哲学都以较为系统的形式出现，其中大部分采取了唯物主义立场，同时，也出现了一些资产阶级唯心主义哲学体系。某些资产阶级唯心主义体系反映了资本主义发展较为缓慢的国家的尚还软弱的资产阶级的要求，另一些则反映了已经取得统治地位的资产阶级的要求。在资产阶级哲学中，唯物主义和唯心主义的斗争反映了先进的、革命的资产阶级和软弱的或保守的资产阶级的矛盾。

和着重研究本体论的古代哲学不同，这个时期哲学的中心问题是认识论。在批判经院哲学的过程中，新哲学阵营内部出现了唯理论和经验论两股思潮。

第一节 英国的唯物主义经验论

英国是近代唯物主义的发祥地。

英国资产阶级革命的旗帜是清教（加尔文教），唯物主义哲学则是"贵族秘传"的学说。英国唯物主义者是新贵族的思想代表。

英国唯物主义是封建神学、经院哲学的批判者，同时又带有神学的不彻底性。

英国唯物主义具有经验论的特点。

弗兰西斯·培根、霍布斯和洛克是英国资产阶级革命准备时期、革命时期和革命完成时期的唯物主义的主要代表。

一、弗兰西斯·培根

弗兰西斯·培根（1561—1626）是英国唯物主义和实验自然科学的始祖，是近代唯物主义经验主义的第一个代表人物，近代归纳法的奠基人。主要著作：《论学术的进步》（1605 年），《新工具》（1620 年）。

培根生活在英国资产阶级革命准备时期。

16 世纪下半叶，英国的海外殖民活动和国内资本的原始积累都得到了迅速的发展。

英国阶级关系有了显著的变化。农民和个体手工业者失去了生产资料，生活日益恶化，不断发生自发的农民运动。这一时期，出现了一批以资本主义方式经营农业的"新贵族"。"新贵族"和资产阶级有着一致的经济利益，结成了反封建的联盟。

培根是"新贵族"的思想代表。他一方面极力要求发展生产、发展资本主义，宣扬"知识就是力量"，同时又对封建主义表示某种妥协。

（一）物质是永恒的，能动的

培根考察了古代哲学中的两条对立的路线。一条是以毕达哥拉斯和柏拉图为代表的把自然归结为某种超自然的抽象物的路线，另一条是以德谟克利特为代表的研究自然的路线。他认为，经院哲学是柏拉图路线的继承者，是不生育的修女。培根把自己列入德谟克利特路线，认为哲学的任务就是研究自然。

培根认为，物质是万物的本原，是永恒的。

培根继承了赫拉克利特、德谟克利特等古代哲学家关于物质能动性的思想，认为物质本身具有运动的原则。自然界中没有绝对静止的东西，物体及其最微细的部分都处在永恒的运动之中。物质的运动形态是多样的。

培根认为，物质的最小单位（"分子"）是客观存在的、不变的，具有种类有限的简单性质，如光、重、冷、热、密度等。有限的简单性质的不同组合，构成了自然界的千差万别的事物。

培根认为，每一种简单性质都具有其内在的规律性，也即"形式"。性质和形式不可分，有了一定的形式，一定的性质就必定跟着出现。发现物体的"形式"即运动规律，乃是自然哲学的根本任务。

培根的唯物主义在欧洲唯物主义发展史上是一个具有过渡性的体系。培根关于物质的原始形式是物质内部固有的、活生生的、本质的力量，这些力量使物质获得个性，并造成各种特殊的差异的思想，表现了培根世界观中仍然带有自发辩证法的倾向。他把世界万物归结为有限的不变的简单性质的不同结合，这种思想又具有明显的形而上学性质。

培根的哲学思想还带有神学的不彻底性。他公开肯定上帝的存在，反对无神论。为了既为科学争得地盘，又给神学留下地盘，培根保留了所谓"二重真理论"。

（二）感觉是一切知识的泉源

培根是近代经验主义认识论的开创者。

培根坚持唯物主义反映论的路线，认为认识的对象是客观自然界，知识就是存在的映象，要命令自然，就必须首先服从自然。

经验主义是培根哲学的核心。他反对"理性派哲学"，认为认识开始于感觉经验，感觉是一切知识的泉源。

培根依据实验科学的精神，丰富了经验概念。他看到了单纯的感性直观的局限性，认为更为可靠的是从有计划地进行的科学实验中得到的经验。经验、工作成果是哲学真理的保证。

培根也反对那种否定理性认识的"经验派哲学"，认为必须把感性和理性联结起来，人的认识就是一个从感性进到理性，从个别、特殊上升到一般概念和公理的过程。狭隘的经验派哲学家好似蚂蚁，只会搜集材料，而不进行消化和加工；理性派哲学家好似蜘蛛，只知从头脑里先验地编织哲学之网，而不接触实际；真正的哲学家应当像蜜蜂那样，既辛勤地搜集材料，又对这些材料进行消化和加工。但是，鉴于经院哲学家们脱离实际，滥用理性的错误，培根突出强调感觉经验在认识中的作用，提出不让理性"跳跃和飞翔"。这表明培根并不真正理解理性的能动作用，不理解科学抽象的重要意义，表现出经验主义的倾向。

（三）"假相"是一切谬误的根源

培根从唯物主义经验论出发批判了经院哲学。经院哲学的根本错误就在于，不在事物本身中研究事物的性质，而以主观成见和臆测代替对事物本来面目的认识。他把当时流行的、为经院哲学散播的主观成见叫作"假相"。他指出有四种"假相"。

（1）"种族假相"——人类在认识事物时，以人类的感觉、感情为尺度，从而歪曲了事物的性质。比如，认为万物和人一样也具有自觉的目的。这种假相根植于人类的天性。

（2）"洞穴假相"——产生于各个人所特有的本性。人们的性格、爱好、所受的教育和所处的环境是各不相同的。各人按其不同的特点（"洞穴"）去观察事物，也不能正确反映事物的本来面目。

（3）"市场假相"——产生于人们交往中的语词意义的混乱。经院哲学家们捏造种种含糊不清的术语，使人们长期陷于无聊的争辩。

（4）"剧场假相"——由于盲目崇拜、传统的哲学和权威造成的。

培根对"假相"的揭露和批判，从认识论上揭穿了经院哲学的荒谬，解放了人们的思想，具有进步意义。但是，他未能进一步揭露经院哲学的社会根源，而把某些"假相"看作是人类本性所固有的。

（四）归纳法是探求知识的可靠工具

培根继承了英国唯名论的传统，概括了当时自然科学研究的经验，在唯物主义经验论的基础上提出了归纳法思想。

培根认为，他自己的逻辑（归纳法）和经院哲学的逻辑（演绎法）在目的、出发点和论证程序方面都是根本不同的。归纳法的目的不是强人同意，而是把握自然的规律，不是从某种抽象的概念、教条出发，而是从经验事实出发，不是从一般公理中演绎出特殊事物，而是从特殊事物中引出公理。归纳法是寻求真理的工具。

归纳法分三步进行：

第一步：广泛搜集自然史和科学实验的材料。这是一切归纳的基础。

第二步：用理性的方式整理材料。整理材料可通过"三表"进行。①同表：登记具有所要考察的某种性质的例证；②异表：登记情形相似但却没有所要考察的某种性质的例证；③差异表：登记所要考察的某种性质以不同程度出现的例证。

第三步：归纳。归纳过程中最重要的一点是拒绝或排斥，即从否定的东西出发，穷尽一切排斥之后，达到肯定的知识。

培根认为，通过归纳法建立起来的公理是可靠的，但它的普遍性还必须通过新的例证加以验证。

培根的归纳法是对当时自然科学方法论的唯物主义经验主义的总结，为近代科学归纳法奠定了基础。

培根对演绎法没有给予足够的重视，没有使归纳法和演绎法正确地结合起来。

二、霍布斯

托马斯·霍布斯（1588—1679）是欧洲近代机械唯物主义哲学的第一个代表。

主要著作有：《论公民》（1642 年）、《利维坦》（1651 年）、《论物体》（1655 年）和《论人》（1657 年）。

霍布斯把培根的唯物主义系统化了，消除了培根的有神论偏见，同时，他也把培根的唯物主义片面化了，建立了一个典型的机械唯物主义体系。

处于英国资产阶级革命时期的霍布斯，十分重视社会政治问题的研究。霍布斯用他的机械唯物主义论证反封建、镇压群众起义、建立资产阶级专制主义的合理性。

霍布斯的哲学体系包括“论物体”“论人”和“论国家”三个部分。

（一）论物体

“物体”是霍布斯哲学体系的基本范畴。

霍布斯指出：“物体是不依赖于我们思想的东西，与空间的某个部分相合或具有同样的广袤。”宇宙就是不依赖于我们的思想，但能为我们所感知的、有形的物体的总和。经院哲学所谓的“无形体的实体”是荒谬的，笛卡尔的二元论也是错误的。霍布斯提出的这个“物体”定义，概括了当时数学、力学发展的成果，消除了古代唯物主义者以及培根的物质观的朴素性，是欧洲哲学史上的第一个明确的、完整的机械唯物主义的物质概念。

从这种机械论的物质概念出发。霍布斯把物体的“偶性”分为两类：一类是为一切物体共有的，如形状、广延；另一类是只为某些物体所特有的，如动静、颜色、硬，等等。这就是说，唯有广延性才是物体所永恒固有的根本属性。

霍布斯认为，运动是事物的最一般的原因。所谓运动就是不断地放弃一个位置，又取得另一个位置。一切事物均可以用机械运动原理加以解释。

霍布斯认为，整个世界就是原因和结果必然联系的链条，超脱因果必然性制约的东西是不存在的，自由意志论是错误的。从机械决定论出发，霍布斯也否认偶然性的存在。

（二）论人

霍布斯认为，和自然物体一样，人也是受机械运动规律支配的物体。

霍布斯继承了培根的经验主义路线，认为一切知识都是从感觉中获得的。人们通过感官得到关于物体的性质的种种知识。但他又认为，感觉（如色、声、香、味）只是人们认识物体的性质的方式，不要以为物体的性质就如同感觉所告诉我们的那样存在于物体里。颜色并不存在于对象之中，而只是对象的某种运动作用于感官的结果。霍布斯在这里看到了感觉这种主观的认识形式同客观事物的性质之间的差别，揭示了感觉的主观性方面。但他有时又陷入另一极端，把感觉看作纯粹的主观心理状态、原始的"幻影"，这就离开了反映论。

霍布斯继承了英国唯名论传统，认为事物都是个别的，共相只不过是名称，是帮助记忆的记号。

霍布斯把机械论贯彻于认识论的研究，认为推理就是名称的加、减计算。霍布斯看到了人们推理活动中包含的大量的机械运算成分，但把人的理性活动统统归结为机械性的活动，这就忽略了理性的能动的、创造性的本质。

霍布斯力图运用机械运动原理解释人的情感、欲望，认为人的本质就是无休止地追求个人利益和权力。采取一切手段去占有一切，是每个人的自然权利。

霍布斯指出，人们在按照利己主义原则行动的"自然状态"下，"人对人像狼一样"。要求自我保存的本能使人产生摆脱普遍战争状态、追求和平的意念。理性教导人们，为了自我保存，人们必须放弃占有一切的自然权利，遵守理性规定的人们共同生活的规则，即"自然法"。"自然法"的基本精神可以归结为一条根本的道德原则："己所不欲，勿施于人"。

霍布斯竭力摆脱神学，企图从人的情欲与理性中寻求社会生活动乱和安定的根源，从人的理性中引出道德原则，这在当时条件下具有反封建的进步意义。但这也表明，他在社会历史问题上已经远远地离开了唯物主义。

（三）论国家

国家问题是霍布斯哲学的中心课题。他认为，国家是遵循机械运动规律的人工物体。

霍布斯认为，"自然法"只具有道德上的约束力，如果没有强有力的公共权力，"自然法"就无法维护。为了使"自然法"得到遵守，人们便相互契约，把他们的自然权利（除自我保存这一点外）转让给一个人或一些人组成的议会，即国家。国家凭借自己拥有的绝对权力，按照"自然法"制定国家法律，强迫人们遵守，以保证国内和平，抵御外敌。

霍布斯强调，统治权是绝对的，不可分割，不可转让，政权高于教权。

霍布斯用人的眼光观察社会现象，用人造国家的思想反对君权神授的封建神学社会政治观点，坚持王权高于教权，这在当时具有反封建的进步意义。但是，这种资产阶级专制主义也具有明显的反人民的性质。

三、洛克

开始于 1640 年的英国资产阶级革命，经过四十多年的曲折的斗争，最后于 1688 年以资产阶级和贵族的妥协告终。

洛克（1632—1704）反对君权神授论，用社会契约论为资产阶级君主立宪制度做论证。

在哲学上，洛克在反对天赋观念论的斗争中系统地发挥了培根的经验主义。洛克的认识论学说同样渗透了妥协精神。

主要著作有：《人类理解论》（1690 年）、《政府论》（1689 年）。

（一）认识开始于经验——对天赋观念论的批判

洛克认为，心灵如白板，只是由于经验才使心灵白板上刻上了观念和知识。凡是在理性中的，都先存在于感觉中。

洛克批驳了天赋观念论，断言人们关于逻辑规律、数学公理以及道德原则方面的知识都是后天获得的。

但是，洛克又认为，经验不仅包括感官提供的外来的经验，而且包括心灵对自己的活动的观察而获得的"内省经验"。把所谓"内省经验"作为独立的知识源泉，表明洛克离开了唯物主义立场。

（二）简单观念是与外物的性质相契合的

洛克继承了霍布斯关于"偶性"的思想，提出了所谓"第一性性质"和"第二性性质"的学说。他从机械唯物主义出发，认为广延、形相和运动等是外物固有的性质，也即所谓"第一性性质"。

此外，由微小的，不可感的"第一性性质"的不同组合和变化而具有的某种能在我们感官上产生色、声、香、味等感觉的能力叫作"第二性性质"。洛克认为，我们关于"第一性性质"的观念是和外物"第一性性质"的原型相似的，而我们关于"第二性性质"的观念则和外物的"第二性性质"在原型上不相似，但两者是相契合、相对应的。

洛克把事物的性质划分为两种，否定了事物的质的多样性，具有机械论的性质。

洛克坚持从客体到主体的唯物主义反映论的路线，把观念（包括关于第二性性质的观念）看作外物的性质（包括第二性性质）作用于感官的产物，并且是与外物的性质相契合的、相对应的。在第一性性质和关于第一性性质的观念之间的关系上，洛克坚持的是直观反映论。在第二性性质和关于第二性性质的观念之间的关系上，洛克同样坚持了反映论的原则。他在这里看到了感觉这种主观认识形式和外物的性质之间的差异，揭示了感觉的主观性和相对性方面，是企图克服直观反映论的一种努力。

（三）复杂观念是简单观念的复合和分离

洛克在他关于简单观念和复杂观念的学说中，探讨了认识的发展、深化问题。他把从感觉和反省得来的观念称为简单观念。简单观念必须向复杂观念过渡。所谓复杂观念，就是心灵使用自己的力量将简单观念复合、并列、分离（抽象）而产生的新观念。

1. 实体观念

洛克认为，实体观念是由简单观念复合而成的一种复杂观念。人们看到一些简单观念（如黄色、重量、硬度、韧性等）经常在一起出现，于是便将它们复合在一起，形成一个复杂观念，用一个名称（如"黄金"）称呼它，并设想其中存在着一个支托各种简单观念的东西，即实体。

洛克认为，人们假定实体的存在，但对于实体并没有清晰明白的观念。因为我们只知道组合成实体观念的各种简单观念，而无法把握实体本身的特殊的内在组织或细微结构。尽管如此，我们还必须相信实体是存在的。

洛克还认为，人们不可能获得关于实体观念方面的普遍、必然的知识。这是因为，我们不仅不知道实体的内在组织结构，而且我们也不知道组合成实体观念的各种简单观念之间有什么必然的联系。因此，诸如"一切黄金都具有展延性""一切人都要隔着一段时间睡眠"这类普遍命题并不是确定可靠的。

2. 因果性观念

洛克认为，因果性观念是一种最广泛的复杂的关系观念。原因和结果总是经常地、有规则地前后相伴随，但它们之间并不存在必然联系。这是因为，观念总是个别的，经验不能发现它们之间的任何联系。

3. 抽象的概括观念

洛克指出，借助于人心的抽象作用把各个事物的复杂观念中的特殊成分分离出去，保留它们之间的共同成分，便可形成一个抽象的或概括的观念。洛克继承了唯名论传统，认为事物的存在总是特殊的，自身没有普遍性，概括性的名词（"共相"）只是理性的产物，是抽象观念的标记。

在洛克看来，由简单观念过渡到复杂观念，表现了认识的深化，复杂观念远远超过了简单观念所提供的东西。但是，洛克所谓的复杂观念始终没有摆脱感性的形态。他不懂得理性的科学抽象的功能，不懂得从感性到理性是一个质的飞跃，因此他也就不能理解理性能够透过现象把握事物的本质和规律。洛克认识论中的相对主义和不可知主义的倾向，暴露了经验主义的局限性。

（四）理性是最后的裁判官和指导

洛克反对封建神学，同时又肯定神的存在，认为上帝是宇宙的"始因"。

洛克认为，必须划清理性与信仰的界限，但两者又不是决然对立的。人们总是按理性的指导去决定对一件事情的信仰或不信仰。没有信仰的理由就信仰，那只是一种幻想。理性不允许信仰反理性的东西。理性高于信仰，是最后的裁判官。

洛克哲学产生了广泛的复杂的历史影响。在洛克之后，英国哲学从洛克出发，沿着两条路线发展。贝克莱、休谟从洛克出发，走向主观唯心主义和不可知主义。自然神论者则继承和发展了洛克的唯物主义。

自然神论认为，神只是世界第一因，在创造世界或对世界做了第一次推动之后，便不再干预世事，好似一位"不在家的主人"。

在当时历史条件下，自然神论是摆脱宗教的最简便易行的方法。约翰·托兰德（1670—1722）是自然神论的最杰出的代表。他认为，神即自然。他从自然神论出发，通过泛神论发展到无神论。托兰德力图克服 17 世纪唯物主义把物质和运动割裂开来的缺点，主张运动是物质的本质属性。托兰德关于物质自动的辩证法思想，对宗教唯心主义是一个沉重的打击。

洛克的唯物主义经验论是 18 世纪法国唯物论的重要理论来源之一。

第二节　欧洲大陆的唯理论

17 世纪，欧洲大陆各国的资本主义也正以较快的速度向前发展着。但是，和英国相比，政治上和经济上都还很落后。荷兰虽然在 16 世纪就实现了资产阶级革命，但很不彻底，封建势力仍然很强大。法国正处于封建君主专制制度的极盛时期。德国的政治经济状况则更为落后。

17 世纪欧洲大陆资产阶级哲学的主要思潮是唯理论，其主要代表人物有法国的笛卡尔、荷兰的斯宾诺莎和德国的莱布尼茨。

这个时期唯理论哲学的批判锋芒主要是针对封建神学、经院哲学的。大陆唯理论和英国经验论的争论，是反封建的资产阶级哲学内部的争论。

大陆唯理论者大都采取了保守的"形而上学"体系，在批判封建神学的同时又保留神学，表现了资产阶级的妥协性。

一、笛卡尔

笛卡尔（1596—1650）是法国资产阶级的思想代表。他勇猛地攻击经院哲学，提倡面向自然，鼓吹人类理性力量；同时，他又对封建统治表示服从，不敢和封建神学决裂。

笛卡尔是著名的自然科学家，在数学、物理学上有重要贡献。

在欧洲哲学史上，笛卡尔是近代唯理论的奠基人。

主要哲学著作有：《方法谈》（1637 年）、《形而上学的沉思》（1641 年）和《哲学原理》（1644 年）。

（一）唯理主义的认识论

笛卡尔把数学，特别是几何学方法提升为哲学的认识论和方法论。他是近代唯理论、演绎主义的第一个代表。

笛卡尔否定感性认识，认为感觉具有相对性，常常欺骗我们，感觉不能把握事物的本质和规律，也不能把握物体微细部分的运动等。他把感性认识的局限性绝对化，得出否定感性认识的结论，认为感性不仅不能使人们获得知识，反倒会阻碍人类知识的进展。

笛卡尔主张"天赋观念"论，认为人的理性中存在着一些与生俱来的观念，如上帝、道德原则以及数学公理，等等。"天赋观念"是一切知识的基础。正确的认识方法是，实行普遍怀疑，扫除成见，进而从"天赋观念"出发，通过逻辑演绎方法扩展知识，求得真理。

笛卡尔认为，在理性看来，凡是清晰、明白的观念就是真的观念。

在当时历史条件下，笛卡尔的唯理论具有反封建的进步意义，在推动自然科学发展方面也起了一定的作用。片面地否定感性，抬高理性，主张天赋观念学说以及主观真理标准等，决定了这个认识论体系的唯心主义、形而上学的性质。

（二）"形而上学"：二元论世界观

笛卡尔继承了文艺复兴时期法国的怀疑主义传统，用怀疑主义冲击经院哲学，并在此基础上建立起自己的二元论世界观。

笛卡尔否定盲目崇拜，崇尚理性，鼓吹一切都必须经过理性的审判。他提出了所谓普遍怀疑原则。要想追求真理，人们必须对所有事物，包括上帝、苍天，甚至自己的肉体的存在都来怀疑一次。怀疑本身不是目的，而是手段，不是为了否定知识，而是借助于它以求得确定知识。通过怀疑所能得到的第一个确定的真理就是"我"的存在。这就是他的所谓"我思故我在"的著名命题。他认为，"我"这个精神实体的存在是一切知识的基石。

笛卡尔的怀疑原则沉重地打击了经院哲学，伸张了理性的权威。但这种怀疑方法具有明显的唯心主义性质。

笛卡尔从"我"这个精神实体进一步演绎出"上帝"和"物体"两个范畴，建立起二元论。在"我"之中存在着种种观念，其中许多观念是不完美的、有限的，它们都需要依靠一个无限全能的观念，而在各种观念中，也确实存在着一个全知、全能、全善的观念，即上帝。

笛卡尔借着上帝的权威来保证物质世界的客观实在性。人们心中经常出现关于外物的知觉，对于这些，人们不能随主观意愿经验它或不经验它，可见，它们是外来的。这些知觉又是如此地不完善，绝非来自上帝。上帝不会欺骗我们，引起我们知觉的外物一定是客观存在着的。

笛卡尔认为，"上帝""心灵"（我）和"物体"三者都是实体。"上帝"是绝对实体，"心灵"和"物体"是相对独立的实体。"心灵"没有广延，"物体"不能思维。两者相对独立，互不影响。这就是所谓二元论哲学。

笛卡尔的二元论基本上是一种唯心主义的世界观，其中也包含着一定的唯物主义因素。笛卡尔关于物质世界的客观实在性的思想为他在物理学中发挥唯物主义开辟了道路。

（三）"物理学"：机械唯物主义

在笛卡尔的物理学中，物质是唯一的实体，是存在和认识的唯一根据。

他认为，宇宙是无限的，天上地上都是由同种物质构成的。

他提出了宇宙演化的思想，认为宇宙是一个根据自身规律逐渐发展起来的体系。

笛卡尔基本上是一位机械论者。他认为，物质的主要属性是广延性，机械运动是运动的唯一形式。在他看来，动物不过是一架机器。

笛卡尔认为，宇宙在宏观方面是无限的，在微观方面也是无限地可分割的，不存在什么不可分的"原子"。

笛卡尔是动量守恒定律的创立者、解析几何的创始人。

（四）笛卡尔哲学对 17 世纪西欧各国哲学的影响

笛卡尔的这个矛盾重重的体系，在 17 世纪产生了广泛的、多方面的影响。

首先，笛卡尔哲学遭到来自右的和左的两方面的反对。

意大利、法国和荷兰的教会疯狂地攻击笛卡尔，反对他的哲学中的唯物主义成分。

英国唯物主义者霍布斯和法国唯物主义者伽桑狄激烈抨击笛卡尔哲学中的唯心主义。

伽桑狄（1592—1655）的最大功绩是恢复了古代原子唯物主义的权威。他用机械论解释、发挥原子论，同时又给原子论披上神学的外衣。在认识论方面，他坚持感觉主义，反对笛卡尔的天赋观念学说。

与此同时，笛卡尔也获得了许多信徒，他们从不同方面发挥笛卡尔哲学。

以尼古拉·马勒伯朗士（1638—1715）为代表的笛卡尔学派极力发挥笛卡尔哲学中的唯心主义，宣传一种"机缘"论，认为灵魂和肉体互不影响，上帝就两者之间的每一机缘使双方产生相应的活动。上帝每时每刻都在关照着人们的生活。

荷兰哲学家斯宾诺莎则从笛卡尔出发走向唯物主义。

18 世纪法国唯物主义者批判了笛卡尔-马勒伯朗士的"形而上学"，同时也继承和发展了笛卡尔物理学中的唯物主义。

二、斯宾诺莎

斯宾诺莎（1632—1677）继承和发展了笛卡尔的思想。主要著作有：《伦理学》（1677 年死后出版）、《知性改进论》（1677 年死后出版）、《神学政治论》（1670 年）、《笛卡尔哲学原理》（1663 年）。

（一）唯理论的认识论、方法论

斯宾诺莎继承和发挥了笛卡尔的唯理论。他把超历史的个人当作认识的主体，撇开人的认识的社会性、历史性去研究所谓天赋的、不变的认识能力。斯宾诺莎相信人类认识能够达到和自然相一致。但在某些地方，他又认为，自然是无限的，人的认识能力是有限的，把握无限的自然是不可能的。

他把知识分为三类：

第一类是直接或间接的感性知识。感性知识只反映身体的内部状态，不反映外物的性质和必然性，不能带来真知识。

第二类是通过推理得来的知识。这种理性知识能提供必然性的知识，但仍然不能把握事物的究竟。

第三类是理性直观知识。所谓直观知识，也就是纯粹从一件事物的本质考察得来的知识。这是最高的知识。

他认为，通过直观获得的知识是真观念。真观念就是它和它的对象相符合。真理的标准是观念的清楚、明白和恰当。

在他看来，正确的认识道路是通过理性直观获得真观念，以真观念为规范，通过几何学方法寻求新知识。

斯宾诺莎把自然界作为认识对象，力求使认识和自然相一致，这是他的认识论中的唯物主义倾向。他否定感性认识，夸大理性能动的作用以及在真理标准上的主观主义等，是其认识论体系中的唯心主义成分。

（二）泛神论：神即自然

斯宾诺莎的世界观是用几何学方法表述的、披着泛神论外衣的唯物主义。这个体系有三个基本范畴：实体、属性和样式。

"实体"是不依赖于他物而独立存在东西。实体是唯一的、无限的、永恒的，是"自因"。实体就是自然。这表明，斯宾诺莎从自然出发，引出了唯物主义的一元论，克服了笛卡尔的二元论。

斯宾诺莎的泛神论具有无神论的性质。他受布鲁诺的泛神论的影响，把实体或自然称作神。但这个神不是超自然的实体，不具有人格意义，没有自由意志。神即自然。他在"神学政治论"中，对宗教进行了深刻的批判。他认为，宗教是恐惧的产物，是统治者欺骗群众的工具。他还认为，对于《圣经》应该像对一切古典文献一样进行历史的分析研究。

"属性"是构成实体本质的东西。实体具有无限多样的属性，但人的理智所能知道的只有两种：思维和广延。思维和广延不是两种实体的属性，而是同一实体的两种属性。这表明，斯宾诺莎企图克服笛卡尔的二元论。但他关于属性的思想具有心、物平行论的性质，在这里他又未能完全克服笛卡尔的二元论。

"样式"是实体的特殊表现（即个别事物）。实体是无限的，样式是有限的。样式是实体的个别表现，不能离开实体而独立存在。样式存在于实体之中，处于样式间的普遍因果连锁之中。个别的样式离开了自然，离开了其他个别的样式，既不能存在，也不能被认识。这里表现了事物间的普遍联系的辩证法思想。斯宾诺莎在某些方面把实体和样式割裂了。他认为，实体是静止的，样式是运动的。尽管他设法寻求运动和静止的联系环节，也无助于问题的根本解决。

斯宾诺莎从普遍因果必然性出发，批判了自由意志论和目的论等唯心主义观点。

斯宾诺莎的世界观中包含某些辩证法成分，总的倾向是形而上学的。

（三）伦理思想：自由是对必然的认识

伦理思想是斯宾诺莎哲学的中心课题。

他一方面强调人是自然界的一部分，受制于因果必然性；

另一方面，他也十分强调人的理性的能动作用。在伦理思想中，他力图使两者得到统一。

他认为，作为自然的一部分的人，受因果必然性的制约。这一点集中表现在人们具有激情或情欲上。他从资产阶级个人主义出发，认为"保存自己"及"寻求自己的利益"是人的永恒的本性。他反对禁欲主义，认为人既然是自然的一部分，完全排除情欲是不可能的。但是，完全沉浸在情欲中的人，是奴隶而不是自由的人。

他指出，人具有理性，因此人有可能把握情欲的因果必然性，控制并调节情欲，使其不致产生对人有害的影响。在他看来，善于调节和控制情欲，即把握了必然的人，就是自由的人。

在这里，斯宾诺莎阐发了一个重要的辩证法命题：自由就是对必然的认识。他反对那种排斥自然必然性的自由意志论。在他看来，人对自然的认识愈多，控制必然的力量也就愈大。

斯宾诺莎关于自由与必然的思想具有消极直观的性质。他仅仅是从单个人的行为和道德方面提出和解决这一问题的。同时，他把自由也仅仅局限在理性范围之内，不懂得通过群众的革命实践争得物质上的自由的革命意义。

三、莱布尼茨

莱布尼茨（1646—1716）是德国著名的哲学家和自然科学家，在数学、物理学方面有重要的贡献。主要哲学著作有：《单子论》（1714 年）、《人类理智新论》（1704 年）和《神正论》（1710 年）。

（一）唯心主义的唯理论

莱布尼茨是唯心主义唯理论者。他公开声明自己是柏拉图认识路线的继承者，反对洛克的唯物主义反映论的认识论路线。

莱布尼茨主张天赋观念学说。他认为，感觉经验只能提供个别的特殊的知识，不能提供具有普遍性和必然性的知识。具有普遍性和必然性的知识只能来自理性，是天赋的。和笛卡尔不同，莱布尼茨认为，天赋观念最初只潜存于心中，经过一番认识的功夫它才逐渐明朗起来。在天赋观念的逐渐明朗的过程中，感觉作为机缘唤醒天赋观念。

莱布尼茨认为有两种真理：推理的真理和事实的真理。前者是根据天赋观念，遵循矛盾律，通过演绎获得的，具有普遍必然性。后者是根据经验，遵循充足理由律，通过归纳获得的，不具有普遍必然性。

莱布尼茨割裂了理性与感性、演绎和归纳、必然和偶然之间的关系。他把经验知识也当作真理，表明他对经验主义做了一定的让步。他把认识看作一种过程的思想，含有辩证法成分。

（二）单子论

莱布尼茨的世界观是一个带有一定辩证法因素的客观唯心主义的所谓"单子论"体系。

单子和上帝（即最高的单子）是单子论体系中的两个基本范畴。单子是组成具体事物的单纯实体，没有广延，因而不可分；每个单子都是封闭的；单子具有欲求、知觉，具有活动变化的能力。单子的变化是知觉的过渡。推动知觉过渡的是单子的内在的欲求。

莱布尼茨的单子论通过唯心主义方式表达了物质的质的多样性、物质自动和物质的不断变化等辩证法思想。

莱布尼茨十分重视单子的能动性。但他也给单子的能动性加以种种制约。单子只能连续地变化，而不能飞跃。更重要的是，单子为它的创造者所统辖，万能的上帝（最高单子）创造了单子以及单子间的和谐秩序。这就是莱布尼茨的"前定和谐"

学说。

莱布尼茨又进而为单子争地位、争自由。在他看来，上帝的光荣与伟大仅在于宇宙形成之前对宇宙秩序的规范，而不在于在宇宙形成之后对宇宙实际进程进行干预。他认为，每一个单子都活像一个小神。上帝规范的和谐秩序是通过各个单子的自由活动来实现的。

莱布尼茨处处努力掩盖并调和单子与上帝之间的矛盾。他的哲学中的矛盾反映了软弱的德国资产阶级的两面性。

莱布尼茨哲学在德国为约翰·克利斯坦·伏尔夫（1679—754）所直接继承和系统化。伏尔夫抛弃了莱布尼茨哲学中的积极因素，把它改造成为一个僵化的"形而上学"体系。以论证上帝存在、灵魂不灭和意志自由为主要内容的莱布尼茨-伏尔夫"形而上学"曾长期统治德国和欧洲一些大学的讲坛，直到被康德推翻。

第三节　18 世纪英国唯心主义经验论

一、贝克莱

17 世纪末至 18 世纪初，自然神论在英国的广泛传播，严重地威胁着宗教神学。维护神学、反击唯物主义是大资产阶级的迫切要求。

贝克莱（1684—1753）是 18 世纪初英国哲学中的僧侣主义的代表，也是近代欧洲主观唯心主义哲学的鼻祖。其主要哲学著作有：《视觉新论》（1709 年）、《人类知识原理》（1710 年）和《希勒斯和斐洛诺斯的三篇对话》（1713 年）。

贝克莱哲学的主要特点是在认识论上突出强调认识的主观性和相对性，坚持主观唯心论，认为"存在即被感知"，否定客观物质世界的存在；在本体论上坚持客观唯心论，肯定一个客观的精神实体，即上帝的存在。

（一）物体是感觉的组合：存在即被感知

贝克莱十分清楚地看到，唯物主义是无神论的基石，要打倒无神论，就必须取消唯物主义。贝克莱用他的主观唯心主义的"存在即被知感"的命题反对唯物主义。

贝克莱从洛克出发，肯定认识开始于感觉观念。但他坚决反对洛克的从物到感觉的唯物主义反映论路线，认为所谓"事物"就是经常在一起出现的一些感觉观念的组合，而这些感觉观念是为"心灵""自我"所感知的，并且只存在于"心灵""自我"之中。因此，事物不是独立于"心灵""自我"的客观实在，"存在即被感知"。

贝克莱反对洛克的抽象观念说，认为观念都是个别的、特殊的，没有什么抽象的观念。正如人们无法想象一个既非斜角也非直角，或既非等边又非不等边的抽象的三角形一样，人们也不能想象和任何具体、特殊事物不同的一般的"物质"实体的存在。

贝克莱看到了洛克在关于第一性性质的观念问题上暴露出来的直观反映论的缺点，指出第一性性质的观念和第二性性质的观念一样，也具有主观性和相对性，它和事物性质的原型也不相似。比如，关于事物的形状、大小的观念也都随着感觉的主体的变化而变化。但是，贝克莱把感觉的主观性和相对性方面绝对化，以致根本否定观念是外物作用于感官的产物，根本否定外物的存在。

贝克莱还利用 17 世纪机械唯物主义割裂物质和运动的缺

点，断言僵死的物质不能成为能动的观念的原因。

贝克莱认为，真理是主观的，真理的标准就在于人们的意见一致。

贝克莱断言，物质即"虚无"。但他竭力冒充实在论，认为日月星辰、山川原野都是确确实实地存在着的，不过，它们不是存在于"心灵"之外，而只是为"心灵"所感知的感觉观念的复合。

贝克莱的主观唯心主义和人类实践所证实了的最普通的常识（如人是否用物质的头脑思维？）是根本不相容的。

（二）上帝的意志构成自然法则

贝克莱反对唯物主义的目的是为了维护宗教。他认为，人们感官上出现的观念以及观念之间的关系往往是不以人们的主观意志为转移的。人们虽然不能发现这些观念之间存在着的必然的关系，但是这些观念总是恒常地会合在一起，某个观念总是经常伴随着另一些观念出现。他把观念之间的这种关系称为"自然法则"。他认为，从观念间的关系不依主观意志转移这一点可以推断，它们来自一个在我之外的更大的"心灵"，也即上帝。贝克莱就此达到了僧侣主义目的。可以看出，贝克莱的主观唯心论实际上是以客观唯心论为基础的。

贝克莱进而企图调和宗教和科学的矛盾。他认为，取消外间世界无损于自然科学。科学的对象不是物质世界的规律性，而是神在我们感官上刺激引起的观念之间的自然法则。这样，贝克莱就把科学划入了神学。

贝克莱的唯心论是对 17 世纪英国唯物论的反动，本质上是荒谬的。他对感觉的主观性和相对性的揭露和绝对化，对后来资产阶级哲学的发展有很大的影响。

二、休谟

休谟（1711—1776）生活在英国产业革命开始的年代。主要哲学著作有：《人性论》（1739—1740 年）、《人类理智研究》（1748 年）和《自然宗教对话录》（1779 年）。

休谟继承了贝克莱的主观唯心主义路线。他认为，知觉（印象和观念）是知识的对象，也是知识的范围。他把知觉当作隔离主观和客观的障壁，肯定人的知识永远跳不出知觉的范围。因此，存在不是别的，只是知觉的集合。

（一）超出知觉的范围一概不可知

休谟又是贝克莱哲学的批判者。他在认识论上继承了贝克莱的主观唯心主义路线，在本体论上则反对贝克莱的客观唯心主义，坚持不可知主义。休谟认为，贝克莱反驳唯物论的论据同样可以用来反驳贝克莱关于上帝存在的证明。对于人类理智来说，上帝这个精神实体和物质实体一样，它是否存在是不可知的。同时，休谟也反对贝克莱的所谓"自我"这种精神实体的存在。人心中只有个别的、特殊的知觉，不存在什么"自我"这种精神实体。休谟认为，知觉是认识所能达到的范围，在知觉之外是否存在着某种实体，以及这个实体是物质的还是精神的，那是不可知的。休谟的这种不可知论在本体论方面具有折中主义的性质。

（二）因果观念是习惯性的联想

休谟为了彻贯不可知论，极力否认因果之间存在着客观的必然联系。他认为，在经验事实方面，因果之间是没有必然联系的。人们常常在看到火后就感到热，由此就认为火是热的原因，火和热之间存在着必然的联系。在休谟看来，经验只告诉我们，热常常伴随着火来，并没有告诉我们火和热之间有什么必然的联系。经验只告诉我们过去曾经是如此的，却没有告诉我们未来也必然如此。经验事实都是孤立的、或然的，未来是不可知的。他把因果性主观化，认为人们的因果性观念不是客观规律性的反映，而是生活中逐渐形成的习惯。人们不是按客观必然性行事，而是靠习惯带来的信念去生活。

休谟的不可知论在当时的历史条件下是一种非宗教的哲学思想形式。他对贝克莱的神秘主义和马勒伯朗士"形而上学"的批判具有积极的意义。但是，休谟认为，关于神的存在虽然在理论上不可证明，但仍应是信仰的对象。

休谟的不可知论在理论上是根本错误的。

休谟哲学对欧洲后来哲学的发展起过很重要的作用。

本章阅读书目：

马克思和恩格斯：《神圣家族》第六章（3）（d）。

列宁：《唯物主义和经验批判主义》，《代绪论》和第三章第三节。

《费尔巴哈〈对莱布尼茨哲学的叙述、分析和批判〉》。

毛泽东：《实践论》。

《西方哲学原著选读》上卷，北京大学哲学系外国哲学史教研室编译，商务印书馆1981年版，第337—532页。

《十六—十八世纪西欧各国哲学》，北京大学哲学系外国哲学史教研室编译。

本章思考题：

1. 培根的四假相说。

2. 培根的归纳法。

3. 霍布斯的物质概念。

4．洛克对天赋观念论的批判。

5．洛克关于知识的普遍性、必然性的观点。

6．笛卡尔、斯宾诺莎和莱布尼茨的唯理论的联系和区别。

7．英国经验论和大陆唯理论的基本分歧。

8．笛卡尔的二元论。

9．斯宾诺莎的泛神论。

10．莱布尼茨单子论中的辩证法思想。

11．贝克莱和洛克关于感觉的主观性、相对性的观点的异同。

12．休谟的因果论和不可知论。

第五章 18 世纪法国的自然神论、机械唯物论和无神论

18 世纪,随着资本主义的发展,法国封建主义同资本主义、封建贵族同资产阶级和广大劳动群众的矛盾空前激化。资产阶级同封建专制制度直接对峙,从政治上、思想上加紧进行革命准备,并于这个世纪末联合城乡劳动群众发动了革命,推翻了波旁王朝,建立了资产阶级专政。

18 世纪,法国资产阶级为了准备夺取政权,在意识形态上掀起了一场同封建神学决战的资产阶级思想运动,即启蒙运动。

启蒙运动的批判锋芒主要针对封建神学和专制制度,同时也和 17 世纪流行的笛卡尔、马勒伯朗士、斯宾诺莎和莱布尼茨的"形而上学"进行了斗争。

从哲学上看,18 世纪法国启蒙运动中的哲学思想大致经历了怀疑论、自然神论和唯物论、无神论几个发展阶段。

第一节 启蒙运动的先驱

一、培尔

比埃尔·培尔(1647—1706)的主要思想武器是怀疑论。他把理性和信仰对立起来,用怀疑论否定宗教,批判"形而上

学"，为后来的唯物论和无神论的形成和发展开辟了道路。培尔本人并不是无神论者。主要著作有：《历史批判辞典》（1665—1667年）。

二、梅叶

让·梅叶（约 1664—1729）是一位乡村神父。他晚年写成的《遗书》在他死后以手抄本流传，1762年伏尔泰发表了该书的简要节本，给法国启蒙运动以很大的推动。

梅叶的思想具有强烈的革命性。在政治上，他猛烈抨击专制制度，宣传空想社会主义；在宗教上，他批判一切形式的宗教，主张无神论；在哲学上，他坚决反对唯心论、二元论，坚持唯物论。

唯物论是梅叶的无神论的理论基础。

梅叶认为，物质是永恒而独立的存在物，一切形式的宗教创世说都是毫无根据的。

梅叶认为，物质的运动全靠自己，根本不存在什么"第一推动力"。

梅叶认为，精神依赖于物质，思维依赖于大脑，灵魂不朽论是荒唐的。

梅叶尖锐地揭露了宗教的虚伪性和反动性，主张消灭一切形式的宗教。但是，在他看来，宗教是骗子手利用人民的无知捏造出来的，只要"智慧之士"敢于揭露宗教的谬误，启发人们的觉悟，宗教就可以被消灭。这种观点显然是片面的。

梅叶的思想反映了当时法国农村贫苦农民的要求。

第二节　启蒙运动的兴起：自然神论思潮

一、伏尔泰

伏尔泰（1694—1778）是 18 世纪法国启蒙运动的开拓者和著名的领袖。他的主要功绩是向法国大力介绍了牛顿力学、洛克的哲学以及英国的君主立宪制度。主要著作有：《哲学通信》（1733 年）、《形而上学论》（1734 年）、《牛顿哲学原理》（1738 年）、《哲学辞典》（1764 年）等。

伏尔泰是专制制度和天主教教会的激烈的反对派。

伏尔泰的世界观是以自然神论为表现形式的机械唯物主义。在他看来，牛顿的物理学给物质世界描绘了一幅正确的图景。物质世界是客观存在的，物质的本性是广延性和不可入性，宇宙是一架巨大而协调运转的机器。在上帝的最初推动之后，物质世界便按照不变的数学力学规律运动着。

伏尔泰继承了洛克的唯物主义经验论，反对笛卡尔的天赋观念论。

伏尔泰认为，人类的历史是理性和迷信斗争的历史，理性必将最终战胜迷信。

二、孟德斯鸠

孟德斯鸠（1689—1755）是 18 世纪法国启蒙运动的开拓者之一。主要著作有：《法的精神》（1748 年）。

孟德斯鸠在政治上反对君主专制制度，想往英国式的君主立宪制度，主张三权（立法、行政、司法）分立。

（一）自然神论：一切为"法"所支配

在哲学上，孟德斯鸠是一位自然神论者。他肯定物质世界及其运动规律的客观性，认为自然界是运动着的物质，为自身固有的规律即"法"所支配。在他看来，上帝是世界的创造者，但上帝和自然界一样，也必定按照"法"行动。同时，上帝在创造了万物之后，便放弃了他支配和决定万物的权利，让万物按照自己的"法"运动。孟德斯鸠的上帝俨然是一位立宪君主。

（二）"法"的历史观

孟德斯鸠认为，人类历史，也和自然界一样，为自己固有的"法"所支配。支配一切民族的一般的"法"就是人类理性。每一个民族制定的法律应当只是一般的"法"或人类理性的特例。他特别重视法律在人类历史中的作用，认为人类历史是一个由自然的平等到社会的不平等，然而借助于法律使平等得以恢复的过程。

孟德斯鸠力图探索法律制度的演变规津，以寻求符合人类理性的法律制度。他认为，法律不是一种孤立的现象，它和一个民族所处的自然条件和各种社会现象都有密切的关系。

孟德斯鸠认为，法律的性质与政体的性质和原则密切关联着。而政体的性质又同一个国家的自然状况相关。领土狭小的国家适于共和制，国土大小适中的国家适于君主政体，国土过大的国家适于专制政体。这样，归根到底，政治、法律制度主要是由自然地理环境——国土大小、气候、土壤等决定的。地理环境决定论不是从神出发，而是从人的现实生活环境出发，研究政体、法律。这在当时的历史条件下具有反封建的意义。但他认为地理环境是决定人的精神面貌、国家政体、法律性质的根本因素，这在理论上是片面的、错误的。

三、孔狄亚克

孔狄亚克（1715—1780）是法国著名的启蒙思想家。他的主要功绩是在法国传播了洛克的经验论，并以此批判了笛卡尔、莱布尼茨、马勒伯朗士、斯宾诺莎以及伏尔夫的"形而上学"。

主要著作有：《人类知识起源论》（1746 年）、《体系论》（1749 年）、《感觉论》（1754 年）等。

四、卢梭

卢梭（1712—1778）是激进的资产阶级革命民主派。

主要著作有：《论人类不平等的起源和基础》（1755 年）、《社会契约论》（1762 年）、《爱弥儿》（1762 年）等。

（一）自然神论：神是运动的第一因

卢梭尖锐抨击专制制度，激烈反对封建神学。他认为，基督教是违背人性的，是培养暴君和奴隶的宗教。

卢梭是一位自然神论者。他认为，物质世界是客观实在的，但物质本身是惰性的，宇宙万物的运动只能是一个精神力量最初推动的结果。这个精神就是神，它是宇宙运动的第一因。

卢梭认为，宗教起着联系和培养情感的作用，任何国家和民族都不能没有宗教。他主张实行宗教宽容政策，人人应当信仰宗教，但可以允许信仰不同的宗教。卢梭的这种宗教宽容主义是和当时的天主教的排他主义相对立的，具有反封建的进步意义。

卢梭在认识论上主张经验主义，反对天赋观念论，认为认识开始于感觉。

（二）人本主义历史观："平等—不平等—平等"

卢梭的历史观是欧洲近代哲学史上的典型的人本主义历史

观。他撇开神学，同时也撇开人的社会性、历史性，从抽象的人性出发，把人类历史归结为"平等—不平等—平等"三个阶段，以论证资产阶级民主主义政治要求的合理性。

1."自然状态"：天然平等

卢梭设想人类最初生活在"自然状态"中，那时没有工业和农业，没有私有财产，没有奴役和压迫，没有道德上的善恶观念，人们之间没有任何社会联系。生活在"自然状态"中的人具有自爱和怜悯两种天赋感情，以此调节人们之间的关系。人们之间存在着年龄、体力方面的自然的不平等，但不存在财产和政治上的不平等。"自然人"享有天赋的权利：自由和平等。

卢梭认为，人还具有一种所谓"自我完善化的能力"。正是这种天赋能力带来了工具的使用和创造，推动了生产和生产技术的发展，从而导致私有制和社会不平等的产生，把人类从"自然状态"推进到了"社会状态"。当人类进入"社会状态"后，淳朴的自然人便变成了邪恶的生物，人们之间的天然的自由和平等关系，便为奴役和统治所代替。卢梭认为，人的"自我完善化的能力"一方面是历史发展的动力，另一方面也是人类不幸的泉源。

2."社会状态"：社会不平等

卢梭认为，社会不平等的发展经历三个阶段：①私有制的确立以及由此产生的贫富之间的不平等；②富人组织政府，出现压迫者和被压迫者之间的不平等；③政府权力腐化，变成专制统治，产生了主人和奴隶之间的不平等。专制制度乃是社会不平等发展的顶点，它必然转化为自己的反面——平等。卢梭由此得出了革命的结论：当专制暴君依靠暴力把人民的自由、平等的权利剥夺得一干二净的时候，人民就有权运用暴力打倒暴君，建立起自由、平等的理性王国。

卢梭的这个社会发展观包含了辩证法的因素，但本质上是唯心论的。

3. 社会契约：社会平等

卢梭认为，代替专制统治的将是通过社会契约建立起来的重新使人获得自由和平等的社会。

卢梭认为，国家应当是社会契约的产物。人民之所以订立契约，组成国家，只是因为要借国家以保护自己的自由、平等、生命和财产。因此，国家应代表人民的共同的意志，即"公意"。人民服从国家，实际上是服从自己的意志。反之，如果国家违背了"公意'，践踏了人民的自由平等和生命财产，那么人民就有权起来推翻国家。

卢梭的天赋人权论和社会契约论在当时的历史条件下具有反封建的进步意义，成为法国资产阶级革命的旗帜。但是，这个学说的理论基础是历史唯心论。它不是从社会物质生活中寻求历史发展的动因，不是用社会历史的发展去说明人性、人的权利的发展，而是把某种抽象的人性、天赋的权利看作推动历史发展的动力，权衡历史进步的尺度，因而不可能科学地阐明人类历史发展的客观规律。

第三节　启蒙运动的发展：
机械唯物主义和无神

18 世纪中叶，法国启蒙运动进入高潮，法国哲学发展到一个新的阶段：唯物主义哲学由自然神论过渡到公开的机械唯物论和无神论。

法国启蒙运动进入高潮的重要标志，是《百科全书》的编纂和出版。以狄德罗为代表的唯物主义者是《百科全书》编纂工作中的核心人物。

以"百科全书派"为代表的法国唯物论完成了法国资产阶级对封建神学的批判，是法国启蒙运动的最高成果，为行将到来的资产阶级革命做了舆论准备，对于德国古典哲学有重要的影响，是马克思主义哲学的理论来源之一。

"百科全书派"形成的社会背景：法国封建专制制度同资产阶级和广大劳动群众的矛盾的激化。

"百科全书派"形成的自然科学背景：各门自然科学开始摆脱"形而上学"，形成独立的科学部门；牛顿力学得到了普及；林耐制定了动植物的分类系统；生理学、解剖学以及医学方面也取得了重要的成果。

"百科全书派"的理论来源：主要是笛卡尔的物理学和洛克的经验论。

"百科全书派"对17世纪唯物主义做出了多方面的发展，主要表现在：把机械唯物主义世界观系统化；主张物质自动；坚持精神依赖于物质；把经验主义运用于社会生活；克服了17世纪唯物主义批判神学的不彻底性。

法国唯物论的基本缺陷：机械性、形而上学性，在历史观上基本是唯心论的。

"百科全书派"的主要代表人物：狄德罗、拉美特利、爱尔维修和霍尔巴赫。

一、狄德罗

狄德罗（1713—1784）是18世纪法国唯物论的最杰出的代表、"百科全书派"的领袖，对18世纪唯物论和无神论的发展起了巨大的作用。狄德罗的哲学思想是18世纪法国唯物主义的最高成就。主要哲学著作有：《对自然的解释》（1754 年）、《关于物质和运动的哲学原理》（1770 年）、《达朗贝和狄德罗的谈话》（1769 年）等。

狄德罗是专制制度的激烈的反对者，认为自由是人的天赋权利。

狄德罗是一位无神论者，认为宗教是反理性的，上帝是想象的东西："上帝创造世界是一种妄想。"在他看来，宗教产生的根源是无知、恐惧和欺骗。

（一）物质是唯一的实体，具有运动的能力

狄德罗认为，物质是唯一的客观实在，是一切事物和现象的基础和源泉，一切自然现象都是由微小的、种类无限的异质的物质粒子——元素构成的。

狄德罗认为，世界万物都处在永恒的运动变化之中。运动是物质内部固有的属性，物质与运动不能分离。运动的形式是多种多样的，本质上有两类运动：移动和物质内部的激动。实际上，移动只是运动的结果，物质的内部激动是物质的最根本的运动。物质自动的原因是物质的异质性。运动与静止的关系是：运动是绝对的，静止是相对的。运动本身具有规律性。

（二）物质具有感受性

狄德罗认为，物质是异质的，物质的属性也是丰富多样的。除了广延、重量、持续、不可入性和运动等之外，物质还具有感受性，它是物质普遍具有的特性。感受性与运动密切联系着。感受性分为两类：迟钝的感受性和活跃的感受性。前者表现于无机界，后者表现于有机界。一切都在变，一切都在过渡，事物之间没有绝对严格的界限。当无机物转化为有机物时，迟钝的感受性就过渡到活跃的感受性。因此，意识是物质发展的产物。物质的发展演化过程是无感觉的物质过渡到有感觉的生物，由有感觉的生物过渡到有思想的生物。这里一切都可用自然的原因去说明，没有什么神秘的。狄德罗关于物质具有感受性的学说对于正确解决物质和意识的关系具有重要的理论意义。

（三）认识的主要方法：观察、思考和实验

狄德罗的认识论是唯物主义反映论。物质世界是我们认识的对象，感觉、表象和概念是对物质对象的反映。

关于认识的过程，狄德罗有独创性的看法。有三种认识方法——"对自然的观察、思考和实验。观察搜集事实；思考把它们组合起来；实验则来证实组合的结果。"认识的过程就是一个"观察—思考—实验"的循环往复的过程。

狄德罗看到感性认识的局限性，认为理性高于感性，但又认为判断、推理等理性认识是对感觉经验的比较和组合。这表明狄德罗并未理解到感性认识与理性认识的本质差别。

狄德罗自觉地提出实验是检验真理的标准，又是发展真理的手段。但他还完全不了解社会物质生产实践和阶级斗争实践在认识中的作用。

狄德罗在唯物主义反映论的基础上阐发了他的美学思想。他反对美学中唯心主义、形式主义，主张艺术是对客观现实的反映，艺术作品要表现现实的内容。

二、拉美特利

拉美特利（1709—1751）是一位医生，机械唯物论者和无神论者。主要哲学著作有：《心灵自然史》（1745 年）和《人是机器》（1747 年）。

拉美特利继承和发挥了笛卡尔"物理学"中机械唯物主义和洛克的经验论，批判笛卡尔"形而上学"中的二元论和天赋观念说，论证了机械唯物论和无神论。

（一）物质是唯一的实体，具有运动的能力

拉美特利反对创世说和二元论，认为物质是唯一的实体。世界是永恒的物质世界。肉体是人身上的唯一实体。

拉美特利认为，运动是物质的最重要的属性之一。说神是宇宙的推动力，精神是肉体的推动力，如此等等，乃是毫无根据的臆造。

拉美特利断言，人是一架复杂的自动机器。人的一切活动，包括精神活动，都是由人体的组织结构决定的。人的思想、情感和生命都是人体的机械活动的表现。他用大量的医学和解剖学的材料证明心灵状况决定于身体结构。

拉美特利的机械论在反对宗教神学、唯心论和二元论的斗争中起了积极的历史作用，是人类探索精神依赖于物质这个哲学上的重大问题的最初尝试，其中包含了某些合理的成分。当然，从机械论出发是不可能科学地解决人的本质以及精神和物质的关系的。

（二）感觉、经验是唯一可靠的向导

在认识论上，拉美特利也坚持了唯物主义的观点，反对天赋观念论。他认为，感觉、经验是人脑对外界客观事物的反映，物质对象通过感官反射在"脑幕"上就获得了对象的形象、观念。事物刺激感官引起认识，是像琴弦受振动而发音一样。

在拉美特利看来，认识活动本质上是感性的。感性活动是贯穿在整个认识活动中的共同原则。拉美特利在一定程度上看到了理性认识在认识中的作用并力图在感性认识的基础上对人的整个认识过程做统一的理解和说明。但是，他在反对先验论、坚持理性认识来自感性认识的同时，又忽略了感性认识和理性认识之间质的区别，把一切归结为感觉，陷入了狭隘的感觉主义。

三、爱尔维修

爱尔维修（1715—1771）是法国唯物论的主要代表之一。他把经验论运用于社会生活领域的研究，系统地阐发了资产阶级社会政治伦理观点。主要哲学著作有：《论精神》（1758 年）、《论人的理智能力和教育》（1773 年）。

（一）感觉是全部精神活动的基础

爱尔维修认为，自然界是在我们之外的、不依人的意识和任何别的东西而独立存在的永恒运动着的物质实在。运动是物质固有的属性，物质与运动不可分离。

在认识论上，爱尔维修在反对经院哲学和唯理论的斗争中，把洛克的经验论发展为极端的感觉主义。在他看来，客观对象作用于我们的感官而产生的感觉，是我们的一切观念、思想和知识的唯一源泉。不仅如此，我们的全部认识活动都可以归结到感觉的活动，一切知识都可以归结为感觉。

爱尔维修认为，感觉是绝对可靠的，错误只在于情感和无知。

爱尔维修的感觉主义具有唯物主义性质，但是，把认识仅仅归结为感觉，具有很大的片面性。

（二）人是环境的产物

爱尔维修从感觉主义出发，认为人初生时在智力上没有智、愚的不同，在道德上没有善、恶的差异，一切都是后天获得的，是环境的产物。

爱尔维修所说的"环境"主要是指法律、政治制度。法律、政治制度决定人们的精神和道德面貌。

爱尔维修的这个观点包含了一个很革命的思想，要改变人们的精神和道德面貌，就必须改变产生这种精神和道德面貌的环境。

　　爱尔维修陷入一个恶性循环之中：环境，主要是法律、政治制度决定人们的观念；可是，法律是由人制定的，只有改善人的理性，才可能制定出完善的法律，这就是说，人的观念又决定环境。为了摆脱困境，爱尔维修只得求助"天才"，希望靠"天才"来启发群众，靠英明的立法者来制定完善的法律。

　　爱尔维修关于"人是环境的产物"的思想反映了法国资产阶级要求改变现存法律、政治制度的革命愿望。这个命题在认识论上是一种唯物主义的消极反映论，在历史观上是唯心主义的。

　　（三）自爱是人的本质

　　爱尔维修从感觉主义引出了他的人性论和伦理学说。

　　爱尔维修认为，一切心理活动都可以归结到肉体感受性，这种感受性在人身上产生趋乐避苦的感情，即自爱。自爱即利己，是人的本质，是一切行为的推动力。

　　爱尔维修在这种以利己主义为核心的人性论的基础上建立了他的伦理学说。他认为，追求个人利益的感情还必须靠理性来指导，使它和社会公共利益结合。美德就是个人利益和社会公共利益的结合。

　　爱尔维修的人性论和伦理学在当时历史条件下具有反封建的进步意义，为后来资产阶级功利主义道德思想奠定了基本原则，对 19 世纪初的空想社会主义者也有很大的影响。爱尔维修的伦理学说中，包含了某些唯物主义的成分，如承认享乐的合理性、功利是道德的基础等，但总的说来是唯心主义的。

四、霍尔巴赫

　　霍尔巴赫（1723—1789）是法国唯物论思想的集大成者，

建立了一个庞大的机械唯物论的体系。主要哲学著作有：《自然的体系》（1770 年）和《健全的思想》（1772 年）等。

（一）物质是作用于我们感官的一切东西，具有质的多样性

霍尔巴赫认为，自然界是变化无穷的物质世界的整体，是唯一的客观实在，是万物的本原。他提出了一个物质概念："从物质对我们的关系来说，物质一般就是以某种方式作用于我们的感觉器官的一切东西。"他直接从世界物质统一性的原理做出了无神论的结论：既然物质是唯一的实体，那么，非物质的、超自然的神就是幻想的产物，实际上是不存在的。

世界是无限的、无始无终、永恒的。世界自身就是自己存在的原因。因此它是不能被创造、不能被消灭的。神创造世界的信条是荒谬的。

霍尔巴赫继承和改造了莱布尼茨关于单子异质的学说，发挥了物质的质的多样性的思想，认为物质元素不是同质的，而是异质的，从而改正了 17 世纪机械唯物论只讲量，不讲质的缺点。

（二）运动是物质固有的属性

霍尔巴赫反对 17 世纪机械唯物主义的物质惰性论，认为运动是物质固有的属性。在他看来，世界是永恒运动着的物质存在，物质和运动是不可分割的。运动是物质的本质表现和存在方式。运动的源泉在物质自身内部。所谓神创造运动，给物质输入运动或推动物质等，都是烦琐之谈。

霍尔巴赫把运动区分为两类：质量运动和内在隐藏的运动。但他认为，二者归根到底都是分子的机械运动。

为了论证运动是物质固有的属性，霍尔巴赫探讨了运动和静止的关系，认为运动是绝对的，静止是相对的。他从两个方面阐述了运动的相对性：一方面，有时一个物体就其整体来看

好像是静止的，但它的各个部分、内部的分子却处于不断的运动之中；另一方面，有时一个物体相对于其他物体看来好像是静止的，但它和其他物体仍然处于作用和反作用的运动之中。在这里，霍尔巴赫从力学角度论证了运动和静止的统一。

（三）一切都处于必然的因果连锁之中

霍尔巴赫认为，自然界的一切运动和变化均为因果法则所支配。宇宙本身不过是一条原因和结果的无穷的锁链，不存在没有结果的原因，也不存在没有原因的结果。因此，神学所宣扬的违反自然因果法则的所谓"奇迹"，是根本不可能的。

霍尔巴赫认为，自然界的一切均为自然的因果必然性所统治。不论是自然的正常秩序（如四季气候的变化），还是不正常的秩序（如气候反常），都是由一定的自然的原因所产生的，不存在什么超自然的原因。因此，神学目的论是毫无根据的。

霍尔巴赫在坚持自然界的因果联系的必然性，否认一切超自然的原因的同时，却把必然性范畴绝对化了，以致否认偶然性的客观存在。在他看来，既然一切事物都是有原因的，那么一切就都是必然的，不存在偶然性。所谓偶然性，只不过是无知的代名词，而一旦知道了事物的原因就又说它是必然的了。霍尔巴赫在这里把原因和结果与必然和偶然两对哲学范畴混为一谈，并且把必然性和偶然性两者决然地对立起来，从而陷入了机械决定论。片面地肯定必然性，否定偶然性，表面上看好像是抬高了必然性，实际上倒是把必然性降低到了偶然性的地步。

霍尔巴赫还力图运用机械决定论去解释人的行为的动机问题，批判自由意志论。他认为，人是自然界的一部分，人的意志和自然界的一切事物一样，也是为自然的因果必然性所决定的，根本无所谓自由。霍尔巴赫反对唯心主义的自由意志论，坚持唯物主义决定论，这是正确的。但是，他把必然和自由绝对对立起来，只讲必然，不讲自由，否认意识的能动性，则是片面的。这种机械决定论势必会导致宿命论。

（四）人是自然界的产物，是肉体和灵魂的统一体

霍尔巴赫反对宗教神学的创世说，认为人是自然界的产物，随着自然界的变化而变化，遵循自然界的一般法则。

霍尔巴赫反对二元论、灵魂不朽论。他认为，人是一个由不同物质组成的有机整体，肉体是唯一的实体，灵魂或精神只是肉体的作用或机能。霍尔巴赫证明，灵魂或精神的一切活动依赖于肉体，并且随着肉体的变化而同步地变化，肉体一旦解体，灵魂也就归于灭亡。因此，灵魂不朽论是荒唐无稽的。

（五）感觉是思维的基础

霍尔巴赫认为，认识起源于感觉，思维、意志等精神活动均以感觉为基础。

霍尔巴赫认为，感觉不是主观自生的东西，而是外物作用于人的感官的结果。他指出，否认外物存在的贝克莱的体系是荒诞的。

霍尔巴赫强调指出，人的一切观念、概念都是后天获得的，根本不存在什么天赋的观念。

霍尔巴赫对认识过程的描述，带有明显的机械论和感觉主义的倾向。外物作用于感官引起感官的震动，这种震动通过神经传达于脑，便产生了感觉。观念是对于使感觉得以产生的那个对象的影像。判断就是比较观念。概念就是把我们接受的关于一个事物的各种感觉、观念配合起来形成的一个整体的观念。思维就是对观念加以配合与分割、扩展与约束，等等。

霍尔巴赫的认识论具有消极的直观的缺点。

（六）自爱是人的本性

和爱尔维修一样，霍尔巴赫认为自爱是人的本性，是人的一切思想行动的推动力。真正的美德是把个人利益和社会利益结合起来。专制主义破坏人性，是社会一切罪恶和灾难的根源，必须消灭。他想往资产阶级君主立宪制，但害怕人民革命，主张通过立法改革实现这一理想。

（七）宗教是"神圣的瘟疫"

霍尔巴赫是一位战斗的无神论者。他不仅从他的机械唯物主义世界观的基本原理批判宗教神学，直接引出无神论的结论，还从政治、伦理和文化等各方面对宗教进行了较为全面深入的揭露和批判，并且探讨了宗教产生的根源和消灭宗教的途径。

霍尔巴赫从逻辑上揭露了宗教神学关于上帝的观念、上帝存在的证明以及各种神学教条所蕴含的自相矛盾。

霍尔巴赫批判君权神授论，揭露了教会和专制君主相互勾结、相互利用的罪恶行径，指出宗教的任务就是培养专横无道的暴君和服从这些暴君的奴隶。

霍尔巴赫坚决反对宗教道德，认为一切以神学为基础的道德都是虚伪的、反人性的。

霍尔巴赫反对宗教蒙昧主义，谴责宗教抬高信仰，贬抑理性，阻碍科学的发展。

霍尔巴赫认为，宗教是无知和欺骗的产物。因此，在他看来，消灭宗教的途径就是提倡教育，发展科学，宣传无神论，以启发人们的理性。可以看出，霍尔巴赫还不了解宗教产生和发展的根本原因，因而也就不能提出消灭宗教的正确途径。

本章阅读书目：

马克思和恩格斯：《神圣家族》第六章（3）（d）"对法国唯物主义的批判战斗"。

恩格斯：《路德维希·费尔巴哈和德国古典哲学的终结》，第二节。

列宁：《论战斗唯物主义的意义》。

※　　　　　※　　　　　※

《西方哲学原著选读》下卷，北京大学哲学系外国哲学史教研室编译，商务印书馆 1982 年版，第 1—234 页。

※　　　　　※　　　　　※

葛力：《十八世纪法国唯物主义》。

本章思考题：

1. 18 世纪法国唯物主义和 17 世纪欧洲各国的唯物主义的同异。

2. 18 世纪法国唯物主义和无神论的基本观点。

3. 法国唯物主义者关于人是环境的产物的学说。

4. 法国唯物主义者关于人性的学说。

第六章　德国古典哲学

18世纪末至19世纪上半叶，德国处于封建社会晚期。近代德国长期陷于封建割据状态，资本主义发展缓慢，19世纪初才形成统一的资产阶级，直到1848年才发生资产阶级革命。

和17—18世纪法国资产阶级哲学一样，德国古典哲学也是在反神学、争自由的斗争中形成和发展起来的。它最初也不得不掩盖在基督教的辞令之下，在肯定神学的形式下批判神学，表达自由的愿望，最后达到唯物论和无神论，公开同神学决裂，为资产阶级政治革命开辟道路。

德国古典哲学的发展反映了这个时期德国资产阶级的成长及其反封建要求的逐步提高的过程。19世纪30年代以前，正在形成过程中的德国资产阶级还很软弱，还没有提出推翻封建制度的要求，只希望在改革封建制度的范围内促进资本主义的发展。在这期间，以康德、费希特、谢林和黑格尔为代表的德国古典唯心主义者在德国展开了一场资产阶级的哲学革命。德国古典唯心主义本质上是反封建的进步哲学，是法国革命的德国理论，渗透了反对当时德国社会的叛逆精神。但是，德国古典唯心主义又带有强烈的保守性，它们在汲取法国启蒙运动的反神学、争自由的革命精神的同时，又反对法国唯物论，在批判神学的同时又保留神学，在唯心主义体系内发挥辩证法，在迂腐晦涩的言词下隐藏着革命精神。从19世纪40年代开始，德国资产阶级逐渐走上推翻封建制度的革命道路。在这个时期，出现了费尔巴哈的唯物论和无神论。

在反封建的斗争过程中，德国古典哲学内部也不断展开批判和斗争。这种矛盾和斗争反映了德国资本主义的发展和德国资产阶级的日益成熟。

德国古典哲学概括了当时自然科学发展的最新成果。这个时期的自然科学开始突破机械论，并在一定程度上揭示了自然界的历史发展过程。这些成就在这个时期的德国哲学中得到了不同程度的反映。

德国古典哲学继承和发展了马丁·路德、莱布尼茨的反封建的思想倾向，还在不同方面汲取和发挥了17—18世纪西欧各国哲学派别的某些思想。

第一节　康德的批判哲学

康德（1724—1804）是18世纪末德国市民-资产阶级的思想代表。他在德国哲学发展史上的功绩，主要是开始了一场资产阶级哲学革命，推翻了莱布尼茨-伏尔夫"形而上学"体系，开德国古典哲学之先河。

在政治上，康德较之莱布尼茨前进了一步。康德对专制制度开始表示不满，要求进行资产阶级的改革，鼓吹资产阶级法治国家制度。但是，他又认为，法治制度仅仅是一个应当力求实现但实际上永远不能实现的理想目标。

康德早年主要从事自然科学的研究，并开始了批判活动。在《宇宙发展史概论》一书中，康德提出的天体起源的假说，力图把宇宙描述为一个物质的发展过程。康德的这个学说包含了唯物论和辩证法的成分,动摇了17—18世纪流行的形而上学的静止观点。

从19世纪70年代起,康德开始构造他的"批判哲学"体系,先后出版了《纯粹理性批判》(1781年)、《实践理性批判》(1788年)和《判断力批判》(1790年)三本主要哲学著作。

康德批判哲学的锋芒主要是针对莱布尼茨-伏尔夫"形而上学"的。18世纪下半叶,伏尔夫"形而上学"为欧洲各大学采用为教材,风行一时,严重地束缚了资产阶级思想和自然科学的发展。伴随着18世纪法国启蒙思想家清算包括笛卡尔、莱布尼茨在内的17世纪的一切"形而上学"的斗争,康德在德国也开始了一场哲学革命,推翻了莱布尼茨-伏尔夫"形而上学"。

康德站在软弱的德国资产阶级的立场上看待法国的革命风暴,他在汲取法国启蒙运动的反封建的革命精神的同时又批判法国唯物论。

康德哲学本质上是法国革命的德国理论。贯穿于康德哲学体系的一条主线,就是法国启蒙思想家们所倡导的反对神本主义的人本主义精神。康德哲学的中心不是"神",而是"人","真""善""美"基于"人",统一于"人"。在康德哲学中,一切(包括"神")都得围绕着"人"这个轴心而旋转。排斥、削弱"神"的权威,伸张人类理性的权威,确立"人"在自然界和人类社会生活中的主宰地位,乃是康德哲学的基本精神,也是它的反封建的革命意义所在。

一、两个对象:"现象"和"自在之物"

"现象"和"自在之物"是贯穿于康德哲学整个体系的两个基本概念。

康德的两个对象的学说是针对"形而上学"的独断论和休

谟的怀疑论提出来的。"形而上学"断言，人们单凭理性即可把握超感性的对象。休谟认为，认识不能超出感觉经验，在感觉经验范围之外是否存在什么东西，是不可知的。康德则主张，认识的对象确实只能是感觉经验，即"现象"；不过仍然存在着一种不可感知但是却可以思维的对象，即"自在之物"。这是因为，有"现象"就必定有显现者的存在，而如果没有"自在之物"刺激我们的感官提供感觉材料，我们也就形不成知识。

康德明确指出，所谓"现象"就是感觉表象的总和，是不能离开认识的主体而独立存在的，它不反映"自在之物"的任何性质。这样，康德就在"现象"和"自在之物"之间划出了一条不可跨越的鸿沟。

康德关于"现象"这个概念的定义是含糊的，有时是指感官提供的感觉材料，但更多的是指经过人的先天的认识能力对感性材料进行加工整理而形成的对象。在康德看来，我们日常所感触到的自然界和社会生活中的各种事物，都属于"现象世界"的范围。

康德的"自在之物"是一个复杂含混的概念：①在我们之外存在着的刺激我们感官而产生感觉的东西；②理论上无法把握的超感性的对象，如上帝、自由意志和灵魂；③实践上（道德、政治生活中）应当力求实现而又永远不能实现的理想目标，如"至善""共和国"等。

康德哲学的基本特征是调和唯物主义和唯心主义，使二者妥协，使各种相互对立的哲学派别结合在一个体系中。康德一方面肯定在我们之外存在着刺激我们感官而产生感觉的客体，即所谓"自在之物"；另一方面，他又断言这个客体是不可认识的，认识所能达到的只是"自在之物"刺激我们感官而产生的感觉，即所谓"现象"。

康德借助于"现象"和"自在之物"这个二元论、不可知论的学说，在批判神学的同时，又保留神学；在论证资产阶级理想的合理性同时，又证明其实现的不可能。康德哲学中包含了批判的成分，但总的倾向是保守的。

二、对理论理性的考察

康德对莱布尼茨-伏尔夫"形而上学"体系的批判，是康德继提出天体演化假说之后做出的又一个贡献。在当时的历史条件下，这个批判实质上是对封建神学的批判，具有反封建的进步意义。

康德从认识论着手批判莱布尼茨-伏尔夫"形而上学"。"形而上学"的基本缺陷是武断，就是说，在它没有对人类的认识能力做仔细考察之前，便预先断定人们不需要经验的帮助，单凭理性就能对宇宙中的一些根本问题做出理论上的绝对无误的证明。因此，康德把"形而上学"称为"独断论"。康德力图对人的认识能力做一番考察，其结论是，人的认识能力是有限的，只限于经验范围，不能超出经验；只能认识现象，不能认识自在之物。因此，"形而上学"对上帝、灵魂和意志自由等超感性的对象所做的一切理论论证都是站不住脚的，应予推倒。

康德把他的认识论的总问题概括为：先天综合判断如何可能？知识在逻辑上表现为判断：主词和宾词的联结。判断一般可分为分析的和综合的两种。分析判断（如"物体皆有广延"）的特点是，宾词隐含地包含在主词中，不需要通过经验即可先天地从主词中推出宾词，这种判断具有普遍性、必然性，但不能增加知识。综合判断（如"物体有重量"）的特点是，宾词不包括在主词中，只有靠经验才能把主词和宾词联结起来，这种判断能够增加知识，但不具有普遍性、必然性。康德提出一个问题：有没有一种既具有普遍性、必然性又能增加知识的判断形式，就是说，有没有既是分析的（先天的）又是综合的判断呢？他认为，这样的"先天综合判断"是存在的，数学和自然科学中的基本原理就是这样一种判断。认识论就是要研究这种判断是如何可能的？

在认识论上，康德同样是调和论者。他既肯定经验论的原则：认识开始于经验；又肯定唯理论的原则：具有普遍性和必然性的知识不会来自经验，只为人脑所先天地固有。康德认为，先天综合判断之所以可能，就在于一个科学知识乃是由两方面的因素构成：一是感官提供的后天感觉经验材料；二是人脑先天地固有的具有普遍性和必然性的认识能力。

康德断言，人心具有三种先天的认识能力："感性""知性"和"理性"。与此相对应，人们有三门学问、三种先天综合判断："数学"的先天综合判断、"物理学"的先天综合判断和"形而上学"的先天综合判断。"感性"这种先天的认识能力和经验相结合，使数学知识具有普遍性和必然性。"知性"这种先天认识能力和经验相结合，使物理学知识具有普遍性和必然性。数学和物理学这两门学问，作为科学知识是可以成立的，两者的先天综合判断是可能的。"理性"则和"感性"及"知性"不同，它想撇开经验，超越现象世界去把握"自在之物"，其结果是徒劳的。因此，作为"理性"学问的"形而上学"完全是假学问，关于它的先天综合判断是不可能的，因而，作为科学知识是不能成立的。

1. 关于"感性"的学说

康德所谓的"感性"，是一种借助于经验而形成感性直观知识的先天的认识能力或感性直观形式。一个具有普遍性和必然性的感性直观知识（如"2＋2＝4"），是由后天的感觉质料和先天的直观形式构成的。自在之物作用于感官而产生的感觉，只是一团混乱的心理状态，只有经过先天的直观形式的整理，才能形成一定的感性对象，构成感性直观知识。

康德断定人心中有两种先天的直观形式：时间和空间。时间和空间这两种直观形式不是来自经验，而是人脑先天地固有的，并且是经验之所以可能的条件。

但是，康德认为先天的直观形式离不开经验。没有经验材料，它们就是空形式。同时，时间和空间这两种直观形式也只适用于整理经验材料，只在现象世界有效，和"自在之物"无关，不反映"自在之物"的任何性质。

康德用他的时空观来解释数学，认为数学是关于现象世界的学问，是感觉材料和具有普遍性、必然性的先天直观形式的结合。因此，有关数学的先天综合判断是能够成立的。

康德关于"感性"的学说具有调和的特征，总的倾向是唯心论的。就它承认在我们之外存在着刺激我们的感官而产生感觉的"自在之物"，肯定认识开始于经验，承认时间、空间直观形式离不开经验这些方面说，包含着在一定条件下引向唯物主义的成分。而这些方面，对于康德最后否定"形而上学"无疑是很重要的。

2. 关于"知性"的学说

康德所谓的"知性"，是一种对感性对象进行思维，把特殊的、相互间没有联系的感性对象加以综合，联结成为有规律性的自然科学知识的先天的认识能力。

康德认为，"知性"是一种综合能力，在逻辑中则表现为判断的能力，即把主词和宾词联结起来的能力。他从形式逻辑关于判断的分类中，引出了因果性等十二个范畴，以作为"知性"对感性对象进行综合联结的基本概念或基本的思维形式。

康德的范畴表

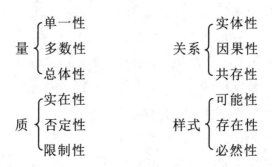

康德认为，范畴排列具有"三一式"的特点，即每组范畴中的第三个范畴是前两个范畴的综合。康德的这个思想后来为费希特、谢林，特别是黑格尔所发挥。

康德把范畴叫作纯概念,意思是说范畴不是来自感性对象,不包含任何经验成分。和时间、空间直观形式一样，范畴也是为人心所先天固有的。

康德认为，范畴不是来自感性对象，但却能为感性对象确定规律，即所谓"人给自然界立法"。在他看来，经验对象之间本来是没有联系的，只是由于人运用先天的思维形式范畴去规范经验对象，自然界的事物才具有了规律性。按照康德的这个观点，人的认识过程不是在实践中反映客观事物的发展规律的过程，反倒是向客观事物强加规律的过程。显然，这是先验唯心主义，是和法国唯物论的反映论路线根本对立的。不过，也应当看到，康德的这个思想确实触及了法国唯物主义者的反映论的消极直观的缺点。在康德看来，自然科学实验表明，人在自然界面前，不是一个消极的直观者，而是一个能动的主体。人们通过科学实验受教于自然界，但科学实验是理性预先依据一定的原理经过周密设计而进行的能动的活动。在这里，人主动地提出问题，强迫自然界回答。和只能提供或然性知识的日常经验观察不同，科学实验这种能动的活动能够提供具有普遍性和必然性的知识。可以看出，康德的这个思想中包含着合理成分。

康德认为，和时间、空间这两种直观形式一样，范畴要起作用也离不开经验。范畴只是联结、整理感性对象的能力，离开了经验，它们就只是空架子，形不成任何知识。同时，范畴也只能应用于经验，只在现象世界中有效，不反映"自在之物"的性质，不适用于规定"自在之物"。

康德认为，自然科学知识是关于现象界的学问，是经验材料和先天思维形式的结合。因此，关于自然科学的先天综合判断是能够成立的。

可以看出，康德的"知性"学说同样具有调和性质。当他肯定因果性等范畴是先天的形式的时候，他是唯心论者。当他承认形成自然科学的知识缺少不了经验的时候，又包含了在一定条件下导向唯物主义的成分。在这里，康德再一次为他否定"形而上学"埋下了伏笔。

3. 关于"理性"的学说

康德所谓的"理性"，是人心中具有的一种要求把握绝对的、无条件的知识，即超越现象世界去把握"自在之物"的自然倾向。

康德认为，人们通过"感性"和"知性"所获得的知识是关于现象世界的知识，总是有条件的、相对的。但人心中存在着一种要把相对的、有条件的知识综合为绝对的、无条件的知识的自然倾向，这就是所谓"理性"。理性的概念——"理念"，如同柏拉图的"理念"一样，是经验事物的范型，但经验中却没有任何事物能同它完全符合。康德认为，莱布尼茨-伏尔夫"形而上学"乃是人心中"理性"追求绝对的、无条件的知识的要求的理论表现。"形而上学"所研究的三个东西（上帝、灵魂和自由）也正是人的"理性"所追求的三个最高的"理念"。

康德认为，"理性"追求绝对的、无条件的知识的努力，是徒劳的。这是因为，"理性"要这样做，实际上意味着是要超越现象世界去把握"自在之物"。"理性"要去把握"自在之物"，本身没有别的工具，只能借助于"知性"范畴。可是，如果硬要只能适用于现象世界的"知性"范畴去担负它所不能担负的任务，超越现象世界去规定"自在之物"，从相对的有条件的东西出发去追求绝对的无条件的东西，那就必然要陷入谬误推理或自相矛盾之中。康德要证明，莱布尼茨-伏尔夫"形而上学"关于"灵魂""上帝""自由"的种种理论论证都是毫无根据的，"形而上学"的先天综合判断是不能成立的。

关于灵魂问题，"形而上学"的理性心理学认为灵魂是不灭的，基本的理论根据是灵魂是"实体"。康德认为，"实体"是知性范畴，只适用于现象世界，而灵魂则是超感性的东西，并不出现在时空之中，因此，人们决不能用"实体"范畴去规定"灵魂"。

关于"上帝"问题，康德驳斥了"形而上学"理性神学关于上帝存在的种种证明。他认为，本体论的证明是错误的，因为一个事物的存在和一个事物的概念是两回事，不能从关于事物的概念中就推出一个事物的存在。"存在"是一个"知性"范畴，只适用于现象，不适用于规定超感性的绝对完满的"上帝"。因此，上帝是否存在，这是不可知的。

关于世界问题，康德认为，人的"理性"一旦运用"知性"范畴去规定"世界"，便会陷入不可解决的矛盾（"二律背反"）之中。

康德提出了四组二律背反：

（一）正题：世界在时间上和空间上有限。

反题：世界在时间上和空间上无限。

（二）正题：世界上的一切都是由单一的东西构成的。

反题：没有单一的东西，一切都是复合的。

（三）正题：世界有出于自由的原因。

反题：没有自由，一切都是必然的。

（四）正题：在世界中有某种必然的存在物。

反题：在世界里没有必然的东西，一切都是偶然的。

康德认为，正反双方各有各的道理，谁也驳不倒谁，致使"理性"陷入不可解决的矛盾之中。问题在于混淆了"现象世界"和"自在之物"的界限，超验地使用"知性"范畴。在他看来，"世界"作为"现象"既非有限，亦非无限；"世界"作为"自在之物"究竟是有限抑或无限，则是不可知的。"世界"作为"现象"，一切为因果必然性所制约，没有自由；"世界"作为"自在之物"，则可假定自由的存在。康德认为，在"世界"理念上，"理性"陷于"二律背反"，说明人的认识能力有限，"世界"本身究竟如何，是不可知的。因此，"形而上学"的理性宇宙论同样是欺人而无根据的。

康德的"二律背反"学说具有调和唯物论与唯心论的性质。

康德的"二律背反"学说包含了一定的辩证法成分。它在客观上暴露了 17—18 世纪流行的孤立、静止和片面的形而上学的观点的缺陷，不自觉地揭露了这样一个事实，即当人们一旦要透过现象去把握事物的本质的时候，思想上就必然会出现矛盾。但是，康德把矛盾看作主观的"幻想"，只看到矛盾双方的对立，没有看到矛盾双方的联系和转化，并且认为思想上发生了矛盾表明人的认识能力有限，这都说明康德基本上还没有摆脱形而上学片面观点的狭隘眼界。

总的说来，康德的认识论具有调和折中的特征。在康德的认识论中，包含着唯物主义和辩证法的因素。康德借此推翻了莱布尼茨-伏尔夫"形而上学"，打击了封建神学，在历史上有很大的影响。但是，康德的认识论的总的倾向还是唯心论的先验论和不可知论。这是康德哲学中的消极的保守的东西，在理论上是完全错误的。正因为如此，所以尽管他推翻了莱布尼茨-伏尔夫"形而上学"，但他的批判是很不彻底的。在他宣布"形而上学"的对象——上帝是不可知的同时，他又肯定上帝仍然可以是信仰的对象。这就突出地表现了18世纪末德国小市民的强烈的保守性和妥协性。

三、对实践理性的考察

按照康德的哲学体系，《纯粹理性批判》是处理理性的理论应用问题，讲的是认识论；《实践理性批判》是处理理性的实践应用，讲的是道德问题。康德的道德学说以"善良意志"为中心，表达了软弱贫乏的德国市民的理想，为德国市民的改良主义政治路线提供了思想基础。

在道德问题上，康德也是一个调和派，力图调和封建的禁欲主义和资产阶级幸福主义的对立。他在道德和幸福之间徘徊，一面把道德和幸福绝对对立起来，断言道德排斥一切物质利益，一面又忸忸怩怩要求道德和幸福的协调，但又把这种协调推到彼岸世界，甚至求助上帝来保证其实现。

首先，康德把道德和幸福绝对对立起来，认为一个好的道德动机即所谓"善良意志"，决不能掺杂着丝毫的情感上的好恶或趋利避害的因素，否则动机就是不纯的，意志就不是善良的。同时，他认为，意志是否善良决定于意志本身，和行为的效果无关。显然，这是一种超功利主义和唯动机论的唯心主义道德观。

　　康德的所谓"善良意志"，是指彻底摆脱经验、感性欲望的干扰，完全服从理性先天规定的道德法则的意志，也即所谓自由意志。

　　康德从唯心论的先验论出发，认为人们心中先天地存在着某种永恒不变、到处适用的道德法则。理性先天规定的基本道德法则是："不论做什么，总应该做到使你的意志所遵循的准则永远同时能够成为一条普遍的立法原理"。康德把这种先天的道德法则叫作"绝对命令"。所谓"绝对"，就是说是无条件的，不受任何经验，感性欲望、利害关系的条件的制约。所谓"命令"，是指"应当如此"。不难看出，康德宣扬的这种超历史、超阶级的永恒不变的道德原则，在实际生活中是根本不存在的。

　　康德认为，道德规律的存在是以"自由"为前提的。所谓"自由"，就是意志的一种能够排除一切外来力量的干扰，摆脱自然必然性，感性欲望的制约而进行独立判断的能力。只是由于意志是自由的，人们才能制定道德规律，服从道德规律。人作为感性的存在者，受自然必然性的制约，没有自由可言，也无所谓道德，人作为理性的存在者，则能摆脱自然必然性的制约，意志是自由的，参与制定并服从道德规律。意志自由显示了作为理性的存在者的"人"的独立、尊严和人格的伟大。康德的这种自由观是典型的法国革命的德国理论。在德国的历史条件下，康德把"自由"列为至高无上的原则，突出地表现了康德哲学的人本主义精神，具有反封建的进步意义。但是，他却把法国启蒙思想家们所要求同现实物质利益相联系的自由，变成了纯粹思想上的概念规定。

　　康德认为，理性的"绝对命令"在实际生活中照例是不能得到完全执行的。这是因为，人不仅是一个有理性的存在者，而且也是一个有感性物质欲望的感性存在者。要人彻底摆脱物质欲望，实际上是办不到的。因此"绝对命令"只是一个"应当"，是人们力求达到而实际上达不到的道德准绳、目标。

其次，康德在大力宣扬道德和幸福对立的同时，又力图使二者协调起来，并把这种协调推到彼岸世界。

康德认为，道德上的最高范畴是"至善"。所谓"至善"就是道德和幸福的恰当结合。讲道德绝不是为了幸福，可是，有道德的人总不该老受苦，而应该享受幸福。因此，道德和幸福的协调，应该是道德生活所追求的最高目标。

但是，康德把"至善"的实现推到彼岸世界。要达到"至善"，首先就必须使人的意志同道德规律完全契合，这就要求假定人的意志是自由的，就是说应当假定人的意志能摆脱感性物质欲望的干扰。但是，这对有感性欲望的人来说，只是一个"应当"，只有无止境的努力才能达到，光靠短短的一生是不行的。这就要求假定人的灵魂是不朽的，今生不行，来世再努力。再者，把道德和幸福这两个完全对立的东西协调起来，光靠人力是办不到的，这就要求假定一个超自然的最高存在者上帝，才有可能实现。

康德在《实践理性批判》中复活了《纯粹理性批判》中被否定了的东西，暴露了康德哲学的强烈的保守性。但他把上帝贬为道德上的假定，这又包含了对传统神学的批判成分。正因为如此，康德的这种道德神学曾受到封建统治阶级的责难。

贯串于康德伦理学中的一个重要的思想——"应当"，为他的政治上的改良主义路线奠定了思想基础。他对德国现实的专制制度不满，竭力要从思想上树立起和现实不同的绝对的无条件的"应当"，即资产阶级的理想（如他所说的"目的国"）；但是，他又认为，这个十全十美的"应当"，又是可望而不可即的，是人们力求实现而又永远实现不了的。这反映了这个时期的德国市民对自己的阶级要求有了初步的意识，但对于这种要求的实现又缺乏力量和信心。

（四）对判断力的考察

按照康德哲学的体系，《判断力批判》是想借助对"判断力"（"目的判断"）的考察来调解"知性"（现象世界、自然的必然性）和"理性"（自在之物、自由）之间的对立。《判断力批判》一书由"审美判断力"和"目的论判断力"两个部分组成，前者讲美学，后者讲有机界的目的论。

在美学中，康德首先分析了"纯粹美"和"依存美"两个概念。他不同意经验论者把美和功利搅在一起，也不同意理性派把美同真、善混为一谈，认为美之为美，只是由于对象的形式给主体带来审美愉快的纯粹鉴赏判断，不涉及对象的存在、概念和目的，不计利害，就是说与内容无关。"纯粹美"在于形式。所谓"依存美"是依存于概念、目的或功利的美，也就是依存于一定的内容的美。在康德看来，"纯粹美"的数量不多，所能列举的也就是花、鸟，贝类、无意义的装饰图案、无标题的幻想曲以及歌词的音乐等，而绝大部分的自然美和艺术美都属于所谓"依存美"。可以看出，康德精心分析"纯粹美"的主要目的，就在于揭示审美判断的特质，强调形式美是一个事物有资格被判定为美的事物的不可缺少的条件。但是，一件作品如果具备了审美形式，那么它的充实的内容不仅不会损害美，而且对美会"有所增益"。在美学中，康德不善于正确处理形式和内容的关系，表现出某种程度的形式主义倾向。但是从康德美学思想的全局来看，康德重视内容甚于重视形式，他的主要精力是花在对"依存美"的分析上，探讨内容如何对形式有所增益。

　　康德认为，美是道德的象征，美的理想在于表现道德。即使是对大自然的美的欣赏，也不完全是纯粹的，其中也多少掺杂着道德的因素。比如，人们以某种色彩为纯洁，某种色彩为温柔。美的理想不仅涉及形式，它主要地涉及内容意义，表现道德精神。比如，一个美的人体就形象地显现出了温良、纯洁、刚毅或肃穆等道德精神。

　　在讨论艺术创作问题时，康德强调人的自由和独创精神。但是，他把艺术和科学对立起来，把艺术作品的独创性，归之于所谓的天赋的才能。

　　康德认为，天才的自由独创的功能就在于给作品注入灵魂，表达审美理念，在有限的个别的感性形象中展现出无限普遍的理性理念，把人们从有限引向无限，从感性世界引向超感性世界，从现实世界引向理想境界。在康德看来，理性理念本来是不可认识、无法实现的东西，但它在天才的艺术作品中却获得了"客观现实性的外观"，仿佛变成了现实。

　　康德的这个思想反映了这样一个事实：在 18 世纪末德国的条件下，人们只有在以席勒、歌德为代表文学艺术中，才能看出德国美好的未来。但是，康德把理想的实现仅仅寄托在天才的艺术作品上，这也深刻地反映了当时德国市民-资产阶级的怯弱。

第二节　费希特的"自我"哲学

　　费希特（1762—1814）是康德之后德国著名的唯心主义哲学家。主要哲学著作有：《知识学》（1794 年）、《论学者的使命》（1794 年）、《人的使命》（1800 年）。

费希特受法国启蒙思想和法国大革命的影响和鼓舞，曾向往过法国革命所产生的资产阶级共和国，并对德国封建制度进行了批判，成为资产阶级民主主义者。他赞成消灭等级特权和农奴的人身依赖，要求民主制度和个人自由，是德意志民族解放和统一运动的鼓动者。但是费希特也反映了德国市民的软弱的特点，他虽然同情共和政体，却又满足于君主立宪，并最后成为法兰西共和国的反对者。

费希特早期是康德哲学的信徒，不久他批判了康德的不可知论，创立了自己的主观唯心主义哲学。

费希特的主观唯心主义哲学的基本概念是"自我"。"自我"既是理性，也是意志，既是认识，也是行动。把认识和实践联系起来，在一定程度上反映了德国资产阶级要求革命行动。但是由于德国资产阶级的软弱性和妥协性，这种要求却采取了唯心主义的形式，即把"自我"看成一种产生世界的意识活动。

费希特以"自我"为核心的主观唯心主义哲学体系叫作"知识学"。"知识学"提出了三个基本原理：①自我产生自己本身；②自我产生非我；③自我产生自身和非我。

费希特企图用自我和非我的同一去克服康德的二元论、不可知论，论证思维和存在的同一。但在费希特那里，自我和非我的同一仍然是一个永远不能到达的目标。

第三节　谢林的"绝对同一"哲学

谢林（1775—1854）是一位客观唯心主义哲学家。主要哲学著作有：《自然哲学体系初稿》（1799 年）、《先验唯心论体系》（1800 年）。

谢林青年时代曾欢迎过法国大革命，具有反对封建制度的倾向。但是后来，他逐渐走上了同封建制度妥协的道路。

谢林最初是从费希特的哲学出发的，不久就抛弃了主观唯心主义而创立了客观唯心主义，进一步论证思维和存在的同一。

谢林认为，思维和存在、精神和物质、主体和客体的"绝对同一"，乃是万物的本原。"绝对同一"是一种宇宙精神。"绝对同一"发生了差别，然后又由差别回到"绝对同一"。这个过程也就是"绝对同一"这种宇宙精神从不自觉到自觉、从无意识到有意识的发展过程。

谢林的以"绝对同一"为核心的客观唯心主义体系，由"自然哲学"和"先验哲学"两个部分所组成。"自然哲学"以自然界为对象，其宗旨是要从自然界中引出精神。"先验哲学"则以人类社会生活为对象，其宗旨是从精神中引出自然。两者均是为了求得精神和自然、思维和存在的同一。

谢林开始把康德和费希特的主观辩证法推广于自然界和人类历史，把自然界和人类历史看作一个矛盾发展的过程，以此进一步解决思维和存在的同一问题，从而为黑格尔创立思维和存在同一的唯心辩证法的体系创造了条件。

谢林晚年完全堕落为反动封建制度的宣教者，大力宣扬宗教神秘主义的"天启哲学"。

第四节　黑格尔的唯心主义思维和
存在辩证同一哲学

黑格尔（1770—1831）是德国资产阶级形成时期的资产阶级思想代表。较之康德、费希特和谢林，黑格尔在政治上具有更强烈的反封建的要求。他对德国的现实的专制制度不满，要求实现资产阶级君主立宪制度，但只求改良，反对革命。他厌恶封建神学，鼓吹国家高于教会、法律高于教条、哲学高于宗教，但又力图和现存宗教妥协。他在高度评价法国启蒙运动所倡导的"自由"精神的同时，又极力贬低、蔑视法国唯物论。他始终肯定法国大革命的合理性，但又极端仇视法国大革命过程中的革命群众运动。

黑格尔是德国古典唯心主义的完成者。他充分肯定康德哲学的革命意义，同时又认为康德的不可知论太软弱了。继费希特、谢林之后，黑格尔进一步批判了康德的不可知论，系统地论证了思维和存在的同一性学说。

黑格尔在论证思维和存在同一这个基本观点的过程中，构成了一个"绝对理念"自行发展、不断实现自己的庞大的哲学体系。他把"绝对理念"的发展分为三个阶段：①"逻辑学"阶段——"绝对理念"在自然界和人类社会出现之前的自我发展，表现为一系列"纯概念"即范畴的推演；②"自然哲学"阶段——"绝对理念"外化为自然界后，在自然界中的发展；③"精神哲学"阶段——"绝对理念"进入了人的意识，并在人的意识中最终回复到了自己。

黑格尔的哲学体系是客观唯心主义的体系。但是，黑格尔通过对他的体系的描述，充分发挥了他的辩证发展观点，表现了巨大的历史感，把握住了人类认识、自然界和人类社会辩证发展的某些真实联系。

黑格尔的最大的历史功绩，在于系统地发挥了辩证法思想。他的唯心主义是辩证的，他的辩证法又是唯心的。但是，黑格尔哲学中的唯心主义和辩证法之间始终存在着矛盾。贯串于黑格尔哲学的一个基本矛盾就是辩证方法和唯心主义体系之间的矛盾。

黑格尔的主要著作有：《精神现象学》（1807 年）、《逻辑学》（1812—1816 年），《哲学全书（"小逻辑""自然哲学""精神哲学"）》（1817 年）、《法哲学原理》（1821 年）以及他死后发表的《宗教哲学》《美学》和《哲学史讲演录》等。

一、实体即主体，思维和存在的同一性

黑格尔认为，近代哲学是围绕着思维和存在的关系问题而展开的，但是，哲学家们在解决这个问题时皆不免于最终导致两者的分裂。康德陷入"现象"和"自在之物"的对立，费希特未能求得自我与非我的同一，谢林的绝对同一论也没有辩证地解决思维和存在的关系。一切问题的关键，在于要把万物的本原即实体，同时理解为主体。

黑格尔哲学体系的最基本的概念是"绝对理念"。绝对理念是万物的实体，同时又是一个活的、能动的、富有创造力的主体。整个客观世界就是绝对理念这个主体的自我展开、自我创造、自我认识的过程。

黑格尔从实体就是主体这个根本观点出发，论证了思维和存在的同一性。

思维和存在具有同一性，是黑格尔哲学的基本命题。黑格尔通过这个命题力图论证资产阶级的理想的合理性及其实现的必然性。

黑格尔关于思维和存在同一的学说，是黑格尔站在德国资产阶级立场上对法国革命所做的哲学概括。他从法国革命中得出的基本结论就是"按照思想建筑现实"。因此，他认为，法国革命的经验有力地证明了"理念"绝不是像康德所说的那样是一个永远不能实现的"应当"。"应当"也即合理的东西，就必

定能够转化为现实。黑格尔的这个命题是唯心论的。但是，他在这里力图克服康德的二元论和不可知论，论证思维和存在可以转化，能够实现同一。这方面包含了辩证法的因素。

黑格尔所说的思维和存在具有同一性，概括起来就是：思维是存在的本质，一个事物的存在只有符合思维才具有实在性多思维不断地在存在中实现自己，使存在同自己相符合。

黑格尔所说的思维，不仅指的是我们头脑中的思想，而且主要指的是存在于人们头脑之外的某种"客观思想"即"绝对理念"。在他看来，个别事物是易变的，事物的"一般"是稳定的。人们的感官只能接触个别事物，事物的"一般"、本质或规律，只能借思维去把握，既然事物的"一般"、本质或规律只能靠思维去把握，那么它就是思维所思的那个样子了，或者说它本身也就是思维了。因此，在黑格尔那里，思维有两层意思：一是我们头脑中的思维；二是指在我们头脑之外的构成客观事物的本质的"客观思想"。这表明，黑格尔是一位客观唯心主义者。

由于黑格尔的"思维"这个概念具有双重意义，因此，黑格尔的思维和存在同一性这个命题也包含了两层意思。一是从本体论意义，即从事物的发展过程上说，思维和存在具有同一性是指"客观思想"决定事物的本质，一个事物只有符合蕴藏在其中的"客观思想"即概念才具有实在性，而"客观思想"则在事物中不断实现自己，使事物同自己相符合。思维和存在的同一并不像谢林所说的"绝对同一"，而是一个矛盾发展的过程。每一个具体事物都包含着同它的概念既符合又不符合的矛盾。这个矛盾推动着事物运动、变化和发展，并使事物最后归于灭亡，为另一个更符合于概念的具体事物所代替。因此，任何一个具体事物的存在总是相对的、暂时的，而"绝对理念"

则在这种矛盾进展中，在事物的新陈代谢的发展中不断实现自己，使事物逐步地同它的概念相符合，使思维和存在同一。二是从认识论意义上，即从人的认识发展过程上说，思维和存在具有同一性是指我们头脑中的思维能够把握客观事物的本质，并且凡是我们头脑中认为是合理的思想即符合"客观思想"的思想，都必定会转化为存在，达到思维和存在的同一。黑格尔认为，本体论和认识论是一致的。可以看出，黑格尔的思维和存在同一性的学说是唯心主义的，同时又是辩证的。

黑格尔依据他的思维和存在同一性的学说提出了一个著名的命题："凡是合乎理性的东西都是现实的，凡是现实的东西都是合乎理性的。"这个表面上看起来十分保守的命题，其中却隐藏着革命。按照黑格尔的辩证法，当一个具体事物（如"国家制度"）合乎"绝对理念"的时候，它具有必然性，因而是现实的。但是，随着时间的推移，它就要同"绝对理念"向前发展的要求相矛盾，因而丧失其必然性，变成不现实的、趋于灭亡的东西。这就是说，一切曾经是现实的东西，都必定要转化为不现实的东西，而一切符合"绝对理念"发展要求的东西，不管它同现存的一切怎样抵触，也必将变成现实的。黑格尔的这个思想，明显地反映了德国资产阶级实现自己的阶级理想的信心的增强。

二、逻辑学

按照黑格尔的体系，逻辑学研究的是"绝对理念"的自我发展的过程。"绝对理念"的自我发展表现为它的各个环节——范畴的向前推演。其轮廓大致如下：

"存在论"——质、量、度；

"本质论"——本质、现象、现实；

"概念论"——主观性、客观性、理念。

黑格尔认为，逻辑学是一切科学的灵魂，逻辑范畴是自然界和人类精神的纯粹本质，自然界和人类精神形态只是逻辑范畴的特殊表现。逻辑学提供普遍原则，自然哲学和精神哲学都不过是逻辑学的原则在自然界和人类精神领域中的应用和实在化。

和康德的先验逻辑相似，黑格尔也把范畴、理念作为他的逻辑学的对象。但两者处理问题的观点和方法又很不相同。

首先，黑格尔的逻辑学体现了和本体论的一致。他把康德的主观的范畴、理念客观化为万物的本体，从而认为范畴不只是我们主观的思维形式，而且是万物的本体——"绝对理念"的自身的规定。

其次，黑格尔认为，逻辑学是和认识论一致的。在康德那里，相对的知性范畴不能把握绝对的理念（真理），否则便会陷入二律背反（矛盾）。和康德不同，黑格尔则把范畴看作绝对理念自身的规定、环节，绝对理念乃是范畴联系、转化的系统。用范畴去规定理念必定会发生矛盾，正是矛盾推动着范畴的向前推演，由相对走向绝对。

第三，黑格尔把康德关于范畴排列的"三一式"思想发挥成为驾驭他的整个逻辑学，甚至整个哲学体系的逻辑方法——否定之否定。黑格尔认为，肯定和否定并不是两个决然对立，毫不相干的东西。一方面，肯定中包含着否定，否定就内在于肯定之中。正因为事物自身包含了自己的否定方面，才引起了事物的运动，向否定方面转化。另一方面，否定中也包含着肯定。辩证的否定即"扬弃"，既舍弃肯定，又保持肯定。正因为否定中包含了肯定，因此它比肯定更丰富、更具体。辩证的否定是一个从肯定到否定，到否定之否定的过程，经历"正""反"

"合"三个环节。"正"是单纯的肯定，"反"是单纯的否定，"合"是对第一次否定的再否定，包含着肯定的东西的否定，是肯定和否定的统一。既然"合"包含着"正"，它也就是对"正"的复归。但这不是简单的复归，而是在提高了的一步的情况下的复归。因此，"合"较之"正"的内容更丰富、更具体。黑格尔的整个哲学体系就是按照大大小小的"正""反""合"架势构筑起来的。黑格尔在这里通过唯心主义方式揭示了辩证法的基本规律之一——否定之否定规律的基本内容，猜测到了客观事物以及人类思维的发展是一个波浪式前进、螺旋式上升的过程。但在黑格尔哲学中，这种"三分法"的运用往往带有形式主义的倾向。

黑格尔依据"三分法"把逻辑思维方式分为三种：其一，知性思维方式，即依据同一律，把抽象的规定固定化（此为旧形而上学的思维方式）；其二，否定的理性思维方式，即从事物的正面过渡到了反面，坚持正面和反面的矛盾、对立（此为康德的二律背反的思维方式）；其三，肯定的理性思维方式，即在对立中把握其统一（此为黑格尔所主张的思维方式）。黑格尔认为，知性的和否定的理性思维方式各有其局限，但却都是认识历程中的必经阶段，上述三种思维方式是认识每一真理的各个阶段。

（一）存在论

在存在论中，黑格尔通过质、量、尺度三个范畴的逻辑推演，深入地探讨了质量互变规律。

1. 质

逻辑学以没有任何规定性的"纯存在"（"纯有"）为开端。纯存在（纯有）就其无规定性来说就是"非存在"（"无"）。这样，黑格尔便从"存在"（"有"）范畴推出了"非存在"（"无"）

范畴。继之，他又从有与无的相互过渡引出了"变易"范畴。黑格尔关于"有—无—变易"的推演是抽象的，但是典型地反映了他的辩证的思维方式，即概念的灵活性。

变易的结果使无规定的东西具有了一定的规定性，成为确定的存在，即"定在"，也即"质"。

2. 量

和质不同，量是一种外在的规定性。某物如果失掉其质即发生了质的变化，它便不能作为某物而存在。而一个事物虽然在量的方面有了变化，但并不影响这个事物的存在。比如，房子不论大小，终究还是一间房子。

黑格尔在考察量的范畴的时候，坚持量的连续性和间断性的对立统一。

3. 尺度

尺度是质和量的统一。最初质和量两者似乎是不相干的，量的变化不致影响到质。但是，在尺度中，质和量两者的联系就明显地建立起来了，量的变化一旦突破尺度就会引起事物的质的变化，一种事物便转化为另一种事物。

事物量变的形式是渐进的、连续的；质变的形式则是连续过程的中断、飞跃。

黑格尔关于量变引起质变的思想是对法国革命所做的哲学概括。

（二）本质论

本质论是黑格尔逻辑学中辩证法思想最为丰富的部分。在这里，黑格尔集中论述了对立统一规律，深入考察了本质和现象、形式和内容、必然和偶然、原因和结果、可能性和现实性、必然和自由等范畴的辩证关系。

黑格尔认为，当认识最初从直接存在进入本质的时候，首先就把本质认作蕴藏在事物背后的常住不变、始终如一的东西，就是说把本质理解为自我同一。旧形而上学把本质的这种同一看作脱离差别的抽象的知性同一，坚持所谓抽象的同一律："甲等于甲"。和"形而上学"相反，黑格尔认为，本质主要地包含着差别，任何具体的事物必定包含差别于自身之内。

黑格尔认为，差别包含"差异"和"对立"两个环节。"差异"是指彼此独立、互不相关的特定事物之间的差别，比如一枝铅笔和一匹骆驼之间的差别。本质的差别则是"对立"，如上和下、生和死等。在对立中，有差别之物并不是一般的他物，而是与它正相反对的他物，每一方只有在它与另一方的联系中才能获得自己的本质规定，此一方只有反映另一方，才能反映自己，另一方也是如此。

黑格尔高度评价康德的二律背反学说，认为康德揭示了理性矛盾的必然性，这是近代哲学的一个重要的进步。然而，康德在二律背反学说中只讲对立，不讲统一，不懂得认识一个对象正在于意识到这个对象作为相反的规定的具体的统一。其次，康德把矛盾仅仅看作纯粹主观的东西，不懂得矛盾乃是对象本身固有的本质。再次，康德只列举了四组二律背反，不懂得一切事物中均有矛盾。黑格尔的矛盾学说的精华就在于坚持矛盾是事物自己运动的泉源，断言矛盾是推动整个世界的原则。

黑格尔的矛盾学说的不彻底性突出地表现在，它认为矛盾只是"有限事物"的原则，而作为发展过程终结的那个无限的绝对理念则是一切矛盾的调解。

黑格尔依据他的矛盾学说，力图把在旧"形而上学"或康德看来是绝对对立的范畴理解为对立的统一。

1. 现象和本质

黑格尔反对康德把本质和现象决然割裂开来，认为现象是本质的表现，本质就寓于现象之中，人们认识了现象也就同时认识了本质。

2. 必然与偶然

黑格尔指出，所谓偶然的事物是指一事物能存在或不能存在，能这样存在或能那样存在，均不取决于自己，而以他物为根据。所谓必然性是指一物之所以为一物乃是通过它本身，即以它自己为根据。然而，偶然性和必然性两者又是相互关联的。这是因为，任何一个具体的有限事物除了以自身为根据外，还以他物为根据，通过他物而存在。必然性潜蕴于偶然性之中，并以偶然性作为它的出发点。科学的任务就在于从偶然性中认识其中潜蕴着的必然性。

3. 必然和自由

黑格尔指出，当说到自由时，人们大都是指"任性"。任性虽是自由的一个环节，但还不是自由本身，而只是一种形式的、主观假想的自由。因为任性的内容是外界给予的，它的决断带有偶然性。真正的自由是以必然性为前提，包含必然性于自身之内。自由就是对必然的认识。

（三）概念论

"概念"包括"主观性""客观性"和"理念"三大环节。

在主观性中，黑格尔从唯心主义辩证法出发，阐述了概念、判断和推理的辩证发展过程。

在客观性中，黑格尔认为客体经历了由机械性到化学性、再到目的性的发展过程。

在理念中，黑格尔把辩证法应用于认识论，把实践引入认识论，着重阐述了他的唯心主义的辩证的真理观。

黑格尔反对把真理看作"表象与对象的一致符合"，认为真理应当是客观性跟概念的符合。但黑格尔的唯心主义的真理观中包含一个合理的思想：认识的真理性不在于对事实、现象的正确描述，而在于把握对象的本质和规律。

黑格尔认为，真理不是抽象的，而是具体的。真理是对立的同一，不同规定的统一，是一个有机的系统。

黑格尔认为，真理不是呆板的、静止不动的，而是一个由抽象到具体、相对到绝对的发展过程。

黑格尔把实践引入认识论，主张真理是理论和实践的统一。

实践不仅具有普遍性的品格，而且具有直接现实性的品格。

三、自然哲学

按照黑格尔的观点，自然哲学是关于绝对理念外在化的学问，是逻辑学的普遍原则在自然界中的应用和推广。

自然哲学的基本命题是："自然界是自我异化的精神"。黑格尔所谓的"异化""对象化""外在化"，大致包含了三层意思：自然是理念的派生物；自然为潜蕴于其中的理念所主宰；自然是理念的异己力量，不符合理念的本性。

黑格尔把发展的观点运用于自然哲学的研究。他认为，自然界的各个领域是彼此独立、互不相干的，它们只是在空间上展开的多样性，在时间上并没有发展的联系。然而，由互不相干的领域组成的自然界本质上又是一个有着内在联系的系统，构成这种内在的统一性的东西便是潜蕴于自然之中的理念。因此，尽管自然界的各个领域之间没有时间上的发展，但它们都是理念辩证发展过程中的各个环节，因此，自然界的各种事物从一个阶段到另一个阶段仍然是必然的。在这里，黑格尔为了维护理念的辩证发展而牺牲了自然界本身的辩证发展。

黑格尔把自然界划分为"力学""物理学"和"有机学"三个领域，力图表明自然界的事物在理念的支配下不断提高自己的统一性、组织程度，达到独立的有机生命的过程。

（一）力学

在力学领域，对象是彼此外在、漠不相干的，相互间仅仅具有量的区别，一切为机械性所统治。

黑格尔反对康德主观唯心主义的时空观，从客观唯心论出发，把时空看作理念异化为自然界的两种最初的、直接的形式，认为时空是事物本身的存在形式。黑格尔也不同意牛顿的绝对时空观，坚持时空和事物的统一，坚持时空的相对性。

黑格尔认为，时空统一于运动，从属于运动。运动的本质就在于时空的连续性和间断性的统一。他还主张物质和运动的不可分割，指出就像没有无物质的运动一样，也没有无运动的物质。

黑格尔把"重力"概念神秘化，说彼此分散的物质都趋向于追求一个在它们之外的重力中心，这表现了理念的统一力量。

（二）物理学

在物理学阶段，自然界的各种物体表现出质，服从个体性的力量，具有物理的或化学的特性。

在物理学中，黑格尔哲学的矫揉造作的弱点表现得更为突出。比如，他认为光是什么"普遍性的自我"，声是什么"个体性的自我"，电是什么"愤怒的自我"，等等。

黑格尔综合光学中的微粒说和波动说两派的观点，认为光的传播是连续性和间断性的辩证统一。

黑格尔顺应物理学发展的潮流，反对热质说，主张热的唯动说。

黑格尔认为，磁的两极的关系是对立物的同一。

黑格尔把化学过程看作从物理过程到生命过程的过渡阶段，认为化学过程是生命过程的直接起源，主张从化学过程方面去理解生命。

（三）有机物理学

在有机性阶段，对象作为有生命的个体出现。有机性阶段包括地质有机体、植物有机体和动物有机体三个环节。

所谓地质有机体主要是指地球的地质构造和变化。黑格尔援引地质学提供的大量的化石材料，断言地球曾经有一段演化的历史。他从地质有机体引出生命，认为海洋和陆地均有孕育生命的能力。

黑格尔认为，真正的有机生命开始于植物。植物作为主体能够自己形成自己，保持自己，并能创造新的个体。但植物作为主体还没有自我感觉，缺乏主观性原则。

黑格尔认为，动物则是趋于完善的生命。动物具有了主观性的原则——"灵魂"。但是，动物只能感觉自己，而不能思考自己。

在黑格尔看来，扬弃了动物有机体便是不仅能感觉自己，而且能思考自己，即具有自我意识的"人"。人的出现标志理念突破了自然界的范围而进入自己发展的第三阶段——"精神哲学"。

四、精神哲学

精神哲学表明，绝对理念通过自己的最高产物——人，最终返回到了自己。活跃于精神哲学舞台上的主角是人，而人就是一个能够摆脱一切物质、必然性的束缚，实行独立自决的自由的精神实体。

精神哲学包括主观精神、客观精神和绝对精神三个环节。

（一）主观精神

在主观精神中，黑格尔着重探讨了个人意识成长的过程。

最初精神以灵魂形式出现；然后表现为明显的意识，即意识和它的对象明显区别开来和对立起来；最后，主观精神作为一个独立自主的、使外部世界从属于自己的自由精神而出现。

（二）客观精神

在客观精神中，黑格尔着重讨论了经济、道德、法律、国家制度以及世界历史等问题。他认为，人类社会历史生活的发展具有规律性，为隐含在其中的客观精神也即所谓"法"所支配。因此，关于客观精神的学说也就是"法哲学"。

黑格尔认为，在主观精神范围内，精神的自由还是主观的、抽象的。真正的自由只有在社会历史生活中，即在法的关系中才能实现。在这里，黑格尔通过唯心主义方式猜测到了人在本质上不是一个孤立的、抽象的个体，而是社会关系的总和。

法的发展历经"抽象法""道德法"和"伦理法"三个阶段。

"抽象法"学说的核心是论证私有制的合理性。自由只有在财产占有中才能实现。否定财产权就是否定人的自由，侵犯人格，也就是不法和犯罪。通过刑罚处置不法和犯罪，便是法和正义的恢复。

在"道德法"中，黑格尔批判了康德的唯动机论和超功利主义，力图论证动机和效果的统一，道德和功利的统一。黑格尔认为，道德不仅是个人的内心生活问题，而且是和社会现实生活分不开的，道德良心只有在伦理生活中才能实现。

"伦理法"着重探讨的人的社会关系："家庭""市民社会"和"国家"。

在"市民社会"中，黑格尔主要研究了资本主义的经济关系。他认为，劳动是整个社会生活的基础，但财富分享上的不平等是合理的。黑格尔看到了资本主义社会的一个奇特现象：

财富和贫困并行增长，指出怎样解决贫困是推动现代社会并使它感到苦恼的一个重要问题。

在"国家"中，黑格尔鼓吹国家权威至上，论证了君主立宪制的合理性。

黑格尔认为，世界历史的发展是一个合理的过程，是自由意识的进展。世界历史分为三大阶段：古代东方只意识到一个人的自由，即专制君主的自由；古希腊、罗马时代意识到了一部分人的自由，即奴隶主的自由；欧洲近代阶段意识到了所有的人都是自由的。

总的说来，黑格尔的社会、政治和历史观点是唯心主义的，具有强烈的保守性，但其中也渗透着深刻的辩证法精神，包含了某些历史唯物主义的因素，反映了资产阶级反封建的要求。

（三）绝对精神

绝对精神是理念在通过漫长曲折的发展道路之后，完全回复到自身，达到完全自觉、完全认识到自己的阶段。绝对精神表现为三种形式：艺术，宗教，哲学。

艺术以感性形象显现理念，宗教以图像式的思维表现理念，哲学则以适合于理念本身的形式即以概念的形式表现理念。因此，宗教高于艺术，哲学高于宗教。

哲学是绝对理念的最高体现和最后完成，绝对理念通过哲学而最后认识了自己。哲学的发展史就是理念认识自己的历史，黑格尔哲学完成了绝对理念的自我认识。

在黑格尔哲学体系中贯串着辩证方法和唯心主义的体系之间的矛盾。黑格尔的体系是借助于他的辩证方法建立起来的，而最后建立起来的体系又是一个形而上学的唯心主义的体系，这样，他的方法就被他的体系所窒息了。

第五节　费尔巴哈的人本学唯物主义

19 世纪三四十年代是德国资产阶级准备并实现资产阶级革命的时代。

在这期间，德国哲学中发生了黑格尔学派的解体并出现了费尔巴哈的唯物主义。

黑格尔学派无论在政治上或思想上从来不是一个统一的哲学派别。随着德国阶级斗争的发展，它分裂为老年黑格尔派和青年黑格尔派。

老年黑格尔派代表着德国贵族反动势力的要求。他们利用黑格尔哲学的保守方面，并把黑格尔哲学神秘化，以为现存制度做辩护。

青年黑格尔派代表软弱的资产阶级的要求。他们的斗争主要集中在对封建统治的精神支柱——宗教进行批判。

他们对宗教的批判主要集中在"福音"故事的发生问题上。他们一般都否定"福音"故事和耶稣的神秘性质。以施特劳斯（1808—1874）为代表的一派人认为，"福音"故事是在人们长期生活中自发地、无意识形成的，耶稣不过是一个普通人。以鲍威尔（1809—1882）为代表的另一派人则认为，"福音"故事是由于人们为着某种宗教目的而有意编造的，在历史上根本不存在过耶稣这个人。

青年黑格尔派内部关于宗教问题的争论，后来就转变为关于历史发展动力问题的争论。施特劳斯认为"绝对精神"是历史发展的动力，鲍威尔则认为"自我意识"是历史发展的动力。但二者都未超出黑格尔的唯心主义哲学的范围。

青年黑格尔派对宗教的批判，在当时具有一定的进步意义。但是，他们对宗教的批判是片面的，根本没有触及宗教的社会根源。他们对现实的态度是妥协的。

黑格尔学派的解体表明，唯心主义哲学已经陷入绝境。费尔巴哈就是第一个打碎黑格尔唯心主义体系走向唯物主义的伟大的哲学家。

费尔巴哈（1804—1872）是伟大的德国资产阶级唯物主义哲学家。他的最大功绩在于恢复了唯物主义的权威，并在此基础上完成了德国资产阶级对宗教的批判，从而为1848年的革命做了舆论准备。

在政治上，费尔巴哈是资产阶级民主派，反对封建专制，主张建立资产阶级民主共和国。

费尔巴哈哲学的基本范畴是以自然为基础的"人"。他用"人"否定神学，否定黑格尔的"绝对理念"，并以"人"为中心阐发了他的唯物主义自然观和社会伦理思想。因此，他把自己的唯物主义学说称为"人本学'。

一、人是思维和存在统一的基础和主体

费尔巴哈在批判宗教神学的斗争中，力图清算康德和黑格尔的唯心论。

他认为，黑格尔哲学虽然内容极其丰富，但已经过时了。黑格尔要求"具体的现实的自由"，要把理想变成现实，可是，黑格尔所谓的现实，依然停留在思想的圈子里。黑格尔拐弯抹角地否定神学，但他的"绝对理念"的唯心论实际上为神学留下了避难所。因此，要彻底否定神学，就必须同时否定黑格尔哲学。

费尔巴哈从思维和存在的关系这个哲学基本问题入手，批

判了康德、黑格尔的唯心论。康德把思想和存在割裂开来，陷入不可知论。黑格尔在思想的框子里讲思维和存在的同一，这是唯心论。费尔巴哈认为，思维和存在的统一、只有将人理解为这个统一的基础和主体的时候，才是真理。

费尔巴哈的唯物主义是从"自然"和"人"这两个基本点出发的。

（一）自然界是唯一的客观实在，人是自然界的产物

费尔巴哈反对宗教创世说和黑格尔的异化说，认为自然界无始无终，是客观实在的。

费尔巴哈反对康德的先验主义的时空观，肯定时间和空间的客观性。

费尔巴哈反对唯心主义的因果论，肯定自然界的规律的客观性。

费尔巴哈坚持用唯物主义观点解释生命起源的问题，认为生命最初是从无机物产生出来的，人是自然界的最高生物。

费尔巴哈认为，自然界是人的精神和肉体的基础和源泉，也是人类生存的基础和源泉。人既是自然界的产儿，也是自然界的成员。

（二）人是思维和存在统一的基础和主体

费尔巴哈反对康德的不可知论，批判了黑格尔的唯心主义的思维和存在同一说，从唯物主义出发，以"人"为基础和主体，论证思维和存在的同一性。

费尔巴哈认为，人不是一个抽象的精神实体，而是一个以肉体为基础的、肉体和精神统一的实体。存在是主体，思维是宾词。

肉体是精神现象的基础，精神、思维乃是人脑的属性。正因为思维是一个现实实体的属性，所以思维才不脱离存在，能

够达到思维和存在的同一。

费尔巴哈认为，人是以感性为基础的感性和理性的统一体。

感官是头脑的门户，感性先于理性。理性以感性为前提，是感性的总和，它只有通过感官才能找到通向客体的道路，并且只有借助于感性，思维的真理性才能得证实，达到思维和存在的统一。

费尔巴哈认为，人是自然界的产物，自然界给予我们的认识器官、认识能力足够我们用以认识自然界。

费尔巴哈认为，人不是一个孤独的"自我"或"主体"，而是处于"你"和"我"的统一之中的"社会动物"。个人的知识和才能是有限的，但人类的知识和才能则是无限的。

可以看出，费尔巴哈的思维和存在同一性学说是围绕着"人"这个中心展开的。他从"人"出发否定康德的不可知论，批驳黑格尔的唯心论，同时也从"人"出发论证思维和存在的同一性，从而丰富和发展了唯物主义可知论。但是，费尔巴哈的这个学说也有局限性，他所了解的"人"实际上是撇开了一切社会关系、历史联系的生物学意义上的人，这种人在客体面前不过是一个消极直观的主体。因此，费尔巴哈始终不理解社会实践在认识论中的意义。

（三）辩证法是寂寞思想家的思辨的独白

费尔巴哈在深入批判黑格尔的唯心主义的同时抛弃了黑格尔哲学中的辩证法思想，把黑格尔的辩证法看作黑格尔玩弄的思辨把戏。

费尔巴哈认为，黑格尔所谓的对立物的统一乃是抽象的产物，事实上一个事物不可能同时具有相反的两种属性，而只能在不同的时间里具有不同的，甚至相反的属性。

费尔巴哈还认为，黑格尔的三段论和神学的三位一体说是一回事。

因此,尽管费尔巴哈的唯物主义摆脱了 18 世纪法国唯物论的机械性,包含着某些辩证法的成分,但总的说来仍然是形而上学的。

二、人创造了神

费尔巴哈是德国哲学史上第一个自觉地公开地同基督教决裂的资产阶级思想家。

针对基督教关于"神创造了人"这个基本教条,费尔巴哈提出了他的无神论的基本命题:人创造了神。

费尔巴哈的无神论思想在近代德国思想史上是具有革命意义的。从路德、莱布尼茨到康德、黑格尔,德国资产阶级对宗教的批判虽然不断深入,但始终是在唯心主义的基础上进行的,因而在批判神学的同时又都为神学留下地盘。唯有费尔巴哈第一次在唯物主义的基础上达到了无神论,从而完成了德国资产阶级对封建神学的批判。

（一）神是人的本质的异化

费尔巴哈批判了黑格尔关于绝对理念异化为自然界的唯心主义观点,同时又接受了黑格尔的异化概念,把它运用于对宗教的批判,指出神是人的本质的异化。

首先,费尔巴哈认为,基督教讲的上帝实际上是根本不存在的,它乃是人借助于想象力,按照自己的本质幻想出来的一个独立于人的精神实体,即人的本质的对象化。凡是基督教赋予上帝的一切品格,如慈爱、全知、全能等,实际上都不过是人的本质。人对上帝的崇拜,实际上不过是人对自己的本质的崇拜。

其次,费尔巴哈认为,人一旦把自己的本质对象化为一个独立于自己的精神实体，这个精神实体便处于同人相对立的地位，反过来成为束缚人、统治人的力量，成为人的异己力量。人肯定上帝，就是否定自己，对上帝肯定的愈多，对自己的否定也愈多，人越是赞美上帝的伟大，就越是感到自己的渺小。总之，在宗教中，幻想成了一切，人的现实生活成了无。

费尔巴哈揭露了宗教的反动的社会作用，指出人们只有从宗教的桎梏中解放出来，才能变为自由、自觉的公民。

（二）宗教的基础是依赖感

费尔巴哈认为，宗教的基础是人的利己主义本性以及由此产生的依赖感。人们依赖什么，就崇拜什么。农业民族敬拜牛神，游牧民族敬拜狗神，就是因为牛能耕地，狗能护卫羊群。在基督教世界，人们敬拜上帝，就是因为人对人的精神力量的依赖，对他人的依赖。

（三）神是"类"概念的客观化

在无神论思想发展史上，费尔巴哈的一个重要贡献就在于，他较为深刻地揭露了宗教的认识论根源。他认为，宗教里的上帝无非就是脱离个别的人而独立存在的人的"类"概念。比如，个别的人的知识和才能总是有限的，而人"类"的知识和才能则是无限的。

基督教便把人类的无限的知识和才能归之于一个脱离了一切个别的人而独立存在的东西，即所谓全知全能的上帝，从而造成了人和上帝的虚幻的对立。

费尔巴哈对宗教的批判是对封建专制制度的间接批判，在当时历史条件下具有很大的进步意义。但是，费尔巴哈对宗教的批判也有其局限性，这主要表现在缺乏阶级观点和实践观点，因而未能把对宗教的批判引向对政治的批判。

三、人是道德的主体和对象

人本主义的道德学说是费尔巴哈哲学的一个重要组成部分。

（一）人的本质——利己主义

费尔巴哈撇开人的社会性、历史性，力图从他的自然观中直接推演出人的永恒的本质。在他看来，人是自然界的最高产物，同自然界的其他生物一样，人是一个有血有肉的感性实体，具有饮食、性爱、趋利避害的本能。

费尔巴哈认为，人的行为的基本出发点就是满足自己本能的需要，追求幸福，也即利己主义。利己主义就是人的本质。

（二）人的“类”本质——爱

费尔巴哈认为，和动物不同，人不是一个孤立的个体，而是“你”和“我”的统一，是一个“类”，具有“类”意识和“类”本质。

费尔巴哈认为，人的“类”本质就是理性、意志和爱。爱就是希望别人幸福，使别人幸福，从而也就是承认别人的利己主义是合法的东西。爱把个人提高为“类”，是维系人与人之间的关系的基本手段，是整个社会生活的基础。

费尔巴哈所谓的“类”仍然是一个撇开了一切现实社会关系的抽象概念。他提出用爱人去取代爱神，这在当时历史条件下具有反封建的积极意义。但把人的本质归结为超历史、超阶级的爱，则是唯心主义的。

（三）真正的道德在于与他人同甘共苦

费尔巴哈从这种抽象的人的本质中引出了他的道德学说的基本原则：合理地节制自己和待人以爱。

费尔巴哈把类本质看作衡量道德上善恶的标准。善就是与一切人的利己主义相适应的东西,使人们共同分享人生的幸福;恶就是只适合于某一个阶级的人的利己主义,从而需要以损害别个阶级的人的利己主义为代价的东西。

费尔巴哈以此谴责封建特权阶级的利己主义,同情工人和其他劳动人民的贫困的生活处境。但是,费尔巴哈的这种道德观是抽象的,空洞的。

(四)关于"爱"的宗教

费尔巴哈把爱加以神秘化,说什么爱是人心中存在的永恒的宗教感情。因此,他呼吁在打倒了基督教之后还要建立一种新的宗教——爱的宗教,用爱人取代爱神。

费尔巴哈甚至把所谓人心固有的宗教感情看作历史发展的动力,认为人类历史的发展仅仅在于宗教的变迁。

费尔巴哈关于人的本质的学说以及他的伦理、宗教观在当时历史条件下具有反封建的积极意义,但总的说来是唯心论的,并带有很大的妥协性。

本章阅读书目:

《马克思恩格斯列宁斯大林论德国古典哲学》,中共中央马克思恩格斯列宁斯大林著作编译局编。

※　　　　　　　※　　　　　　　※

《西方哲学原著选读》下卷,北京大学哲学系外国哲学史教研室编译,商务印书馆 1982 年版,第 235—502 页。

《18 世纪末—19 世纪初德国哲学》,北京大学哲学系外国哲学教研室编译。

※　　　　　　　※　　　　　　　※

李泽厚:《批判哲学的批判》。

张世英:《论黑格尔的逻辑学》。

邢贲思：《费尔巴哈的人本主义》。

冒从虎：《德国古典哲学——德国近代的哲学革命》。

本章思考题：

1. 德国古典唯心主义哲学和法国启蒙运动的关系。

2. 康德的时空观和范畴论。

3. 康德的"二律背反"学说。

4. 黑格尔的思维和存在同一性学说。

5. 黑格尔关于异化的学说。

6. 黑格尔的矛盾学说。

7. 费尔巴哈的思维和存在同一性学说。

8. 费尔巴哈关于宗教异化的学说。

9. 费尔巴哈关于人的本质的学说。

10. 马克思主义哲学和德国古典哲学的关系。

第七章　19世纪俄国革命民主主义者的哲学

19世纪俄国革命民主主义者的哲学继承和发展了德国古典哲学，为后来马克思主义哲学在俄国的传播创造了条件。

19世纪30年代，俄国农奴制度陷入深刻的危机。农奴解放运动不断高涨。俄国资本主义生产关系开始发展。和同时代的西欧资本主义国家相比，俄国仍然是一个经济上极端落后和政治上极端反动的国家。1825年，十二月党人举行了反专制、反农奴制的武装起义。1853—1856年克里米亚战争的失败，彻底暴露了沙皇制度的腐朽性，封建统治基础发生动摇，直接导致1861年的农奴制改革。废除农奴制，为资本主义发展开辟了道路，但这次改革又很不彻底。

以赫尔岑，别林斯基、车尔尼雪夫斯基和杜勃罗留波夫为代表的革命民主派的思想，反映了农民、资产阶级反封建的进步要求。他们的批判矛头主要是针对当时为农奴制和沙皇统治做辩护的"正统国民性"理论和"斯拉夫主义"及其所宣扬的宗教神秘主义、唯心主义和形而上学。

俄国革命民主主义哲学的思想来源：18世纪罗蒙诺索夫（1711—1765）的自然科学和唯物主义思想；拉吉舍夫（1749—1802）的反农奴制的思想；十二月党人的革命思想；西欧各国哲学特别是德国古典哲学的影响。

俄国革命民主主义者的哲学的特点：直接继承了费尔巴哈

的唯物论，并力图在唯物主义的基础上汲取黑格尔的辩证法，力图把他们的哲学同批判农奴制，批判资本主义，论证空想社会主义结合起来，他们的哲学和社会政治思想主要是通过文学和文艺批评的形式表现出来的。

第一节 赫尔岑的哲学思想

赫尔岑（1812—1870）是从贵族思想家向革命民主主义者转变的思想家。他的思想发展的特点是，动摇于唯心主义和唯物主义、自由主义和革命民主主义之间，最后走上了唯物主义和革命民主主义的道路。主要哲学著作有：《科学中华而不实的作风》（1842—1843 年）、《自然研究通信》（1844—1845 年）。

赫尔岑无情揭露农奴制，批判资本主义，鼓吹绕过资本主义，通过俄国的农民村社直接实现社会主义的空想社会主义思想。

一、自然界是不依赖于人的客观实在

赫尔岑在批判黑格尔唯心主义的斗争中，阐明了自己的唯物主义思想：世界的本原是存在于空间中的具有不可入性的"物"，而不是绝对理念。物质世界的原因是物质世界本身。自然界没有终结，没有边际。自然界的事物到处不停息地产生和衰亡。自然界不依赖于人，人却不能离开自然界而存在。

二、思维和存在是同一的

赫尔岑批判了不可知论，认为思维和存在是同一的，思维的规律就是被意识到了的存在的规律。

赫尔岑在认识论上坚持了唯物主义反映论的原则。人的思想是自然界作用于人们的感觉器官的结果。感觉经验是认识世界的第一步，经过积聚、反复形成理性概括。在认识过程中必须使感性和理性二者紧密地结合，反对否定感性的唯心主义和忽视理性的经验主义。认识的方法是分析和综合的结合。在真理的标准问题上，赫尔岑前期曾提出理性是真理的标准；后期则提出用思维和存在同时来证实真理。赫尔岑的认识论是消极的、直观的，并且包含着唯心主义残余。

三、辩证法是"革命的代数学"

赫尔岑在批判黑格尔唯心主义体系的同时，接受了黑格尔的辩证法思想，并提出了"辩证法是革命的代数学"这一著名命题。他认为，世界上一切事物都在不停顿地运动、发展、相互作用。在探讨发展的源泉时，他提出了对立面的斗争和统一的思想。赫尔岑看到了发展中存在着量变和质变，批判形而上学只看到量变，看不到质变的错误。他还指出，发展是对旧事物的否定，否定不是消灭过去，而是从过去中汲取力量，在过去的基础上创造新事物。

赫尔岑的辩证法思想是零散的、不系统的，其中还包含着一定的调和性的因素。

四、历史是人的个性的不断解放

赫尔岑力图运用辩证发展观点观察社会历史运动，认为人类历史是一个矛盾斗争和发展的过程。但是，他不是从社会物质生活中，而是企图从人的自然本性中去寻找历史发展的动因。他认为，人的本性是利己，力求独立，力求幸福，力求使自己的权利被尊重。历史的进程就人的个性的不断解放。赫尔岑从这种唯心史观出发，宣传人道主义，幻想沙皇和地主赞成解放农奴，鼓吹实行农民村社的"社会主义"。事实上，赫尔岑的"社会主义"完全是空想的社会主义。

第二节 别林斯基的哲学思想

别林斯基（1811—1848）是俄国革命民主主义者、文学批评家和哲学家。他没有写过系统的哲学著作，他的哲学思想都散见于他的文学评论文章中。

别林斯基思想演变过程：19 世纪 30 年代，崇奉启蒙主义和黑格尔哲学；19 世纪 40 年代，转变到革命民主主义和唯物主义的立场。

一、精神的东西不外是物理东西的活动

别林斯基通过批判黑格尔的唯心主义转向唯物主义。他认为，现实不是什么绝对理念的体现，而是客观实在的感性世界。

别林斯基把这个唯物主义观点运用于文学批评，明确主张现实就是生活本身，就是文艺的基础、对象和材料，而艺术就是生活的再现。

别林斯基接受了费尔巴哈的唯物主义，肯定人是灵魂和肉体的统一体，反对灵魂不朽论，指出黑格尔所宣扬的脱离人脑的"绝对理念"，不过是逻辑的幻想。

别林斯基也反对把意识和物质混为一谈的庸俗唯物主义，认为不可以把灵魂和肉体分离开来，但必须对两者加以区别，精神的东西不外是物理东西的活动，最抽象的观念不外是大脑活动的结果。

别林斯基在认识论上采取经验主义的立场，认为认识开始于感觉经验。

二、否定——这就是我的上帝

别林斯基在批判黑格尔的唯心主义的同时，汲取了黑格尔的辩证法思想。他认为，有运动才有生命，静止就是死亡。运动的泉源在于事物本质中包含的矛盾的本原。别林斯基特别重视黑格尔关于否定性的辩证法思想，他指出，没有否定，人类历史就会变成停滞不动的臭水坑。他宣称，否定——这就是我的上帝。别林斯基的辩证法思想，深刻地反映了他的反封建的革命精神。

第三节　车尔尼雪夫斯基的哲学思想

车尔尼雪夫斯基（1828—1889）是 19 世纪俄国革命民主主义者的最杰出的代表，是 19 世纪五六十年代俄国革命民主主义运动的领袖。他在哲学、美学和文学等方面，都有重要的建树。主要哲学著作有：《哲学中的人本主义原理》（1860 年）、《艺术和现实的美学的关系》（1855 年）、《果戈理时期俄国文学概观》（1856 年）等。

一、人本学唯物主义世界观

车尔尼雪夫斯基的唯物主义思想，是在对唯心主义的斗争中发展起来的。他批判了黑格尔的哲学体系，认为它最大的缺点就在于原则和体系之间的矛盾。车尔尼雪夫斯基认为客观世界是不依赖于人的意识而存在的。物质世界在时间和空间中永恒地运动着。物质世界是多样性的统一。车尔尼雪夫斯基继承了费尔巴哈的唯物主义，也把自己的唯物主义称作"人本学唯物主义"，把"人"作为哲学研究的中心。

车尔尼雪夫斯基认为，人是自然界的一部分。在他看来，自然界的一切事物具有统一性，有机界和无机界、动物和植物、人和动物都是统一的，遵循共同的自然规律，相互间没有性质上的区别。比如，人的思维活动和动物的神经活动是一样的。因此，人不是什么超自然的、神秘的东西，而只是自然界的一部分。在这里，车尔尼雪夫斯基力图坚持唯物主义一元论，抨击宗教神学、唯心主义关于人的本质的种种荒谬观点。但是，他忽视各种自然事物之间的质的区别，特别是忽视人和自然事物之间的质的区别，则是错误的。

车尔尼雪夫斯基坚决反对二元论、灵魂不朽论，认为人是肉体和灵魂、生理的东西和心理的东西的统一体，肉体决定灵魂，生理的东西决定心理的东西。因此，二元论和灵魂不朽论是错误的。

和费尔巴哈不同，车尔尼雪夫斯基强调哲学的党派性，认为每一位哲学家也总是某一个政党的代言人。他指出，他的唯物主义世界观是劳动者、平民阶级的世界观。

二、唯物主义反映论

车尔尼雪夫斯基认为，认识开始于感觉。感觉需要两个要素：引起感觉的外部物体和感觉到本身发生感觉的生物。感觉者既感觉到了自己机体的一定状态，同时也感觉到了外界物体的存在及其特征。他还不理解感觉和思维的质的区别，认为思维不过是对于各种感觉印象的组合和选择。

车尔尼雪夫斯基批判了当时流行的康德主义、实证主义的不可知论，论证了唯物主义的可知论。

车尔尼雪夫斯基认为，没有抽象的真理，真理总是具体的，一切都以环境、地点、时间和条件为转移。

车尔尼雪夫斯基还提出了把实践作为检验真理的标准的思想。

但是，他所理解的实践还仅限于一般的经验、事实。

三、辩证法思想

在批判黑格尔的唯心主义体系的同时，车尔尼雪夫斯基也吸收了黑格尔的辩证法思想。他阐明了事物的相互联系和相互制约的思想。他也很注意量变和质变的关系，认为质变是渐进过程中的革命飞跃。他还表达了对立面的统一和斗争的思想，并且认为否定之否定是绝对的普遍规律。车尔尼雪夫斯基很善于把辩证法思想运用到社会生活领域，做出革命的结论。

车尔尼雪夫斯基的辩证法思想也存在着缺点。比如，他往往把高级的质归结为低级的质，把事物的质的区别归结为量的区别。

四、合理利己主义的伦理观点

车尔尼雪夫斯基认为，个人利益的满足是人的一切活动的目的。但个人利益的追求必须是合理的，它不能因为个人利益而危害社会利益和他人利益。善就是利益。因此社会上不同的人有不同的善恶标准。合理的利己主义关于善的标准是：个人利益与社会利益相结合，个人利益服从社会利益，个别民族的利益服从全人类的利益。合理的利己主义是同封建的道德伦理观点相对立的，它在当时俄国的历史条件下，对于启发和教育青年一代起了巨大的积极作用。

合理的利己主义是不科学的，它以人本主义为基础，把利己性作为普遍的人性，把"我"作为一切活动的出发点和中心，其实质仍然是资产阶级个人主义。

五、美学思想

车尔尼雪夫斯基的美学思想是别林斯基所奠定的现实主义美学的直接继承和发展。他站在唯物主义立场上，捍卫了别林斯基所奠定的美学基本原则，并突出地解决了以下两个问题：第一，艺术的使命是在艺术形象中再现现实的最本质的方面。并不是任何生活都是美好的，艺术应当教育人们追求新的生活和憎恨腐朽的旧制度。第二，提出了美的标准的阶级性问题，指出贵族和平民的美学观点有着巨大的差别。

列宁指出，车尔尼雪夫斯基是俄国社会民主党的最伟大的也是最近的前驱者。

本章阅读书目：

列宁：《纪念赫尔岑》。

列宁：《唯物主义与经验主义》第四章第一节补充。

※　　　　　　※　　　　　　※

赫尔岑：《科学中华而不实的作风》。

车尔尼雪夫斯基：《哲学中的人本主义原理》。

本章思考题：

1. 赫尔岑在俄国革命民主主义者哲学发展中的地位。

2. 车尔尼雪夫斯基的人本学唯物主义的基本原理。

附录 关于欧洲哲学史
方法论的一些问题

全国综合大学外国哲学教学研究会，1980年2月在天津南开大学召开《欧洲哲学史教学大纲》讨论会时，就欧洲哲学史方法论的一些问题，交换了看法，综述如下。

1. 哲学史科学的对象

与会同志认为，哲学史是人类认识发展史，其主要矛盾是唯物论和唯心论的矛盾。故哲学史的定义可取如下提法：哲学史是人类认识发展的历史，是唯物主义和唯心主义矛盾发展的历史。

关于辩证法和形而上学的矛盾在哲学史上的地位，有的同志认为可以这样提：在哲学发展过程中，围绕着唯物主义和唯心主义的矛盾发展，交织着辩证法和形而上学的矛盾发展。

有的同志不同意这种提法，认为：①它可能会把哲学的根本问题搞成两个；②它不符合欧洲哲学史发展的实际。比如，在古希腊哲学中就不存在形而上学，在西方17—18世纪哲学中也看不到辩证法和形而上学的斗争。

2. 哲学史的分期

大家的看法是，不应以一般的社会历史分期代替哲学史的分期，否则容易抹杀哲学发展的特点。哲学史的分期应按照哲学自身发展的阶段性来划分，以显示出哲学发展的各阶段的特点及其规律性。

3. 唯心主义在哲学史上的地位和作用

大家认为，不应当从某种抽象的公式（如"唯心主义＝谬误＝反动"或"唯心主义本身有好处"等）出发，去估价历史上的唯心主义哲学，而应当做具体分析。

从人类认识发展过程来看，应当把曾在历史上起过重大影响的哲学思潮，不论是唯物论的还是唯心论的，都看作人类认识发展链条上必然的环节。即使某些唯心主义哲学的社会作用是消极的，但由于它突出了前人在认识上所忽略了的问题，因而对于人类认识的发展也有一定的意义。

在历史上，唯心主义的社会作用并不都是反动的。有的唯心主义哲学反映了历史上进步的但还很软弱的阶级的利益，其社会作用基本上是积极的。比如，德国古典唯心主义本质上是德国资产阶级反封建的进步哲学。

同时，也不应把唯物主义和唯心主义的斗争简单化，似乎唯心论哲学的批判锋芒在任何时候都主要是针对唯物论的。比如，笛卡尔既反对霍布斯的唯物论，也反对经院哲学，但批判的锋芒主要是指向经院哲学。又比如，康德是法国唯物论的反对者，但他的批判锋芒则主要是针对莱布尼茨-伏尔夫的形而上学的。

4. 唯物主义在哲学史上的地位和作用

与会同志感到，在我们的哲学史教学和研究中，不仅存在着对唯心主义简单化的倾向，对唯物主义简单化的毛病也很突出。

历史上各派唯物主义哲学在认识史上的地位和作用没有得到合理的阐述。不同时期的唯物主义哲学往往被带上同一个面具：坚持物质第一性的自然观，坚持认识开始于经验的认识论，在社会历史观上是唯心主义的，等等。这就造成一种错觉，似乎历史上的唯物主义哲学千篇一律，内容很贫乏。今后应当加强唯物主义哲学的研究，特别是要加强各派唯物主义哲学在认识史上的地位和作用的研究。

5. 哲学和生产斗争、阶级斗争的关系

与会同志认为，在过去的哲学史教学和研究中，比较忽视生产斗争、科学技术对哲学发展的影响，今后应当加强。搞哲学史的同志应当懂得一点科学技术发展史。

有的同志认为，和阶级斗争相比，生产斗争，科学技术的发展对哲学发展的影响更重要。

有的同志则认为，在阶级社会中，阶级斗争较之与自然的斗争对哲学发展的影响更根本。因为，在阶级社会中，哲学家们总是从一定的阶级地位出发，去概括当时的自然知识和社会知识的。

6. 突出一个时期哲学领域的主要矛盾

大家的看法是，只有突出一个时期哲学领域的主要矛盾，才能正确地把握这个时期哲学斗争的本质和规律。比如，欧洲17—18世纪哲学领域的主要矛盾是批判经院哲学，资产阶级哲学内部的唯物主义和唯心主义斗争则是次要矛盾，是围绕着批判经院哲学这个主要矛盾展开的。

7. 突出各派哲学的个性

与会同志认为，为了更好地研究认识发展史，就必须防止和克服对历史上各派哲学的哲学思想一般化的叙述，必须突出各派哲学的个性。方法是紧紧抓住各派哲学的基本思想或基本命题，围绕这些基本思想或基本命题展开其哲学体系的各个方面。比如，对费尔巴哈的唯物主义的阐述，就必须紧紧抓住人本主义这个特点，围绕人本主义，展开他的宗教思想、唯物论思想和社会伦理思想。

8. 哲学范畴的发展史的研究问题

与会同志认为，为了更好的研究人类认识的发展史，今后要对哲学史上的重要哲学命题、重要哲学范畴分别做历史的考察。

（原载《光明日报》，1980 年 7 月 10 日）

后　记

　　根据我们的体会，在欧洲哲学史的教学中，配合讲义印发一份教学提纲，对于大学生掌握课程内容的重点和基本线索是有帮助的。

　　这本《欧洲哲学史教学提纲》不是什么即兴之作，而是经过长期酝酿形成的。早在 20 年前即 1963 年，应教学需要，我曾和车铭洲同志、葛树先同志一起编写过一份西方哲学史教学大纲，其中 18 世纪法国哲学和德国古典哲学两章，分别由车铭洲同志和葛树先同志起草。1978 年芜湖全国外国哲学讨论会期间，成立了全国综合大学外国哲学教学研究会，并责成理事会执行主席（北京大学、人民大学和南开大学）共同起草西方哲学史教学大纲，以供教学参考。会后，经过协商，决定由南开大学外国哲学教研室承担起草任务。按照教研室的安排，我参照我们教研室在 1975—1977 年期间编写的欧洲哲学史讲义和1963 年的大纲草拟了一份大纲初稿，于 1979 年 12 月印发给各兄弟院校，征求意见。1980 年 2 月，教学研究会召集部分学校的同志在我校专门研究了西方哲学史教学大纲问题，对大纲初稿进行了具体深入的讨论，提出了修改意见。参加这次会议的有：北京大学朱德生、王太庆、李真同志，中国人民大学李志逵同志，辽宁大学陶银骠同志，吉林大学皇维章同志，天津社会科学院赵世泰、齐云山同志，北京师范学院徐祥民同志，以及我们教研室的车铭洲、张庆荣、王勤田同志。会后，我根据大家的意见，对大纲的初稿做了整理修改，并铅印成册，发给兄弟院校供试用。这次出版前，我又根据部分兄弟院校同志的意见、我们近几年教学和研究的体会以及学术界的新进展，对试用稿做了修改。应当说，这本《提纲》乃是集体智慧的产物。

不过，限于个人的学识水平，同志们提出的许多好意见在《提纲》中未必都得到了充分、准确的反映，提纲中肯定还存在不少错误和缺点，敬希读者和专家们指正。

附录《关于欧洲哲学史方法论的一些问题》是由我整理的1980 年讨论会纪要的一部分，发表在 1980 年 7 月 10 日《光明日报》上。我在修改这本教学提纲的过程中，力求贯彻该文提出的一些基本原则。

使用这本教学提纲时，可参考我和王勤田、张庆荣同志合编的《欧洲哲学通史》（上、下卷）。

冒从虎

1983 年 5 月于南开大学